拥彗先驱

走向政治史学

刘小枫 著

华东师范大学出版社

华东师范大学出版社六点分社　策划

古典教育基金·"传德"资助项目

献给张志扬教授荣开八秩

目 录

弁言 / 1

何谓世界历史的中国时刻 / 3
    一 立教时刻与政治史学意识 / 5
    二 武帝西征与世界史上的第一次世界大战 / 17
    三 司马迁笔下的远伐大宛 / 35
    四 古今之变与史家之志 / 52
    余论 史学对"世界历史的中国时刻"的利弊 / 68

被斩首的人民身体 / 74
    一 不死的国王身体 / 80
    二 共和政体的政治神学问题 / 93
    三 国王的身体与现代国家的起源 / 109
    四 人民主权的王权论 / 136
    五 基督教与欧洲地缘政治的历史纠葛 / 146
    六 德意志第一帝国的兴亡 / 171
    七 国王观念的永恒性 / 211

余论 / 232

安德里亚与 17 世纪的"玫瑰十字会"传说 / 239
    一 "玫瑰十字会"传说的诞生 / 241
    二 寓意的"化学婚礼" / 252
    三 "玫瑰十字会"仅仅是文学"传说"？ / 262
    四 "玫瑰十字会"精神的诗艺呈现 / 273
    五 从共济会到美利坚立国 / 292
    六 从《化学婚礼》到《基督城》 / 307
    七 余论 / 333

如何辨识畸变的心灵 / 338
    引言 心灵的不同颜色 / 339
    一 何谓心灵"搁浅" / 343
    二 "逃离诉求"与"沉沦"的灵知 / 362
    三 沃格林的心灵苦史 / 400
    四 灵知心灵的自我安危 / 455
    余论 谁是我们的灵魂引路人 / 481

新史学、帝国兴衰与古典教育 / 485
    一 "世界史"诞生的地缘政治学含义 / 487
    二 《新史学》呼唤新的政治教育 / 491
    三 "新史学"与西方古典史学传统 / 502
    四 新"新史学"与民主化的世界历史意识 / 508
    五 西方文明史如何既连贯又断裂 / 519

六 "世界公民"的全球史与中国文明意识的危机 / 531
余论 "超历史的"眼光与古典教育 / 551

新今文经学与现代革命志士 / 557
　一 新今文经学的现代革命含义 / 558
　二 新经学与新知识人 / 565
　三 新今文经学与中国现代革命的正当性论证 / 572
　余论 / 581

弁　言

值此"改革开放"40周年之际,凡亲身经历过这一伟大历史变革的学人抚今思昔,都会对我国学界经历的史无前例的巨大变化感慨万千。

笔者在1978年秋天走进大学校门,回想当年,"我们"在读什么书、能读到什么书?尚且年轻的"我们"在想什么问题,脑子里有怎样的知识储备和学术视野?再看如今,"我们"在思想学问和政治觉悟两方面有了多大长进?

晚近20年来,我国学术景观变化之快,即便已经成为学界中坚的"70后"和"80后"学人,恐怕也有跟不上时代步伐的感觉。

1840年代以来,为了应对现代列强的进逼,深入认识西方文明的来龙去脉迄今仍是我国学人无法卸下的时代重负。100多年来,古老的中国接连遭遇共和革命、国家分裂、外敌入侵和封锁围困,数代学人很难有安静的书桌和沉静的心态面对纷然杂陈且蜂拥而来的政治问题。

"改革开放"以来,随着国家生存状态逐渐改善,学界也在不断拓展学术视野。学术热点数次更迭,教育面貌不断更新,"西学热"始终是主流。仅举荦荦大者,自

1978年以来，我们至少经历过"经济学热"、"现代哲学热"、"社会理论热"、"后现代哲学热"、"古典政治哲学热"，自由民主的启蒙始终是主旋律。

晚近10年来，随着我国在国际政治处境中面临新的严峻挑战，又迅速出现了"世界史热"（晚近5年来尤为明显），种种高论纷然杂呈，各色译著蜂拥而至。蓦然回望新时期以来的史学，我们才意识到那里布满了灰尘，而且人们已经习惯于把灰尘当新鲜空气。

晚近30年来，英语学界兴起一种名为"全球史"（global history）的新史学，如今已在相当程度上改变了美国以及其他英语国家的大学和中学的世界史教学内容。在"与国际接轨"的国策指引下，我国学界也正在奋力追赶这股史学新潮。

看来，与其空言形而上学式的文明自信，不如见诸行事，重启古典式的政治史学。为了走出"新史学"的新鲜空气，我们不得不深度关切晚近的政治史和政治思想史事件，以及属己的政治共同体的伦理德性在世界历史变迁中的沉浮。

应邀为《国王的两个身体》写的中译本导言作于2017年初夏（收入本稿时有所增订），其余五文均成于2018年初夏以来，无不是偶然际遇的机缘之作，因此不按成文先后时间排序。

这六篇晚近之作谨献给志扬兄荣开八秩，以志我们自1983年以来的兄弟情谊。

2019年元月
古典文明研究工作坊

何谓世界历史的中国时刻
——读董成龙博士《武帝文教与史家笔法》

moment［时刻］注定要成为我们这个时代的历史标志，这不仅是因为黑格尔用这个语词所标明的世界历史新阶段已经成为中国的经历，或者不易辨识的"马基雅维利时刻"正在向我们抛出难以抵御的媚眼。毋宁说，古老中国的晚近150年历史清楚表明，新中国的崛起的确堪称世界历史的又一个kairos［关键时刻］。

问题在于，对谁来说以及从何种意义上说，当今时代堪称世界历史的又一个kairos［关键时刻］？显然，对不同的智识人来说，即便共同撞上同一个kairos［关键时刻］，其含义也可能会完全不同。

董成龙博士称自己的小册子《武帝文教与史家笔法》"着实是一篇关于《史记》的读书报告"。① 表面看来的确如此，但读者恐怕很难把此书仅仅视为一篇读书报告。毕竟，作者在题为"引言：阅读司马迁"的第一章结

---

① 董成龙，《武帝文教与史家笔法：〈史记〉中高祖立朝至武帝立教的大事因缘》，上海：华东师范大学出版社，2019，页190（以下随文注页码）。

4 拥彗先驱

尾时如是说:

> 草此小书,以汉朝的立朝与立教为线索,贯通《史记》的叙事和司马迁的关切;重整这一笔法及其背后的心法,或为在世界历史的中国时刻思考立朝和立教的问题聊备一说亦未可知。(页19)

很清楚,作者在今天读《史记》意在因应"世界历史的中国时刻"。可是,在上面这段表述中,"立朝和立教"作为问题出现了两次,第一次有"汉朝的"界定,第二次没有。政治思想史大家沃格林(1901–1985)既有世界政治史视野又有哲学眼力,按他的说法,高祖立朝至武帝立教的时代同样堪称世界历史的中国时刻。[①]成龙博士究竟要"思考"哪个时代的"立朝和立教",显得刻意含糊其辞。在上引那段话之前,作者还说:

> 司马迁生逢立朝60余年,国朝业已展开关于德性标准问题的大讨论,并最终于汉武帝时期形成有关若干历史问题的决议和德性的定位,从而规范了汉朝以后的国朝道路,这一道路甚至成为以后中国历朝"超稳定结构"的规范之一。(页18)

在整篇"读书报告"中,此类修辞或语式不时可

---

① 沃格林,《天下时代》,叶颖译,南京:译林出版社,2018,页372(以下随文注页码)。

见。① 很明显,作者刻意将相隔2000多年的两个世界历史时空中的中国时刻叠合起来,以便思考这样的问题:当今我们身处的历史时刻与武帝—司马迁的历史时刻有怎样的政治思想史关联。

人们难免会问:世界历史上的古今两个中国时刻可以叠合起来思考吗?这样的疑问其实来自作者自己,因为他在开篇就说:自"泰西政教澎湃东来,华夏大地与产自欧洲的现代国际体系不期而遇"之后,"摆在时人面前的首要任务是,我们该如何走出中世纪"(页1)。既然如此,若把世界历史中的两个中国时刻叠合起来看,那么,作者希望今天的我们关切什么值得思考的问题呢?

作者通过体味《史记》书法并追索司马迁的心法,并非仅仅呈现了自己的深切思考。毋宁说,作者把司马迁请回当代,敦促我们反省自己含混的历史意识,缕清自己赖以理解眼下身处的古今之变的政治觉悟。

一 立教时刻与政治史学意识

"立教时刻"是本书的首要关键词,就字面含义而言,它指汉武帝形塑中华帝国的那个历史时刻。由于我们的历史时刻面临的"首要任务"是"该如何走出中世纪",汉武帝所形塑的中华帝国形态就是我们应该走出的历史形态。倘若如此,我们面临的首要问题便是如何

---

① 比较页18–19,页26–27,页44–46,页54,页137–138。

理解或评价历史上划时代的华夏君王。①

在我国传统帝王谱系中，汉武帝早有"雄才大略"、承"三代之风"（班固语）的美誉。毛泽东的光辉词作《沁园春·雪》具有世界历史的现代视野，武帝在他笔下仅仅是"略输文采"，其武功至伟毋庸置疑。但是，在100年前的新文化运动时期，武帝几乎成了中国历史上的大罪人：他"独尊儒术"，使得中国式"君主专制"政体延续长达2000年之久，罪莫大焉。在现代中国的世界历史时刻，武帝一度成了史家笔下的鞭尸对象，甚至其赫赫武功也遭贬低。据说，专制君主的种种毛病在他身上已经显露无遗。②

史家贬低汉武，并非现代才有的事情。宋代大政治家司马光在《资治通鉴》中痛斥武帝"穷奢极欲，繁刑重敛，内侈宫室，外事四夷，信惑神怪，巡游无度，使百姓疲敝，起为盗贼"，几乎与暴虐的秦始皇相差无几。今天的我们没想到，若干年前，事情一下子变得复杂起来：当今史学界名家辛德勇教授出版了名为《制造汉武帝》的小册子，"试图揭示司马光编纂《资治通鉴》时为达到其政治目的而径随己意构建历史的情况"。③

此事的起因是，曾有某位德高望重的古史学家凭靠

---

① 比较页21和页102，作者在那里提到20世纪中国的两件重大政治实事。
② 吕思勉，《中国的历史》（1920），北京：新世界出版社，2016，页72–74。
③ 辛德勇，《制造汉武帝：由汉武帝晚年政治形象的塑造看〈资治通鉴〉的历史建构》，北京：生活·读书·新知三联书店，2015，页1（以下随文注页码）。

《资治通鉴》的记载认为，武帝晚年临逝前曾经转变治国理念，不再"横征暴敛、穷兵黩武"，并下诏"罪己"。在晚近的标准国史大纲中还可以看到，这事似乎成了武帝应当享有历史美名的证据。①经过现代启蒙洗礼的我们难免心生疑窦：天底下真有这样了不起的君王？

德勇教授以令人赞叹的考证功夫让我们看到，下诏"罪己"这件事纯属司马光"随心所欲构建史事"的编造。不过，志在澄清史事的德勇教授颇有分寸地告诉读者，他的考证结果至多"可以很负责任地告诉学生，至少就《通鉴》的西汉部分而言，不具备一般意义上的史料价值"（辛德勇，《制造汉武帝》，页2）。

如今的大学生恐怕不会像史学名家那样有分寸感，他们也不知道司马光罗织的那些武帝所犯下的罪行是否同样"不具备一般意义上的史料价值"，难免会因此对司马光这样的历史思想家留下负面印象。这位大政治家为了达到其政治目的竟然随心所欲编造史事，令人不齿。按现代的政治觉悟或历史意识，这类政治目的不外乎是为专制服务。大学生们一般没谁会进一步去想，为何司马光明知武帝一生"穷奢极欲，繁刑重敛"，还要编造他临终前下诏"罪己"的事儿。当今的史学家若头脑简单的话，也不会去想为什么。

武帝治国"繁刑重敛"，似乎崇尚法术，而晚年下诏

---

① 蔡美彪，《中华史纲》，北京：社会科学文献出版社，2012，页58；详参宋超，《汉匈战争三百年》，北京：华夏出版社，1996，页82–86。

"罪己",又显得深谙儒术。据说,公元前136年,武帝在宫廷设立了五经博士,10多年后又指定50名太学生跟从五经博士修习儒术,无异于"创办了一所国立大学"。据此,美国哈佛大学的中国古代史名家费正清说:

> 汉武帝差不多像秦始皇一样是个完全信奉法家的君主,可是人们一般认为,在他统治时期,儒学成为了中国宫廷中占统治地位的哲学。①

言下之意,武帝表面上致力于建构儒家意识形态,骨子里却施行法家式的统治。当今古史学家的说法没谁会凭空捏造,个个言有所本。《史记》的写作年代最接近武帝的时代,想必是当今古史学家凭靠的第一手史料。事情的复杂性在于,我国古代的史家讲究"书法"。《制造汉武帝》最后一章以民国初期学人李笠的《史记补订》起笔,按这位史学家的眼力所见,《史记》书法可归纳为12条通例。其中一例为"叚托",意即"史贵详实,然亦有意主形夸,词务奇谲者,不可以循名而责实也"(辛德勇,《制造汉武帝》,页159)。

德勇教授由此引出一件史实:汉武帝从未独尊儒术,其治国理念实为"以霸王道杂之"。

---

① 费正清、赖肖尔,《中国:传统与变革》,陈仲丹等译,南京:江苏人民出版社,1992,页71,比较页72–73。

元帝继位以后,才从根本上改变了这样的指导思想,纯用儒家理念治国,从而真正转向所谓"守文"之路。(辛德勇,《制造汉武帝》,页171)

德勇教授还让我们看到,只要史家志在搞清史实,就不难看到这一点:从明代至今,都不乏这样的史家眼力(辛德勇,《制造汉武帝》,页167、172)。

武帝崇尚儒术,见于好些中外古史学家撰写的中国通史。大名鼎鼎的内藤湖南(1866–1934)说:"文景是黄老之学加名家、法家,而武帝则非常喜好儒学。"[①]现在我们得知,即便是名家的说法也未必可信。不过,无论武帝是否真的推崇儒术,后世的史家似乎一致认为,崇尚儒术等于好政治(德政),崇尚法术等于坏政治(酷政)。

当然,按新文化运动的观点,"独尊儒术"也是坏政治,几乎与"专制"是同义词,这意味着古代中国没有好政治。但历史已翻过新文化运动这一页,广义上的中国古代政治传统至少在名义上已恢复了名誉。那个古老的问题再度出现,即如何理解汉初立朝和立教所经历的从黄老之术治国到儒术治国的转移。《道德经》由"道"引出"德",韩非子讲法术或君王术本于"解老"和"喻老",何以崇尚法术就不是"德"政?

[①] 内藤湖南,《中国史通论》,夏应元译,北京:社会科学文献出版社,2004,页170;比较蔡美彪,《中华史纲》,前揭,页50;伊佩霞(P. B. Ebrey),《剑桥插图中国史》,赵世瑜等译,济南:山东画报出版社,2002,页44。

这个问题让人挠头,但成龙博士的"读书报告"仅用了一章篇幅(第四章)来处理。他关切的核心问题是:"汉武帝有立教之名却未能真正导民以德,司马迁对此颇有微词"(页14)。言下之意,司马迁已经看出,武帝崇儒是假。"读书报告"最后一章临近结尾时,成龙博士眼里的司马迁对武帝的立教已不是"颇有微词",而是重笔挞伐:

> 汉武帝立教改制,远不能重光黄帝(五德说),中不能复返周文(三统说),唯取近道,使秦时政法易名重现。司马迁痛心疾首的正在于汉武帝的立教事业,原本应当改制,然而不过以改制之名将秦制坐实为汉朝家法,使汉朝一方面不必再纠缠于汉承秦制与代汉而起的新朝论证,另一方面又实际延续了秦制。汉武帝虽有推行"复古更化"之名(《盐铁论·复古》),却既未"任德教",更没有"复古"。(页168)

看来,作者的观点与《制造汉武帝》的说法似乎并无不同。因为,作者笔下的司马迁认为,武帝仅仅表面上装得来致力扭转其先王以法术治国的60年传统,实际上他比其先辈更为彻底地回到了"繁刑重敛"的秦代。作者紧接着就说:

> 如果非要说是复古的话,那也不过是复辟秦制而已。只不过,此次不是沿用秦制,而是用隐微手法

为秦制提供了儒术的论证,"以儒术缘饰文吏"。此后,以法立国,以儒文明,成为共识。后世遂有"中国法律的儒家化"(瞿同祖)或"儒学的法家化"(余英时)的说法。先王乐教所带有的"情深而文明"(《史记·乐书》)的厚德状态再无可能。(页168–169)

"隐微手法"这项帽子扣得未必恰当,作者若要描述武帝的"手法",也许用我们所熟悉的修辞更准确:这就是形右而实左,与我们曾经万分警惕过的形左而实右恰好相反。

无论如何,"独尊儒术"不再是一个历史罪名,应该背负历史罪名的是阳儒阴法传统。作者最后还说:"由此,才有了20世纪革命时期转身回望的斩截之论。"这无异于说,20世纪中国革命的正当性在于反阳儒阴法传统。作者引用为戊戌变法献出了生命的谭嗣同的话为证:

> 二千年来之政,秦政也,皆大盗也;二千年来之学,荀学也,皆乡愿也。(谭嗣同,《仁学》)

笔者相信,在熟悉中国思想史或政治史的行家眼里,如今谁要说中国"二千年来之学,荀学也,皆乡愿也",肯定会被视为学无根柢的不知所谓。但是,"中国法律的儒家化"或"儒学的法家化"之类的说法又能好到哪里去?

关于中国政治传统的现代式概括的说法多种多样,

作者仅引述这三种说法恐怕颇具用心。如此引述实际上让现代中国进入眼下的世界历史时刻的百年历程跃然纸上：从戊戌变法经新文化运动到改革开放初期。若当今的博士生熟悉谭嗣同(1865–1898)之后的瞿同祖(1910–2008)和余英时(1930–)的学术经历，以及《中国封建社会》(1937)和《士与中国文化》(1987)两书在当时所产生的适时影响，那么，他们不假思索也会知道，自己接下来该做什么，如果他们多少有些政治正确的史学意识的话。

与开篇关于"该如何走出中世纪"的说法相呼应，作者似乎暗示：即便如今为儒术恢复了名誉，不等于今天的我们还应该或能够回到"中世纪"。毕竟，"中世纪"这个世界史术语并非仅仅指欧洲的中古时期或中国古代的"封建专制"时期。据笔者所知，在改革开放初期，它也被以古喻今地用来指现代中国的某个历史时刻，而且，如此用法迄今仍具有广泛的潜在影响。[①]倘若如此，作者的意思就很可能是说：即便如今为新法术恢复了名誉，也不等于还应该或能够回到那个"中世纪"。

凭靠这种"走出中世纪"的政治史学意识，作者才看出司马迁对武帝"颇有微词"的"笔法"吗？

> 司马迁于立教事宜心有戚戚，笔法曲折，分散于《史记》各处，汇总而观，才可能看到他在立教时刻

[①] 比较朱维铮，《走出中世纪》，上海：上海人民出版社，1987；(增订本)上海：复旦大学出版社，2007/2009；北京：中信出版社，2018；朱维铮，《走出中世纪二集》，上海：复旦大学出版社，2008。

的史家笔法。(页14)

在笔者看来,这话也适用于作者自己:他对当今世界历史的中国时刻的立教事宜心有戚戚,但笔法曲折,分散于笔记各处。表面看来,作者是在重述《史记》的历史叙述(上起黄帝,下至汉武),实际上心有戚戚的是世界历史的中国时刻的德性问题。作者说,司马迁把配享土德的黄帝作为五帝之首,无异于设立了"人世历史"的起点和原则,汉武帝改汉德为土德与此首尾呼应。在此框架下,司马迁铺展了涵盖黄帝(太古)、秦始皇(中古)、汉初先帝(近古)与汉武帝(当朝)的多重古今之变(页14)。周秦之变堪称古代中华帝国经历的第一次古今之变,如果这次古今之变确立了阳儒阴法的传统,那么,要真正实现从秦法治国到儒术治国,就有待于当今世界历史的中国时刻。

作者的笔法曲折,仅举一个例子就可见其一斑。在作为"引言"的第一章中,作者说《史记》虽然从黄帝起笔,但司马迁的思考实际聚焦于两大古今之变:周秦之变和秦汉之变,而"这两大古今之变,贯穿着立朝与立教两条线索"(页7)。这时,作者下了一个脚注,以此证明五帝本纪的历史叙述无异于开启了立朝与立教两大事业的论题,而这个论题与其说属于史学性质,不如说具有政治哲学意味。

坦率地说,这个脚注让笔者看得心惊肉跳:被作者用作证言的竟然是马基雅维利(1469–1527)的说法和新

法术时期的"四个伟大"叙事!在接下来的正文中,作者又说:

> 周朝末年和秦朝末年频频有德性讨论,其实是在问立朝之后的立教问题,如果不能提供新的教化,国朝如何真正立得起来?(页8)

把这段话与下一小节开篇的说法联系起来看又会怎样呢?

> 立教是确立官奉学说、改正朔,要害在立德。立朝而不立教,则无法导民以德,延绵政权。(页13)

这类分散于笔记各处的说法暗中指向了一个幽暗的政治史学问题:何谓新的政治方式或制度。马基雅维利提出这个政治哲学问题,凭靠的是重述李维笔下的罗马史。[①]这与我们的作者重述司马迁笔下的中华史有什么差别吗?

国家出版机关并未规定,书名得配上汉语拼音,或译成英文,作者却附上了拉丁语译名,让人联想到罗马帝国式的通用语。不仅如此,在"读书报告"中,作者频频给重点字词附上各色洋文。说到"西方思想以'首'为'起

---

① 比较曼斯菲尔德,《新的方式与制度:马基雅维利的〈论李维〉研究》,贺志刚译,北京:华夏出版社,2009。

点'和'原则'"时,用括弧为"首"字加了拉丁字母转写的希腊文arche(页20),算得上名正言顺。但说到"宰我此问颇为'张狂'"时,作者用括弧为"张狂"加了拉丁字母转写的希腊文hubris(页26),就意在汇通中西了。[①]与钱钟书式的中西语句汇通相比,如此笔法的政治史学意味恐怕只能说是大异其趣。

作者的"读书报告"共七章,"引言"并未如常见的那样独立出来,而是作为第一章,似乎要凑足"七"这个神秘之数。倘若如此,夹在中间的一章(第四章)虽然篇幅最短(除作为引言的第一章外),其论题就具有隐藏意味,它恰好涉及崇尚法术何以不是"德"政的问题。

一旦意识到这一点,这一章最后一节说的"事情"就值得我们仔细品味:"阴谋"可用于"修德"也可用于"逆德"。因此,"阴谋修德"还是"阴谋逆德",端在于"在位者如何确立国朝德性,从而形塑国朝道路,避免僵化老路和易帜之危"(页83)。

19世纪后期的著名世界史学家布克哈特(1818–1897)以关注西方的古今之变著称。在他眼里,西方的古今之变有四次:希腊古典时期的希波冲突以及苏格拉底的立教为第一"变",君士坦丁打造第二罗马帝国及其立

[①] 诸如此类的汇通贯穿全书:在说到"颠覆某个政权"时,用括弧为"颠覆"一词加了英文upside down(页79);提到"统治秘术"时,用括弧附上了拉丁语arcana imperii(页117);在引用"迂远而阔于事情"时,用括弧为"事情"一词加了英文condition(页157);在说到司马迁批评秦朝"议卑而易行"时,用括弧附上英文low but solid ground(页160)。

教为第二"变",意大利文艺复兴时期的人文主义者的立教为第三"变",最后是以法国大革命的立教为标志的第四"变"。

关于前三个古今之变,布克哈特都留下了传世之作。①关于第四次古今之变的史学思考,布克哈特虽然没有写书,但他在巴塞尔大学开设的题为"革命年代的历史"讲座课程(1859)留下的讲稿足有400多页,与专著没什么差别。②

无论中国还是西方历史上的古今之变,实质问题都是立教而不是立朝。人类有文史可查的三千年文明史,各色政体立朝之数不可数,立教之数则可数。与西方相比,中国虽然古老,所遭遇的古今之变没那么多。自周代奠立帝国雏形以来,中华帝国经历过的真正算得上古今之变的历史时刻,严格来讲仅有两次:第一次在东周至汉代初期,"秦政的历史教训不在于立朝的武力选择,而在于没有着手立教"(页49)。第二次在19世纪末至当今,

---

① 布克哈特,《君士坦丁大帝的时代》,宋立宏等译,上海:上海三联书店,2006;布克哈特,《意大利文艺复兴时期的文化》,何新译,北京:商务印书馆,1979。三卷本《古希腊文化史》在布克哈特生前并未刊印,由布克哈特的侄子编辑出版(权威考订本Jacob Burckhardt, *Griechischer Kulturgeschichte*,三卷本,Rudolf Marx编,Stuttgart, 1952)。中译本依据英文节译本迻译:布克哈特,《希腊人和希腊文明》,王大庆译,上海:上海人民出版社,2008。

② Ernst Zeigler编, *Jacob Burckhardts Vorlesung über die Geschichte des Revolutionszeitalters*, Basel/Stuttgart, 1974。法国大革命之后,西方思想界对革命成因的反思,直到20世纪也还没有达成共识。参见Alfred Cobban, *Historians and Causes of the French Revolution*,修订版,London, 1958。

"五四"时期"打倒孔家店"的口号表明,汉代一朝立教就延续了2000多年。

既然作者把古代和现代的古今之变叠合在一起思考,并以"世界历史的中国时刻"作为关键性的历史背景,我们就值得搞清武帝和司马迁所面对的国际政治处境和国内意识形态处境与今天有何异同。不澄清这两个问题,我们没可能恰切理解作者所理解的"世界历史的中国时刻"的具体含义。

二 武帝西征与世界史上的第一次世界大战

"读书报告"第六章专论武帝,题目是"武帝立教:'且战且学仙'"。标题中的引文来自司马迁,但作者在行文中则说,"汉武帝一边着手平定四夷,一边着手立教事业,希望两手抓两手都要硬"(页138)。笔者难免感到好奇:"学仙"可以等同于抓"立教事业"而且手段还"硬"?

这个问题属于武帝如何处理国内意识形态,留待下节再说。先看国际政治问题:如果平定四夷堪称武帝的伟大历史功绩,那么,又该如何看待后人指责他"横征暴敛、穷兵黩武"?

翻开《匈奴列传》即可看到,从周代之初至汉初,匈奴边患从未间断。《匈奴列传》的叙述几乎与周代以来的华夏史平行,或者说,匈奴"侵盗暴虐中国"伴随着中华帝国的艰难成长。"筑长城以拒胡"起自战国后期(与匈奴为邻的燕、赵、秦三国皆筑长城),而非秦始皇重建中华秩序之后。换言之,趁华夏共同体长期内战,匈奴集团从未放过扩张辖地和控制华夏之机。

"汉初定中国"时,匈奴集团即夺取高祖分封给韩王的代郡(今山西北部),并随即攻太原深入晋阳(今太原西南)。头脑缺乏谋略的高祖亲率32万大军应敌,冒顿40万大军佯败,退至平城(今大同市东北),设伏将率少数人马尾追冒进的高祖包围于白登山(今山西定襄县)一带。[1]高祖被困七日不敌,修书与匈奴提出结"和亲之约"做友好睦邻。冒顿并未因高祖提出"和亲"而罢兵,由于韩王信手下投降匈奴的两位部将答应合围高祖却迟迟未到,冒顿怀疑"其与汉有谋",才"解围之一角"放高祖一马(《匈奴列传》)。

今天的一些史书说,从此汉初因"和亲"之策而享有60年安宁。看《匈奴列传》才知道,情形绝非如此。"和亲"之策并未解除匈奴不断犯边之患,相反,由于国内政局不稳,时有汉将降匈奴,冒顿多次背约,"常往来侵盗"。

至"吕太后时,汉初定",冒顿仍然骄横,"高后欲击之",诸将领畏敌不前,中央只得继续推行"和亲"之策。文帝继位后起初仍持"和亲"之策,因匈奴继续入侵"杀略人民"才断然用兵进击,甚至亲临太原前线。

---

[1] 参见宋超/孙家洲,《秦直道与汉匈战争》,西安:陕西师范大学出版社,2018,页77–94;许盘清编,《史记地图集》,北京:地震出版社,2017,页339–340。

次年，冒顿修书致文帝，提出复修和亲之事，司马迁全文引述了这封满篇和平友好言论的国书。根据司马迁在前面对冒顿好用计谋的描述，我们不难体会到，冒顿复修和亲之议八成是缓兵之计。中央开会讨论"击与和亲孰便"，因畏惧匈奴而主张"不可击"的论调占了上风，文帝只得接受冒顿复修和亲之议。

冒顿驾崩后，继任单于并未改弦更张：

> 汉孝文皇帝十四年，匈奴单于十四万骑入朝那、萧关，杀北地都尉印，虏人民畜产甚多，遂至彭阳。使奇兵入烧回中宫，候骑至雍甘泉。（《匈奴列传》）

为防御匈奴进击长安，文帝甚至"发车千乘，骑十万"守备京畿。这样的国家状态若称得上"安宁"，只会是苟且偷安，迟早会被颠覆。文帝不得不再次主动出击，但他仅仅将匈奴"逐出塞即还，不能有所杀"。

> 匈奴日已骄，岁入边，杀略人民畜产甚多，云中、辽东最甚，至万余人。汉患之，乃使使遗匈奴书。单于亦使当户报谢，复言和亲事。（《匈奴列传》）

文帝加强戍边，派重兵防御匈奴，至"景帝复与匈奴和亲，通关市，给遗匈奴，遣公主"。若这就是"文景之治"的基础，那么，在今天看来，"文景之治"未必值得称道。武帝继位后对匈奴采取强硬方针主动进击,不能不说是英明之举。

如今的通史类史书会大而化之地告诉我们:公元前129年,武帝发兵进击匈奴,历时近20年,取得了一系列重大军事战果:先夺取今内蒙河套地区,后控制河西走廊(公元前121年设立武威、酒泉两郡,公元前111年设张掖、敦煌两郡),先后移民70万,中华帝国的西北防线由此推至漠北塔里木盆地一带。

与《匈奴列传》对观,我们会发现这样的概括实在太过掉以轻心。按司马迁的记叙,武帝为了控制河西走廊,曾与匈奴反复交手较量,战况惨烈,绝非轻易而得。即便设酒泉、燉煌郡后,匈奴右贤王亦曾"入酒泉、张掖,略数千人"。用今天的话来说,武帝最终把河西走廊纳入疆域,是无数华夏先辈用鲜血和生命换来的。①

我们的作者说,司马迁虽然充分肯定武帝主动打击匈奴的国策,但他恰恰又在《匈奴列传》中说武帝"建功不深"。如此笔法表明,在作者看来,对司马迁来说,征服匈奴还不能代替"兴起'圣统'"即抓立教的事业(页147)。

笔者对这一说法感到好奇,特别细看《匈奴列传》的结尾:

> 太史公曰:孔氏著《春秋》,隐桓之间则章,至

---

① 参见宋超,《汉匈战争三百年》,前揭,页40–79;宋超/孙家洲,《秦直道与汉匈战争》,前揭,页121–162。

定哀之际则微,为其切当世之文而罔襃,忌讳之辞也。世俗之言匈奴者,患其徼一时之权,而务谄纳其说,以便偏指,不参彼己;将率席中国广大,气奋,人主因以决策,是以建功不深。尧虽贤,兴事业不成,得禹而九州宁。且欲兴圣统,唯在择任将相哉!唯在择任将相哉!

这段结语文意曲折,的确有看头。司马迁先提到孔子的春秋笔法,无异于公开而非隐晦地告诉读者,《匈奴列传》即按此笔法写成。随之司马迁就让读者看到,自己如何"刺武帝",而后世之人也很容易看出,他指责武帝"谄纳小人浮说,多伐匈奴,故坏齐民"(《史记·正义》)。换言之,就"刺武帝"而言,司马迁的笔法谈不上有什么"忌讳",而是明确认为:即便打击匈奴实属必要,也没必要"多伐",以至于国民生活一塌糊涂——这就与"横征暴敛、穷兵黩武"的后人评价对得上了。

最后一句将"兴圣统"与"择贤将相"联系起来,令人费解。毕竟,"择贤将相"属于立朝而不是立教事业:立朝不稳,何以立教?"唯在择任将相哉"这个感叹句重复了一次,可见司马迁痛心疾首,堪称切当世之言。回头再看《匈奴列传》,的确有让人感到蹊跷之处。

司马迁写到,景帝坚持不懈地采取和亲政策取得了成效,至景帝终,匈奴仅仅"时小入盗边,无大寇"。

今帝即位,明和亲约束,厚遇,通关市,饶给之。

匈奴自单于以下皆亲汉，往来长城下。

言下之意，若武帝坚持和亲政策（用儒术），匈奴未必不会与新生的中华帝国和睦相处下去。可是，武帝随后就设计了一项剪灭匈奴主力的战役方案（用法术）：设30万伏兵于马邑城（今山西朔县），用欺骗手段让单于以为能轻易取得马邑，趁单于"以十万骑"前来时一举灭之。单于上钩，但"未至马邑百余里，见畜布野而无人牧者"，起了疑心，加上被俘的雁门尉史告密，武帝的谋略未能得逞。司马迁紧接着就说：

自是之后，匈奴绝和亲，攻当路塞，往往入盗于汉边，不可胜数。

这是不是说，武帝用"谋"反倒断送了景帝的和亲政策所打造的与匈奴的和睦关系呢？或者，这是否就是司马迁所谓"兴圣统"却"建功不深"的意思呢？如果司马迁是所谓敦厚之儒，那么，这种情形并非没有可能。

但我们值得注意到，司马迁颇为详细地记叙了冒顿（公元前209–前174）的崛起：他"尽诛其后母与弟及大臣不听从者""自立为单于"，而"是时汉兵与项羽相距，中国罢［通"疲"］于兵革，以故冒顿得自彊，控弦之士30余万"（《匈奴列传》）。

换言之，趁中国改朝换代之机，冒顿企图扩大汗国疆域，吞并中国（笔者不得不想到20世纪20年代的日本）。

> 至冒顿而匈奴最疆大，尽服从北夷，而南与中国为敌国。(《匈奴列传》)①

既然如此，这时的汉朝中央若有人一再主张和亲，就会让今天的我们想起汪精卫之流。无论如何，我们很难设想，司马迁会迂腐到不懂得实际政治是怎么回事。

"汉初定中国"时的60年间，国内政局尚未完全稳定，匪患和叛乱时有发生，而国际处境则相当险恶：冒顿的汗国正在积极扩张，试图建立区域霸权。

笔者不禁想起自己的亲身经历：1969年秋，笔者刚上初中，学校马上进入一级战备，第一周的课程是原子弹防护知识、步兵打坦克法和战地救护伤员。随后野营拉练整整两个月，每天累得脸色惨白，但笔者如今绝没有理由说，这会带来"坏齐民"的结果。毋宁说，一边以新法术抓立教事业，倒可能会有如此结果。

话说回来，以这种方式抓立教事业，似乎又恰恰是因国际政治处境险恶所迫。1964年8月，美军驱逐舰在东京湾北部遭遇北越鱼雷艇袭击之后，不到一年时间，投入越南南部战场的美军由12000猛增到20万，我国西南边疆面临的军事压力随之猛增。②毛泽东当即考虑到，一旦美军进攻北越，中国必须干预，但如何干预，"主力是否放

---

① 详参王子今，《匈奴经营西域研究》，北京：中国社科出版社，2016，页31–115。
② 艾泽曼，《美国人眼中的越南战争》，孙宝寅译，北京：当代中国出版社，2006，页58–74。

在第一线或河内,值得考虑"。1965年4月初,美军从航母上出发的舰载机两次入侵海南岛空域,毛泽东下令"坚决打",并指示从青岛调一个师到海南岛增强防御。①

随后几年里,美军持续轰炸北越,投放的炸弹数量超过第二次世界大战期间美军对德日投弹量的总和。在北面,苏联不断增兵,中苏和中蒙边界的战争压力不断增大。新生的共和国再度面临两面受敌的危难处境,其危难程度甚至超过1950年的朝鲜半岛危机。

1967年8月,军工重镇重庆的"文革"两派正陷入炽热的"武斗",解放军工程兵54师却在涪陵(邻近重庆)的乌江边深山开工打造第二个原子弹制造基地,以防苏俄或美国摧毁我国西部的核武基地。几乎与此同时,解放军空七师用西南军工基地制作的"红旗二号"地对空导弹在浙江上空成功击落国民党的U2型高空侦察机。

1978年秋,笔者走进大学校门,一个学期即将结束之际,与校为邻的13军某野战师驻地突然一夜之间人去楼空,再也听不见每日已经熟悉的作息军号声。3个月后(1979年2月17日),一场西南边境自卫反击战就打响了。②随后,10万苏军进入中亚腹地阿富汗,扶植起一个附庸政权,从地缘战略地图上看,似乎在策应越南凭靠武力建立"印度支那联邦"。中国曾不遗余力地支持邻邦抗

---

① 中共中央文献研究室编,《毛泽东年谱》,北京:中央文献出版社,2013,第五卷,页384–385, 498。
② 参见倪创辉,《中越战争十年》,上册,香港:天行健出版社,2010,页41–105。

击欧式大国干涉本国内政,未料邻邦在解决内政问题后,竟然模仿欧式强权的做法——这也是历史的进步?

如今我们很少有人愿意记得,直到1989年,新中国才实际上解除战争状态。当代的史家都清楚,戈尔巴乔夫得以访华的前提条件有两个:第一,不再支持越南建立"印度支那联邦"的企图,第二,苏军撤离中亚腹地阿富汗。

在《天官书》中,司马迁如此描述武帝鼎定国疆时的天象:

> 汉之兴,五星聚于东井。平城之围,月晕参、毕七重。诸吕作乱,日蚀,昼晦。吴楚七国叛逆,彗星数丈,天狗过梁野;及兵起,遂伏尸流血其下。
>
> 元光、元狩,蚩尤之旗再见,长则半天。其后京师师四出,诛夷狄者数十年,而伐胡尤甚。越之亡,荧惑守斗;朝鲜之拔,星茀于河戍;兵征大宛,星茀招摇:此其荦荦大者。若至委曲小变,不可胜道。由是观之,未有不先形见而应随之者也。(《天官书》)

武帝平定四夷时的天象未必都是吉象,我们是否可以认为,司马迁在借天象表达微词?的确,司马迁在这里说"兵征大宛,星茀招摇",但他在《匈奴列传》中则说:

> 汉既诛大宛,威震外国。天子意欲遂困胡,乃下诏曰:"高皇帝遗朕平城之忧,高后时单于书绝

悖逆。昔齐襄公复九世之雠,春秋大之。"(《匈奴列传》)

武帝把成功远逐匈奴视为实现"春秋大义",而司马迁在这里引用了武帝的原话,我们能认为他怀疑武帝崇儒是假?看来,司马迁的政治意识精细绵密,很难像今天那样划分左右。儒家讲"厚德"不等于不分敌我,更不等于不在乎家仇国耻。

武帝"诛大宛"之前200多年时,亚历山大进兵至波斯本土,破波斯城后一把火烧掉,为一个半世纪前(公元前480年)波斯王薛西斯一世焚毁雅典卫城报仇雪耻。在西方的史家看来,亚历山大虽然出生在泛希腊城邦共同体边缘的马其顿,却具有自觉承继希腊文明的政治意识。

兰克(1795-1886)有现代西方史学之父的美誉,他用这样的文字描述亚历山大的复仇:

> 趁着狄奥尼索斯的庆典,马其顿人一把火点燃了波斯城——这是希腊诸神的复仇。这座位于皇陵旁的波斯寝宫由雪松木为主体,瞬间化为绚烂的火海。雅典的苔伊丝——狄奥尼索斯庆典上会有歌姬的表演——手持火把与亚历山大并肩而立,波斯人终于要为曾对雅典卫城犯下的罪行付出代价了。[①]

---

① 兰克,《世界史》,陈笑天译,长春:吉林出版集团,2017,页294。

对司马迁笔下的平城之战,当代日本学界研究东亚古代史的名家杉山正明有妙笔生花般的重述,并称此役"在世界史中也具划时代象征意义"——据说它标志着"所谓的'游牧民时代'正式揭幕"。这位史学名家还称匈奴为"弱者",似乎高祖败走平城,算得上世界历史上"弱者"反抗强者的胜利。①

杉山正明是日本人,他这样说并不奇怪,奇怪的是,他声称自己的说法乃依据司马迁。我们则可看到,按司马迁的记叙,匈奴"急则人习战攻以侵伐,其天性也","苟利所在,不知礼义";冒顿"以鸣镝自射其爱妻",并令"左右"随之,否则斩之,以此方式训练匈奴军人的服从和勇敢。冒顿当王后,随即"大破灭东胡王,而虏其民人及畜产":

> 既归,西击走月氏,南并楼烦、白羊。悉复收秦所使蒙恬所夺匈奴地者,与汉关故河南塞,至朝那、肤施,遂侵燕、代。(《匈奴列传》)

在《大宛列传》中我们还看到,冒顿击走月氏族时,甚至"以其[王]头为饮器"。世界历史上有这样的"弱者"?

司马迁说"汉既诛大宛,威震外国",指公元前104

---

① 杉山正明,《游牧民的世界史》,黄美蓉译,北京:中华工商联合出版社,2014,页80—83。

至前101年间,武帝号令中华军队越过帕米尔高原,远征位于高原西麓费尔干纳盆地的大宛(今乌兹别克斯坦东部费尔干纳[Farghana]地区)。我们值得意识到,大宛是古中华帝国与古地中海"天下"的帝国势力直接发生接触的地方。既然西方的古史学家把亚历山大东征视为世界历史上的伟大事功,我们也应该把武帝西征视为世界历史上的伟大事功,尽管要说清这一点就不得不多费些笔墨。

公元前330年,亚历山大破波斯帝国皇城后继续东进,兵至中亚腹地,夺取阿列亚(今阿富汗境内)后,迅速向东北方向推进,越过兴都库什山脉,进入波斯帝国东北部的巴克特里亚(Bactria,兴都库什山与阿姆河之间地带)行省。

波斯是多民族帝国,巴克特里亚总督贝苏士(Bessus)试图趁大流士兵败之机自立,讨好亚历山大,指望希腊联军就此止步。亚历山大不吃这一套,迅疾夺取其首邑(今阿富汗中北部古城巴尔赫[Balkh]附近)。贝苏士也非等闲之辈,他避敌锋芒,退走北面的索格底亚那(Sogdiana,今塔吉克斯坦和乌兹别克斯坦接壤的泽拉夫尚河流域,我国古书称"粟特")。亚历山大紧追不舍,率希腊联军兵锋直指索格底亚那,迅速夺取其首邑马拉坎达(Maracanda,今乌兹别克斯坦第二大城市撒马尔罕)。

至此,亚历山大已经抵达波斯帝国的东部边界,但他仍不满足,继续向北,接管波斯帝国的边境要塞,在锡尔河一带与塞克游牧集团反复交手。巴克特里亚和索格底亚那不断出现骚乱，亚历山大无力继续向北推进，只得在锡尔河畔的赫拉特（Herat，今塔吉克斯坦北部列宁纳巴德州首府，我国古书称"苦盏"或"忽禅"）建了一座堡垒城，史称"极地亚历山大城"（Alexandria Eschate），作为抵御锡尔河以北塞克游牧集团的据点。

为了平定巴克特里亚和索格底亚那（西南一部），亚历山大足足耗费了差不多两年时间。在这里，亚历山大不仅负过伤（胫骨受伤），还娶了当地公主罗克珊娜（Roxane）为妻，他仅有的一个合法儿子即由此女所出。亚历山大还让其部将塞琉古（Seleucus Nicator，公元前358–前281）也娶了一位当地酋长之女阿帕玛（Apama），可见，亚历山大打算对原波斯帝国疆域照单全收，并通过"和亲"推行希腊化。①

公元前327年夏天，亚历山大在巴克特里亚留下一批希腊移民和相当数量的驻军（大约3万步兵和数千骑兵），才南下进击印度北部。希腊联军在印度发生兵变，亚历山大不得已返回美索不达米亚，在古老的巴比伦城建立了西方的第一个"天下帝国"（the ecumenic empire）。就当时的疆域版图而言，这个帝国包括中亚西部地带。

---

① 德罗伊森，《希腊化史：亚历山大大帝》(1836)，陈早译，上海：华东师范大学出版社，2017，页280–315；麦高文，《中亚古国史》，章巽译，北京：中华书局，1958 / 2004，页76–77；王治来，《中亚史纲》，长沙：湖南教育出版社，1986，页57–58；博斯沃思，《亚历山大帝国》(1988)，王桂玲译，西宁：青海人民出版社，2006，页93–103；扎林库伯，《波斯帝国史》，张鸿年译，上海：复旦大学出版社，2011，页186–199；哈尔马塔主编，《中亚文明史》，卷二，北京：对外翻译出版公司，2015，页44–46。

今人关于古希腊的通史书，即便部头很大也多注重亚历山大进兵印度，对亚历山大兵至中亚地带并有所经营，往往几笔带过。①毕竟，古书中留下的记载太少，而系统的考古发掘据说在20世纪中期才开始。

在今天看来，亚历山大进兵中亚所具有的世界史意义更为重大。这不仅是因为，亚历山大曾经踏足今阿富汗地区，"在2002年美国领头的入侵之前，没有哪支外国军队取得过类似的胜利。"②更为重要的是，亚历山大驾崩后，希腊化的"天下"虽然随即上演三国志，亚历山大部将塞琉古及其后继者控制这一中亚地带长达近200年，整个巴克特里亚、中亚河中地区和费尔干纳盆地都曾经属于其辖地。公元前281年塞琉古之子安提俄克一世（Antiochus I Soter，公元前324–前261）继位后，在"极地亚历山大城"旧址重建安提俄克城（Antioch of Scythia，《新唐书·西域传》称"俱战提"），还修建了长达235公里的围墙（今土库曼的拜拉姆·阿里城附近可见其废墟），堪称希腊人的东部长城。③

兰克绝非实证史家，而是政治史学大家，其眼力目

---

① 比较伯里，《希腊史》(1900/1913)，陈思伟译，卷三，长春：吉林出版集团，2016，页971–983；哈蒙德，《古希腊史》(1959)，朱龙华译，北京：商务印书馆，2016，页1000–1008。亦参杜查理，《亚历山大大帝》（历史小说），译者不详，北京：中国人事出版社，1996，页660–701；格林，《马其顿的亚历山大》，詹瑜松译，北京：民主与建设出版社，2018。
② 莫里斯·鲍威尔，《希腊人：历史、文化和社会》，陈恒等译，上海：格致出版社，2014，页555。
③ W. W. Tarn, *The Greeks in Bactria and India*, Cambridge University Press, 1938/1951, pp. 1–33.

光如炬,迄今令人赞叹——他说:

> 在世界剧场的舞台上,塞琉古即便不是不朽的帝王,也是闪耀的巨星。他的故事颇具传奇色性——类似于居鲁士和罗慕路斯,足见同时代人对其推崇的程度。他主导了这一时期的主要战争,一开始与吕希马库斯平分小亚细亚,随后又将其整个收入囊中,形成从达达尼尔海峡到印度河的大帝国。他是真正巩固了马其顿—希腊的世界霸权的关键人物。[①]

不过,在兰克看来,塞琉古帝国"既非亚历山大之继续,亦非波斯帝国之更新",毋宁说它"更像是巴比伦—亚述帝国之复兴"(同上),则应该算是看走了眼。毕竟,塞琉古及其后继者是希腊人,塞琉古帝国的分裂最初也源于帝国行省的希腊人总督。

公元前256年,塞琉古的孙子安提俄克二世(Antiochus II Theos,公元前286–前246)在位期间,趁托勒密二世从西面攻击塞琉古帝国之际,巴克特里亚的希腊人总督狄奥多图斯一世(Diodotus I,公元前285–前239,塞琉古二世的妹夫)脱离塞琉古帝国,自立为王,史称希腊—巴克特里亚王国(Greco-Bactrian Kingdom)——司马迁在《史记》中称"大夏"。4年后(公元前246年),即秦王嬴政

---

① 兰克,《世界史》,卷一,前揭,页315。

元年，周帝国的分裂局面开始走向尾声。这个时候，罗马共和国才正在结束第一次布匿战争（公元前264–前241），凭靠夺取西西里站稳脚跟。

接下来，以塞琉古帝国的挣扎和倾覆为中心，爆发了世界史上有记载以来的第一场世界大战，历时长达近两个世纪。卷入这场大战的地缘政治势力，西至地中海的罗马共和国和托勒密王国，东至中亚的希腊—巴克特里亚王国和南亚的孔雀王国。最终结果是，西方的罗马帝国与中东的帕提亚帝国（Parthian empire，公元前247–公元224）在战争中崛起，经过长达一个世纪的交手，在公元前最后的10余年里达成妥协。

汉武帝的西征发生在这场世界大战的转折关头，虽然两个战场没有连接在一起，从世界历史来看的确具有重大意义。

公元前249年，即巴克特里亚脱离塞琉古帝国不久，这个希腊化帝国的帕提亚（Parthia，北至美索不达米亚的幼发拉底河，东抵中亚的阿姆河）行省总督安德拉戈拉斯（Andragoras，原波斯贵族）叛变。10年之后，盘踞在从里海到特詹河（Tedzhen）流域农耕绿洲边缘地带的帕尔尼人（Parni）部落联盟在其酋长安息塞斯一世（Arsaces I，生卒年不详）率领下，入侵帕提亚，杀掉希腊总督，逐步建立起帕提亚帝国（《史记》中称"安息"）。

希腊人的塞琉古帝国并未轻易罢休，公元前230–227年间，塞琉古二世（Seleucus II，公元前246–前225年在位）发动了收复已分裂出去的帝国东部行省（帕提亚和巴克特里亚)的战争。由于地中海南面的托勒密王国不断进击塞琉古帝国西部(史称"叙利亚战争"),塞琉古二世的清剿行动本来已经取得成效,为了应付西面之敌不得不退出已经平定的东部失地。

托勒密三世(Ptolemy III,公元前246–前222年在位)继位后,趁塞琉古帝国内乱继续向东推进。尽管如此,安提俄克三世(Antiochus III,公元前241–前187)继位后,塞琉古帝国在收复东部行省失地方面仍然有可观斩获。安提俄克三世没有料到,罗马共和国崛起得实在太快。趁两个希腊化王国陷入地缘冲突,罗马人迅速东进,从小亚细亚入侵塞琉古帝国,并在公元前190年重创安提俄克三世。[1]

塞琉古帝国并未随即倾覆,在接下来的半个世纪里,这个希腊化帝国苦苦挣扎,既要对付东部不断崛起的帕提亚帝国,又要对付西部迅速崛起的罗马共和国。公元前131–前130年,安提俄克七世(Antiochus VII,公元前138–前129在位)凭靠当年亚历山大在中亚地区播下的希腊化城市作内应,数度重创帕提亚帝国势力,并一度深入其腹地。然而,从西面入侵的罗马人在背后插了一刀:公

---

[1] 麦高文,《中亚古国史》,章巽译,前揭,页78–82;王治来,《中亚史纲》,前揭,72–84;塞克斯,《阿富汗史》,张家麟译,第一卷上册,北京:商务印书馆,1972,页116–144;145–169;扎林库伯,《波斯帝国史》,前揭,页213–238;小谷仲男,《大月氏:寻找中亚谜一样的民族》,王仲涛译,北京:商务印书馆,2017,页21–49;哈尔马塔主编,《中亚文明史》,卷二,前揭,页67–70;W. W. Tarn, *The Greeks in Bactria and India*, 前揭,页71–128。

元前129年，英勇的希腊帝王安提俄克七世在与罗马人的战斗中身先士卒，壮烈牺牲。

西方的古代史家会提醒我们，公元前129年是"希腊化中亚历史上的一个转折点"，塞琉古帝国从此不复存在，其疆域收缩为叙利亚地带。由于罗马人接替希腊人与帕提亚帝国交手，而帕提亚帝国自身又屡屡出现分离性动乱，这场世界大战还要持续一个世纪。[①]

我们则应该想起，汉武帝恰好是在公元前129年对不断"侵盗暴虐中国"的匈奴发动第一波全面攻势，并在20多年后远击大宛。[②]

在此之前的公元前230或前223年时，脱离塞琉古帝国的希腊—巴克特里亚王国在欧绪德摩斯一世（Euthydemus I，公元前260–前195）治下向北扩张，夺取了大宛，并按希腊方式在各村镇修建坞堡。他的儿子德墨特留斯一世（Demetrius I，公元前222–前180）在位期间（公元前200年起），希腊化的巴克特里亚王国又向兴都库什山脉以南和西北印度扩张，俨然有成为帝国的态势。

因此，100多年后，武帝的中华军队兵至大宛，堪称中国与西方印欧民族的首次政治性接触。据说，"宛"很可能转译自梵语的耶婆那（Yawana），巴利语写作Yona，而这个语词转写自Íōnes (Ἴωνες = Ionians [伊奥尼亚人])，因为，"耶婆那"泛称随亚历山大东征移居南亚和

---

① 哈尔马塔主编，《中亚文明史》，卷二，前揭，页94–97。
② 参见许盘清编，《史记地图集》，前揭，页396。

中亚的希腊人。①

希腊化的巴克特里亚（大夏）地处西亚与中亚接壤地带，往南可通印度北部的孔雀王朝，往东可通中华帝国，往北可通中亚和西伯利亚，堪称地缘政治学上所谓的通道地带（Gateway Zone）。无论在当时还是19世纪中叶世界历史进入帝国主义时代抑或今天，这一地带又算得上地缘政治学上所谓的破碎地带（Shatter Zone）。②

大夏虽然脱离了塞琉古帝国，毕竟是亚历山大东征时所开辟的属地，而且长期承认塞琉古帝国为宗主国，自然成了希腊化王国抵御"好斗的"游牧集团的东部屏障。100多年后武帝西征，中华帝国就与希腊化王国对游牧集团形成夹击态势，或者说形成了地缘政治学上所谓的挤压地带（Compression Zone）。

重要的是，今天的我们应该看到，这个时候，世界历史上波澜壮阔的第一次世界大战还没有结束。

三 司马迁笔下的远伐大宛

亚历山大的抱负和汉武帝的骨气在世界历史上相遇，共同开辟了名垂青史的丝绸之路，尽管此路实际开

---

① John E. Hill, *Through the Jade Gate to Rome: A Study of the Silk Routes During the Later Han Dynasty, 1st to 2nd Centuries CE.*, South Carolina, 2009, p.167.
② 比较霍普柯克，《大博弈：英俄帝国中亚争霸战》，张望、岸青译，北京：中国青年出版社，2015；卡普兰，《即将到来的地缘战争》，涵朴译，广州：广东人民出版社，2013，页245–247。

通时,世界地缘政治格局已经是罗马帝国——帕提亚帝国——中华帝国的三分天下。从这一意义上讲,武帝时代的确堪称世界历史上的第一个中国时刻。毕竟,希腊——巴克特里亚王国"控制着兴都库什山以北的全部阿富汗,还有中亚的一片条状地区","他们的袭击延伸到了中国汉朝的边界","这是中国与其他文明世界之间最初的正式接触"。[①]

亚历山大灭掉波斯帝国后继续东征,据说是为了满足自己的求知欲:走到天下的东极。与此不同,武帝持续西征则是为了华夏共同体的**生存安危**。

  事实上,和平相处在经济和政治上都需付出巨大的代价。不断的进贡不仅是经济上的负担,也显出政治上的软弱。所以,汉帝国决定一劳永逸地解决匈奴的纠缠。首先夺取河西走廊,控制农业富庶的西域地区,接着经过近十年的多次征战(结束于公元119年),将游牧部落赶回他们原来的地方。河西走廊通向西部的帕米尔高原,高原以西就是一个崭新的世界。中国为一条横跨大陆的交流通道打开了大门——"丝绸之路"就此诞生。[②]

[①] 瓦哈卜、杨格曼,《阿富汗史》,杨军、马旭俊译,北京:中国大百科全书出版社,2010,页42。
[②] 弗兰科潘,《丝绸之路:一部全新的世界史》,邵旭东、孙芳译,杭州:浙江大学出版社,2016,页9。

应该说，没有亚里士多德的学生亚历山大充满权力欲的东征，单凭骨气硬朗的武帝西征，没可能开辟出这条政治性的丝绸之路，尽管在此之前可能已经有了私人性的丝绸之路。毕竟，武帝西征时，大夏已经存在了一个多世纪，而这个希腊化的政治单位实际控制着美索不达米亚与中亚和南亚（印度）的交通枢纽，尽管希腊化的塞琉古帝国当时正在不断碎片化。

> 受过教育的希腊人此时能从叙拉古旅行至中亚撒马尔罕，他们一路上操相同的语言，讨论相同的哲学家，观赏类似的雕像，从头到尾还一直喝着同样的酒。①

我们不能忘记，亚历山大东征的最初动因同样是一劳永逸地解除泛希腊政治体面临的来自东部陆地没完没了的威胁，与武帝西征的原初动因并无不同。②亚历山大死得太年轻，否则，他的帝国未必会陷入内战状态乃至分崩离析，让罗马人趁机得利。罗马人崛起之后，收拾希腊化的内战状态，并致力于接替希腊人控制美索不达米亚这个火药桶地带，从而与正在崛起的中华帝国相遇。

欧亚大陆边缘地带东西两端两个新生帝国在世界历史上的这场相遇足以表明，20世纪初，英国地缘政治学

---

① 莫里斯、鲍威尔，《希腊人：历史、文化和社会》，前揭，页582。
② 参见哈尔马塔主编，《中亚文明史》，卷二，前揭，页42。

家麦金德(1861–1947)对世界历史地缘政治大势的描画看似没错,其实不然。世界历史上的第一次世界大战,显然并非欧亚内陆心脏地带游牧集团与边缘地带文明政体的地缘政治冲突,而是边缘地带各文明政治单位之间的冲突。麦金德提出所谓心脏地带与新月形地带的二元对立这一政治地缘的历史模式,不过旨在为陆上强权与海上强权的对立提供政治史学证明,以守护大英帝国的殖民扩张所得,这种思维明显只有在航海大发现之后才有可能。

20世纪的太平洋战争爆发后,荷兰裔的美国地缘政治学家斯皮克曼(1893–1943)以所谓"边缘地带"威胁论取代麦金德的"心脏地带"威胁论,不外乎把大英帝国的政治地缘视角置换成了当时正在崛起的美利坚帝国的政治地缘视角。①

历史的经验应该让我们记取,从地缘政治学视角看世界历史,必须注意地缘政治变动的历史阶段状况。由此可以理解,从世界历史的视野来看中华帝国在周—秦—汉时期经历的古今之变,难免不易把握要津。对比观察世界古代史上的重大事件十分诱人,却处处充满陷阱。

日本学界研究中国古代史的名家宫崎市定(1901–1995)的文笔让人一看就知道他脑子忒灵,但他的如下说法显然离谱:

---

① 斯皮克曼,《和平地理学:边缘地带的战略》,俞海杰译,上海:上海人民出版社,2016,页59–60。

> [中国]战国[时期]的领土国家并立,就西洋来说则类似于统一了意大利半岛的罗马与迦太基、叙利亚、埃及等对峙的状况。一度在西洋长期独立活动的都市国家,此时都被吸收到领土国家中,只是作为领土国家的一个单位才被允许存在。①

战国时期七国争雄,毕竟是在周天子的"天下"内打斗,秦代周属于改朝换代,而罗马共和体把亚历山大征服的地域纳入囊中之前,地中海地区从未形成一个统一的政治单位,两者岂可同日而语!

宫崎市定还说,"人类最古老的文明产生于西亚的叙利亚一带,向西传播后成为欧洲文明,向东传播成为印度文明和中国文明"(同上,页9)。这一说法来自西方的世界史学界的一般看法,却并未得到实证研究的证实。②今人能够明确看到,自公元前1000年以来至罗马帝国形成的第一个世界历史的普世时段,地缘政治冲突的基本动源确乎来自如今仍然处于战争状态的美索不达米亚及其周边地区(叙利亚、伊朗、伊拉克一带)。但这一以帝国更替为基本特征的地缘政治冲突的走势,明显是向西移动,而不是同时也向东推移。苜蓿或葡萄之类植物种子的东移,与地缘政治冲突的东移显然是性质不同的两码

---

① 宫崎市定,《宫崎市定中国史》,焦堃、瞿柘如译,杭州:浙江人民出版社,2015,页31。
② 斯塔夫里阿诺斯,《全球通史:1500年以前的世界》,吴象婴、梁赤民译,上海:上海社会科学院出版社,1992,页136–137。

子事。

施米特年轻时就已经注意到,地中海即古希腊—罗马文化"成了一条龙",它盘踞在"位于人类向北迁徙的道路上":

> 不过,它也有自己的对应物。东方,还卧着另一条龙。在印度,蜂巢地的这对孪生子的道路发生了分岔,高止山脉的前印度山系为两路迁徙者指明方向。其中第一条朝西北方向走,而第二条则朝东北走,想届时留在中国,"苟且偷生"。直到另一条龙战胜地中海、人类抵达北方,那个向它伸手的兄弟,也要把它拽到北方。①

这段文字极为精炼地概括了2000年来世界地缘政治嬗变的历史大轮廓:起初,这个世界上出现了两条"龙",一条在地中海的西方,一条在高止山脉(Gatsberg)以东,即"东方的黄龙"。两条龙因高止山脉的岔路而失之交臂,后来出现了第三条"龙",人们应该称之为"日耳曼龙",它"战胜地中海"并取代了古希腊—罗马文化这条"龙"。

日耳曼龙会继续"朝东北走,想届时留在中国",因此,"东方的黄龙"最终会成为"抗衡地中海龙的力量"。

---

① 施米特,《多伯勒的"北极光"》,刘小枫、温玉伟编,《施米特与破碎时代的诗人》,安尼、温玉伟等译,上海:华东师范大学出版社,2019,页9。

施米特待年齿渐长后才看清楚，日耳曼龙又摇身为北美龙，它越过太平洋"朝西北方向走"，不会再遇到高止山脉的岔路。因此，"东方的黄龙"将要面对的搏杀对手不再是"地中海龙"，而是来自太平洋彼岸的日耳曼变色龙。

由此看来，沃格林的说法更为符合史实：在人类第一个世界历史的普世时刻，出现了两个不同的"天下"，即从美索不达米亚到西地中海的荷马式"天下"和远东的中国式"天下"（沃格林，《天下时代》，页371–373）。由于昆仑山脉和喜马拉雅山脉的阻隔，这两个"天下"的地缘政治冲突并没有交织在一起，以至于我们不能说，人类第一个世界历史的普世时刻是同一个"天下"时刻。

如果要说这两个不同的"天下"时刻有什么共同点，那么也许可以说，大型帝国的形成往往是来自帝国边缘甚至边界之外的部落文化移民入侵（migratory invasions from tribal cultures beyond the imperial borders）的结果。尽管如此，我们仍然不能忽视一个决定性的差异：在中华帝国的成长过程中，即使不断有帝国边缘甚至边界之外的部落入侵，其结果是华夏帝国的赓续，而非帝国更替。日本的东亚古代史名家强调代周而起的秦国原本属于戎狄中的一支，[①]除了别有用心，我们无法找到别的解释。

《史记》中有《大宛列传》，与《匈奴列传》对观，我们不难发现，这两部列传的笔法明显不同。在《大宛列传》一开始，司马迁就让我们看到，匈奴不仅侵扰农耕生

---

① 杉山正明，《游牧民的世界史》，前揭，页74。

活方式的中华政治体,而且欺负原来生活在河西走廊一带同样是游牧集团的大月氏(据说属印欧人族)。武帝决定联合受欺压的弱小民族,共同抵御好战善骑且十分凶残的部落集团,派张骞西行寻找大月氏族取得联络。

当今西方的世界历史地理学家说,"张骞最重要的成就是为中国人'发现了'中亚",他的报告"读起来像是精心写作的情报备忘录",因为报告主要谈及中亚各政治单位的"军事实力"。[①]情形真的如此吗?张骞的书面报告(如果有的话)并没有流传下来,今人能够看到的最早文献便是司马迁的《大宛列传》——其实也可称为"张骞列传"。

司马迁首先简述张骞的首次西行经历,然后简述大宛:

> 大宛在匈奴西南,在汉正西,去汉可万里。其俗土著,耕田,田稻麦。

看来,大宛属于农耕生活方式的族群。随后,司马迁以大宛为轴心,描述了周边各政治单位的基本情况。

> 在大宛西可二三千里,居妫水北。其南则大夏,西则安息,北则康居。

---

① 戈斯、斯特恩斯,《世界历史上的前近代旅行》,苏圣捷译,北京:商务印书馆,2015,页69–70。

司马迁对大夏和安息的描述最详，如今我们得知，安息与大夏都是塞琉古帝国碎片化的结果。张骞对这些"国际政治背景"情况一无所知，因为我们看到司马迁接下来记叙说：

> 天子既闻大宛及大夏、安息之属皆大国，多奇物，土著，颇与中国同业，而兵弱，贵汉财物；其北有大月氏、康居之属，兵强，可以赂遗设利朝也。且诚得而以义属之，则广地万里，重九译，致殊俗，威德遍于四海。

这哪里"像是精心写作的情报备忘录"？西方的史学家用西方的历史经验来看待这篇报告，才会满脑子中亚各政治单位的"军事实力"。当然，即便在当时的西方智识人眼里——比如仅比司马迁早约半个世纪的希腊纪事家珀律比俄斯（公元前200–前118）眼里，已经见多了历史上的帝国冲突和更迭，难免会坚定不移地相信，人世间各政治单位的地缘政治关系就是你死我活。

我们值得看到，武帝得知西域的地缘政治状况之后，并未像西方帝王或罗马元老院那样，随即发兵夺取，而是赞同以利诱之，借助通商化解"殊俗"，随后就有了张骞的第二次西行。难道我们能说武帝好"多伐"而不"厚德"？我们至多可以说他阳儒阴法，即便如此，这又有什么不对呢？

如今的西方史学家会说：接下来不就发生了武帝征伐大宛的事情吗？没错，但这件事的来龙去脉是怎样的呢？司马迁记叙道，汉使者回来告诉武帝：

> "宛有善马在贰师城，匿不肯与汉使。"天子既好宛马，闻之甘心，使壮士车令等持千金及金马以请宛王贰师城善马。宛国饶汉物，相与谋曰："汉去我远，而盐水中数败，出其北有胡寇，出其南乏水草。又且往往而绝邑，乏食者多。汉使数百人为辈来，而常乏食，死者过半，是安能致大军乎？无奈我何。且贰师马，宛宝马也。"遂不肯予汉使。汉使怒，妄言，椎金马而去。宛贵人怒曰："汉使至轻我！"遣汉使去，令其东边郁成遮攻杀汉使，取其财物。

可以看到，有军事脑筋的是大宛精英，而非我们的汉武帝。若是亚历山大或正在崛起的罗马共和国元老院，恐怕就不会有持千金及金马以请善马这种互利共赢的事情，而是径直出兵碾平再说。我们也不能说汉使态度不好，毕竟，大宛贵族先自持天然地缘屏障慢辱来使。

汉武帝骨气硬，而且似乎脾气不好倒是真的。他得知这一结果后"大怒"，遂出兵征讨，完全不考虑战线足有12550里之遥，后勤补给怎么跟得上。西方的中国古代史家也不免感叹，就军事力量离帝国首府的距离而言，中华军队这次出征"比罗马军团离罗马城更远，虽然地中海地区的海上交往要便利得多"。①

司马迁对武帝出兵大宛的事情讲述颇详,看得出来,中华军队的这次西征非常艰苦。毕竟,战线太长,而且地形和气候条件极为恶劣。何况,当时国内正遭遇自然灾害,"关东蝗大起,蜚西至敦煌"。可想而知,前方将士苦不堪言:

> 使使上书言:"道远多乏食;且士卒不患战,患饥。人少,不足以拔宛。原且罢兵,益发而复往。"天子闻之,大怒,而使使遮玉门,曰军有敢入者辄斩之!

这应该看作是司马迁责备武帝的笔法。在结语中司马迁说:

> 禹本纪言"河出昆仑。昆仑其高二千五百余里,日月所相避隐为光明也。其上有醴泉、瑶池"。今自张骞使大夏之后也,穷河源,恶睹本纪所谓昆仑者乎?故言九州山川,尚书近之矣。至禹本纪、山海经所有怪物,余不敢言之也。

司马迁几乎把张骞的西域之行乃至"天子为万里而伐宛"的事情看作是自然地理考察,以印证《禹本纪》或

---

① 费正清、赖肖尔,《中国:传统与变革》,前揭,页69。

《山海经》中所记是否"为虚妄也",并未指责武帝"穷兵黩武"。我们可以把这理解为"忌讳"笔法,但在《匈奴列传》的结语中,司马迁为何又不忌讳"刺武帝"呢?

司马迁认为,这事非同小可,必须上升到政治思想高度来看待。在《乐书》中我们读到,司马迁一上来就讲了一番大道理:

> 海内人道益深,其德益至,所乐者益异。满而不损则溢,盈而不持则倾。凡作乐者,所以节乐。君子以谦退为礼,以损减为乐,乐其如此也。以为州异国殊,情习不同,故博采风俗,协比声律,以补短移化,助流政教。天子躬于明堂临观,而万民咸荡涤邪秽,斟酌饱满,以饰厥性。故云雅颂之音理而民正,嘄噭之声兴而士奋,郑卫之曲动而心淫。及其调和谐合,鸟兽尽感,而况怀五常,含好恶,自然之势也?(《乐书》)

接下来没过多久,司马迁就说到武帝即位后的作为,说他"集会五经家,相与共讲习读之","多尔雅之文"。看来,武帝崇儒且注重个人修德是确有其事。问题在于,一个人有追求德性的愿望,不等于他真的能养成节制德性,改掉或克制自己不好的偶然性情。否则,研习儒学的人个个都会是好人,而实际上远非如此。

随之司马迁说到武帝好马的习性,"尝得神马渥洼水中",高兴得作了一首"太一之歌"——紧接着他就"刺武帝"了:

后伐大宛得千里马,马名蒲梢,次作以为歌。歌诗曰:"天马来兮从西极,经万里兮归有德。承灵威兮降外国,涉流沙兮四夷服。"中尉汲黯进曰:"凡王者作乐,上以承祖宗,下以化兆民。今陛下得马,诗以为歌,协于宗庙,先帝百姓岂能知其音邪?"上默然不说。丞相公孙弘曰:"黯诽谤圣制,当族。"(《乐书》)

妙啊!不是吗?尤其妙的是,司马迁也"刺"大儒公孙弘(前200–前121)学乖了。圣上听到刺耳之言虽不高兴,却也仅仅"默然",可见他习读儒家经典多少有成效。也许他默然想到:国威与民乐兼得谈何容易,下人不能体会为政者的难处,发一通脾气也没用。我们应该知道,武帝好马可不是为了玩乐,而是因为那时的战马有如20世纪的坦克——德军向法国发起装甲战车闪电突击之时,法国军队还有大量骑兵部队。

今天的我们值得看到,《大宛列传》表明,无论汉武帝还是司马迁,都没有如今所谓国际地缘政治意识,或者说虽然身处"世界历史的中国时刻",却没有这样的"时刻"意识。如果我们因此责备他们,那就会是我们的历史意识出了问题。毕竟,一道道山脉将美索不达米亚和地中海周边惨烈的政治冲突与华夏秩序赖以形成的地带隔离开来。我们不能责备自己的祖先生活或意识闭塞,因为我们没可能责备自然地缘。

反过来看,我们也得承认,我们的祖先并没有经历

过帝国更替式的文明冲突。因此,西方的世界史学家有理由说:

> 那些处于闭塞状态下的民族,既得不到外来的促进,也没有外来的威胁,因而,被淘汰的压力对它们来说是不存在的,它们可以按原来的状况过上几千年而不危及其生存。[①]

在杉山正明看来,"希罗多德的《历史》及司马迁的《史记》有令人惊讶的相似处,两者都是为了'现在'而有历史。"[②]这个相似的理由似是而非,毕竟,"为了'现在'而有历史"的纪事书,岂止是希罗多德和司马迁的传世之作。

希罗多德(公元前485年生)比司马迁(公元前145年生)早三个世纪,就历史时间和政治秩序演化的平行对观而言,尤其是就我们应该从古代史书中学习什么而言,在笔者看来,我们更值得拿珀律比俄斯和普鲁塔克(公元46–120)与司马迁对观。

无论文明类型还是政治思想的比较,都是为了提高对自己的认识。因此,比较不仅要寻找相同或相似,毋宁说,寻找不同或差异更重要,这样才能更好地发现自己的不足。珀律比俄斯和普鲁塔克都做了罗马人的"亡国

---

① 斯塔夫里阿诺斯,《全球通史:1500年以前的世界》,前揭,页57–58。
② 杉山正明,《游牧民的世界史》,前揭,页70。

奴"，在他们的纪事书中，最为突出的历史意识莫过于不同政治体及其担纲者的德性比较，这当然基于他们所身处的世界历史的罗马时刻。

在司马迁的纪事中，我们看不到这样的文明冲突式的德性比较，昆仑山脉和喜马拉雅山脉阻隔了前现代的世界历史的中国时刻与罗马时刻的地缘关系。当时罗马城邦的共和政体已经难以为继，不得不转换成帝制，正是中华帝国智识人学习的好机会。

古希腊人对不同政治体及其担纲者的德性比较意识，严格来讲始于荷马。《奥德赛》开篇就唱道：奥德修斯如何

> 历经种种引诱，在攻掠特洛伊神圣的社稷之后，
> 见识过各类人的城郭，懂得了他们的心思。

在希罗多德、柏拉图和色诺芬那里，这种比较意识已经达到相当高的智识水平。在现代的世界历史的中国时刻，我们才开始学习古希腊人在2000年前就已经开始的德性比较。郭嵩焘（1818–1891）是中国致力认识西方的第一人，当时大英帝国势力已经深入中亚腹地，我国西域再遇危机。在这样的历史处境下，郭嵩焘读《匈奴列传》后写道，"春秋时之戎狄皆在中国"，"大多与中国杂居"：

> 迨七国以后，渐次收取胡地，而后匈奴始横于

塞外。匈奴立国之始,与诸胡之徒出塞外者日相吞并,以成乎强大,其本未必多可纪者。而周秦之世纪载无征,史公乃混中国与西戎,北狄言之,并其种类亦不可详矣。①

郭嵩焘对司马迁的批评,与其他直到民初都还可以见到的那类文史家的批评都不同,因为他懂得:

> 西洋立国二千年,政教修明,俱有本末,与辽、金崛起一时,倏盛倏衰,情形绝异。②

若我们以为,今天我国学界的古典西学研究已经足够了,这仅仅证明我们对自己身处的世界历史的中国时刻的认识还相当浅表。

公元前2世纪末期至公元前44年共和制终结,随着罗马城邦共和政体的征服地区不断扩大,罗马对征服地区的控制不断出现问题,好些地方出现反叛,甚至在罗马政权的本土基地亚平宁半岛也出现反叛。罗马城面临严重的政治危机,先后两次发生军事政变。公元前53年,罗马大将克拉苏(公元前115–前53)远征帕提亚,兵败身亡;公元前29年,罗马内战结束,屋大维(公元前63–公元14)成为首任皇帝,随即改变东进战略。公元63年,经过长达一

---

① 转引自韩兆琦编著,《史记笺证》,南昌:江西人民出版社,2004,页5535。
② 《郭嵩焘日记》,卷三,长沙:湖南人民出版社,1982,页124。

个多世纪为争夺亚美尼亚控制权的战争,帕提亚帝国终于迫使罗马帝国坐下来签订了一个划界而治的"和平"条约,世界历史上的第一次世界大战才划上句号。①

贺拉斯(公元前65–公元8)有幸生活在罗马帝国初生之时,他的《颂诗集》洋溢着帝国的朝气。在他笔下,罗马帝国有如"萨图努斯之子,人类的守护者":

> 无论他名至实归的战场大捷
> 是驯服了觊觎拉提乌姆的帕提亚,
> 还是让东方海岸的印度和丝国
> 臣服于罗马,
> 他都将追随你,公正地统御世界。②

这里的所谓"丝国"原文为Seras,并非指当时的中华帝国,而是指中亚地区丝绸之路上的某个方国。我们必须承认,凭靠罗马帝国接防亚历山大所征服的西亚和中亚地带,诗人贺拉斯已经具有全球政治意识。他笔下的所谓"世界",原文即orbem[地球],其含义指罗马人所知的整个人居地带(ecumene)。③直到今天,这种全球政治意识在我们的诗人身上仍属罕见。

---

① 扎林库伯,《波斯帝国史》,前揭,页263–296。
② 《颂诗集》1.12.53–57,李永毅译注,《贺拉斯全集》,北京:中国青年出版社,2014,页37;比较戈岱司,《希腊拉丁作家远东古文献辑要》,耿昇译,北京:中华书局,1987,页2–3。
③ 参见福格特,《古罗马的地球》,刘小枫编,《西方古代的天下观》,杨志城等译,北京:华夏出版社,2018,页189–216。

西方人是否真能"公正地统御世界",当然是世界政治史上悬而未决的大问题。没有问题的是:西方人很早就有了"统御orbem[地球]"的抱负。贺拉斯并不知道,武帝的中华军队突入西域后,南匈奴集团降服中华,北匈奴集团溃散,其中一支辗转西串,数百年后进入欧洲东部和中南部,引发日耳曼人纷纷西逃,西罗马帝国倾覆。

世界地缘政治格局由此出现大洗牌,真所谓"此一时,彼一时也"。

四 古今之变与史家之志

成龙博士的"读书报告"最后一章仅题目就让人觉得很刺激——"史迁之志:立教与古今之变"。司马迁在今天会被称为史学家,但如今有多少史学家的心志会关切中华帝国的立教大业?作者因这个大业在时代的古今之变中不仅迫切而且险象环生,才想到重读司马迁,但他恰好不是史学科班出身。

人们会说,如果司马迁的时刻所面临的古今之变与今天有实质上的差异,那么,作者的关切有何意义?的确,对我们来说,理解古代与现代的古今之变的异同迄今仍是棘手问题。

中国学人遭遇现代的古今之变初期,梁启超(1873–1929)就在《新史学》(1902)一文中凭靠西方新派的历史演进论的"进化之大理"宣告了我国古人的历史理解无效:"天下之生久已,一治一乱"(孟子语)据说是"误会

历史真相之言"。① 梁启超看到，孟子乃至司马迁眼中的"天下"与我们今天需要理解的"天下"明显不同，因为我们的古人

> 知有一局部之史，而不知自有人类以来全体之史也。或局于一地或局于一时代，如中国之史，其地位则仅叙述本国耳，于吾国外之现象，非所知也。（梁启超，《新史学》，页13–14）

梁启超没有忘记补充说，中国之外的古代"他国之史亦如是"。他显然知道，以本国视野的历史为"自有人类以来全体之史"乃古代的普遍现象，苛责我国古人没有意义。重要的是，无论中国还是他国都服从历史的"进化之大理"，用杜尔哥（1727–1781）的说法这叫"普遍历史"。②

在梁启超的时刻，中国学人还不能准确把握（遑论表述）这个"进化之大理"的要津。现在的我们都清楚，所谓历史"进化之大理"即发展科技—商业文明是硬道理。不用说，这个道理不仅具有无可辩驳的历史唯物论基础，晚近40年的史实也令人信服地证明了这个道理。

如果今天我们问梁任公，他眼中的如此"人群进化之

---

① 梁启超，《梁启超史学论著三种》，林毅点校，香港：三联书店，1980，页11（以下简称《新史学》并随文注页码）。
② 杜尔哥，《普遍历史两论纲要》，刘小枫编，《从普遍历史到历史主义》，谭立铸、蒋开君等译，北京：华夏出版社，2017，页37–98。

现象"是否能一劳永逸消除"天下"的"一治一乱"现象，或者说科技—商业文明发达是否可以等于一种立教，那么，我们会发现，他的回答颇有讲究。

《新史学》一文共六小节，前三节论新史观的必要性，后三节涉及旧史，先后题为：论正统—论书法—论纪年。从文章起笔至"论正统"，任公的笔法都显得气势恢宏，一路贬斥旧的史观，其文风从"论正统"小节的第一句话就可以见其一斑：

> 中国史家之谬，未有过于言正统者也。言正统者，以为天下不可一日无君也，于是乎有统。又以为"天无二日，民无二主"也，于是乎有正统。统之云者，殆谓天所立而民所宗也。正之云者，殆谓一为真而余为伪也。千余年来，陋儒断断于此事，攘臂张目，笔斗舌战，支离蔓衍，不可穷诘。一言蔽之曰：自为奴隶根性所束缚，而复以煽后人之奴隶根性而已。(梁启超，《新史学》，页26)

随后任公又说，陋儒们对《春秋》之首要大义"通三统"的理解错了：

> 通三统者，正以明天下为天下人之天下，而非一姓之所得私有，与后儒所谓统者，其本义既适相反对矣。(同上)

直到今天，诸如此类的言论在史学界还十分常见，尽管在新—新儒家看来，真正的陋儒才会这样说。

奇妙的是，在接下来"论书法"一节，任公的文体突然变得带有对话意味，并显得在替旧史家辩护。主张新派史学的人说，自己搞不懂中国古代史家为何"以书法为独一无二之天职"和"能事"，又凭靠何种"主义以衡量天下古今事物"。对此一问，任公回答说：

> 书法者，本《春秋》之义，所以明正邪，别善恶，操斧钺权，褒贬百代者也。……吾敢断言曰：有《春秋》之志，可以言书法。（梁启超，《新史学》，页33）

这话看起来让人觉得，梁任公自认为"有《春秋》之志"，他正在凭靠历史进化之大理"明正邪，别善恶"。至于说到"书法"，如我们已经看到的那样，自然就是凭靠历史进化之大理"操斧钺权，褒贬百代"。

成龙博士让我们回忆司马迁的"史家笔法"，无异于对任公所倡导的"书法"提出了质疑：

> 立朝是建立新政权，立教则是确立新的社会和新的人，定是非，立教时刻来临之前的国是，实际处在是非未定或悬而未决的时刻。论定是非貌似容易，选择并不难，但艰难的是要决策者承担抉择之后的后果，所以才会有杨朱行至十字路口竟然哭泣！秦朝提供了立朝的原型，汉朝提供了立教的原

型。若要讨论秦汉以来的中国历史,及接续这一历史的当代中国,可能要回到这两个原型。(页9–10)

的确,在"立教时刻来临"之际,"定是非貌似容易,选择并不难",其实不然。何谓"新的社会和新的人",众说纷纭,何况,"新"的语义未必等于"好"的语义。所以,作者力图让我们看到,尽管司马迁的笔端构建出中华帝国形成时的天下历史大视野,"周秦之变、秦汉之变和汉朝立朝以来的诸种学说,三重古今之变尽收眼底。"(页171)但他很可能与杨朱一样,"行至十字路口竟然哭泣。"

作者在这里提到"诸种学说",让笔者深有感触。因为,与司马迁的时刻相比,梁任公或者如今的我们所面临的"诸种学说",不啻天壤之别。

任公在说过古之史家"书法"后紧接着还说:

> 今之谈国事者,辄曰恨某枢臣病国,恨某疆臣殃民。推其意,若以为但能屏逐此一二人,而吾国之治即可与欧美最文明国相等者然,此实为旧史家谬说所迷也。吾见夫今日举国之官吏士民,其见识与彼一二人者相伯仲也,其意气相伯仲也,其道德相伯仲也,其才能相伯仲也。先有无量数病国殃民之人物,而彼一二人乃乘时而出焉,偶为其同类之代表而已。(梁启超,《新史学》,页34)

在如今我们所面临的"时刻",诸种学说难道不是其见识相伯仲也,其意气相伯仲也,其道德相伯仲也,其才能相伯仲也?不仅如此,诸种学说还"攘臂张目,笔斗舌战,支离蔓衍,不可穷诘"。在这一背景下来看作者的"读书报告",我们就能感觉到,他很可能有与梁任公一样的焦虑,或者说,这也是今天我们中的多数人的困惑。

由此可以理解,作者为何强调,司马迁的笔法"无异于指责武帝一心要成就一代帝业,却偏离了正路",因为"汉武帝空有立教之名":

> 自以为的王道说不准竟可能成为亡道。此时的天子恰恰喜欢文辞华章("方好文词"),"默然"而对。汉武帝立教,显然深知周秦之际文敝之症,意欲补救,然而方才补救,便立刻埋下了新弊病的伏笔——文教的核心在立德导民,要"全其质而发其文",而不是以文废质。(页148)

这话听起来有点儿危言耸听的味道,但细想一下又让人觉得未必如此。既然武帝"显然深知周秦之际文敝之症",他"意欲补救"而致力于立教就不会是装样子。我们至多能说,武帝的立教方针有问题,即没有"立德导民"。但问题同样在于,如果我们有理由这样指责武帝,那么,这也意味着我们知道何谓"德"以及什么是"质"和"文",否则,我们没可能知道如何"全其质而发其文"。

我们真的知道何谓"德"以及什么是"质"和"文"？在梁启超眼中的"欧美最文明国"的诸多学说看来，"个人自由"和"个人权利"就是人的普遍之"质"，若要"发其文"就应该如何如何，不用说似乎谁都知道。若我们按作者的指引问司马迁，这样理解人的普遍之"质"对吗，司马迁会如何回答？梁任公再怎么hubris［张狂］，也不至于会说司马迁是"陋儒"。

汉武帝如何理解"德"？司马迁又何以认为武帝"偏离了正路"，何谓"正路"？作者在第三章"秦亡汉兴"中曾这样说道：

> 武帝太初元年（前104年），汉朝以土德自居，史迁特意申说黄帝的土德德性，作为汉朝的模范，是五德终始循环中的第一次循环（从土德到土德）。既然黄帝之德是第一轮土德（元德）在人世间的绽开，那么，担纲第二轮土德的汉朝是否意味着纪元的再次开启（"时间开始了"）？史迁这样书写，就同时还保留了对汉朝德性评判的可能，以黄帝土德之先名贬抑汉朝土德之自命。（页39）

汉代初期，无论武帝还是司马迁都生活在五德终始的意识形态赓继之下。武帝"以土德自居"显然意在开"［新］纪元"，司马迁"以黄帝土德之先名贬抑汉朝土德之自命"仅仅表明，武帝并未开"［新］纪元"，而非否定这个时代需要开"［新］纪元"。我们看到，作者随之用一个转折连词把话锋一转：

> 但是，问题复杂而有趣的地方在于：太初元年之前，汉朝一直都把本朝德性定位为水德。水德还是土德的本朝德性定位，基于若干历史问题(周秦之变与秦汉之变)的讨论，最重要的便是前朝(秦朝)能否在五德中居有一德，这直接关系到秦、汉之际的历史书写与德性判定。(页39)

"若干历史问题"这一修辞既挑明又隐藏了现代的"世界历史的中国时刻"面临的开"新纪元"论题。我们若把作者笔下的"周秦之变"读作1949，把"秦汉之变"读作1978，肯定会有违作者的本意。倘若如此，作者呼吁我们重温司马迁的笔法又用意何在呢？

作者要我们关注汉代君主如何走出"秦德秦制"，因此，五德终始循环的"本朝德性定位"问题或许仅仅是一种"笔法"而已，实质性问题在于如何更改"前朝(秦朝)的德性"：

> 秦始皇推演五德，确立的水德是秦朝的德性，而非他一人的德性，因此他有"传之二世、三世乃至万世"的渴望。汉高祖虽然为汉朝确立了水德，但不过是秦朝德性的延续而非克服，这一德性定位的缺陷已作用于他本人。既然汉朝德性只是秦朝德性的线性延伸，而汉朝又是代秦朝而起，那么他就要在五

德说之外为自己寻求立朝神话以正名(justification)。不过,无论是赤帝子斩杀白帝子之说,还是祭祀五帝之说,都只是依托于一种神话为开朝君主一人的德性正名,但世袭制可以使子孙世袭君位,却无法使其世袭德性。(页54)

现在我们可以理解,所谓武帝"偏离了正路",意指他骨子里仍然没有摆脱"秦朝的德性"。从而,作者笔下的司马迁所谓的"立德导民"的"德",应该是儒家倡导的"德",而非"黄老"倡导的"德"。在第六章"武帝立教"中,作者详细论析过这一区分。

现在的问题是,谁来更替王朝德性。在接下来的第七章"史迁之志"中,题为"时与世"的一节显得最为关键,因为其中引用了孟子的一段名言:

> 五百年必有王者兴,其间必有名世者,由周而来,七百有余岁矣,以其数,则过矣;以其时考之,则可矣。夫天未欲平治天下也,如欲平治天下,当今之世,舍我其谁也?(《孟子·公孙丑下》)

若用括弧给"时与世"这个小节标题附上洋文,最为合适的语词恐怕莫过于 Zeit und Sein。我的朋友熊林教授重译海德格尔的 *Sein und Zeit* 时,把这两个语词译为"是与时"。

作者在这段孟子引文后加了一条注释,指向沃格

何谓世界历史的中国时刻　*61*

林的《天下时代》。笔者翻到沃格林书的这页才看到,原来,沃格林也引用了这句话(《天下时代》,页382)。不过,我们的作者并没有引"五百年必有王者兴"之前的一句:"彼一时,此一时也"。

笔者起初以为,作者没有引用这一句是疏忽。待抽一支烟休息一下疲惫的脑筋之后,有个念头猛然跃出脑际:哪个"彼一时,此一时也"?司马迁的"彼一时"和我们如今的"此一时也"?难道作者在暗示我们应该如何看待"秦德秦制"?

作者并未进一步说明沃格林为何引用这句话。我们自己会看到,沃格林引用这句话意在说明:在世界历史的第一个"天下时代",中国的"精神突破"如何打破宇宙论式的五德终始历史循环论。

> 重塑天下秩序的重任先前落在国王肩上,如今落在圣人肩上;这一重任并未使孟子感到幸福。而且,关于这份落在他肩上的责任的意识显然还需要发展成熟。"先前"他满足于做一个君子,当时局不利时,并不怨天尤人。但"彼一时";如今,尽管并不情愿,但他还是准备好了接受他在循环历程中作为圣人的命运。(沃格林,《天下时代》,页382)

在这样说之前,沃格林已经说过,孟子遇到的问题来自孔子:孔子虽生在周朝,周王仍然在位,但"孔子的出现是新纪元的标志"(沃格林,《天下时代》,页

381)。这意味着,周公—孔子的德性赓续取代了周—秦之变的五德终始循环,孔子的圣人意识代表着中华帝国成为普世帝国的历史时刻的"精神突破"(the spiritual outburst)。

对沃格林来说,历史意识是一种普遍的精神意识,但它仅仅体现为某些政治共同体中的极少数优异头脑的精神追求,由此显明了"历史之中的意义"(the meaning *in* history),尽管历史本身并没有意义。因此,在世界历史的第一个"天下时代",尽管有两种类型的"天下",即"一个西方的和一个远东的""天下",仍然必须承认,就智识的精神现象或"精神突破"而言,人类有一种universal Humanity［普遍人性］(沃格林,《天下时代》,页316,347,404)。

用沃格林的历史意识现象学术语来说,所谓"精神突破"就是一种新"纪元意识"(consciousness of epoch)。在题为"中国天下"的第六章中,沃格林首先讨论了司马迁的《史记》(沃格林,《天下时代》,页374-383)。由于沃格林不熟悉汉代今文家的来龙去脉,他没有把司马迁的《史记》视为一种"精神突破",而是视为宇宙论式的修史(Historiography),亦即仍然置身于宇宙论式的五德终始论传统。

沃格林不了解今文家所谓"作《春秋》"或"当新王"之类的说法,以至于看不到周代→秦代→汉代的德性转移问题不过是司马迁的"隐微"笔法,我们不必苛责。相反,我们值得注意到,沃格林在这里暗中比较了西方和远东的"天下"时刻的精神突破。在西方的"天下时代",精神突破体现为希腊的理智性启示(the Greek noetic revelation)和以色列—犹太的属灵启示(the Israelite-Jewish pneumatic revelation),在基督教那里,这两种精神突破综合为"启示录式的意识"(apocalyptic consciousness)。对沃格林来说,与以孔子的圣人意识为代表的远东的精神突破相比,西方的历史意识对宇宙论秩序的精神突破要高远得多。

在此讨论沃格林的比较历史意识现象学,既没必要也不合适。但笔者必须提到,在沃格林看来,西方人的历史意识的精神突破高于中国人的历史意识有其特殊的历史原因,即他们所经历的帝国更替经验远比中国人所经历的朝代更替经验更为惨烈和破碎,以至于"保罗因在该进程中看不到任何意义而深感绝望"(沃格林,《天下时代》,页404)。

在比较作为"精神突破"的佛陀意识时,沃格林说,由于孔雀王国所处的地缘政治环境,

> 他[佛陀]无须同各个宇宙论帝国竞争,它们在长达千年的时间里代表着人在此世的生存秩序;他也无须同某种历史创生论符号化表达竞争,它将宇宙秩序提升为帝国秩序;他也无须同理智性和属灵启示竞争,它们将神的允准赋予此世的结构。一旦他拒绝接受一个农业社会的那些宇宙内神灵,那就不会再有已获分化的经验来阻止他走上一条捷径,它

通往位于此世背后的神性虚无。(沃格林,《天下时代》,页439–440)

在笔者看来,沃格林似乎认为,这同样适用于孔子的"圣人意识"。佛法入华后在华夏大地迅速蔓延,就是证明。由此可以理解,为何沃格林会说,

> 宇宙论形式的社会被其成员们体验为宇宙的一个部分,这个宇宙的秩序是由神塑造的,而这个社会的秩序则以类比的方式塑造。将它的秩序符号化为对宇宙秩序的类比的过程,与它的人口或领土规模无关;它也不需要征服外国人或扩张领土;多个这种类比对象的共存,并没有被体验为与宇宙的唯一性发生的剧烈矛盾。因此,在这个意义上,宇宙论形式的社会是完全自足的。(沃格林,《天下时代》,页221)

然而,"彼一时"也!在我们身处的"此一时也"的历史时刻,中国的宇宙论式秩序已经遭遇过惨烈而破碎的帝制更替经历,甚至险些乎因此而被日本帝国更替。不仅如此,凭靠所信奉的历史"进化之大理",梁启超或当今大多数史家把宇宙论式的国体秩序遭遇惨烈而破碎历史经历归咎于中国"天下"的"超稳定结构"。

由此可以理解,我们的作者在"时与世"这一标题之下终于挑明了司马迁认为"汉武帝空有立教之名"的根

本理由：在中华帝国自周代→秦代→汉代的百年更替的"时与世"，汉武帝选择了**法后王**（"权变"）而非法先王（"行仁义"），因此空有立教之名（页160–161）。

这看起来像是在与时下的新—新儒家一起呼唤儒家德政，其实未必，因为紧接着我们就读到一段饶有兴味的说法：

> 可悲可叹的是，以为一味指斥秦朝暴虐所以终究失去天下，就可以在新时期走向仁义，这本身就有问题。站在历史的此端，作为当代人，断然否定秦朝曾经某个时刻的立朝正当性，这种做法可能会将汉家引向仁义吗？而当时帮助秦朝改制，确立水德的人，不也是"法后王"之人吗？原来，兴坏虽然重要，但更重要的是兴坏之端——兴盛与危机的大事因缘。撰写历史，绝不只是为现实政权的正当性辩护寻找历史资源，而是为当朝指明兴亡之由。明晰这一点，也便明晰了立教的意味，否则只是另外一种强制。（页161–162）

"站在历史的此端"指"彼一时，此一时"的哪一端？"作为当代人"指彼一时还是此一时的当代人？表面看来，作者所谓的"当代人"指司马迁，因为他说"《史记》末篇图穷匕见"，即以圣人取代圣王："周公之后是孔子，孔子之后是史迁当仁不让。"（页165–167）因此，我们看到，作者在全书结尾时说：

> 史迁继《春秋》而作,于立教一事,武帝岂非"真工大奸乃盗为之"(《史记·平准书》)?有治国法术而盗取立教之名,"霸王道杂之"是武帝立教之后确立的汉家新传统,取王之名,用霸之实。导民以德并非一日之功,移风易俗然后才能民德归厚,然而武帝立教因其"内多欲而外施仁义",终究在立教一事上留下豁口。在漫长中世纪,黄帝和颛顼作为立朝和立教的模型,被秦朝和汉朝取代。秦朝立朝而不立教,终究二世而亡;汉朝立朝五代,终于完成了立教事业,却所托非人,岂不悲哉?(页172–173)

如果我们能体会作者的笔法,那么,这段结尾之言让我们会想到,所谓"站在历史的此端"也可能指"此一时也"。倘若如此,作者所谓的"作为当代人"恐怕指当今智识人。

是不是这样呢?这里说到"在漫长中世纪",似乎提示我们应该回头看开篇第一页提出的"该如何走出中世纪"问题。

果然,在那里我们可以读到这样一段说法:

> 当此之际,智识人转而译介西学,凿壁偷光,师夷长技;百余年来国故学术以译介西学为主,"资本主义阵营"和"社会主义阵营"的思想均出自其中(师法西欧与师法东欧),至今仍绵延不绝。(页1–2)

言下之意，无论哪个"阵营"都出自现代欧洲的工商—技术文明的"时与世"。既然如此，当今的司马迁之志面临的问题必然是：凭靠哪种"长技"移风易俗。换言之，"彼一时"的法后王（"权变"）与法先王（"行仁义"）的选择，变成了"此一时"的两种"长技"选择。

作者没有提到但我们则应该想到，沃格林曾借用布克哈特所痛斥的"贪欲冲动"（the concupiscential drives）来表达梁启超所以为的"欧美最文明国"的德性品质。换言之，所谓"长技"不外乎最终服务于人类的"贪欲冲动"（沃格林，《天下时代》，页277–282）。

看来，我们不能说，作者自己有明确看法但没有明确表达出来。毋宁说，立教的选择问题确实非常棘手。毕竟，即便是梁任公这样的大才子也没有意识到，他的新史学观同样"或局于一地或局于一时代"的"主义"。

在第一章结尾时，作者引用了毛泽东晚年选读的86篇古代诗文中的一首宋词——辛弃疾读《史记》。紧接着作者就首次用到"世界历史的中国时刻"这个表达式，真可谓意味深长或者说"笔法"老道。

作者在这里还下了一个看似不相干的脚注，引用了布鲁姆在《封闭的美国精神》结尾时关于"世界历史的美国时刻"的说法。笔者起初以为，作者似乎暗示，美国的"马基雅维利时刻"是今天的我们应该选择的法先王，未料作者随之引用的话是："我们会因为这个时刻而受到永恒的审判。"（页19注1）

作者的意思很可能是，无论世界历史的美国时刻还是中国时刻,其"时与世"的根本性质都是沃格林所谓的"智识混乱"(the intellectual confusion)。

余论 史学对"世界历史的中国时刻"的利弊

回到本文开头的问题:武帝崇儒究竟是真还是假?

按宫崎市定的说法,武帝本人是否崇儒,历史真相不得而知,但儒家学者在武帝朝廷中获得职官者日渐增多,则是不争的史实。他建议我们转而思考这样的问题:儒家为何能胜过其他学派获得君王青睐。

在宫崎市定看来,儒家获得君王青睐的原因在于,诸子百家中唯有儒家学问以中华帝国的整全历史为基础。墨家有华夏古代史(《尚书》)而无中世以后的历史,纵横家有近世的历史而无古代史,唯有在儒家笔下,中华帝国的历史从夏商周直贯当代(春秋末期)。

> 换言之,只有儒教能够教给人们中国[曾经]是什么,以及中国[将来]应该是什么。①

就古代的世界历史的中国时刻而言,这样说令人信服,对现代的世界历史的中国时刻来说,儒家史志是否还具有如此效力就难说了。毕竟,西方自18世纪尤其19世纪以来的实证史学进入我国史学界后,司马迁之志早就

---

① 宫崎市定,《宫崎市定中国史》,前揭,页106。

被颠覆了。①

实证史学在19世纪中期以后的欧洲学界迅猛推进之时,布克哈特曾试图以类似于"司马迁之志"的史学来挽救西方文明的堕落。尼采敬佩布克哈特的高贵精神品质,但对他试图以一种史学教育来对抗另一种史学教育的做法是否有效则深表怀疑。在著名的《论史学对于生活的利与弊》一文中,尼采很不客气地把这个时代"为之骄傲"的史学教育视为"时代的弊端、缺陷和残疾",甚至是"一种折磨人的史学热病"。②

说到"史学热病",我们会想到前些年出现的所谓推翻"西方伪史"热。据网上传闻,甚至有社会流氓混入了史学界,自称以扶正中华文明为使命要"把颠倒的历史再颠倒过来"。这类传闻倒不必当真,但是,所谓"原始的欧洲"因我们中国才进入"天下文明",西方人的文字、航海、科技、经济、制度、民主、哲学和史学统统凭靠复制中国历史才制造出来——这样的谵语出自史学科班出身的"史学家",的确算得上"史学热病"的证明。③

好在这种热病一眼就能看出,与此相反,凭靠"欧美最文明国"的民主制度理念把据说被颠倒的中国古代历史再颠倒过来的当代中国史学"热病",就让人不容易看

---

① 参见李孝迁编校,《史学研究法未刊讲义四种》,上海:上海古籍出版社,2015。
② 尼采,《不合时宜的沉思》,李秋零译,上海:华东师范大学出版社,2007,页135。
③ 诸玄识,《虚构的西方文明史:古今西方"复制中国"考论》,太原:山西人民出版社,2017。

出来了。

希腊化时期有位希腊语作家名叫欧赫墨儒斯(Euhemerus),写作年代大约在公元前311至前298年间。他的《圣纪铭文》(Hiera anagraphē/Sacred Inscription,仅存残段)讲述了这样一个故事:印度洋上有座小岛名叫"至尊"(Panchaia),人们在岛上发现了有关古希腊诸神事迹的铭文。[①]这些铭文说,乌拉诺斯、克洛诺斯和宙斯无不是古老氏族的国王,被感恩的民人尊奉为天神。

这篇纪事相当于如今所谓小说,岛名Panchaia［至尊］明显是语词编造:希腊文的介词pan［全］加形容词chaios［高贵的、美好的］。纪事的背景在印度洋而非地中海,成文年代又恰好在亚历山大打造希腊化帝国之后,因此沃格林说,这个文本显然"旨在塑造为人民普遍向往的社会秩序"。用我们的作者的说法,这篇古希腊纪事在从事"立教事业",或者如今所谓构建帝国所需要的意识形态。由于"古希腊人既没有编年史记录,也没有足够连贯的传统意义上的历史,并且首先是因为他们没有年代学",欧赫墨儒斯就需要编造宙斯神族的历史创世叙事(沃格林,《天下时代》,页167–175)。

欧赫墨儒斯的意图也许是,通过出土铭文来证明数百年前的古希腊史诗和抒情诗作品中记叙的诸神事迹都是史实,从而是可信的。他没想到,结果也许恰好相反:

---

① 英译见Diskin Clay、Andrea Purvis编译,*Four Island Utopias*, Newburyport, 1999, p. 98–106.

这些出土铭文证明，古希腊人所信奉的传统诸神并非真的是天神。毋宁说，他们不过是历史上的各色绿林好汉而已。因此，近代欧洲新派史学兴起后，欧赫墨儒斯的这篇小说变成了一种实证史学的代名词，即所谓"欧赫墨儒斯式说法"（Euhemerism），被用来比喻一种双刃式的史学证明：用于证明古代神话可信的史料，同样可被用于解构古代神话信仰本身。①

17世纪末，有位教士出身的梵蒂冈史学家名叫比安奇尼（Francesco Bianchini, 1662–1729），他依循《圣经》叙事编写了一部《普遍历史》（1697）。②当时，刚刚兴起的实证科学正迅猛颠覆基督教欧洲的共同信仰基础即《圣经》中的圣史叙事。为了替基督教的"普遍历史"辩护，比安奇尼刻意不用《旧约圣经》的材料，而是大量采用人文主义者的各种文史考据成果，甚至利用他主管梵蒂冈文史部门的职位之便，采用独家所有的异教文献，用史料来维护已经受到挑战的基督教"普遍历史"。

比安奇尼本来试图以此证明，俗世的史料不仅不会否证反倒会证实《圣经》中的记载，没想到这种方法让人引出的结论是：古代的神话故事不外乎是历史的扭曲反

---

① 萨顿，《希腊黄金时代的古代科学》，鲁旭东译，郑州：大象出版社，2010，页733–734；S. Spyridakis, "Zeus Is Dead: Euhemerus and Crete", in *The Classical Journal*, Vol. 63, No. 8 (1968), 页337–340。
② Francesco Bianchini, *La storia universale provata con monumenti e figurata con simboli degli antichi*, Venice, 1697/Rome, 1747, 1925年重印。

映。①于是，比安奇尼的实证式圣史论证成了"欧赫墨儒斯式说法"的典型。当时正值古今之争吵得火爆的历史时刻，崇今派健将、长命百岁的丰特奈尔（1657–1757）大为称赞比安奇尼的考据史学风格，比安奇尼去世那年还写了一篇"颂文"（Éloge）悼念他。②

沃格林曾提到，"柏拉图无须担忧尤斯赫尔主教提出的创世日期"，黑格尔则必须"小心谨慎地安排他的古代历史时间表"（沃格林，《天下时代》，页313）。因为，爱尔兰大主教尤斯赫尔（James Ussher, 1581–1656）在其《旧约编年史》（*Annals veteris testamenti*, 1648）中推算出，上帝创世的时刻在基督诞生之前4004年的10月22日傍晚至次日清晨。③这让笔者想到，司马迁无须担忧如今的实证史家们的刀笔，但我们的作者是否如此就难说了。

古希腊和古罗马都没有史官，所谓史书起初都属于散文纪事作品，好些史书作家本来是政治家或带兵打仗的将军，他们的写作方式与我们的史书非常不同。纪事书的作用首先是政治教育，让人们知道何为"政治的卓越品质"（political excellence）。笔者相信，这本"读书报告"

---

① Valentin Kockel/Brigitte Sölch 编, *Francesco Bianchini (1662–1729) und die europäische gelehrte Welt um 1700*, Berlin, 2005, 页165–177; Tamara Griggs, "Universal History from Counter-Reformation to Enlightenment", 刊于 *Modern Intellectual History*, 4/2 (2007), 页221–228。

② Fontenelle, "Éloge de M. Bianchini", 见 *Histoire de l'Académie royale des sciences — Année 1729*, Paris, 1731, 页102–115。

③ 参见 James Barr, *Biblical Chronology: Legend or Science*, University of London, 1987。

的时代意义在于,它向我国阵容庞大的史学界提出了一个问题:什么样的史学样式或史学精神才切合我们今天的"世界历史的中国时刻"。

2018年12月

被斩首的人民身体
——《国王的两个身体》与人民主权政体的政治神学和史学问题

出版《国王的两个身体》(1957)那年，康托洛维茨(1895–1963)刚60岁出头。6年后，这位个性倔强的中世纪史学家带着德意志帝国的秘密梦想在美国与世长辞。

康托洛维茨出生在普鲁士早前从波兰切割来的波茨南土地上，人文中学毕业后没多久，遇到第一次欧战爆发，便自愿参军上了西线战场，在凡尔登战役中负伤，颇有血性。

战争结束后，康托洛维茨才上大学，先在柏林读了一学期哲学，又转到慕尼黑，最后落脚海德堡大学，修读国民经济学和古代史。26岁那年(1921)，以中古时期的穆斯林手工业行会为题取得古代经济史专业博士学位后，康托洛维茨在海德堡大学谋得编外讲师教职，但并非为了搞学术，而是为了不离开格奥尔格圈子(George-Kreis)。

6年后，32岁的康托洛维茨出版了大部头传记体史书《弗里德里希二世大帝》(1927)，随即名噪一时。[1]作为

---

[1] Ernst H. Kantorowicz, *Kaiser Friedrich der Zweite*, Düsseldorf / München: Georg Bondi, 1927/1963/1974/1994。

格奥尔格圈子的第三代核心成员之一，康托洛维茨的这部传记体史书并非要在专业史学方面有所建树。毋宁说，与差不多100年前德罗伊森的《亚历山大大帝》（1833）一样，康托洛维茨希望用自己的历史人物传记唤醒某种德意志精神。①

欧洲大战尚未结束，德意志第二帝国（1871–1918）自行崩溃。对某些德国智识精英来说，德国并非败在军事战场，而是败在自家的文化战场——败在德国知识界深受自由主义共和论毒害。在国民心绪低迷、愤懑、惶惑的历史时刻，为了打破德国智识人的共和迷思，具有超凡精神魅力的诗人格奥尔格（Stefan George, 1868–1933）给自己的"圈子"拟定了一个写作计划，让德国人民回想欧洲历史上那些在种种艰难时刻坚守高贵精神的各色人物。

康托洛维茨主动请缨，为700年前的德意志帝王弗里德里希二世（1194–1250，旧译"腓特烈二世"）作传。②

---

① 德罗伊森，《亚历山大大帝》，陈早译，上海：华东师范大学出版社，2017；比较Ernst H. Kantorowicz, "Kaiser Friedrich II. und das Königsbild des Hellenismus"，见Ernst H. Kantorowicz, *Selected Studies*, New York: Locust Valley, 1965，页264–283。

② Eckhart Grünewald, *Ernst Kantorowicz und Stefan George: Beiträge zur Biographie des Historikers bis zum Jahre 1938 und zu seinem Jugendwerk "Kaiser Friedrich der Zweite"*, Wiesbaden, 1982; Thomas Karlauf, *Stefan George. Die Entdeckung des Charisma*, München, 2007; Ulrich Goldsmith, *Stefan George*, Columbia University Press, 1970; Michael Winkler, "Master and Disciples: The George Circle"，见Jens Rieckmann编, *A Companion to the Works of Stefan George*, New York: Camden House, 2005，页145–159。关于魏玛时期的政治文化状况，参见米尚志编译，《动荡中的繁荣：魏玛时期的德国文化》，杭州：浙江人民出版社，1988。

《弗里德里希二世大帝》问世第二年,刚过60大寿的格奥尔格出版了平生最后一部诗集《新帝国》(*Das neue Reich*, 1928),以抒情诗形式书写史诗,歌咏德意志民族的历代英雄人物(包括当时的兴登堡总统),从形式上看颇得品达遗风,实质上志在传承古希腊诗人忒奥格尼斯(约公元前585–540)的精神品质。[①]

《新帝国》结尾时,这位具有超凡魅力的诗人唱道:"我把远方或梦之奇迹,带着前往我国的边地。"[②] 所谓"远方或梦之奇迹",指欧洲尤其德意志历史上那些优异人物曾展现出的高贵精神品格,如今,诗人企望"秘密的德意志"(das geheime Deutschland)即格奥尔格自己的精神同仁圈子承载这一梦想。

这首压轴诗题为"词语",结尾一句因海德格尔的解释而非常著名:

> 词语破碎处无物存在。

这个带定冠词的"词语"(das Word)寓指什么?很可能寓指格奥尔格心目中的德意志民族的高贵精神,因为诗人唱道:

> 我苦苦守候命运女神

---

① 参见拙文,《城邦航船及其舵手》,刘小枫,《比较古典学发凡》,上海:复旦大学出版社,2015,页8–11。
② 格奥尔格,《词语破碎之处:格奥尔格诗选》,莫光华译,上海:同济大学出版社,2010,页200。

> 从泉源寻得它的名称
> 随即我将它牢牢握住
> 如今它光彩穿越疆土
> 我也曾历经漫漫长途
> 带去一颗柔美的珍珠。

可是,

> 它随即从我指间遁逃
> 我国就再未获此珍宝。

诗人暗示,德意志民族的高贵精神品质有如"一颗柔美的珍珠",它一旦破碎,德意志帝国便一无所是。珍珠丢失,尚可能复得,一旦破碎,便永不可能复得。诗人的歌唱明显带有现实关切,因为,在诗人看来,魏玛宪法的德意志共和国仍然沿用Reich[帝国]这个习传的"名称",无异于自欺欺人。德意志正在变得庸俗不堪,作为一个国家,德意志的土地上不能没有高贵的精神品质。国家即便强盛起来,也不等于有高贵精神,遑论眼下国家正经受着屈辱。

格奥尔格手上的那颗"柔美的珍珠",就是高贵的德意志精神品质本身。在"新帝国"的大众民主处境中,诗人极为忧心,这颗"柔美的珍珠"不是丢失,而是彻底"破碎"。

《弗里德里希二世大帝》与《新帝国》交相辉映,

销量惊人,短短几年内,康托洛维茨的这部历史人物传纪获得的报刊书评已近200篇,1931年印行第三版,英译本也在同年面世。因从未打算搞学术,康托洛维茨念完博士学位后,并未按部就班写教职资格论文(Habilitationsschrift),这时却收到法兰克福大学的史学教授聘约。

史学专业的某些科班教授妒忌心起,撰文攻击《弗里德里希二世大帝》没有一个注释,不过是"历史通俗文学",毫无学术价值。[①]康托洛维茨不仅在很短时间内搞出一部史料集,回击这些心胸狭隘、心性低劣的专业学匠,还决志自己这辈子也搞学术。

1933年接踵而至,身为犹太人的康托洛维茨磨蹭到欧战爆发前,才秘密逃亡英伦。在英伦没能找到立足之地,度日艰难,康托洛维茨偶然从报上看到一份加州大学伯克利分校招聘史学教授的广告,撞上好运移居美国。1950年代初,因麦卡锡事件与校方闹别扭,康托洛维茨又离开加州,到普林斯顿大学任教,在那里完成了《国王的两个身体》,离世时还未年届古稀。

在美国,康托洛维茨的知名度从未越出古代史专业范围。即便在欧洲学界,也差不多有近20年之久没谁对康托洛维茨谈论的"国王身体"感兴趣,古代史专业人士读这本书的也不多。福柯在《规诫与惩罚》(1975)卷一第一章"犯人的身体"临近结尾时,用半页篇幅概述过《国王

[①] Henning Ottmann, *Geschichte des politischen Denkens: Das Mittelalter*, Stuttgart: Metzler, 2004, 页183。

的两个身体》全书大意,如今成了人们挂在嘴边的美谈,似乎福柯慧眼识珠,第一个发现康托洛维茨。①

其实,福柯提到这部书,与康托洛维茨要谈论的问题了不相干。福柯满脑子"犯人的身体",而非"国王的身体",他并不关心康托洛维茨所关切的问题。毋宁说,让福柯钦佩的不过是,康托洛维茨学识丰富,史述笔法诱人。倒是两年后,有个研究英国近代史的学者出了一本书名为《女王的两个身体》,明显是在模仿《国王的两个身体》的论题。②

在德语学界,人们对这位魏玛民国时期的青年才俊也忘得差不多了。少数老辈人记得康托洛维茨,不过因为他曾是格奥尔格圈子的最后一代才子之一。③康托洛维茨去世那年(1963),《弗里德里希二世大帝》重版。在"波恩条约"框架下,德国学人不再会对这位中世纪的德意志帝王感兴趣,完全可以理解。

1990年代初,《国王的两个身体》有了德文译本,研究中世纪史的名家福尔曼在《时代周刊》上发表推介文章,标题是"接康托洛维茨回家"。言下之意,德国人不应该忘记,康托洛维茨是德国人,而非美国人。④在德国才

---

① 福柯,《规诫与惩罚》,刘北成、杨远婴译,北京:生活·读书·新知三联书店,1999/2003/2007/2012,页31。
② Marie Axton, *The Queen's Two Bodies: Drama and the Elizabethan Succession*, Royal Historical Society Studies in History, No. 5, London: Humanities Press, 1977。
③ Arthur R. Evans编, *On Four Modern Humanists: Hofmannsthal, Gundolf, Curtius, Kantorowicz*, Princeton University Press, 1970。
④ Horst Fuhrmann, "Die Heimholung des Ernst Kantorowicz", 刊于*Die Zeit*, 13/1991, 页1—13。

应该会有人对"国王的身体"念念不忘,美国人怎么可能对"国王的身体"有感情呢。

法国大革命200周年之际(1989),《国王的两个身体》的法文和意大利译本同年出版,德文译本才接踵而至(1990)。在随后10年里,《国王的两个身体》越来越受到关注,但关注者主要并非是中世纪史学专业的从业者,大多是关切政治思想史问题的人士。

一时间,欧美大国越来越多的政治智识人开始关心"国王的身体",好几部专著甚至模仿康托洛维茨的书名。即便是普及性的学术书,也以引用康托洛维茨为尚。[1]《国王的两个身体》的影响力在公共学界持续上升,康托洛维茨的声誉明显越出专业史学领域,传记研究接连不断——康托洛维茨俨然成了历史人物,而非一般学人。[2]

一 不死的国王身体

《国王的两个身体》为何籍籍无名长达近20年,又为何突然之间走红,学界不免会出现种种解释。[3]法国学界

---

[1] Bernhard Jussen,"*The King's Two Bodies Today*",刊于*Representations*, Vol. 106, No. 1 (Spring 2009),页104。阿兰·克鲁瓦、让·凯尼亚,《法国文化史II:从文艺复兴到启蒙前夜》(1997/1998),傅绍梅、钱林森译,上海:华东师范大学出版社,2006,页261。

[2] Alain Boureau, *Kantorowicz: Stories of a Historian*, The Johns Hopkins University Press, 2001; Robert Lerner, *Ernst Kantorowicz: A Life*, Princeton University Press, 2016。

[3] 参见John B. Freed,"Ernst Kantorowicz: An Accounting",刊于*Central European History*, Vol. 32, No. 2(1999),页225–226。

有人给出这样的解释：1960年代崛起的年鉴学派势力太大，《国王的两个身体》属于观念史论著，方法老派，无人问津并不奇怪。德语学界的情形也相差无几：韦伯的社会学理论影响太大，自1930年代以来就支配着学界的问题意识乃至研究方法，没谁关心中世纪晚期的观念史问题。何况，康托洛维茨所谈论的国王身体早已被扫进历史垃圾堆。

这番解释固然没错，却未必周全，因为它不能解释，为何偏偏在1980年代以来康托洛维茨越来越红。在笔者看来，《国王的两个身体》面世后遭遇冷落，实际原因是当时英美学界正在兴起一股激进民主思潮，强势推动所谓"思想史的民主化形式"(a democratized form of intellectual history)：剑桥学派史学在1960年代的激进民主运动中登上学术舞台，并在1970年代中后期大显身手，随即吸引了广泛的学界目光。[①]在这样的学术思想气候中，康托洛维茨所谈论的国王身体论题不仅堪称老朽，而且政治不正确。

1981年，法国著名思想史家戈歇(Marcel Gauchet)连续发表两篇文章，解读《国王的两个身体》，明显是在借康托洛维茨之作回应激进民主的政治史学。[②]戈歇以研

---

① 参见 "Ideas in Context: Conversation with Skinner", Interview conducted by Hansong Li, 刊于 *The Chicago Journal of History*, Autumn (2016), 页120。
② Marcel Gauchet, "Des deux corps du roi au pouvoir sans corps. Christianisme et politique", 刊于 *Le Débat*, 1981/8 n° 14, 页133–157及 n° 15, 页147–168。

究贡斯当和托克维尔闻名学坛,同时也是法国文化思想界抵御激进民主思想的中坚人物。他大声疾呼,拉康、福柯、德里达谋杀了法兰西文明精神,振聋发聩,我们迄今没听见,还以为法国后现代思想会让中国文明精神发扬光大。[①]康托洛维茨在1980年代末开始逐渐走红,未必不可理解为激进民主的政治史学开始遭遇反弹。毕竟,剑桥学派史学与康托洛维茨史学的研究领域多有重叠,问题意识却截然对立。

法国大革命200周年之际,《国王的两个身体》的法意德译本纷纷面世,绝非偶然。法国革命起初建立的是君主立宪政体,这意味着,国家这个身体的"头"型换了,但"头"还在。普鲁士和奥地利两个君主国联手干预法国政局时,路易十六王后泄露军事机密,致使普奥联军击溃法军,攻入法国本土。

1792年7月,立法议会宣布,国家进入危急状态;8月,共和党人发动市民起义,占领杜伊勒里宫,拘禁国王和王后,宣布推翻立宪派政权。共和党人中的温和派(吉伦特派)掌握政权后,迫使立法会议废除君主立宪制,改行共和制,共和党人中的激进派(山岳派)则还要求处死国王。

[①] Marcel Gauchet, *Desenchant Du Monde: Une Histoire Politique de la Religion*, Paris: Gallimard, 1985(英译本*The Disenchantment of the World: A Political History of Religion*, Princeton University Press, 1997); Marcel Gauchet, *La religion dans la démocratie: Parcours de la laïcité*, Paris: Gallimard, 1998; Marcel Gauchet, *Pensée de Marcel Gauchet: Philosophie de la démocratie. Ecriture de l'histoire*, Paris: Frémeaux & Associés, 2009。

两个月后(9月),法国军队和各地组织的义勇军在瓦尔米一役击溃普奥联军,为法兰西共和国(史称第一共和)奠立了基础。10月,法国军队已经将普奥联军赶出国境,还间接控制了意大利半岛和莱茵河以西。100年来,法国从未取得过如此胜利。1793年元月21日,国民公会在一片胜利声中以叛国罪判处国王及王后死刑,时年38岁的路易十六(1754–1793)身首分离。随之,保王党人与革命党人爆发激战,国家即将陷入分裂。

人民主权的国家这个身体可以没有"头"吗?拿破仑铁腕平定内乱证明,人民的国家作为一个身体,仍然需要有一个强有力的"头",否则只会瘫倒在地。

共和革命党人掌控的国民公会以法律程序方式处死国王,从世界史的意义上讲,是在确认100多年前英国共和革命弑君的正当性。按19世纪初的自由主义史学家基佐的说法:法国革命不仅给英国革命"增添了鲜明光彩",甚至应该说,没有法国革命"就无法彻底理解"英国革命。[1]

1649年元月20日,处于内战状态中的英格兰残余议会设立法庭,审判国王查理一世(1600–1649)。一周后,法庭宣判"查理·斯图亚特为暴君、叛徒、杀人犯及国

---

[1] 基佐,《1640年英国革命史》,伍光建译,北京:商务印书馆,1985/2007/2011,页7–10;比较狄金森,《英国激进主义与法国大革命:1789–1815》,辛旭译,北京:北京师范大学出版社,2016;沃尔泽,《清教徒的革命:关于激进政治起源的一项研究》,张蓉、王东兴译,北京:商务印书馆,2016。

家的敌人,应予斩首"。随后,查理一世在白厅街被当众斩首。

世界史上被推翻的王权不计其数,英国的共和革命以法律程序合法地判处国王死刑,有史以来还是第一次。如果我们要学习政治史以及政治思想史,那么,我们就应该深思这一事件的历史含义。因为,激进共和主义者通过写通俗文学式的史书说,"人权历史上那个翻天覆地的时代带来的激动"值得今天的人们"一同分享和欣赏":

> 所有欧洲人对社会阶层地位以及"君权神授"的假设,都被一个概念粉碎,那便是:"权力应该属于人民,并由人民的代表去行使。"①

激进共和论者希望今天的人们"一同分享和欣赏"的激动时刻还有:1918年7月,日耳曼血统的最后一位俄国沙皇尼古拉二世(1868–1918)被秘密枪决,连同皇后和5个孩子(1个儿子,4个女儿)以及两个仆人,共用了103发勃朗宁手枪子弹。

相比之下,新中国政府把末代皇帝改造成了劳动人民中的一员,堪称世界政治史上史无前例且独一无二的历史事件。中国的共和革命者为何没有公审并处决末代皇帝,也应该算得上世界政治史上的一个思想之谜,而要

---

① 罗伯逊,《弑君者:把查理一世送上断头台的人》,徐璇译,北京:新星出版社,2009,页8。

解答这个谜其实并不难，正确地阅读《尚书》就行。

在政治思想史家沃格林看来，英属美洲殖民地十三州的"独立"革命先于法国革命确认英国共和革命的正当性。《独立宣言》控告英王的法理依据，与英格兰下议院控告国王的理由如出一辙：国王身上仅有"有限的权力"，其职责是确保人民享有生命、自由和追求幸福等"不可让渡的权利"；一旦国王的有限权力损害了人民的权利，人民就有权利弑君。

与基佐不同，沃格林还看到，英国革命与美国革命对国王提出指控有一个根本差异：英国的共和革命人士设立高等法院来裁决对国王的指控，美洲殖民地的共和人士则把对英王的指控直接提交"人类的意见"（the opinions of mankind）裁决。[1]

"人类"是谁？"人类"既可等同于自然天地，也可等同于上帝。这一差异表明，英国共和革命之后的100年里，基于人民主权的共和理论高歌猛进，占领了舆论制高点，《独立宣言》废黜宗主王权的控告，已经无需再由高等法院之类的人间机关来裁决。

由此来看，法国革命党人中的温和派依循法律程序审理对国王的指控，无异于一种历史倒退。法国国民公会审判路易十六期间，时年35岁的罗伯斯庇尔（1758–1794）两次发表演说，他的观点让我们看到，沃格林所言不虚。

---

[1] Eric Voegelin, *The New Order and Last Orientation*, University of Missouri Press, 1989, 页84–85。

罗伯斯庇尔一向主张废除死刑，在他看来，死刑"极端不公正"，"社会无权规定死刑"，何况，死刑有违"自由民族的善良风习"云云。既然如此，罗伯斯庇尔为何又坚决主张处死国王？他说，道理简单得很：死刑属于刑事犯罪，国王路易十六则犯的是叛国和反人民的政治罪，岂可同日而语！

罗伯斯庇尔在国民公会演讲时振振有词地说，将"我们当中因某种恶习或情欲而违反法律的人"判处死刑，极不人道，处死国王则天经地义。[①] 因此，设立法庭审判国王实属荒唐：

> 路易不是被告人。你们不是法官；你们是政治家，是国民的代表［……］从前，路易是国王，而现在建立了共和国。单是这句话，就能解决你们所研究的臭名昭著的问题。路易由于自己的罪行被迫退位；路易宣布法国人民是造反，为了惩罚人民，他呼吁自己同类的暴君使用武力。可是，胜利和人民认定了，叛徒就是路易本人。
>
> 由此可见，路易不能受审判，因为他已被定了罪，不然共和国就没有理由存在。建议不管怎样也要把路易十六交付审判，意味着倒退到君主立宪的专制制度。这是反革命的思想，因为它使革命本身

---

① 罗伯斯庇尔，《革命法制和审判》，赵涵舆译，北京：商务印书馆，1965/1997，页68，70，73–74（以下随文注页码）。

成了有争议的问题。(罗伯斯庇尔,《革命法制和审判》,页104–105)

可见,罗伯斯庇尔的激进共和主义观点自有其理:共和国的合法性已经取代了国王的合法性,或者说,人民主权原则已经取代了王权原则。因此,

> 人民审判不同于法庭审判:他们不下判决,他们像闪电一样予以打击;他们不裁判国王,他们把国王化为乌有。(同上,页107)

人民主权原则的法理依据来自人民的"政治美德"——"权利"即"美德",剑桥学派史学张扬的正是这种罗伯斯庇尔式的共和主义美德。20世纪的人们遗忘了这种公民参与式的"政治美德",让剑桥诸君深感焦虑。他们通过政治思想史宣扬"公民共和主义",积极发掘其直接民主的思想意涵,不外乎要进一步教育民众:共和国作为人民的身体不应该再有"国王"这个"头"。

由此可以理解,剑桥学派史学为何特别关注两个历史时期的政治思想。首先是文艺复兴时期至英国共和革命之前的反王权论,按照这种理论,君王无不是"暴君"。其次是英格兰共和派的自由国家论,它诞生于"1649年弑君和英国正式宣布为'共和国和自由国家'之后"的革命时期。据斯金纳说,这种"[新]古典共和主义"的人民主权论经斯宾诺莎和卢梭的发展,直接影响了美国的独立

革命。①

剑桥学派史学致力于给人们灌输激进共和主义的思想谱系，康托洛维茨的《国王的两个身体》展示了另一种共和主义思想，难免会影响剑桥史学的宣传效力。不过，这本书并非面向知识大众说话，因为，它促使还愿意不被意识形态绑架地思考的少数人思考所谓"政治神学"问题，知识大众不会思考这类问题。

康托洛维茨让人们看到，15世纪的英格兰法学家们关于王权的描述，无不采用基督教神学词汇，这表明当时的王权论是一种"王权神学"，尽管它论证的是世俗君主的权力。康托洛维茨由此展开史学追溯，力图展示这种所谓的"国王—基督论"（Kings-Christology）并非英格兰法学家们的发明，而是12至13世纪在欧洲大陆已经非常流行的"王权神学"的延续。②

对观剑桥学派和康托洛维茨讲的近代欧洲思想史故事，人们会发现，尽管两者所关注的史学对象涉及相同的历史事件，但着眼点截然不同，甚至对同一个历史人物的看法也截然不同。举例来说，《国王的两个身体》提到的第一个史学例证，是15世纪的英格兰法律人福特斯库（John Fortescue, 1395–1477）。在波考克的《马基雅维利时刻》

---

① 斯金纳，《自由主义之前的自由》，李宏图译，上海：上海三联书店，2003，页9。
② 康托洛维茨，《国王的两个身体：中世纪神学研究》，徐震宇译，上海：华东师范大学出版社，2017，页17（以下简称《两个身体》，随文注页码；译文有改动，不一一说明）。

中,此人同样是第一个史学例证,但却是反面人物。[1]

相同的史例,在不同的政治思想史家手里会引出完全不同的思想史问题。因此,我们值得关注史家用史料来说明什么,而非仅仅看他们用了什么史料或用了多少史料。通过分析都铎王朝时期法律家们的王权论修辞,康托洛维茨以大量历史文献表明,当时关于王权的流行观念、思想潮流和政治习语,无不带有基督教神学语汇的印记:

> 令人震惊的是,英国法学家(主要在无意识而非有意识的情况下)将当时的神学定义用于界定王权性质时所体现出来的忠实程度。就其本身而言,将各种定义从一个领域转移到另一个领域,从神学转到法律,倒丝毫不令人惊奇,甚至都不值得注意。对等交换的方法——运用神学概念对国家作定义——已经运用了数个世纪,就好像反过来的情形,在基督教发展早期,罗马帝国的政治词汇和帝国的礼仪被用于满足教会的需要。(康托洛维茨,《两个身体》,页89)

---

[1] 波考克,《马基雅维利时刻:佛罗伦萨政治思想和大西洋共和主义传统》,冯克利、傅乾译,南京:译林出版社,2013,页10–12。与康托洛维茨的论题相关,比较M. R. L. L. Kelly, "Sir John Fortescue and the Political Dominium: The People, the Common Weal, and the King", Denis Galligan编, *Constitutions and the Classics: Patterns of Constitutional Thought from Fortescue to Bentham*, Oxford: Oxford University Press, 2014。

都铎王朝的法律家们在搞《王权至尊法案》(Act of Supremacy)时刻意挪用界定教宗权力的概念来支持国王的权力，有可能是一时的政治修辞手段，但法学家将教会论词汇用于世俗目的则肯定是一种思想习惯。康托洛维茨由此提出，他的史学要尝试一种历史的"宪制语义学"(constitutional semantics)研究。

剑桥学派也主张，政治思想史应该是一种基于历史语境的"历史语义学"(historical semantics)，要求思想史关注流行观念、思想潮流和独特习语，并以此为由抨击"观念史"式的政治思想史。[①]由此看来，1980年代以来，欧洲学界不断有人炒作康托洛维茨，很可能意在打击剑桥学派的自以为是：剑桥诸君所谓的思想史方法论创新，康托洛维茨早在10年前就出色地践行过了。

康托洛维茨与剑桥学派都关注流行观念、思想潮流和独特习语——康托洛维茨甚至关注图像、纹章、建筑装饰等形象语言，着眼点却截然相反：剑桥学派关注基于人民主权的反王权论，康托洛维茨关注基于人民主权的王权论。

我们的脑筋会一时转不过弯：主张人民主权必然反王权，怎么可能会有人民主权的王权论一说？

在《国王的两个身体》第二章，康托洛维茨以莎士比亚的英国历史剧中的国王形象为例，进一步加强自己的

[①] 参见刘小枫，《以美为鉴：注意关于美国立国原则的是非未定之争》，北京：华夏出版社，2017，第三章第三节。

论点。莎士比亚笔下的亨利五世和查理二世明显具有双重本性，可见，"国王二体的比喻"即国王有两个身体的比喻，在当时乃是人们对国王的常识性理解，而且在日常生活中具有多重含义。(《两个身体》，页97)

在斯金纳和波考克的政治思想史中，莎士比亚的历史剧没有其应有的位置。原因很简单：莎士比亚的历史剧几乎无不是王者主题，斯金纳和波考克从中找不到自己所需要的东西。尼采说的没错：一个学人从历史上看到什么，以及看重什么，取决于他的个体灵魂品质及其眼界。我们学习政治思想史，必须关注史家的个体灵魂品质及其政治观念取向，而非被其旁征博引的史料俘获。否则，我们的政治智识不会有长进。

因此值得提出这样的问题：康托洛维茨与剑桥学派在史学问题意识上的差异意味着什么？

通过分析15至16世纪的法律文献语言和戏剧文学语言中所反映的"国王二体"观念，康托洛维茨引出了其"宪制语义学"的核心观点：政制观念是一种人为的"拟制"(fiction)，即凭靠特殊言辞来建构的政制正当性。那么，康托洛维茨的"宪制语义学"关注"国王的两个身体"，究竟想要告诉人们什么呢？

在第二章结尾时，康托洛维茨明确说，他要引人思考：既然国王观念作为"拟制"有两个身体，即国王的人身和他所代表的作为人民的政治体，那么，国王的人身被送上了断头台，不等于作为政治体的国王即人民共同体或国家也随之被执行死刑。这意味着，作为政治体的国王身体不会死。

尽管如此,自然人身的国王死了,作为政治体的国王身体必然会身受影响。

> 国王二体的拟制不可与后续的事件隔离开来观察,亦即议会成功地审判"查理·斯图亚特,被认可为英格兰国王,因而受托享有有限的权力",定了他叛国罪,最终单单处决了国王的自然之体,而没有严重影响、或对国王的政治之体造成不可弥补的伤害——这与1793年法国发生的事件形成了对比。(《两个身体》,页95)

在今天的人们看来,弑君"对国王的政治之体造成不可弥补的伤害"这话即便不刺眼,也不会顺眼。康托洛维茨用布朗法官的说法来结束第二章,更让今天的激进共和论者感觉不顺眼:

> 国王是不断存续的名号,作为人民的头和管治者(按法律的推定)会永远存续,只要人民继续存在……在这个名号中,国王永远不死。(《两个身体》,页95)

康托洛维茨的言辞无异于在质疑英国革命—美国革命—法国革命以来逐渐流行的一种共和观念:真正的共和政体不会有也不应该有"人民的头和管治者"——不应

该再有任何意义上的"国王"。公民直接参政并施行自治的直接民主,才是真共和。

康托洛维茨绝非反民主或反共和分子。作为史学家,康托洛维茨当然知道,历史不可预设,也不可逆转。在共和革命已经席卷全球的20世纪,他无意为已被执行死刑的国王招魂。康托洛维茨不过要提醒世人:国王的自然身体死了,作为政治身体的国王并没有死,即国王曾经拥有的另一个身体——作为人民的国体——并没有死。

"国王二体"这个比喻的要害是:国王是作为"国族"(nation)的人民这个政治体的"头",弑君之后,人民政治体这个身体是否可能——遑论应该——没有自己的"头":没有"头"的共和国身体意味着什么呢?

显然,这一问题意识已经不属于史学,而属于政治哲学。按传统说法,人民是原上草,国王是"草上风"。如果人民政治体这个身体没有自己的"头",那么,这个政治体也就不会有道德精神的等级秩序权威。反之,如果民主政治人主张,人民政治体不应该有"头",那么,他们必然会主张,人人在道德上平等,没有德性上的差异。公民的首要"美德"就是直接参政,要实现这种"美德",首先必须拆毁任何形式的价值或精神等级秩序。

二 共和政体的政治神学问题

题为"国王永远不死"的第七章,在全书所占篇幅最多,康托洛维茨这样开始他的论述:

通过将人民(People)解释为一个"永远不死"的共体(universitas),[15至16世纪的]法学家们塑造了一个具有永久性的概念,其中同时包含了整个政治之体(头和肢体一起)的永久性和组成成员的永久性。但是,"头"的永久性也具有同样重要的意义,因为,头通常是负责任的部分,并且它的缺席可能导致这个合体之身不完整,或失去行动能力。因此,头的永久存续就制造出一系列新的问题,并引向了新的拟制。(《两个身体》,页437)

可见,康托洛维茨关切的根本问题是:共和革命之后,人民政体的"头"的永久性是否还具有同样重要的意义,哪怕它仅仅在观念上具有永久性。换言之,即便废除了国王的身位,是否可能而且应该废除"国王"这个观念的身位。

从前有"朕即国家"的说法,共和革命之后的说法是人民即国家,人民成了国王。如果共和革命之前的王权观念是一种人为"拟制",那么,共和革命用来取代王权的人民主权观念同样是一种人为"拟制",即同样是靠言辞来建构的统治正当性。然而,作为一个政治体,人民主权的共和政体却隐含着内在困难。

中世纪晚期以来的王权论把国王说成一个"合体之身"(body corporate),其首要含义是,国王的身位(Person)集政治体之身和圣事中的基督的身体于一身,后者使得国王的自然身位对政治身体拥有绝对主权:就像一个人的身体,头对肢体有绝对支配权。

人民主权原则取代王权原则,问题就来了:作为政治体,人民共和政体还是"头和肢体"的合体吗?或者说,"人民"这个政治身体有"头"吗?如果人民共和政体必须得有"头",否则,这个政治身体会瘫痪,那么,由于人民主权的政体基于弑君的正当性,何以可能允许自己这个身体还有一个"头"?如果非得有的话,那它会是或应该是怎样的"头"?

从历史上看,迄今还没有任何人民主权的民主政体没有"头"。最为常见的情形是,人民主权的政治体会通过制宪支起一个"头"(称之为"总统"或诸如此类的名号),赋予他应该承担的责任性权力,同时又以代议制的形式对其权力加以必要的限制和监督。

1918年3月,德意志帝国的军队虽在西线发动了一次取得完胜的大攻势,但美国的介入使得整个战局急转直下。德国这个立宪帝国的皇帝及其领导班子被迫求和,人民却不满起来:当初主战的是皇帝,如今求和的也是皇帝,王者怎么能这样啊。[①]

10月29日那天,德国基尔港水兵造反,随即引发全

---

① 洛尔,《皇帝和他的宫廷:威廉二世与德意志帝国》,杨杰译,北京:北京大学出版社,2004,页213–247;梅然,《德意志帝国的大战略:德国与大战的来临》,北京:北京大学出版社,2016,页514–518;克拉克,《沉重的皇冠:威廉二世权谋的一生》,盖之珉译,北京:中信出版社,2017,页210–252;科胡特,《国家的镜像:论威廉二世对德国的领导》,斯特罗齐尔、奥弗主编,《领袖:一项心理史学研究》,梁卿等译,北京:中央编译出版社,2013,页197–250。

国动乱，各地纷纷建立"工人与士兵委员会"。59岁的国王威廉二世（Wilhelm II, 1859–1941）在国家军队已经不听自己调遣的情势下被迫自动逊位，11月10日一大早偷偷溜到荷兰，以免自己遭遇像查理一世和路易十六那样的命运。激进左翼试图趁机掌握政权，政府采取行动压制，引发左翼激进派暴动（1919年元月）。[①]

为了国体的稳定，刚从战场上下来的康托洛维茨随即加入右翼"自由军团"，在慕尼黑与激进左翼交火，激战两天两夜，再次负伤。德国这个政治身体没有"头"的状况，给年轻的康托洛维茨留下了极为深刻的印象。

不到半年时间（1919年7月），德国的智识精英就在名城魏玛设计出宪法，宣布建立德意志共和国——立宪帝国改制为民主共和国，德国经历了一次短暂的"空位期"：没有了国王，毕竟有了民国总统。

然而，一纸民主宪法管不住民主共和这个身体，国家不断出现内乱，甚至濒临分裂。幸好，魏玛宪法第48条赋予总统"紧急专政权"，民国总统不得不时时动用这一条款施行合法压制，否则，新生的德意志共和国随时会陷入内战状态。

魏玛宪法第48条表明，德意志共和国这个身体不仅有一个"头"，而且还有专断的权力——用专业行话来讲，这叫做君主制"残余"，以至于人们会说，民主共和的

[①] Mark Jones, *Founding Weimar: Violence and The German Revolution of 1918–1919*, Cambridge University Press, 2016, 页104–135。

身体上奇怪地有一颗君主的"头"。

1922年,时年36岁的法学家施米特发表了小册子《政治的神学》,揪住这一宪法条款并结合现实说,民主宪法框架下的人民政体也会有政治神学问题。

下面这段话被后人引用得太多,早已成了名言:

> 现代国家理论中的所有重要概念,都是世俗化了的神学概念,这不仅由于它们在历史发展中从神学转移到了国家理论,比如,全能的上帝变成了全能的立法者,而且也因为它们的系统结构,若对这些概念进行社会学考察,就必须对这种结构有所认识。法理学中的非常状态类似于神学中的奇迹。只有在意识到这种类似的情况下,我们才能辨清上个世纪国家哲学理论的发展轨迹。①

这一说法提出的问题既涉及政治法学,也涉及政治史学。前者关切政治体的当下状态,后者关切过去的政治体及其观念的变迁,但两者绝非互不相干。从政治史学角度澄清传统的基督教王权论如何转移为现代式的宪制国家论,显然对当下的政治状况和政治争议具有现实意义。康托洛维茨给《国王的两个身体》冠以"中世纪政治神学研究"这个副标题,表明他在时隔20多年后仍然认

---

① 施米特,《政治的神学》,刘小枫编,刘宗坤等译,上海:上海人民出版社,2015,页49(以下随文注页码)。

为,施米特当年提出的政治史学问题没有过时,《国王的两个身体》也因研究这一问题而成为史学经典。

可是,康托洛维茨在"前言"中对是否采纳"政治神学"这个提法明显有些犹疑不定,颇让人费解。一方面他说,自己的这项研究要尝试说明,中世纪晚期发展起来的"一种政治神学的某些原理""为何在作必要的修正后,直到20世纪的今天仍然有效",尽管这"完全不是"他自己"起初的意图"。另一方面他又说:

> 尽管我们的时代发生了恐怖的事情,就是从大到小所有的国家,统统拜服于最诡异的教义,将政治神学发挥成真正的妄想症,在许多情况下直接挑战人类和政治理性的基本原则。但是,以此推断作者乃是试图考察某些现代政治性宗教的偶像是如何生成的,就属于臆测了。

> 我当然不是对晚近的错乱现象毫无知觉;事实上,越是体会到某些意识形态的蜘蛛网,就越是拓展和加深了我对其早期发展的认识。但是,有必要强调,这类思索属于嗣后思考,是眼前这项研究的结果,而不是原因,也并不影响研究过程。历史材料本身惯常散发出的魅力,可以胜过一切实践或道德应用的渴望,当然也不消说,胜过一切嗣后思考。

> 本项研究是针对主权国家及其永久性的特定密码(王冠,尊荣,祖国,等等),视角特别限定于按照各种政治信念在其初始阶段,以及被当作工具服务于

近代早期国家建立之时的状况,来理解这些信念。(《两个身体》,页66–67)

康托洛维茨接下来就把自己的研究与卡西尔在《国家的神话》中提出的"政治神话"说联系起来,似乎他的研究与此相关,而非与施米特的"政治神学"论相关。

卡西尔的《国家的神话》脱稿于盟军即将攻陷柏林之际(1946年出版),旨在解释为何德意志会出现第三帝国这样的现代怪胎。[1]显而易见,在二战后的学界政治处境中,依凭卡西尔的"政治神话"论说事,不会有问题,依凭施米特的"政治神学"论说事,难免会惹来政治麻烦。因为,施米特当年提出的"政治神学"论已经被人视为德意志第三帝国的先声,即康托洛维茨所谓纳粹帝国"将政治神学发挥成真正的妄想症"。直到21世纪的今天,情形仍然如此。[2]康托洛维茨若刻意回避与施米特的关系,并非不可以理解。

可是,《国王的两个身体》毕竟用了"政治神学"这个特别带有施米特思想标志的语汇作为副标题,以至于"前言"中的这段说法与其说在刻意回避,还不如说意在申明:即便遭人误解,作者也不回避自己的研究与施米特提出的问题相关。

---

[1] 卡西尔,《国家的神话》,张国忠译,杭州:浙江人民出版社,1988/范进等译,北京:华夏出版社,1990/1998。
[2] 波拉茨,《德国新保守主义的两个神话(1919–1932):"第三帝国"与新国家》,见曹卫东主编,《德国青年运动》,上海:上海人民出版社,2011,页182–183。

康托洛维茨在"前言"中还说,1945年与某位同行挚友的谈话,引发了他写作本书的念头。据今人考证,这话很可能是障眼法,因为,有证据表明,康托洛维茨在1938年离开德国之前已经着手撰写《国王的两个身体》。[1]

倘若如此,1950年代末出版《国王的两个身体》时,康托洛维茨颇为无畏地坚持用"政治神学研究"这个副标题,并非仅仅是其个人的性情德性的反映。毋宁说,他很可能还没有忘怀自己在魏玛时期曾涉足其中的那场著名的精神对峙:格奥尔格圈子与韦伯圈子的对峙。

韦伯(1864–1920)比格奥尔格仅年长4岁,两人年龄相若。在德意志第二帝国末期,两人就已是各具魅力的精神领袖,都有大批追随者。格奥尔格圈子被贴上信奉"神话"精神的标签,韦伯圈子则被视为坚守"理性化精神"的中坚,两个知识人阵营尖锐对峙。[2]

应该注意到,当施米特说"现代国家理论中的所有重要概念都是世俗化了的神学概念"时,他同时还说,若要对现代国家理论中的重要概念"进行社会学考察",就必须考察这些概念在历史发展中如何"从神学转移到了国家理论"。谁对现代国家理论中的重要概念做过"社会学考察"?当然是韦伯!"合法性"堪称现代国家理论中

---

[1] Robert Lerner,"Kantorowicz and Continuity",见Robert L. Benson/Johannes Fried编, *Ernst Kantorowicz: Erträge der Doppeltagung Institute for Advanced Study, Princeton, Johann Wolfgang Goethe-Universität, Frankfurt*, Stuttgart: Franz Steiner, 1997,页120–121。
[2] 上山安敏,《神话与理性:十九世纪末至二十世纪初欧洲的知识界》,孙传钊译,上海:上海人民出版社,1992,页21–32, 37–44。

最重要的概念之一,韦伯对之做过十分著名的社会学考察。可以说,施米特在1922年提出政治神学议题,矛头直指韦伯的政治社会学,虽然施米特并不属于格奥尔格圈子,而韦伯也已经在两年前离世。毕竟,韦伯的学术声望和影响力都十分巨大。

10年后(1932年),也就是魏玛民国危机的最后关头,施米特提出了"正当性"概念,更为明确地与韦伯的"合法性"概念针锋相对。

> 以其所有国家行为的一种天衣无缝的合法性理想和制度,议会制立法型国家发展了一种绝对独特的辩护体系。在此,"合法性"的意义和任务恰恰是,不仅把[无论君主还是人民意志的]正当性,而且把任何基于自身的更高的权威和当权机关变成多余的,并予以否定。在这个辩护体系中,根本没有使用诸如"正当"或者"权威"之类词汇,哪怕只是作为合法性的表述——合法性只是从"正当"或者"权威"派生出来的。
>
> 由此就可以理解韦伯的社会学命题:"这种合法性可以被视为正当性",或者,"现今最流行的正当性形式就是对合法性的信仰"(韦伯,《经济与社会》卷三,第一册,页19)。在这里,正当性与合法性这两者被归结为一个共同的正当性概念。①

---

① 施米特,《合法性与正当性》,刘小枫编,李秋零等译,上海:上海人民出版社,2015,页102(以下随文注页码)。

施米特这样说的时候,正是纳粹即将获得政权前夕。施米特反对韦伯把合法性与正当性混为一谈,并非仅仅是学理论争,还涉及德国当时的危机状况(施米特,《合法性与正当性》,页95)。

纳粹政党凭靠宪法赋予的合法政治权利一步步夺取政权,自由民主的政府束手无策。施米特心急如焚,主张在魏玛宪法第48条的基础上扩大总统权限,以剪灭纳粹党,被自由主义法学家视为违宪:"只有在修宪权受到限制的情况下,才能够否定一个政党的合法性。"(同上,页184)在施米特看来,这种严守合法性观念的政治姿态实在不可思议,因为,纳粹政党明明以推翻魏玛宪政的基本政治决断为政治目的,宪法却在自由民主的原则下认可任何政党有"机会平等"的合法权利。对人民宪法的敌人,难道不应该坚决果断地予以剪灭?

既然纳粹政党的政治行动以宪法赋予的合法性为依据,国家要剪灭人民宪法的敌人,只有凭靠人民主权的正当性原则。由于魏玛宪法条款的约束,施米特主张,总统凭靠人民的"呼声"拥有超逾宪法条文的主权。后来,施米特被说成纳粹的支持者,其实是因为他在1934年至1935年期间参与了纳粹政权的"法律革命",而这场"革命"让人看起来是在以立法方式调整人民共和体的身体状况。

在意识形态的支配下,公共知识分子不喜欢辨析历史上的政治事变错综复杂的成因,把复杂的历史事件简单化。在施米特问题上,人们仅仅说他在1933至1936年间成了纳粹政权的法学顾问,只字不提他在1932年底公开呼吁取缔纳粹党,也不调查他为何支持剪灭"冲锋队"。既然如此,今天若有某些激进群体在人民共和国的肢体上闹"独立",国家以"人民"的名义坚决予以剪灭,那么,这种国家行为被激进知识人说成"法西斯",而"占领立法局"或街头闹事搞"独立"反倒不是法西斯,就一点儿不奇怪。

现在我们能够切实体会到,康托洛维茨在题为"国王永远不死"的第七章一开头所说的事情,的确不仅仅是史学问题:人民共和的政治身体上的"头",具有永久性的重要意义,"它的缺席可能导致这个合体之身不完整,或失去行动能力"。

不过,在政治现实中,人民共和的政治身体的头与肢体如何协调,又的确是一大难题。在传统的君王政体身上,头与肢体至少理论上协调一致;在现代的人民共和政体身上,头未必与肢体协调。一旦政治体面临内乱或外敌入侵,谁来做决断就是问题。

按照人民主权原则,做决断的应该是"人民",按照代议制原则,即由人民选出的代表做决断——用专业行话说,这叫做"议会主权"论。

> 譬如在英国,议会获得了凌驾于君主之上的权力,议会权力的发展甚至更有力地作用于国家机构的统一这个方向。在英国,"内阁"以议会中的唯一首脑作为其"领袖",在该党控制着多数时,内阁便成了一

个党的委员会。这种政党的权力不为正式的法律承认,但事实上,只有它具备政治上的决定权。①

这意味着,议会中赢得选票的政党,就是人民共和政体这个身体上的"头"。与英国的虚君共和不同,"美国的制度,是将获胜政党中那位直接民选的领袖放在官僚机构首脑的位置上,而这些官员全由他任命"(同上)。

无论哪种情形,民主政体的这个"头"一方面像传统君主那样,实际掌握着"人民主权",另一方面则受人民代表(议会或国会)钳制,从而有如戴了紧箍咒的孙悟空脑袋。一旦出现紧急状态,需要作为个人的总统或首相当即做决断,不可能等议会论辩作决议后再授权总统执行,问题自然就来了。在这种所谓例外状态下,总统的决断无异于打破了议会或国会的限制,成为名副其实的君主。

"9·11事件"当天,小布什即宣布国家进入"战争状态",来不及获得国会授权。当总统在电视上宣布这一决断时,他简直像个deus mortalis[会死的上帝]出现在全体人民面前。

施米特当年就是以这类例外状态挑战魏玛宪法的法理困难:至少在总统宣布"紧急状态"这一时刻,他恢复了国王至上原则,暂时终止了人民主权原则。毕竟,在紧急状态下,总统作为"合体之身"的"头",其权力不受肢体制约。

---

① 韦伯,《学术与政治》,冯克利译,北京:生活·读书·新知三联书店,1998,页70(以下随文注页码)。

但是，这个"头"毕竟属于人民共和政体这个身体，总统个人作决断，不能等于终止人民主权原则，否则，共和革命的弑君行为就是荒谬之举。查理一世惹来杀身之祸，恰恰是因为，他针对内乱宣布国家进入紧急状态，共和革命者则以"人民"的名义把国王的这一主权行为视为"反对人民"，进而合法地弑君。

路易十六的情形同样如此：表面看来，国民公会宣布国家因外敌入侵而进入紧急状态，以叛国罪和反人民罪判处路易十六死刑是以议会形式行使人民主权。但从法理上讲，"叛国罪"只有在"反人民罪"的前提下才能成立。毕竟，"朕即国家"，路易十六引入普奥联军针对的是内乱，普奥联军不是来争城掠地，而是帮助路易十六恢复国家身体的秩序。沃格林说得不无道理：英国革命时期的残余议会对国王提出司法指控的合法性，以及最高法院做出判决的司法权的合法性，都是可疑的，但这两项行动预示了"国家主权"（national sovereignty）和国王在宪制政府中的虚设地位之类的新观念。①

施米特的观点绝非反人民主权或反民主共和，恰恰相反，他的观点基于人民主权论所打造的民主共和体这一既定现实：改制后的德国正在按照魏玛宪法重建国家身体的秩序。换言之，施米特提请人们考虑的是人民主权政体必须正视的法理难题。②二战刚结束不久，年轻的

---

① Eric Voegelin, *The New Order and Last Orientation*, 前揭, 页85。
② 比较考威尔，《人民主权与德国宪法危机》，曹晗蓉、虞维华译，南京：译林出版社，2017，页54–64, 99–110。

美国公法学家罗斯托就承认,施米特的观点有道理,即人民宪法的共和国必须为合宪的"独裁"保留合法位置。美国在二战期间的"战时状态"就是历史证明:

> 在美国人民阔谈民主与独裁的区别之际,他们实际上承认,自己的政府有必要更为紧密地遵循独裁模式![1]

毕竟,在非常状态下,"公民自由、自由企业、立宪主义、基于辩论和妥协的治理——这些严格说来都是奢侈品。"(同上,页19)

由此可以理解,二战后的联邦德国制定波恩宪法时(1949),采纳了施米特当年的主张:人民宪法的核心不受议会三分之二多数或人民创制权做出的改变决定的制约。[2] 就此而言,如果当今的公民共和主义真的认为,美国1787年宪法违背了《独立宣言》的要义,从而要求更改宪法,那么,人们的确有理由认为,这与当年纳粹政党挑战魏玛宪法,至少在法理形式上一样,尽管其实际政治目的是取消人民国体这个身体上的"头"。

"9·11事件"之前的1990年代,施米特提出的民主政体的政治神学议题已经再度成为欧美政治理论的热门

---

[1] 罗斯托,《宪法专政:现代民主国家中的危机政府》(1948),孟涛译,北京:华夏出版社,2015,页18。
[2] 米勒、波格丹诺编,《布莱克维尔政治学百科全书》,邓正来等译,北京:中国政法大学出版社,1992,页684右栏。

话题。康托洛维茨的《两个国王的身体》在1990年代走红,某种程度上起到了唤醒作用。"9·11事件"之后,政治神学陡然成了当代政治理论中的正式议题。[①]美国的政治理论家甚至模仿施米特《政治的神学》,把政治神学议题直接纳入美国的民主政体语境。

> 当然,施米特当时没有考虑到美国公民宗教的实践。然而,他关于政治神学的建议能否帮助我们理解现代民族国家,尤其是我们这个民族国家,借以占据其公民心目中的神圣位置的方式?比如,宪法的理念承载着立约的宗教概念吗?革命是启示的一种世俗化形式吗?这些是否就是"世俗化的神学概念"的例子?正是由于这些问题在某种程度上依然合理,我们才需要一种政治神学来探索我们政治生活的渊源和本质,但又明确宣称要与施米特划清界限。[②]

为了"与施米特划清界限",作者主张把施米特的政治神学议题与其"本土语境,魏玛危机,以及他的个人政治信仰和实践"剥离开来,仅仅获取其理论意涵。毕竟,"理论的持久贡献虽源于其本土环境,但并不取决于这

[①] 参见Michael Kirwan, *Political Theology: An Introduction*, London, 2008。
[②] 卡恩,《政治神学:新主权概念四论》(2011),郑琪译,南京:译林出版社,2015,页6。

些环境"。①作者在阐释施米特的政治神学议题时,让康托洛维茨的《国王的两个身体》中的观点成了施米特的脚注。

与此相反,激进哲学家阿甘本(1942–)则利用施米特所利用过的"例外状态"大做文章,从中获取与施米特相反的理论意涵。

在施米特笔下,"例外状态"无异于国家身体的失序状态或被外敌颠覆的危急状态。这时,国家身体尤其需要自身的"头"或最高权威掌控身体,让国家身体恢复秩序或应对外敌。从1931年的"9·18事件"到1937年的"7·7事件"时期,现代中国这个人民共和的国家身体就处于这种状态,可是,国家身体的"头"这时却不是一个真正的"头",不懂得外敌颠覆是国家身体面临的首要危险,即便这时国家身体处于内战状态,也必须"停止内战,一致抗日"。

换言之,在施米特那里,"例外状态"恰恰是需要作为国家身体的主权者以权威手段克制的对象;但在阿甘本那里,"例外状态"反过来成了挑战国家身体的"头"这一主权权威的出发点。②在这一语境中,阿甘本也对康托洛维茨的"国王的两个身体"论提出挑战,认为他"普遍低估了罗马先例的重要性,而未将权威与权限间的区分联结到国王的两个问题以及尊严永远不死的原则

---

① 卡恩,《政治神学:新主权概念四论》(2011),郑琪译,南京:译林出版社,页35及注释13。
② 阿甘本,《例外状态》(2003),薛熙平译,西安:西北大学出版社,2015,页115–138。

上"(同上,页131–132)。

由此看来,我们若不熟悉施米特的政治神学议题,便难以理解这部史学大著的当下意义。毕竟,施米特以政治神学批判韦伯的合法性社会理论,是《国王的两个身体》的思想史背景。

三 国王的身体与现代国家的起源

卡恩作为美国的政治理论家为何既承认施米特"理论的持久贡献",又要"与施米特划清界限"?显然,政治神学在1990年代的"复兴"遭到顽强抵抗。

韦伯去世后的大半个世纪以来,他的政治社会学已经成为欧美学术的基石。施米特的政治神学议题明确针对韦伯,政治神学的"复兴"遭到政治社会学所培育起来的学术力量反击,完全可以理解。哈贝马斯(1929–)以毫无商量余地的口吻说,施米特"建立了一个极权主义大众民主的身份认同构想,他是为同质人民量身打造的,由魅力型领袖所领导"。即便"施米特的教权法西斯主义的'政治性'构想已成昨日烟云,但它应该成为那些妄图复活政治神学的人们的警示"。[1]

---

[1] 哈贝马斯,《"政治性":政治神学可疑遗产的理性意义》(2011),见曹卫东主编,《审美政治化:德国表现主义问题》,上海:上海人民出版社,2015,页274–275(以下简称《"政治性"》,随文注页码)。亦参哈贝马斯,《自主性的恐怖:英语世界中的施米特》,见吴彦、黄涛主编,《国家、战争与现代秩序》,上海:华东师范大学出版社,2017,页167–180。

站在韦伯的政治社会学立场反驳施米特合情合理,但因此而把施米特的"'政治性'构想"说成"教权法西斯主义",差不多是在骂街。哈贝马斯在回击政治神学的"复兴"时,目标锁定在施米特对自由主义"去政治化"的批判,但他也承认,现代政治形态与宗教的关系没有消失。这意味着,政治神学这个议题并非完全没有道理。

> 与传统合法性论证方式的决裂提出了这样一个问题:以大众权利与人权这些世俗术语对宪法要素进行的合法性论证,是否封死了"政治性"的维度,并借此一并废除了"政治性"概念及其宗教内涵?又或者,"政治性"只是从国家层面转移到了市民社会内部的市民民主意见与意见形成?
>
> 与施米特相反,我们可以问:"政治性"为何不能在民主结构的规范维度中觅得一个非人身的体现?而这一不同的选择对我们这样的社会中宗教和政治的关系又意味着什么?(哈贝马斯,《"政治性"》,页273)

人们有理由问,在市民社会内部,"市民民主"在凭靠"大众权利与人权这些世俗术语"形成意见时,难道没有魅力型领袖出面领导,或没有催生过这类领袖?大众民主只要不是极权主义式的,难道就没问题?

占主流地位的代议制民主政体论认可人民国体的身体必须有一个"头",尽管它应该被套上"合法性"的紧箍咒。自1960年代以来，公民哲学及其子嗣剑桥学派则主张激进的共和政体论：代议制政府不是真正的人民主权政体，人民国体的身体不应该有"头"。哈贝马斯的"商谈伦理"论与这股激进民主思潮一同成长，他的"交往理论"虽然出自社会学理论，却与激进公民哲学阵营有同盟关系。[1]尽管如此，激进民主思潮也给哈贝马斯据守的韦伯式合法性理论带来无法回避的挑战。

凡此表明，何为真正的共和政体迄今仍是政治思想面临的一大难题。我们已经看到，至少有三种不同的人民共和政体论在相互驳难。人们虽然还很难为施米特以及康托洛维茨所谈论的人民共和找到恰当名称，但其基本含义非常清楚：人民国体的身体必须有一个"头"，因此，政治理论必须关注这个"头"的政治德性。在中西方的历史长河中，君主制同时伴随着君王德性论，君王教育是文明政治传统中的重要组成部分。

激进的人民共和论则认为，人民的国体不应该有"头"，公民直接参政的自治式民主政体才是真正的共和。人民的国家应该身首一体，现代新儒家开宗大师熊十力称之为"群龙无首"的身体。现代新儒家（徐复观、牟宗三）的政治理论也会培育出激进的自由民主共和论脑筋，并不是什么不可思议的事情。

与此相应，激进的自由民主共和论必须抬高公民美

---

[1] 参见哈贝马斯，《汉娜·阿伦特交往的权力概念》，见江天骥主编，《法兰克福学派：批判的社会理论》，上海：上海人民出版社，1981，页155–176。

德。如果说君主政体或贤良政体必然伴随着德性的高低秩序,那么,激进的自由民主共和论则必然会要求削平人的德性差异,提倡普遍平等的德性原则。由此引发的问题是:公民德性能够勾销德性的自然差异吗?

哈贝马斯所代表的合法性观点承认,"君王的统治力量分崩离析"后,"统治权留下了一个'空位'"。自由民主的人民主权论坚守的底线是,绝不能再让一个国王的身位复位。如果现实政治没法设想参与式直接民主——连斯金纳也承认这是一种"乌托邦",尽管值得去争取实现它,① 那么,可以设想的仅是:基于合法性的"程序形态",通过普选或各种政治团体的商谈和决议,让没有领袖品质的官僚型政治家在有限任期内轮流占据这个"空位"(哈贝马斯,《"政治性"》,页280)。

这意味着,共和政体应是一架自行运转的民主程序的官僚机器。传统的国王有两个身体,即国王的人身和国体,民主共和这个国王(即人民政体)也有两个身体,尽管取代国王人身的总统毫无王气。

古代君王未必个个都有王者品质,毋宁说,大多数情况下,世袭君王往往缺乏王者品质。毕竟,真正的王者并非来自世袭或血统,而是出自大自然的偶然造化。然而,古代的君主论至少在理论上要求王者有优异品质。与此相反,现代民主制的首脑论则并不要求王者品质,这就是韦伯所谓的"无领袖民主制"的著名提法,哈贝马斯的

---

① 参见斯金纳,《自由主义以前的自由》,前揭,页55。

说法不过是在死守韦伯的观点。

德意志第二帝国自行崩溃后仅仅两个月,韦伯就在慕尼黑作了题为《以政治为业》的著名演讲(1919年元月)。针对德国即将建立共和政体的现实状况,韦伯提出,德国人只能在下面两者中选择其一:

> 要么是挟"机关"而治的领袖民主制,要么是无领袖的民主制,即职业政治家的统治,他们没有使命感,没有造就领袖人物的内在超凡魅力的个性……就目前而言,我们德国只能选择后面这种。至于未来,这种局面的持续,至少在帝国一级,首先会得益于联邦参议院将得到恢复,这必将会限制民国议会的权力,从而也限制它作为一个选择领袖机构的重要性……唯有当民国总统不是由议会,而是以全民公决的方式选出,他才能够满足人们对领袖的渴求。(韦伯,《学术与政治》,页98–99)

某种程度上讲,韦伯的这段话刻意针对格奥尔格。[①] 因为,格奥尔格不仅本人有"内在超凡魅力",而且呼唤有如此个性的领袖人物历史地出场,引领惶惑中的德意志人民。

从这段话的历史语境来看,韦伯主张"无领袖的民主

---

① Fritz Ringer,《韦伯学思路:学术作为一种志业》,简惠美译,台北:群学出版有限公司,2013,页206–207。

制"似乎仅仅是就德国眼下的"空位"期而言,并非其最终定见。毕竟,真正的领袖人物并非说有就会有。"从纯粹技术政治的(technisch-politischen)角度说",在眼下的政治处境中,选择"没有使命感",没有"内在超凡魅力"的职业政治家成为民主共和政体身上的"头",最为稳妥(韦伯,《学术与政治》,页97–98)。

从韦伯的整个演讲来看,情形其实并非如此。在演讲的开头,韦伯首先阐述了自己关于三种类型的支配权或政治身体的"头"的观点。第一种是传统的基于"被神圣化了的习俗"获得权威的人物,第二种是凭靠个体超凡魅力获得权威的领袖式人物,再就是"依靠对法律条款之有效性和客观性'功能'的信任"而获得权威的人物,即所谓"法制型"权威人物或"职业政治家"(同上,页56–57)。显然,韦伯之所以主张"无领袖的民主制",并非是针对德国当下处境提出的应急之策,而是凭靠其政治社会学做出的理性化选择。

韦伯的支配权类型论基于其政治社会学对"何谓政治"的理解。在演讲一开始,韦伯就从"社会学角度给现代国家"下了定义,也就是对"政治"下了定义:

> 国家是这样一个人类团体,它在一定疆域之内(成功地)宣布了对正当使用暴力的垄断权。请注意,"疆域"乃是国家的特征之一。现在的特点是,其他建制或个人被授予使用暴力的权利,只限于国家允许的范围内。国家被认为是暴力使用"权"的唯一来

源。因此，对于我们来说，"政治"就是指争取分享权力或影响权力分配的努力，这或是发生在国家之间，或是发生在一国之内的团体之间。(韦伯，《学术与政治》，页55)

这个对"政治"的社会学理论式的定义，明显不同于比如说古典政治哲学的"政治"理解，其要义大致可归纳为如下三点。首先，它仅仅针对"现代国家"(den modernen Staat)即所谓领土—国族国家而言，其理论含义是，现代国家形态截然不同于任何类型的古代国家——无论城邦国家还是帝国。社会学式的"政治"理解意味着，现代政治生活截然不同于前现代的政治生活。

第二，社会学式的"政治"理解还意味着，把国家理解为社会"团体"(Verbänden)的功能，其理论含义是，从政治理论中排除道德或宗教信念之类的要素。凭靠某种道德或宗教信念来理解政治，据说是前现代的政治理解的一般特征，不再适合于现代的政治(同上，页99–117)。

从上述两点便可推导出，第三，国家暴力基于合法性(Legitimität/Legalität)，这种合法性就是正当性，其理论含义是，从政治社会学的角度即"争取分享权力或影响权力分配的努力"这一角度看"政治"，才算得上科学。

由此看来，现代与前现代的区分乃是这种社会学理论式的"政治"理解的前提。社会学是关于现代政治形态的科学，它有别于前现代的科学即哲学：既然现代政治形态与前现代政治形态截然不同，作为实证科学的社会理论就应该取代哲学。这样一来,社会学理论的自我证明就得基于现代国家的起源论证,承担这一论证使命的是历史社会学。

奇妙的是,作为实证科学的社会学理论认为,古代和现代的政治形态截然不同,因此,用古典政治哲学的视界来看待现代政治不会有效力,但用作为实证科学的社会学理论的视界来看待古代政治则据说有效力。如我们所知,自到今天,历史社会学式的古代政治史研究仍然是史学界的基干。[1]由此可见,现代的社会理论取代古典的政治哲学的根本理由其实并非在于古代和现代的政治形态截然不同,毋宁说,根本理由是社会科学家相信,现代式的实证科学原则胜过古人的智慧。

在"以政治为业"的演讲中,韦伯用了接近一半篇幅来阐述"现代国家和职业政治家的出现",明显力图凭靠其历史社会学的现代性起源考察让他的"无领袖的民主制"获得支撑(同上,页60–95)。我们看到,正是在这段关于现代性演化的历史社会学描述之后,韦伯针对德国的当下改制提出了"无领袖的民主制"建言。这无异于说,"无领袖的民主制"是现代化的历史必然。

我们值得意识到,历史社会学看似客观,其实基于现代信念。沃格林说过,自由民主信念让人们往往忘记,在西欧的政治单位形成现代国家的历史过程中,"王者

---

[1] 比较拉迪里,《历史学家的思想和方法》,杨豫译,上海:上海人民出版社,2002;休厄尔,《历史的逻辑:社会理论与社会转型》,朱联璧、费滢译,上海:上海人民出版社,2012。

既作为战争领袖又作为其人民的保护者，同时人民因忠诚而服从王者，是政府的宪政形式得以发展的前提"。

在西方王权行将结束的关键阶段，王权的功能眼看要被淹没在大众宪政主义的浪潮中，我们看到一种政治理论的复兴，它强调王者对政治体的"代表"功能。①

韦伯做演讲时年仅55岁，正当思想盛年，可惜第二年便不幸因病离世。他在演讲中所阐述的"政治"观，不仅基于其《经济与社会》所建立的庞杂而又系统的"社会政治学"（Sozialpolitik），而且是对其社会学理论的要义极为精当、明晰且通俗易懂的表述。

时隔不到10年（1927），快到不惑之年的施米特在柏林大学作了题为"政治的概念"的演讲，随后扩展成小册子出版。若将施米特对"政治"的理解与韦伯的理解加以对照，其针锋相对的含义非常明显。②施米特的"政治"理解同样是基于现代政治形态的理解，或者说以现代性为前提。在《政治的神学》中，施米特已经把这种"政治"

---

① 沃格林，《政治观念史稿（卷二）：中世纪（至阿奎那）》，叶颖译，上海：华东师范大学出版社，2009，页49。
② 结合当时的德国政治处境质疑韦伯的"国家"理解，并非仅有施米特。1931年，一位与康托洛维茨同姓的法学家（Hermann Kantorowicz, 1877–1940）在伦敦大学做了关于"国家"概念的演讲。若将这篇讲演与韦伯的《以政治为业》对照阅读，定会有所收获。康特洛维茨，《国家的概念》，刊于黄涛主编，《良好的政治秩序》，上海：华东师范大学出版社，2017。

理解的前提表达得颇为清楚:

> 人民总是要寻求正当的必然要求,不同于发自个人主权者命令的正当。在各种相互对立的利益和联盟的斗争中,绝对的君主作出决断并因而创造了国家的统一。一个民族所表现的统一体则不具备这种决断的性质:它是一个有机的统一体,国家观念通过民族意识而成为一个有机整体。因此,一神论和自然神论的上帝概念对于政治形而上学来说,就变得难以理解。(施米特,《政治的神学》,页59)

可以看到,虽然同样是在理解现代形态的"政治",与韦伯不同,施米特首先关注政治支配的正当性转型(君主制转变为民主制)所带来的"主权"转移问题。这意味着,施米特看待现代政治的眼光,眼底多少保留了古典政治哲学的血脉,韦伯则自觉地切断古典政治哲学的血脉。

正因为如此,施特劳斯在评论《政治的概念》时会说,施米特对自由主义的批判以霍布斯的政治哲学为预设,即人类生活以追求实现"安宁"为目的。对施米特来说,"政治斗争是各种可能的阵营斗争中紧密程度最高的一种",这"已然假设人之间的敌对本身以人的一种非政治特点为前提"。实际上,"人类根本就没有过安宁生活这个福分",所谓"安宁"生活无异于"墓地的安宁"。[①]

---

① 施特劳斯,《霍布斯的宗教批判》,杨丽等译,黄瑞成校,北京:华夏出版社,2012,页59,15。

施米特接受了这一批评,若他已经用社会学理论彻底置换了自己的头脑,则断乎不会接受这种批评。据施米特自己的说法,这篇批评文章甚至让他关注施特劳斯的著作——他在1956年7月6日的日记中写道:

> 我手头的施特劳斯论斯宾诺莎的书(1930)近日落到洛维特手里了。他对它的迷恋如猎人之于脚印,就像刑侦人员之于Corpus delicti［作案工具］,就如图谋遗产者之于对他有利的遗嘱。而我自己关心的只是那些书本和样书奇异的命运。没有施特劳斯这本书,我的《利维坦》(1938)不可能问世。1932年至1945年,它一直与我相伴,1945年夏,我还夹注了许多笔记,并且在书页边做了许多注释。之后,1945年10月,美国人将它同其他许多书一起查封并强行拖走。……(温玉伟译文,未刊稿)

反过来说,正因为施特劳斯看到,施米特的头脑仍然是政治哲学式的,他才会如此撰文批评,否则就没必要提出这样的批评。学术眼底不同,没可能看到遑论关切相同的问题。

在施特劳斯提出批评(1932)之后5年,施米特完成了《霍布斯国家学说中的利维坦》(1938)一书。无论从内容还是文风来看,这篇论著都可以看作是从政治哲学角度对韦伯社会政治学的批判。因为,关于现代型国家的起源问题,施米特思考的仍然是哲人的言辞,韦伯的社会政治学则不理会哲人的言辞和思考。进一步说,即便从社会学理论的理路来理解哲人的言辞,仍然等于没有理会哲人的思考。

> 霍布斯建构国家的出发点是对自然状态的恐惧;其目标和终点则是文明的国家状态的安全。……在自然状态中,人对其他人来说是一只狼。自然状态的恐怖驱使充满恐惧的个体聚集到一起;他们的恐惧上升到了极点;这时,一道理性闪光闪现了,于是乎,新的上帝突然间就站在我们面前。
>
> 这个上帝是谁?这个上帝为备受恐惧煎熬的人们带来和平和安全,把狼转变成公民,并通过这个奇迹而表明自己是上帝,当然是deus mortalis [会死的上帝]——霍布斯如此称呼。这个上帝是谁?①

"一道理性(ratio)闪光闪现了",这里的"理性"指近代形而上学的理性——笛卡尔所论述的那种理性。它具有设计人工身体的天赋,霍布斯凭靠这种理性来设计现代国家,把国家比喻为一个巨大的机器装置式的身体——利维坦。

> 通过机械化那"巨人",霍布斯从而超越了笛卡

---

① 施米特,《霍布斯国家学说中的利维坦》,应星、朱雁冰译,上海:华东师范大学出版社,2008,页68(以下简称《霍布斯国家学说》,随文注页码)。

尔，对人作了一个极其重要的人类学解释。不过，最初的形而上学决断归功于笛卡尔，在那一时刻，人体被看作是机器，由肉体和灵魂组成的人则在整体上被看作是一种智力加一台机器。将这个看法转而运用到"巨人"也即"国家"身上，因此近在咫尺。这由霍布斯完成，不过，如前所示，它导致巨人的灵魂也变成机器的一个零件。一旦具有肉体和灵魂的巨人变成了一台机器，逆向转化也成为可能，于是小人也可以变成机器人(homme-machine)。国家概念的机械化也完成了人的人类学形象的机械化。(施米特，《霍布斯国家学说》，页139)

从观念上讲，"领袖"人物当然应该有伟大的灵魂。历史上出现过诸多假"领袖"，他们灵魂品质低劣，却凭靠坚忍不拔的意志和机智的实践才干让自己成了一时的"领袖"人物。我们不能因为这类情形在现代历史上屡见不鲜，就认为"领袖"这个观念本身带有高贵灵魂的含义是假的。日常生活中经常可见先前被我们认为是"好人"的人原来并非"好人"，这显然不等于"好人"观念本身从此应该在世上消失。

韦伯的"超凡魅力"人物这一概念，恰恰突显的是领袖人物的卓越德性品质。在施米特看来，韦伯的"无领袖民主制"的实质在于，基于现代式的机械化—合法化的"法制国家"概念，要求民主政体这个身体的"头"变成机器的组成部分，"导致巨人的灵魂也变成机器的一个零件"。与此不同,霍布斯的国家学说毕竟还"保持着人身论性质",从而使得这种国家学说"充满决断论色彩"(施米特,《政治的神学》,页58)。

这意味着,机器装置无法做决断,作为机器装置的国家仍然需要一个拥有绝对主权的身位(Person),他看起来仍然像上帝那样具有独一的决断权。正因为如此,在人民主权的共和政体中,仍然会有一个拥有绝对主权的王者,他手中的主权类似于上帝的权力,以至于他显得就是上帝。

《霍布斯国家学说中的利维坦》具有政治哲学史的思考样式,与韦伯的历史社会学思考样式形成鲜明对照。施米特指出,在欧洲大陆,19世纪资产阶级的法治国家观念替代了18世纪君主统治的绝对王权国家观念。"法治国家"(Gesetzesstaat)指这样一种"合法体制":以一个由人制定的"宪法"为基础,靠成文法尤其法典有如机器一样运作。说到这里时,施米特提到自己在1932年的《合法性与正当性》一文中对韦伯的批评,并进一步说:

> 关于这一点,韦伯已经说过,在理性化了的现代国家机关中,"合法性可以当作正当性"。根据韦伯的预测,未来属于理智的、经受职业训练的公务体制,因为,这体制才真正代表了彻底技术化了的、依据法律规范的内在理性逻辑而运作的机关也即"国家"。合法性是实证主义公务体制的运行方式。因此,现代国家和合法性本质上休戚相关。……

用化学或物理的术语来说,只有出现在国家合法性的凝聚态之中,国家才对"正当"元素起反应。因此,合法性的问题,不会让自己作为一个"纯粹形式的"法学背景问题或者礼貌问题而被轻易打发。根据正确的理解和正确的操作,合法性在一个组织起来的现代国家中,是头等重要的现实,因为,诸如公务体制和文职系统这样的现实强权和势力,需要以依法循规作为运作模式。通过其技术的完善性,这种机器甚至成了一个以自身为法的强权,这个强权不会让自己由随便什么人任意摆布,其中运转的法规,不得不受相当尊重,如果它是一个可靠的仆人的话。

令人惊叹的、由闻所未闻的技术所发明出来的不断得以改进和完善的现代国家装置及其行政机构复杂的命令机制,都要求下达命令要有一种确定的合理性和形式,并要求一套经过极其专业的深思熟虑的计划。这一切意味着,正当性变成了合法性,神圣的、自然的或前国家的正当,变成了一套实证的国家法规。(施米特,《霍布斯国家学说》,页104–105)

笔者之所以花费笔墨谈论施米特的霍布斯研究,乃因为若非如此则难以理解《国王的两个身体》为何如此关注国王身体的法理学修辞。我们不难看到,《国王的两个身体》与《霍布斯国家学说中的利维坦》的论述风格颇为相近,甚至所涉及的史料也相近,比如,施米特已经提到莎士比亚的戏剧乃至通俗文学(施米特,《霍布斯国家学说》,页62–63)。[①]如果《国王的两个身体》堪称观念史的典范之作,那么,施米特的《霍布斯国家学说中的利维坦》则为康托洛维茨树立了榜样。

施米特把政治观念视为"政治符号",也成了沃格林的政治观念史的先声。这种观念史的政治哲学品质与后来剑桥学派提倡和推动的"历史语境"观念史的品质差异在于:前者关切高贵和王气的德性,后者关切对高贵和王气造反的平民"美德"。即便韦伯的"支配"(Herrschaft)概念,也没有关切王者的道德德性问题。[②]

"两个身体"的比喻在霍布斯的《利维坦》中是关键语词之一,但在《国王的两个身体》中,霍布斯连名字也没有出现一次。这让我们不免会推测,《国王的两个身体》显得像是在接续《霍布斯国家学说中的利维坦》的观念史研究,往前追溯从中世纪晚期到霍布斯之前的"国王身体"比喻的历史形成和流变。既然霍布斯的国家学说标志着现代国家观的开端,那么,《国王的两个身体》

---

① 比较Eric L. Santner, *The Royal Remains: The People's Two Bodies and the Endgames of Sovereignty*, University of Chicago Press, 2011, 页142–187。
② 参见里克特,《政治和社会概念史研究》,张智译,上海:华东师范大学出版社,2010,页99–101。

的研究主题实际上是现代国家的起源问题。①倘若如此，康托洛维茨一定要给《国王的两个身体》冠以"中世纪政治神学研究"这样的副标题，对韦伯的现代性命题不能不说是沉重的一击。

《国王的两个身体》延续魏玛时期施米特对韦伯的合法性理论的批判，不能仅仅用康托洛维茨是格奥尔格的铁杆"粉丝"来作出解释。问题涉及到应该如何理解政治生活的现代转型："政治"的现代转型是否意味着古典哲人眼中的人类政治生活的根本问题从此消失了。

现代的"政治"截然不同于古代的"政治"，从诸多经验事实来看，这个论断没有问题，几近于常识。问题在于，用现代式的社会学理性来看待国家，把国家仅仅理解为"法制国家"是否行得通。晚近半个世纪以来，公民哲学的激进共和主义势头一直不减，连哈贝马斯自己都惊呼"合法性危机"，恰恰表明合法性理论无法排除古老的政治问题：国家凭什么具有支配的合法性，谁以及凭什么制定国家法规。

由于不信任"任何版本"的以民意为基础来构想的直接民主制，韦伯在1919年的"空位期"推荐"无领袖的

---

① Victoria Kahn, "Political Theology and Fiction in *The King's Two Bodies*"，见*Representations*, Vol. 106, No. 1 (Spring 2009)，页78；Horst Bredekamp, "Die zwei Körper von Thomas Hobbes' *Leviathan*" 及Blandine Kriegel, "Kantorowicz und die Entstehung des modernen Staates"，见Wolfgang Ernst/Cornelia Vismann编, *Geschichtskörper: zur Aktualität von Ernst H.Kantorowic*, München: Fink, 1998，页105–118, 119–128。

民主制",希望用"合法性"的牢笼让国家体制处于上下绝对服从的"支配"关系,以此让国家身体至少处于亚健康状态。吊诡的是,纳粹式的"领袖民主制"恰恰诞生于这样的"合法性"牢笼。

施米特在1950年发表的《合法性问题》一文中不无讽刺地写道:

> 希特勒夺取政权在德国公职人员眼里并非不合法。这对大多数德国人和外国政府来说,也几乎一样如此,这些外国政府继续了它们的外交关系,而不认为必须要做一次新的国际法上的承认,就像在不合法的情形中必须的那样。也不存在反对希特勒的对立政府——既没在德国地界上,也没有以流亡政府形式产生。所谓1933年3月24日的《授权法》清除了所有顾虑,它以一般和笼统的方式,让事情得以合法化,这种合法化既溯及到1933年2月和3月所发生的事情,也指向所有未来的行动。这种授权法事实上和笼统上的合法化效果,之所以如此广泛,是因为一部由议会颁布的修改宪法的制定法,认可了希特勒及其追随者对权力的有实效的占有。现在每一种废止夺取政权的合法的道理都被堵塞了。现在仍仅存在的是这一脆弱的希望,即民国总统兴登堡或许还可以将希特勒免职,并任命另外一位民国总理。
>
> ……奇怪的是,1942年,希特勒本人在政治上又感到需要一种合法化(Legitimierung),确切地说,

不仅在他自己的、实证主义的——绝对的合法性意义上,而且也在一种民主正当性意义上。①

德国的现代转型所遭遇的这场政治灾难,让人不得不从更为深远的世界历史视野出发来看待17世纪英国共和革命和18世纪法国大革命时期的合法弑君问题。按照现代的观点,这两场革命不是像以往那样,简单粗暴地推翻现存王权,而是通过合法程序的方式判处国王死刑,据说其"相当重大"的历史意义在于,"革命者非常努力地寻求一种新的、为统治者的责任观念提供的制度基础"。历史社会学家以这一现代观点为理所当然的前提,顺理成章地仅仅考虑现代转型如何"以一种几乎常规化的方式逐渐完全制度化",并"促生了统治者(行政机构)向立法机构负责的不同的现代宪政安排"。这意味着,"将社会看作一个可以根据一些愿景、计划或者普遍性的现代性价值来建设的对象。"②

魏玛民国转型为纳粹帝国,使得这种历史社会学的预设捉襟见肘,以至于卡西尔不得不尝试用"政治神话"阴魂不散来解释这个让人烦恼的史例。

韦伯的政治社会学把现代性历史视为一个祛魅过程,正是这种现代"祛魅"观为社会学理论应该取代传统

---

① 施米特,《合法性问题》,见吴彦、黄涛主编,《国家、战争与现代秩序》,前揭,页73–75。
② 艾森斯塔德,《大革命与现代文明》(2006),刘圣中译,上海:上海人民出版社,2012,页17。

的政治哲学提供了正当理由：毕竟，现代政治与古代政治在性质以及形态上都不可同日而语。

沃格林早年对韦伯非常信服，但他不久就意识到，面对现代政治形态，社会学理论的眼力仍然显得相当短视。与其说现代性历史是一个祛魅过程，不如说是传统政治秩序及其符号的崩溃过程，在这一过程中，古老的、人类与生俱来的政治激情并没有消失。沃格林另辟蹊径，以具有世界史视野的政治观念史研究来理解现代政治的性质和形态。在考察古代政治观念与历史的关系时，他频频提及某种现代的政治观念或政治形态，反之，当论及某种现代的政治观念或政治形态时，沃格林往往会提到古代或近代的类比。

比如，在写于1940年的《政治观念史》"导言"中，沃格林说到韦伯的社会学研究方法时，突然提到16世纪的拉博埃西(Étienne de La Boétie, 1530–1563) "因困惑而造反"(bewildered revolt)。[1] 初看起来，这颇为令人费解：16世纪的激进反君主论者与韦伯的社会学方法论有什么关系呢？

沃格林似乎暗示，激进思想与韦伯的政治社会学理论有令人意想不到的拐弯抹角关系。因为，韦伯的政治社会学看起来非常实证化，实际上是在证明现代式的合法性政治秩序的合理性，即凭靠实证的、无涉价值信念的

---

[1] 沃格林，《政治观念史稿(卷一)：希腊化、罗马和早期基督教》，谢华育译，上海：华东师范大学出版社，2007，页77。

社会功能和类型分析,论证在历史的某个政治单位中"逐渐获得认同且逐步合法化"的现代性政治信念。

这里隐含的关键问题是:正如"无领袖的民主制"的合法性理论会为各种激进民主运动提供现实机缘,社会学理论看似冷静、实证,非常符合现代的实际,其实并未触及到人类政治生活的本能冲动,即建立一个赋有意义的生活世界的欲望,从而会为激进思想的"造反精神"(a spirit of revolt)开启方便之门。斯金纳的《现代政治思想的基础》旨在复兴近代以来的"造反精神",却能从韦伯的"支配"类型论那里获得启发,堪称为沃格林的洞见提供的嗣后证明。[①]

既然现代政治形态不可能排除人性的基本激情要素,以现代的"政治"截然不同于古代的"政治"为由,社会学理论在看待无论现代还是古代的政治现象时排除政治哲学视角,都难免出现失误。哈贝马斯年轻时习惯了以韦伯的社会学理论来看待和思考问题,即便面临"合法性危机",他依然固步自封地以表达信念般的口吻宣称:

> 哲学可以凌驾于其他学科之上的时代已成过往。当下,社会科学已经放话,称政治系统是它们的研究对象:它们研究"政治",即研究对权力的争夺与行使,也研究"政策",即研究不同政治领域中的

---

① 参见戈尔迪,《〈近代政治思想的基础〉的语境》,布雷特/塔利等编,《重思〈近代政治思想的基础〉》,胡传胜等译,上海:华东师范大学出版社,2010,页7–9。

政治人物所追求的目标和战略。(哈贝马斯,《"政治性"》,页268)

这话让我们看到,哈贝马斯已经沦落到社会学教条主义论的僵化头脑的地步。他没有意识到自己的大著已经逐渐被人们束之高阁,也就不让人感到奇怪了。

在抵制政治神学的"复兴"时,哈贝马斯用来批判施米特的观点,恰好是施米特批判过的韦伯观点,就连他所提供的历史社会学理据,也是韦伯式的。

哈贝马斯说,古代帝国的典型特征是政治结构与社会结构"相互贯通",现代化过程则是这种"相互贯通"的"逐步消解",即"社会从国家中分离出来"。针对施米特批判自由主义的"去政治化"取向,哈贝马斯凭靠历史社会学所建构的"历史事实"反驳说,"领土国家内部的市场扩张,就包含了整个社会一定程度上的'去政治化'"。据此,哈贝马斯指责说,"施米特把'去政治化'归咎于19至20世纪早期的自由统治",无异于"罔顾历史事实";他把"与政治性的传统形式相关的政教联合的瓦解,仅仅追溯至18世纪晚期宪法革命核准国家权威的世俗化时期,是错误的"。哈贝马斯还凭靠吉莱斯皮的研究说,施米特"无视了现代性起源于中世纪思想",尤其是"13世纪所谓的唯名主义革命对于16/17世纪主流知识分子运动的深远影响"。[①]据说,施米特把专属古代帝国的"政治

---

① 比较吉莱斯皮,《现代性的神学起源》(2008),张卜天译,长沙:湖南科学技术出版社,2011。

性"传统概念的主要面相浓缩为现代统治的决策力量,但"历史的审视将会发现,这种妄揣的连续性途径是误导性的"。①

哈贝马斯若读过《霍布斯国家学说中的利维坦》,他就应该知道,指责施米特"把'去政治化'归咎于19至20世纪早期的自由统治",才是罔顾文本事实,因为,施米特在书中思考的是16/17世纪的政治观念变迁。

同样,哈贝马斯若读过施米特《政治的神学续篇》(1970),他就应该知道,指责施米特把专属古代帝国的"政治性"传统概念与现代国家的主权问题联系起来是"妄揣",很可能最终会殃及韦伯。因为,施米特提到,佩特森在1935年发表的《作为政治问题的一神论:论罗马帝国中的政治神学史》,就与韦伯的"超凡魅力型[支配]正当性"(charismatische Legitimität)的社会学提法相关。毕竟,"人民的欢呼是赋予超凡魅力型领袖的典型形式"。使徒保罗不属于十二使徒之列,他在建立教会时,仅仅凭靠自己的超凡魅力使自己正当化,"韦伯在社会学上把这种东西称为超凡魅力主题"(施米特,《政治的神学》,页158)。

严格来讲,"去政治化"并非现代现象,而是自古就有的政治现象:"去政治化"本身就是一种政治性的"非政治诉求",无论西方还是中国古代,都可以看到这样的诉求。沃格林甚至区分了两种"非政治"诉求,而古希腊

---

① 哈贝马斯,《"政治性"》,前揭,页271–272及注释8。

城邦时代的这类诉求有其特殊的形式。沃格林还敏锐地看到,现代西方的民主政治,不过是古老的"非政治"诉求的实现。①

早在纳粹上台之前施米特就提出,"人民的欢呼"是共和政体的"头"(总统)作为人民主权代表的证明方式,毕竟,兴登堡当选总统得到过"人民的欢呼"。当时,佩特森并不反对施米特的观点。1933年以后,"人民欢呼"的"领袖"变了,佩特森发表《作为政治问题的一神论:论罗马帝国中的政治神学史》,转而批评施米特的"人民欢呼"说。施米特感到费解:"领袖"变了,不等于"人民欢呼"不再是古今都有的政治现象。民主政体以选民向当选总统欢呼来证明其自身的正当性,直到今天还屡见不鲜。施米特有理由认为,"人民欢呼"作为现代民主政制的正当性表达类似于古代帝国人民向皇帝欢呼,这是一个"科学的"论断,而非是在为希特勒提供正当性论证。

施米特提出,如果"要科学地研究民主政制",那就"必须从一个我称之为政治神学的特殊方面入手"(施米特,《合法性与正当性》,页37)。古今都有的"人民欢呼"现象历史地证明,古代帝国的"政治性"传统概念,的确与现代国家的主权问题有实质性类似。韦伯所谓现代政治截然不同于前现代政治的论断,不仅站不住脚,更重要的是,用哈贝马斯的话来说,"历史的审视将会发现",这种论断所划定的思考现代性问题的途径"是误导性的"。

---

① 沃格林,《古希腊、罗马与基督教》,前揭,页89–92。

哈贝马斯"警示"的"那些妄图复活政治神学的人们"很可能包括阿甘本，因为，这位后现代的激进思想家竟然受施米特"误导"，力图从"政治神学的特殊方面入手""科学地研究民主政制"。1998年，阿甘本发表了让他声誉鹊起的《法外人：主权与裸露的生命》(*Homo sacer: Sovereign Power and Bare life*)，5年后（2003）又发表了《例外状态》(*State of Exception*)，这两本书的书名与施米特《政治的神学》的开篇名言相关："主权就是决断例外状态。"2011年，阿甘本出版了《王国与荣耀：为了一种经世和统治的神学谱系学》(*The Kingdom and the Glory: For a Theological Genealogy of Economy and Government*)，把自己在10多年前展开的这一研究取向推向了政治史的纵深。

其实，阿甘本并非是在追随施米特，因为，与福柯称赞康托洛维茨一样，阿甘本根本不关切施米特所关切的问题，而是关切后现代状况。毋宁说，施米特所揭示的古老而又常新的政治现象，启发了阿甘本从他自己的激进哲学立场出发进一步迈向激进之极。对他来说，"进步主义和制宪国家"的意识形态，是"妨害重启有益于我们时代的政治哲学"的障碍之一。值得庆幸的是，这一障碍如今已被扫除干净。

> 在没有任何幻觉，也没有任何可能的借口的情况下面对自己的任务之时，思想首次发现了自己。构成了国家形式最后阶段的"大转型"，也就这样在

> 我们眼前发生:这是驱使着大地上所有王国(共和国和君主国、僭政国家和民主国家、联邦国家与民族国家)一个接一个地成为整体景观国家和"资本主义代议制"的一场转型。与第一次工业革命大转型将旧制度的社会结构连同法律规范一并摧毁一样,主权、法、民族、人民、民主和普遍意志这类词语,如今指涉的是与它们的概念曾涵盖的东西再无任何关系的现实,继续无批判地在字面上使用这些词语的人们,根本就是不知所云。①

这应了格奥尔格的那句名言:"词语破碎处无物存在。"

作为当今欧洲思想界魅力四射的人物,阿甘本宣称,"思想"在这破碎处"首次发现了自己"。当然,这种"思想"只会发现破碎的思想。如果欧洲文明的"珍珠"已然破碎,那么,即便资本主义的"合法性"秩序不会崩溃,这种"合法性"即"正当性"的秩序又有什么意义呢?

当然,韦伯会认为,关切这样的问题才没有意义。

就写作笔法而言,如果要追查阿甘本《王国与荣耀:为了一种经世和统治的神学谱系学》的模仿对象,那么,我们就值得注意到,着手写作《国王的两个身体》时,康托洛维茨已经出版了《君王颂:礼仪性欢呼与中世纪的统

---

① 阿甘本,《无目的的手段:政治学笔记》,赵文译,郑州:河南大学出版社,2015,页147–148。

治者崇拜》，研究主题是中世纪的国王崇拜。[1]这个论题明显从"政治神学的特殊方面入手"，通过考察中世纪的君王崇拜来"科学地研究民主政制"问题。

如果说佩特森在魏玛时期通过考察罗马帝国时期的君王崇拜已经开启了古代政治与现代政治的连续性问题的政治神学史研究，[2]那么，康托洛维茨的《君王颂》就为古代帝国的"政治性"传统概念与现代国家的主权问题的连续性问题填补了中世纪环节。在这些政治史学家面前，哈贝马斯乃至他所凭靠的吉莱斯皮都得承认：由于"罔顾历史事实"，他们既难以面对康托洛维茨的《君王颂》，也难以面对《国王的两个身体》，遑论此前的佩特森和此后的阿甘本。

哈贝马斯试图凭靠历史社会学建构出来的"历史事实"扳倒施米特，不仅不成功，反倒充分暴露出社会学理论的一个根本性的内在矛盾。韦伯以为应该而且能够从学问中排除精神信念要素，这本身就是一种现代性的精神信念：哲学已经过时。哈贝马斯始终跟随韦伯，坚守社会学信念不动摇，凭靠社会学理论的种种自设概念思考现代性问题，所关注的问题以及问题意识的取向无不受

---

[1] Ernst H. Kantorowicz, *Laudes Regiae: A Study in Liturgical Acclamations and Mediaeval Ruler Worship*, University of California Press, 1946。关于此书论题的讨论，参见Sebastian Klotz, "Herrscherakklamation und serielle Musik. Zur Studie über die *laudes regiae* von Ernst H. Kantorowicz und Manfred F. Bukofzer, Berkeley 1946"，刊于Wolfgang Ernst/Cornelia Vismann编，*Geschichtskörper*，前揭，页161–170。
[2] 佩特森，《此世的君王：〈约翰启示录〉解经及政治神学文稿》，谷裕译，上海：华东师范大学出版社，2016。

社会学思维制约，一些明摆着的重大问题在他眼里显得无足轻重，就不奇怪了。

哲学作为热爱智慧的精神活动，本身就是一种智识的反省机制，社会学理论首先缺乏的是这种热爱智慧的精神机制。由此可以说，政治史学的基础应该是政治哲学而非社会学理论。

四 人民主权的王权论

康托洛维茨写作《弗里德里希二世大帝》时并没有想要搞学问，他决定自己这辈子也搞学问时，正是施米特发表《合法性与正当性》的时刻。可以推断，施米特自1922年以来所倡导的政治神学议题，对康托洛维茨确立自己的史学问题意识具有决定性影响。施米特的政治神学论题具有现实政治论战的意涵，康托洛维茨把这个现实政治论题变成了政治史学论题。由于其问题意识涉及现代国家法理形成的历史肌理，康托洛维茨的"中世纪政治神学研究"明显对韦伯有关现代性起源的社会理论构成了直接挑战。

韦伯在谈到支配权的三种类型时说，他最关心超凡魅力型领袖和法制型职业政治家这两种类型，尤其是在现代化进程中，后者为何应该取代前者。韦伯拒绝领袖政治的根本理由在于："官僚制的国家制度尤其重要，其最理性化的发展正是现代国家的特征。"这意味着，由于现代国家是官僚制的理性化国家，领袖民主制就不能被视为现代型国家。因为,就性质而言,现代理性化国家的运作类似于现代企业的"经营"(Betrieb)。从历史进程上讲,现代国家无不是君主发动的,王权国家的君主扫除封建势力的"整个过程,同资本主义企业通过逐渐剥夺独立生产者而得到发展如出一辙"(韦伯,《学术与政治》,页58–60)。因此——

  正像经济组织一样,利用暴力来维持支配需要某些物质手段。一切国家都可以这样进行分类:看它原则上似乎依靠那些个人拥有行政工具的僚属,还是依靠那些同行政工具"分离"的僚属。(韦伯,《学术与政治》,页59)。

康托洛维茨为弗里德里希二世立传,难免会成为韦伯论点的一个反例。因为,弗里德里希二世治下的西西里王国,恰好史称"第一个现代式官僚制国家",而且是宪制国家。早在康托洛维茨之前近半个世纪,史学大师布克哈特就说过,弗里德里希二世是"王位上的第一个现代人"。

弗里德里希二世作为帝国皇帝把西西里王国打造成中央集权式的官僚制国家,从政治思想史角度看,至少有两点可圈可点。首先,这一史例证明,宪制国家最早出自帝王之手,走向宪制国家未必非得有一场反王权的革命。第二,弗里德里希二世的制宪和立法,使得西西里王国成为西方历史上第一个理性化国家,开启了政制观念的世俗化变革，即凭靠法学而非神学来证成国家的合法性，尽管仍然挪用了基督教神学的修辞。

剑桥的中世纪政治思想史家迄今不看重这一史例，出自德国背景的思想史家则不会如此。①康托洛维茨在《国王的两个身体》中说：在弗里德里希二世治下，准神性的"理性"（ratio）变成了"君王和国家理性"（ratio regis et patriae）的同义词，治国术（statecraft）不过是理性的工具（康托洛维茨，《两个身体》，页130）。不到一个世纪，理性化的国家理论就历史地出场了。

弗里德里希二世为西西里王国制宪和立法，为的是削弱教廷权力对帝国权力的制约。英诺森三世（1161–1216）是弗里德里希二世年幼时的监护人，他指望弗里德里希二世继位后不会与教廷作对，但他的指望完全落空。弗里德里希二世继位后，对教廷态度强硬，以致先后两任教宗（格雷高利九世和英诺森四世）共三次对他施以革除教籍的绝罚。在1245年的里昂宗教会议上，教宗甚至宣布废黜弗里德里希二世的皇位，算是把教廷权力发挥到

---

① 剑桥的两位中世纪政治思想史家论及弗里德里希二世时，都没有提到他的西西里制宪和立法。参见伯恩斯主编，《剑桥中世纪政治思想史：350年至1450年》，下册，郭正东等译，北京：生活·读书·新知三联书店，2009，页475–478, 531–533。沃格林和奥特曼的政治思想史，则都为弗里德里希二世辟有专章，并论及其制宪和立法：沃格林，《政治观念史稿（卷二）：中世纪（至阿奎那）》，前揭，页155–172；Henning Ottmann, *Geschichte des politischen Denkens: Das Mittelalter*, 前揭，页182–196。弗里德里希二世的西西里制宪和立法的历史影响，参见K. Pennington, *The Prince and the Law, 1200–1600: Sovereignty and Rights in the Western Legal Tradition*, Berkeley, 1993。

极致。

弗里德里希二世对绝罚视若无物，还让宫廷法律人为文与教廷展开论辩，以致被教宗斥为"敌基督"的"自由精神"。[①]当时的文字口水战，如今成了法学史和政制史的历史文献。

英诺森四世（1195–1254）声称，基督在尘世中有权审判国王和皇帝，而且，基督已将这一司法权委托给了自己在尘世中的代理即教宗。基督教共同体的基本法原则是"一个身位的统治"（regimen unius personae），因为，基督要求他的子民臣服于一个首要权威的统治，这个权威拥有为整个基督教共同体的共同利益谋事的权力。这无异于说，罗马教廷不仅有权力，而且责无旁贷地应该建立一个基督教帝国。

弗里德里希二世拒不接受这套神学逻辑，他承继亨利四世和自己的祖父红胡子皇帝所持有的双剑论立场，抵制教宗的帝国权力诉求：统治现世的两柄剑（即皇权和教权）当是两种分离的权力，两者虽应彼此协调、共同合作，但世俗权力在其自身领域至高无上。教宗把在属灵事务中拥有的司铎权力延伸为干涉帝国事务的政治权力，并无信仰根据。

我们应该记得，公元5世纪的罗马教宗格拉西乌斯一世（Gelasius I, 492–496在位）最早提出教权与王权分

[①] 比较Markus Litz, *Theatrum Sacrum und symbolische Weltsicht: Der staufische "ludus de antichristo"*, Frankfurt: Peter Lang, 1990.

离的原则,其目的是反对君士坦丁大帝制定的政教合一政策,抵制皇权干涉教会事务。时过境迁,情形则颠倒过来:谋求打造拉丁基督教帝国的罗马教宗要求政教合一,尚未获得实质性独立王权的帝国皇帝则要求教权与王权分离。可以看到,对帝国的一统秩序建构来说,政教合一是理所当然之理。

显然,所谓教权与王权之争,实质上是帝国政治问题。自11世纪以来,德意志罗马帝国的皇权一直缺乏足够实力整合帝国,压制意大利地区的分离趋向。在这样的地缘政治处境中,弗里德里希二世以神圣罗马帝国皇帝兼西西里国王身份主持编订《西西里宪制》(*Sicilian Constitutions*)即俗称的所谓《皇上书》(*Liber augustalis*),无异于让帝国权力在鞭长莫及的意大利地区钉下一颗钉子。

从史学角度看,弗里德里希二世的西西里制宪的意义在于,第一次把法制化的王权论付诸立法实践。《国王的两个身体》的第四章题为"以法律为中心的王权",这一章的篇幅仅次于第七章,其中有专门小节描述弗里德里希二世的西西里制宪。

> 弗里德里希的皇帝"统治权(rulership)的神学",尽管充斥了教会论思维、沿用了教会法词汇,并混合了半基督论语言,以表达政治的"统治秘术",但却不再依赖于一种以基督为中心的王权的观念。弗里德里希及其法律顾问的主要论辩,来自于、或者

取决于法律——更准确地说,来自于罗马法。《皇上书》以一种毫不含糊的方式表明,皇权源于古代罗马人民的著名法律,用来向罗马元首授予治权(imperium)以及有限的法律创设权和法律撤销权。随之而来的,是一种严格以法律为中心的意识形态开始取代之前几个世纪占统治地位的奥秘式的"效法基督"(christomimēsis)。(康托洛维茨,《两个身体》,页198)

简言之,弗里德里希二世的西西里制宪的历史意义在于两个要点:第一,以皇权源于人民的古罗马王权论对抗由基督授权的王权论;第二,凭靠为帝国服务的罗马法专家来确立帝王作为立法者的权力。换言之,现代国家法的肇端,是帝王带领一帮熟悉罗马法的法律专家所搞的立法行动。

康托洛维茨让人们看到,弗里德里希二世驾崩之后不到半个世纪,就人民主权原则的端倪已经形成理论表述:populo faciente et Deo inspirante[人民创设,上帝默示]。尤其重要的是,帝王与人民的一体化,"皇帝源于人民(a populo),帝国则来自上帝"(康托洛维茨,《两个身体》,页199)。这无异于说,帝王是人民政治体的"头"。康托洛维茨指出,这是对当时的政治意识形态的重大修改。尽管如此,这些法学家们并不认为,人民享有独立的立法权,帝王才是唯一合法的立法者和法律的最终解释者。

现代式国家的法理依据是人民主权论,这意味着人民才是立法者。受魏玛宪政的实际政治难题困扰的康托洛维茨关注中世纪晚期的政治事件,为的是搞清君主主权论向人民主权论转移的历史状况。

严格来讲,人民主权论出现于中古晚期,算得上政治思想史常识。14世纪初的马西利乌斯(Marsilius of Padua, 1275–1342)对人民的政治品质和能力深信不疑,他相信人民有能力创制出理想的法律,而且能保证制定出来的法律得到奉行,从而提出应该赋予人民以立法和推选官员的权力。这听起来颇为现代,其实,马西利乌斯的人民主权论并非针对世俗王权,而是针对教权,即平信徒拥有选举和罢免教会神职人员的权利。换言之,马西利乌斯的人民主权论的实际含义是反教权至上论。①

《国王的两个身体》的第三、四两章着重考察这种针对教权的人民主权论的形成史,从而让人们看到,最早诉诸人民主权的是世俗君主,其目的是为了抵抗教权。这意味着,人民主权论并不是出自我们以为的自由民主诉求,也并非针对世俗王权,相反,历史表明,它首先被用来论证君主制的正当性。

《国王的两个身体》第三章扼要回顾了基督教的王

---

① 施特劳斯,《古今自由主义》,叶然等译,上海:华东师范大学出版社,2019,页236–257;沃格林,《政治观念史稿(卷三):中世纪晚期》,段保良译,上海:华东师范大学出版社,2009,页87–99;亦参李筠,《论西方中世纪王权观:现代国家权力观念的中世纪起源》,北京:社会科学文献出版社,2013,页85–88。

权与神权合体论传统，为随后的考察埋下这样的伏笔：既然国王的身体是王权与神权的合体，那么，国王身上的上帝主权变成人民主权，国王的身体仍然是王权与神权的"独一合体"，只不过"人民"替代了"上帝"。

在题为"以法律为中心的王权"的第四章一开始，康托洛维茨引用了教宗约翰八世赞颂查理大帝的孙子查理二世的话：

> 上帝设立他担任人民的君主，为要效法那真正的君王、他的儿子基督，……这样，他［基督］按本性所拥有的，国王就可以依恩典而享有。(康托洛维茨，《两个身体》，页181)

这段话中的"人民的君主"这个表达式表明，国王体现的是"真正的君王"基督，从而具有神性，同时，国王也是人民这个政治体的"头"。教宗约翰八世如此赞颂君王，显然因为查理二世非常强势，而且有政治实力，教廷却没有政治实力。

在后来的"主教授职权"冲突时期，情形则颠倒过来：凭靠克吕尼修院改革运动，罗马教廷获得了独立于帝国的政治实力，进而提出"教会的一个身体"（unum corpus ecclesiae）的主张，亦即帝国应该属于教会这个身体。这时，皇帝手中的帝国权力被封建势力搞得软弱无力，为了与教廷提出的教会帝国论对抗，便让帝国的法律家们制造出"国家的一个身体"（unum corpus republicae）

的理论。教会作为"一个身体"是"奥秘体"(corpus mysticum),这个身体由一个头和许多肢体构成。帝国的法律家们把这个"奥秘体"概念置换成帝国的"国家身体"论,并动用罗马法语汇来论证这个"奥秘体",使之具有"法律上的"人身即法人性质。

通过模仿教会的基督论逻辑和语汇,帝国的法律家们把教会基督论的"奥秘体"变成了罗马法意义上的"奥秘体",这在当时也称为"拟制体"(corpus fictum)、"代表体"(corpus repraesentatum)。法学家们在进一步解释"奥秘体"这个概念时,populus[人民]成了corpus republicae[国家的身体]本身:populus不仅仅是共同体中个别人的总和,而且是"人集合起来进入一个神秘的身体"(康托洛维茨,《两个身体》,页321–233)。

弗里德里希二世与格雷高利九世和英诺森四世的论战,并没有得到帝国的选帝侯们以及德意志大诸侯的支持。为了削弱皇权和王权,他们宁愿接受罗马教廷的说法,以便自己有更好的伸展空间。反倒是意大利的法学家们支持皇帝的帝国法学家们的立场:半个多世纪后,但丁在其《帝制论》中为帝国理论提出了充分辩护。①

但丁之后,马西利乌斯用人民主权论给予神权政治以更为强有力的反击。然而,由于地缘政治的压力,弗里德里希二世致力打造的帝国权力这时已经瓦解,接下来对罗马教廷的帝国式政治权力构成挑战的力量来自各个

---

① 沃格林,《政治观念史稿(卷三):中世纪晚期》,前揭,页77–81。

占据地盘(后来所谓的"领土")的政治单位的大小王者。换言之,"人民主权"的领土性民族国家兴起的历史土壤,与其说是资本主义商业化经营方式的结果,不如说是地缘政治变动的结果。

因此,沃格林强调,弗里德里希二世的西西里制宪和立法,乃是欧洲民族意识乃至民族国家观念的最早体现:弗里德里希二世时刻标志着欧洲政治状态的转型,即从帝国秩序转向领土国家秩序。毕竟,弗里德里希爷孙两辈帝王与教宗国势力的争斗,已经呈现出领土性国家冲突的性质:虽然同属德意志王国,斯陶芬家族与法兰西国王联手,圭尔夫家族则与英格兰国王联手,代表意大利地区利益的教廷,则在两者间上下其手。沃格林甚至认为,弗里德里希二世更为关切的与其说是帝国利益,不如说是德意志王国的利益。[1]由此引出的政治理论上的后果是:用来支撑帝国权威的人民主权,逐渐变成了用来支撑领土性国家。

宗教改革导致罗马的帝国式教会秩序分裂时,德意志地区马上就出现了一本题为《弗里德里希皇帝致人民书》(*Volksbücherlein vom Kaiser Friedrich*, 1529)的小册子,广为流传。弗里德里希爷孙敢于与教宗抗争,甚至指责教宗才是Antichrist[敌基督],让德意志诸侯找到了与教宗对抗的历史楷模。德意志诸侯支持宗教改革,显然是

---

[1] 沃格林,《政治观念史稿(卷二):中世纪(至阿奎那)》,前揭,页155–162。

希望德意志王国能够成为英格兰和法兰西那样的王国,不幸的是,随之而来的三十年战争使得这个梦想彻底破灭。

五 基督教与欧洲地缘政治的历史纠葛

《国王的两个身体》以英格兰共和革命前的法律文献和文学作品中有关国王的修辞开篇,以但丁的《帝制论》中的政治思想结束,基本着眼点是国王观念的双重含义在中世纪晚期的历史变迁,从而开启了探究现代国家起源的另一条思路——与韦伯的历史社会学完全不同的政治神学思路。[1]我们已经看到,《两个国王的身体》揭示了这样一个政治史学问题:现代的人民主权论的源头是欧洲君主在与教宗争夺政治支配权时创制的一种王权论。由于采用了基督教神学的修辞,这个史学问题自然带有政治神学性质。

若要更好地理解这个包裹在政治神学中的史学问题,我们需要审视未加审视地接受的现代民主意识形态的一些似是而非的历史观念,哪怕这些观念在我们的意识中已经成了"常识"。

---

[1] Anselm Haverkamp, "Stranger than Paradise. Dantes irdisches Paradies als Antidot politischer Theologie",见Wolfgang Ernst/Cornelia Vismann编,*Geschichtskörpe*,前揭,页93–103; Jennifer R. Rust, "Political Theologies of the *Corpus Mysticum*: Schmitt, Kantorowicz, and de Lubac",见Graham Hammill/Julia Reinhard Lupton编,*Political Theology and Early Modernity*, University of Chicago Press, 2012,页102–123。

比如，信奉自由民主的人士喜欢说，基督教的上帝信仰使得人民能够限制王权，这是西方政治文化传统的优长。洛克的自由主义理论以及美利坚殖民者闹独立时的宣示让人们以为，这种说法颇有道理：凭靠上帝赋予人民的天赋人权，人民有了反抗王权的权利。[①]

信奉自由民主的学士为了施教也编撰政治思想史，而这类普及读物尤其让我们容易获得一些似是而非的思想史上的所谓"史实"。[②]《国王的两个身体》的意义首先在于，它让今天的我们看到，人民主权论的历史语义至少不是人们以为的那样简单：人民主权论起初是皇权在致力从教宗权力手中夺回帝国控制权时用于论证君主王权的要素。

为了更好地理解这一历史语义，我们有必要沿着历史的脉络扼要考察一下基督教欧洲的"政教关系"的几个基本节点，否则，我们不大容易理解《国王的两个身体》中的两个核心章节（第四至五章）。毕竟，一些历史背景问题对西方读书人来说也许是常识，对我国读书人来说则未必如此。

皇帝与大主教

基督教在形成之初的300年间一直受罗马帝国皇帝

[①] 沃尔德伦，《上帝、洛克与平等》，郭威、赵雪纲等译，北京：华夏出版社，2015。
[②] 厄尔曼，《中世纪政治思想史》(1967)，夏洞奇译，南京：译林出版社，2011。

压制,以至于出现了好些"以血为证的教会领袖"(尤瑟比乌斯语)。随着帝国疆域的扩大以及蛮族不断渗入帝国区域,尤其是随着帝国的内政秩序越来越不稳定,基督教的蔓延已经无法控制。在公元235年至284年的短短半个世纪里,大约有64位皇帝宣称即位,而且相互攻伐。在这样的乱世中,甚至帝国官员高层中也有人转信基督教,罗马皇帝改变对基督教的策略实属不得已。

公元313年,君士坦丁一世(272–337)颁布米兰敕令,正式宣布对基督教持宽容政策,而仅仅10年之前(公元303),戴克里先(284–305在位)还曾颁布敕令,严酷压制基督徒,其手段之残忍连多神教徒都看不下去。①

其实,第一位承认基督教的皇帝并非是君士坦丁一世。迫于经济和区域治理危机,"在公元306至311年间,至少有5位皇帝不同程度地公开宣布支持基督教"。事实上,戴克里先施行的"大迫害"(Great Persecution)持续的时间并不长,"305年逊位之前,戴克里先意识到这项政策失败了,便开始放松条件"。②

按教会作家的说法,君士坦丁一世皈依了基督教。③现代的古代史家则以肯定口吻告诉我们,君士坦丁从未在真正意义上成为一名基督徒,而且他也从未放弃他的

---

① 哈里斯,《拜占庭简史》,庞国庆等译,北京:中信出版社,2018,页6。
② 拜尼斯主编,《拜占庭:东罗马文明概论》,陈志强等译,郑州:大象出版社,2012,页78;格里高利,《拜占庭简史》,刘智译,上海:华东师范大学出版社,2019,页55–56。
③ 优西比乌,《教会史》,瞿旭彤译,北京:生活・读书・新知三联书店,2009,页397–400, 416–419。

罗马大祭司职位。

> 常常有人企图深入君士坦丁的宗教意识,建构出他宗教信仰变化的假想图景。这种努力劳而无功。对一个不断受野心驱使和贪恋权力的天才来说,选择基督教还是异教、有没有宗教意识,这些并不重要。①

倘若如此,对君主来说什么重要呢?一位当代的古史学家这样说:

> 学术界已经花费了无数笔墨去争论这位皇帝是否真正彻底转变了信仰,但这样的推测并没有切中要害。君士坦丁的真正伟大的智慧在于,他不像前人戴克里先那样,将基督教视为威胁,而是视为一种统一国家的策略。②

的确,这时的基督教社群不仅与异教徒的冲突难解难分,自身内部也因信仰分歧的争执互不相容。若任由这种状况持续下去,帝国秩序不可能长治久安。

---

① 布克哈特,《君士坦丁大帝时代》,宋立宏等译,上海:上海三联书店,2006,页240。
② 布朗沃斯,《拜占庭帝国:拯救西方文明的东罗马千年史》,吴斯雅译,北京:中信出版社,2016,页17–18;比较特里高德,《拜占庭简史》,崔艳红译,上海:上海人民出版社,2008,页28;施莱辛格,《君士坦丁大帝》,林丽冠译,北京:中国工人出版社,2010。

325年，君士坦丁一世亲自出面，委托西班牙主教何西乌斯（Hosius）在小亚细亚的尼西亚城（Nicaea，今伊斯坦布尔东南约90公里）主持召开第一次罗马帝国境内各地基督教主教公会议（约300余人到会，但多来自帝国东部和北非），旨在解决教会的内部纷争。

我们不能仅仅记得，这次著名的宗教会议通过了"尼西亚信经"，各地教会社群有了共同的信纲。对帝国建构来说，君士坦丁亲临宗教会议，规定由皇帝任免地区主教，更为重要。地区主教的权力因获得皇权的支持而得到强化，但皇权把地区教会纳入帝国行政建制，实际上是世俗王权得到强化。

335–336年间，为庆祝君士坦丁统治13周年，位于巴勒斯坦地区的恺撒里亚大主教尤瑟比乌斯（Eusebius，260–339，又译"优西比乌"或"尤塞比乌斯"）作《君士坦丁颂》（*Laudes Constantini*），称颂君士坦丁是上帝在人世的形象和代表，他的帝国是尘世对天国的模仿，他的人身就是君主和上帝（dominus et deus）的合体。[①]从基督教神学史的角度看，这篇文献第一次为君主制的正当性提供了神学论证。从政治思想史的角度看，如此论证则算不上什么创新。因为，按照当时仍然流行的希腊化政制观念，君主是至高无上的王（basileus），王权是宙斯神权的模仿。

---

① H. A. Drake, *In praise of Constantine: A Historical Study and New Translation of Eusebius' Tricennial orations*, University of California Press, 1976.

即便把尘世中的君主视为神的儿子,也并非基督教神学家的发明,而是希腊化政制观念的承继。600多年前,亚历山大大帝进兵埃及时,曾长途跋涉数百里去沙漠中的阿姆蒙庙拜神,为的就是确认自己并非菲力二世之子,而是神的儿子。尤瑟比乌斯不过将这一自希腊化时期以来的习传观念转化为基督教的君主论,把君士坦丁的统治说成旧约预言的实现:以赛亚已经预言过基督教迫害者的灭亡和基督教罗马帝国的建立。①

从政治史的角度看,尤瑟比乌斯为君士坦丁一世的皇权提供神学支撑堪称一箭双雕:既让基督教摆脱受迫害的处境,也借皇权平息基督教内部的信仰纷争。无论如何,基督教会在一开始便承认教会从属于王权,谈不上与王权分庭抗礼。

19世纪末以来,随着民主政治文化的兴起,尤瑟比乌斯逐渐成了自由派史学家甚至神学史家歧视的人物,指责他为皇权提供"意识形态"违背了基督教的信仰原则;《君

---

① 麦克吉佛特,《优西比乌:生平、作品及声誉》,林中泽、龚伟英译,上海:上海三联书店,2015;厄格尔,《尤塞比乌斯历史神学中的皇帝和教会》,刘小枫编,《西方古代的天下观》,杨志成、安蒨等译,北京:华夏出版社,2018,页218–240; F. Drornik, *Early Christian and Byzantine Political Philosophy*, 上卷, Washington, 1966; Colm Luibheid, *The Essential Eusebius: The Story of the First Centuries of the Christian Church in the Words of Its Greatest Historian*, Mentor-Omega Press, 1966; Timothy D. Barnes, *Constantine and Eusebius*, Harvard University Press, 1981; H. A. Drake, *Constantine and the Bishops the Policy of Intolerance*, Baltimore: Johns Hopkins Press, 2002; Sabrina Inowlocki/Claudio Zamagni编, *Reconsidering Eusebius: Collected Papers on Literary, Historical, and Theological Issues*, Leiden: Brill, 2011.

士坦丁颂》成了这位大主教向皇帝献媚的铁证,他的《君士坦丁传》则被视为"谀媚之歌"。① 由此可见,意识形态化的史学往往让我们看不到历史上的实际政治状况。

教权/王权分离的地缘政治起源

尤瑟比乌斯的基督教神权政制论支撑东罗马帝国长达1000多年,其核心思想几乎没有任何改变。② 东罗马帝国虽然过得不容易,而且在11世纪时疆域已经被迫收缩了一半,毕竟延续了1000年。这个帝国最终被突厥人所克,除了因为没有生出英明能干的皇帝,以及地缘政治处境过于险恶,也因为西罗马帝国长期削弱其势力。③

尽管如此,自19世纪以来,东罗马帝国的神权政制一直遭受自由主义史学观诟病。即便在今天的意识形态看来,基督教神学家为皇权提供支撑也属于政治不正确。据说,罗马教廷的拉丁基督教就并非如此,那里出现了教权与王权的二元分离,并引发长达数百年的教权与王权冲突。因此,宗教对王权的限制或制约,堪称拉丁文明或者说西欧文明的特征。④

---

① 参见施米特,《政治的神学》,前揭,页183–185;林中泽,《谀媚之歌抑或景仰之辞:一部备受争议的历史杰作》,尤西比乌斯,《君士坦丁传》,林中泽译,北京:商务印书馆,2015,页i–xix。
② D. M. Nicol,《拜占庭帝国的政治思想》,伯恩斯主编,《剑桥中世纪政治思想史》,前揭,页67–111;Deno John Geanakoplos, *Byzantium: Church, Society, and Civilization Seen through Contemporary Eyes*, University of Chicago Press,1984;
③ 参见龚方震,《拜占庭的智慧:抵挡忧患的经世之略》,杭州:浙江人民出版社,1994。
④ 拜尼斯主编,《拜占庭:东罗马文明概论》,前揭,页9–10。

情形真的如此？罗马帝国二分化之后，东西两个帝国的政教关系的确出现了差异。然而，一旦细看这种差异的成因和实际面目，我们就不难看到，罗马教会提出教权与王权分离的所谓"双剑论"的根本原因在于：蛮族入侵之后，帝国皇权对帝国西部地区失去控制能力，而非罗马教会能够凭靠基督信仰与王权叫板。

君士坦丁将基督教会社群纳入帝国建制之后，罗马教会不过是帝国权力支配下的一个教区，受君士坦丁堡的皇权和大牧首节制，尽管作为帝国旧都，罗马教区的地位与其他教区有所不同。毕竟，即便罗马城也变成了帝国的一个行政单位，"元老院几乎只是作为一个市政议会存在"，"只不过是办些收税的杂差而已"。① 罗马大主教称Papas［爸爸］也没有什么特别，这本是教会群体对主教的习称。公元5世纪时，罗马大主教成为西罗马地区（牧首区）各地大主教之首，唯有罗马主教可称Papas，这个称呼才转义为后来所谓的"教宗"。②

罗马大主教的地位变得具有相当的独立性，并不是宗教上的原因，而是地缘政治上的原因：尼西亚会议后仅仅半个世纪（395年），蛮族入侵就阻隔了君士坦丁堡与罗马之间的部分联系，迁都后的帝国权力对远在西部的意

---

① 萨尔瓦托雷利，《意大利简史：从史前到当代》，沈珩、祝本雄译，北京：商务印书馆，2013，页44。
② 毕尔麦尔，《古代教会史》，雷立伯译，北京：宗教文化出版社，2009，页70–73；达菲，《圣徒与罪人：一部宗教史》，龙秀清译，北京：商务印书馆，2018，页56–69。

大利地区鞭长莫及。

公元476年这个年份很著名，出生于蛮族部族的奥多阿克(Flavius Odoacer，约435–493)在这一年废黜西罗马皇帝奥古斯图卢斯(Romulus Augustulus)后，不再提名继任皇帝，而是自己当王，终止了西罗马帝国的皇帝统绪。

在此20年之前(456年)，出自苏厄比亚(Suebian)部族的罗马将领瑞基墨(Ricimer)就曾废黜西罗马皇帝阿维图斯(Avitus，455–456年在位)，但他没有废黜皇帝统绪，随后有四位继任皇帝，但都由瑞基墨提名。尽管如此，瑞基墨提名的皇帝也呈报君士坦丁堡批准。由此可见，这时的帝国西部虽然已处于破碎状态，名义上仍然归属君士坦丁堡辖制："对皇帝而言，异族控制西部最糟是一个不稳固的暂时局面，最好仅是擅自占地而已。"①

奥多阿克出自日耳曼的斯基瑞(Scirian)部族，这个部族很早就从东欧迁移西罗马地区。奥多阿克虽然终止了西罗马帝国的皇帝统绪，史称第一个意大利半岛的国王(476–493年在位)，但他名义上仍然是君士坦丁堡在西部的代理人，而且得到罗马元老院的支持。

为何会得到罗马元老院的支持？看来，罗马元老院没把奥多阿克这样的人视为蛮族。我们应该意识到，自公元前1世纪罗马帝国东扩以来，不断有被征服的蛮族人成为罗马军团的兵源。在尼禄皇帝倒台后的军阀争雄乱

---

① P.D. King，《蛮族王国》，伯恩斯主编，《剑桥中世纪政治思想史》，上卷，前揭，页180–181。

局中,驻防下日耳曼地区的参将维特里乌斯(Vitellius)的罗马军团有一半是蛮族人,他抵达罗马时,自己都意识到"最好把他带来的半蛮族化的军队遣返莱茵河"。①

帝国扩张后,帝国的统治战略是在最易遭受攻击的东北和东南面建立附庸性政治单位,以形成环形防御的缓冲地带。

> 然而,一旦帝国的总战略由霸权扩张转向领土防御,而且是一种阻绝性防御,罗马军队所需要的素质也就改变了。②

由于帝国内部秩序长期不稳定,领土防御也逐渐形同虚设,"罗马帝国已不存在什么对各个蛮族关闭边疆的问题了",加上帝国人口数量不断萎缩,"各个蛮族已经成为罗马帝国所急需的人力资源",而"所有进入帝国的蛮族也开始了罗马化的进程"。③

4世纪时的西罗马皇帝忒俄多西乌斯(Theodosius I, 347–395,379年即位)起用有汪达尔—罗马混合血统的斯蒂利柯(Stilicho)为罗马军团元帅,就是一个典型例子。

---

① 沙波,《罗马世界》,王悦译,上海:上海人民出版社,2015,页233–234;Guy Halsall, *Barbarian Migrations and the Roman West, 376–568*, Cambridge University Press, 2007.
② 勒特韦克,《罗马帝国的大战略:从公元一世纪到三世纪》,时殷弘、惠黎文译,北京:商务印书馆,2008,页122。
③ 皮朗,《穆罕穆德与查理曼》,王晋新译,上海:上海三联书店,2011,页5–6。

其父为汪达尔人,曾在罗马军团任骑兵百人团长,而斯蒂利柯本人则出身罗马御林军。忒俄多西乌斯临逝前把10岁的儿子霍诺留(Honorius, 384–423)托付给斯蒂利柯,由他摄政。

斯蒂利柯实际掌握着西罗马帝国的统治大权,要篡位易如反掌,但他从未有此非分之想。霍诺留长大后,娶斯蒂利柯的女儿(Maria)为妻。为了抵御北方蛮族的入侵,霍诺留起初定都米兰,后又挪到临海的拉文纳(Ravenna)。可见,当时西罗马帝国的控制能力已经难以为继。斯蒂利柯一直忠心耿耿,四处征战,霍诺留最终还是听信谗言,处死了非常忠诚的岳父。①

奥多阿克本来是罗马军团中的普通一兵,他带领军中来自东欧的日耳曼部族赫儒利人(Herulian)、茹基人(Rugian)和斯基瑞人造反,夺取了政权(476年)。这看起来不可思议,其实,罗马军团哗变,然后轻易更迭政权,早就是家常便饭,罗马元老院也习惯了认可如今所谓的军人政权。②

正是在这样的乱世中,有北非血统的教宗格拉西乌斯一世在与前任教宗费利克斯三世(Felix III,483–492年在位)通信讨论"属灵的司法管辖权"(spiritual jurisdiction)问题时(494年),提出了区分"大祭司的神

---

① 戈德斯沃司,《非常三百年:罗马帝国衰落记》,郭凯声、杨抒娟译,重庆:重庆出版社,2010,页220–226。
② 参见张晓校,《罗马军队与帝位嬗递》,北京:中国社科出版社,2006; Adrian Goldsworthy, *How Rome Fell: Death of a Superpower*, Yale University Press, 2009。

圣权威"(auctoritas sacrata pontificum)与"王权"(regalis potestas),即所谓属灵权力与世俗权力的分立。①

现代的史学家喜欢把这一原则视为罗马教宗为教会的自由而订立的大宪章(the Magna Carta),其实,格拉西乌斯一世提出这一原则依托的是罗马帝国之父奥古斯都的*君主制原则中的二元论*。

> 人们不应该忽视,奥古斯都皇帝的元首制是建立在共和政体的正当化(republikanische Legitimierung)之上的。罗马元老院和罗马民族,元老院议事官和全体人民,权威和权力,尽管有数个世纪的变化和灾难,这种二元论的连续性仍然为人们所承认,就连罗马教宗格拉西乌斯在五世纪末(494年)仍然坚信这种二元论,以此要求权威承认自己是罗马教会的主教,并且指导信仰基督教的恺撒诉诸皇权和权力。

> 从基督教的教宗权与基督教的皇权之间的千年冲突之中,人们仅仅通过一个注释就感觉到:《伊利亚特》中有一行诗:王应该是一个(《伊利亚特》2.204)。这句诗"在中世纪国王与教宗之间的争执中,同样发挥着自己的作用";但丁的《帝制论》(卷

---

① 格拉西乌斯一世有近百封书信传世,参见Philip V. Bagan, *The Syntax of the Letters of Pope Gelasius I*, Catholic University Press, 1945; Walter Ullmann, *Gelasius I. (492–496): Das Papsttum an der Wende der Spätantike zum Mittelalter*, Stuttgart, 1981。

一,10)也引用了这句诗。关于基督教—神学中世纪的千年,以上就是我们听到的所有说法。近代的平民君主制(plebiszitäre Monarchie)并没有出现,这或许因为它没有在君主制的绝对意义上被正当化,相反,却在民主的直接选举的意义上通过人民的意志而非上帝的恩典被正当化。(施米特,《政治的神学》,页165)

在后来的弗里德里希二世时代(12至13世纪),当帝国皇权挪用格拉西乌斯的皇权和教权二元论时,实际上恢复的是奥古斯都皇帝的王权论。《国王的两个身体》详加考察的重点之一,就是这一奇妙的政治史学问题。

无论如何,罗马教会试图剥夺皇帝的大祭司(pontifex maximus)称号,固然可以从圣经中找到神学依据,实际原因则是意大利地区已经不在帝国王权的实际控制范围,而罗马教会已形成"领地行政"(domainal administration)。这是君士坦丁大帝将教会纳入帝国行政这一政策的结果,并非教会凭靠信仰争取自主权的结果。

处于地缘政治破碎地带的罗马教会

入侵罗马帝国西部地区的各蛮族政治体长期处于不稳定的割据状态,大大小小的蛮族势力都想借助罗马教会与地区教会的联系扩张自己的势力范围,而罗马教会也得以在这种地缘政治的破碎处境中存活。

486年，法兰克族首领墨洛温(Mérovée, ?–458)的孙子克洛维击溃西罗马帝国军队在高卢的残余势力，建立墨洛温王朝(486–751)。格拉西乌斯提出"双剑论"后2年(496年)，克洛维(Clovis, 465–511)率3000亲兵在兰斯受大主教雷米(Rémi)施洗，皈依罗马教会。罗马教会和高卢的罗马贵族欣喜不已，企望从蛮族王国那里获得政治保护。克洛维乘机宣称自己是罗马教会的保护人和罗马帝国西部执政官的继承人，他定都巴黎，制定法典，召开主教会议并口授部分议事日程，还要求教宗协助整顿高卢地区教会，并无教权支配王权这回事儿。[①]

500年，克洛维征服勃艮第王国，507年又将西哥特人赶出高卢地区。次年，东罗马皇帝授予克洛维"罗马执政官"称号，承认其对帝国西部的统治权。由此看来，与奥多阿克称王的意大利王国一样，克洛维的法兰克王国在名义上和法理上都从属东罗马帝国的政制结构。

没过多久(6世纪下半叶)，墨洛温王朝逐渐分裂为奥斯忒拉西亚(Austrasia)、纽斯特里亚(Neustria)和勃艮第三个政治单位。罗马教会再次成为地缘政治冲突的争夺对象。在日耳曼蛮族间的内战压力下，罗马教会岌岌可危，挽救教会的格雷高利一世(Gregory I, 540–604)虽然祖上出过两位教宗，自己原本却是帝国高官。格雷高利34岁那年(573)，仍控制着意大利部分地区的拜占庭皇帝任命

---

① P.D. King，《蛮族王国》，伯恩斯主编，《剑桥中世纪政治思想史》，前揭，上卷，页174。

他为罗马城执政官。然而,不到一年,格雷高利就认识到罗马城执政官形同虚设,毅然弃官进修院过隐修生活。

伦巴第人近逼罗马时,教宗贝拉吉二世委托格雷高利出使君士坦丁堡寻求军事援助。拜占庭皇帝忙于应付波斯人犯边,无力兼顾西部地区,罗马人只有好自为之。由此可见,直到这个时候,帝国西部仍然在政制上属君士坦丁堡辖制。

590年罗马发生大瘟疫,教宗贝拉吉二世染病身亡,格雷高利被推选为教宗(590—604年在位)。格雷高利面对的与其说是罗马教会的生存危机,不如说是意大利地区作为帝国行政区的生存危机:蛮族常年侵扰、瘟疫、人口锐减、贵族阶层衰败。格雷高利的身份从罗马执政官转变为罗马教宗,表明他以罗马大主教的职分担起守护意大利中南部的行政职责,谈不上教权对王权的制约。

格雷高利的政治才干非同一般,他通过一系列军事、政治、经济措施不仅使罗马教会成为罗马城的实际统治者,而且成为与蛮族各部族势力争夺地盘的一个政治单位。我们熟悉"红色割据"对付军阀割据的历史,不难理解格雷高利的教会割据对付蛮族割据的历史处境。

同样重要的是,格雷高利与拜占庭朝廷仍保持着官方通信联系,这表明他并未质疑拜占庭皇帝对教士事务拥有管辖权,也并未质疑君士坦丁当年为帝国的教会所规定的从属性政治地位。毕竟,自君士坦丁时代以来,帝国皇帝让教区主教更多参与地区行政,允许教士发挥公共职能，体现的是王权支配教权的原则。①

"丕平献土"的政治史学含义

格雷高利一世巩固罗马教会之后，西罗马帝国地区仍然长期处于蛮族势力割据状态，法兰克人的墨洛温王朝始终未能形成统一的政治单位。在此期间，君士坦丁堡的统治能力经历了短暂的恢复。16岁登基的查士丁尼二世(670–711)非常强势，他与东南面的宿敌阿拉伯人达成"和平相处"协议后，掉头远征巴尔干半岛，收复被蛮族夺取的失地，意大利半岛一些企图独立的城市也遭到镇压。

691–692年期间，查士丁尼二世在特鲁利安皇宫的穹顶大厅召开了一次地区主教会议，史称"特鲁罗大公会议"，进一步强化对教会的管制，制定了诸多不同于西部地区教会的教规。罗马主教拒绝接受皇帝的新教规，查士丁尼二世马上"派遣代表前往罗马，打算逮捕罗马主教，并将其押解到君士坦丁堡，在皇帝面前受审"。②

罗马人也许知道，查士丁尼二世的统治并不稳固，联

---

① 奥唐奈，《新罗马帝国衰亡史》，夏洞奇等译，北京：中信出版社，2016，页398–419；John Cavadini, *Gregory the Great: A Symposium*, University of Notre Dame Press, 1995；R.A. Markus, *Gregory the Great and His World*, Cambridge University Press, 1997；George E. Demacopoulos, *Gregory the Great: Ascetic, Pastor, and First Man of Rome*, University of Notre Dame Press, 2015。
② 奥斯特洛格尔斯基，《拜占庭帝国》，陈志强译，宁夏：青海人民出版社，2006，页103–105。

合拉文纳的民兵反将拜占庭来的钦差逮捕。果然,没过两年(695年),查士丁尼二世就被自己手下的军官推翻,还被割掉鼻子,从此得了"被剜鼻者"的绰号。尽管查士丁尼二世逃到巴尔干,在保加利亚族头人支持下重获皇位(705年),但没过几年,他再次被自己的手下将领废黜(711年),全家被杀。

拜占庭帝国自顾不暇之时,732年,东法兰克宫相查理(Carolus)在北方恢复秩序,击退阿拉伯人的入侵,终于重新统一法兰克王国。751年,矮子丕平(Pepin the Short, 751–768年在位)当选法兰克国王,他希望罗马教会出面赋予新王朝(卡洛林王朝)以合法性。

教宗查卡利(Pope Zachary, 741–752年在位)同意废黜墨洛温王朝末代国王基尔德里克(Childeric),给丕平行涂油礼,确认他是法兰克人选择的新大卫王。754年,根据教廷与王国的协议,继任教宗斯特芬二世(Stephen II, 752–757年在位)为丕平行涂油礼,还授予他"罗马贵族"称号。作为回报,丕平将罗马城及其附近的大片意大利中部地区捐赠给罗马教廷,史称"丕平献土"(the Donation of Pepin)。

这一事件的政治史含义虽然影响深远,却又颇为含混。就影响深远而言,它开启了由教廷确认王权的先例,而罗马教廷则有了自己的领地,实现了已经向往几十年的"圣彼得国"(res publia Sancti Petri)。这个实质上是君主国的教宗国(Papal State)下辖两个区域:以罗马为中心的拉丁姆地区和以拉文纳为中心的罗马涅(Romagna)及安科纳(Ancona)地区。[①]教宗既是整个原西罗马帝国地区的宗教首领,又是有自己地盘的世俗君主,但也因此而受当地贵族势力牵制。

就含混性而言,按帝国法律,教宗并没有权力给丕平颁授"罗马贵族"(patricius Romanorum)名号,仿佛法兰克王国成了罗马的保护者。另一方面,法兰克国王也没有权力把帝国省份的地皮"捐赠"给谁。毕竟,无论罗马教廷还是法兰克王国,名义上都从属东罗马帝国的政制结构,而非有独立主权的政治单位。[②]

反过来看,这一事件的政治含义又十分明显:重新统一的法兰克王国和获得地盘的罗马教会已经成为政治实体,双方都想联手脱离东罗马帝国结构。在这一过程中,罗马教会与法兰克王国明显相互利用、相互扶持,但主导权在法兰克国王。

罗马教会归附查理大帝

768年,丕平之子查理(Carolus/Charles,史称Carolus Magnus/Charlemagne/Charles the Great[查理大帝],742-814)继承王位,年方24岁。查理在位44年,几乎连年出征,发动大大小小争战55次,夺取今意大利北部、法国

[①] 布洛克曼、霍彭布劳沃,《中世纪欧洲史》,乔修峰、卢伟译,广州:花城出版社,2012,页48。
[②] 沃格林,《政治观念史稿(卷二):中世纪(至阿奎那)》,前揭,页58-59。

西南部。对德意志北部地区萨克森部族的征服最为艰难持久且残酷,历时30多年(772—804),屠杀近四分之一萨克森人,迫使其皈依基督教。

在8世纪的80年代,查理打造的法兰克王国已经具有与拜占庭平起平坐的帝国气象。[①]尽管版图仅原西罗马帝国的一半(重叠地区有今比利时、法国、瑞士和意大利北部,罗马帝国征服的英格兰、西班牙、意大利南部和非洲北部,都不在查理大帝控制之下),但是,罗马人从未控制的德意志地区则成了查理帝国的重要组成部分,帝都设在其出生地亚琛(Aachen,今德国西部,靠近比利时和荷兰边界)。[②]

查理的血统和教养都与罗马人无关,法兰克人本是条顿部落,查理的母语法兰克语是古日尔曼方言,虽然他很早学会了讲拉丁语。800年,教宗为查理加冕为"罗马人的皇帝",标志着中欧蛮族归化罗马文明圈。查理领导下的法兰克帝国东扩,无异于接替西罗马帝国继续东扩。这使得查理帝国的东部地区将与更多的东方异族发生冲突,查理与有匈奴族血缘关系的中亚民族阿瓦尔人(Avars,我国古代史称西域"柔然人"的后裔)的冲突堪称预兆。直到今天,美国主导下的"北约"东扩,还能让

[①] P·D·金,《查理大帝》,张仁译,上海:上海译文出版社,2001,页54—60。
[②] 班菲尔德,《查理曼大帝》,施清真译,北京:工人出版社,2010,页41—56;比较艾因哈德/圣高尔修道院僧侣,《查理大帝传》,戚国淦译,北京:商务印书馆,1979。

人们见到查理大帝东扩步伐的影子。

在君士坦丁大帝之前和之后,帝国都出现过东西分治格局,东西部地区各有皇帝不是新鲜事儿,这并不意味着帝国的分裂。812年,拜占庭派使节正式承认查理为西罗马地区的皇帝,则标志着法兰克王国正式取代东罗马帝国对西部地区的行政控制权。

获得教宗加冕之前,查理已经把西部地区的基督教会纳入法兰克王国的行政体系。他与君士坦丁大帝一样主导教会事务,裁决教义纷争,794年在法兰克福召开的主教会议就是典型例子。

查理大帝把各地教会纳入其政治结构的方式是赋予教会以封地,罗马教会作为西部地区教会的宗主地位实际上受到削弱,地区教会成了所谓"领地教会"(Landeskirche),这为查理帝国分裂后迅速形成封建化的政治状态埋下了伏笔。

对我们关注的问题来说,教宗加冕查理为"罗马人的皇帝"并非体现了教宗对君王的属灵权力。795年,罗马的大贵族要废黜教宗列奥三世,因为他的品行实在太坏。列奥三世派使者向查理求助,甚至献上彼得大殿的钥匙和罗马城的旗帜以示臣服。查理派军队给予支持,列奥三世才保住教宗位子。

799年4月,列奥三世再次被罗马大贵族废黜,只身逃离罗马。次年,查理率武装力量亲自护送列奥三世返回罗马复位。列奥三世为查理加冕纯属寻求王权保护,以对抗罗马贵族势力,谈不上行使教权高于王权的权力。①

802年,查理大帝在帝国首府亚琛举行会议并颁布法令,规定帝国内12岁以上的臣民(包括教士)必须起誓效忠新皇帝——史称"卡洛林效忠誓言"(Carolingian Oaths of Fidelity)。这部国法虽然是承继日耳曼部族的旧制,但其政治功能与罗马帝国时代的诉讼委托誓言(clientele oath)非常类似,体现了王权对教权的绝对管辖权。一方面,这部法令要求臣民服从王国秩序和对国王人身的忠诚,遵守一系列道德规约,从而具有纯粹的世俗性质,另一方面,法令也要求臣民有义务生活"在对上帝的神圣服侍之中",从而具有宗教性质。总之,这部法令标志着臣民的道德义务和宗教义务的法律化,从而标志着帝国秩序的建立。

尽管如此,在罗马帝国的旧疆域毕竟出现了两个并立的君主国,即罗马教会的君主国和查理大帝的法兰克王国,两者的性质极不相称,关系也颇为奇特。在罗马教会方面,这个基督教君主国能够实际支配的"国土"仅是自己的领地,其宗教权力仅仅在名义上对查理帝国的各地教会有支配权;在帝国方面,查理大帝虽然让教宗拥有了类似精神皇帝的地位,实际上自己支配着整个帝国属土上的各地方教会。

这种所谓的"教宗—恺撒制"(papal-caesarism)二元结构虽然具有表面性,皇权实际凌驾于教宗权力,但

---

① P·D·金,《查理大帝》,前揭,页72–78。

至少在名义上改变了君士坦丁大帝的"恺撒—牧首一体制"(caesaropapism)。从而,宗教权力从属世俗权力的一体化结构这一帝国政治传统在帝国西部不复存在。①

问题在于,如果查理的帝国长治久安,保持pax Francorum[法兰克和平]的稳定,那么,"教宗—恺撒制"至多是名义上的二元政体。接下来的情形让我们认识到,"教宗—恺撒制"发展成教权与皇权的对抗,成因并非是罗马教会拥有属灵权力,而是查理帝国的分裂。

帝国分裂与中欧帝国的形成

查理大帝生前已将国土分封给3个儿子(查理、丕平和虔诚者路易),查理和丕平比其父都死得早。查理大帝驾崩(814年)之前那年,虔诚者路易(Louis the Pious,778–840)已经被加冕为共玺皇帝。王气很难遗传是一条自然规律,路易生性软弱但虔信基督,因此得了"虔诚者"(Le Pieux)绰号。这位皇帝执政近30年,可谓时间不短,不仅谈不上有什么文治武功,王室也经常内讧,可惜了大好时光。

起初,路易在里昂大主教的支持下还能维持王权对教会的支配。他主持召开过好几次大公会议,还设立议事司铎教务会作为监察机构监督帝国内所有的地区主教,并规定所有隐修院采用本笃会规。然而,执政15年

---

① 沃格林,《政治观念史稿(卷二):中世纪(至阿奎那)》,前揭,页59–60。

之际(829年),路易颁布法令,要求帝国服从基督的身体即教会,称基督为"祭司国王"(priest-king),神职人员(persona sacerdotalis)和王室人员(persona regalis)共享治权,但神职人员因宗教权力优于世俗权力而有比王室人员更高的政治地位。国家遇到毫无王气的"头"并不奇怪,只能怪自家命不好。对于今天的民主宪制国家来讲,同样如此。

路易起初打算让长子洛塔尔一世(Lothaire I,又译"罗退尔",795–855)继位,提名他为共治皇帝,后来(829年)又废掉这项提名,让二婚妻生的秃头查理(Charles le Chauve,823–877)继承王位。洛塔尔一世不服,与其胞弟日耳曼人路易(Ludwig der Deutsche,804–876)联手,竟然与父亲兵戎相见,随后两兄弟又刀剑相向。皇室内部厮打成这样,查理大帝在冥府肯定气得吐血:早知不生这样的儿孙也罢。

路易驾崩(840年)后,洛塔尔一世强行继位,两个弟弟不服,联手与兄长在丰特努瓦(Fontenoy)一带决战(841年),洛塔尔一世兵败后被迫签订《凡尔登条约》(843年)。查理大帝打造的法兰西亚(Francia)帝国一分为三:以高卢地区为主的西法兰克(史称"罗曼区")归秃头查理,那里的罗马化程度较高,后来成了法兰西王国;东法兰克(史称"日耳曼区")归日耳曼人路易,辖制莱茵河以东的德意志地区,这里是当年罗马人与日耳曼人对峙的地区,后来成了历史上多次欧洲大战的火药桶。

洛塔尔一世得到莱茵河下游迤南至意大利中部的所谓"洛林"地区(Lorraine,源于Lotharingia[洛塔尔领地]),史称中法兰克王国(罗曼区与日耳曼区的拼合地带),几乎夹在两位胞弟的领地中间,尤其是那条由北海到地中海的地带。①

洛塔尔一世心力交瘁,临终时(855年)将自己的这片不大的地盘分给自己的三个儿子。这三个儿子没一个成器,后两个甚至没有生出儿子。870年,秃头查理与二哥日耳曼人路易签订《墨尔森条约》(Vertrag von Mersen)瓜分了洛林领地,秃头查理得了中部和南部的大部,日耳曼人路易得了莱茵河左岸。虽然罗曼区与日耳曼区因此而有了更为明确的地缘划分,仍然留下了政治地缘上的破碎地带(后来的瑞士、比利时、荷兰)。②

在随后1000多年里,东西两个法兰克王国不断兵戎相见,直到20世纪的1945年才彻彻底底两败俱伤,让渔翁得利。尽管如此,法兰西亚帝国的大一统之心从未泯灭,或者说,查理的帝国虽然短暂,却始终是西欧半岛上的日耳曼族裔永久的梦想。③

---

① 内莫,《教会法与神圣帝国的兴衰:中世纪政治思想史讲稿》,张竝译,上海:华东师范大学出版社,页148–154。
② 吉塞布莱希特,《德意志皇帝史:从查理大帝到奥托三世》,邱瑞品译,长春:吉林出版集团,2018,页117–120(以下简称《德意志皇帝史》,随文注页码)。
③ 比较兰克,《从1494至1514年的罗曼和日耳曼诸民族史》(*Geschichte der romanischen und germanischen Völker von 1494–1515*, Berlin, 1824),中译本(据英文版迻译):兰克,《拉丁与日耳曼民族史1494–1514》,付欣等译,桂林:广西师范大学出版社,2015。

这种对过去统一局面的记忆,其中或多或少是查理大帝所遗留下来的共同传统,再加上他所享有的崇高声望,是造成统一的理想能够在西欧人之间具有持续力量的一个非常有力的因素。欧洲经济共同体的血管里,流动着遥远的卡洛林王朝的血液。①

帝国一分为三之后上演的三国志长达数十年,却一直保留着[西]罗马帝国称号(直到公元924年)。秃头查理夺取其侄子洛塔尔二世(Lothaire II, 825–869)的洛林领地时,任用其父的幕僚辛克马尔(Hincmar of Reims,约806–882)。此人在845年升任兰斯大主教,是个能干的政治家。他在祝祷文中称国王秃头查理为基督的"奥秘体"(corpus mysticum),无异于把基督赋予的权能给了世俗王权,让世俗君王跻身基督教传统的奥秘体成员(先知和殉道者)之列。这一事例表明,地方主教往往与实际控制该地的世俗权力结合,相互支持。

同样,查理的帝国分裂之时,教宗的权力开始坐大,实际上是在谋求控制意大利的世俗权力。教宗利奥四世"如同独立的王侯一般治理着罗马,并亲自担任军队的最高指挥,出征对抗阿拉伯人";教宗尼古拉一世甚至"实现了历史性突破",即"以极大的决心实现了教宗的皇权统治",宣布教宗拥有"尘世上最高的、不容反驳的

---

① P·D·金,《查理大帝》,前揭,页94。

裁判权"(吉塞布莱希特,《德意志皇帝史》,页122)。

秃头查理领军进逼意大利半岛(875年)后,教宗约翰三世赶紧为他加冕,显然还是因为自身的政治实力不够。当初,虔诚者路易让教会取得优于世俗权力的地位,其子秃头查理则用兵威逼教宗为他加冕。这一事件让我们再次看到,王者强势则教权断乎不能对王权有所制约。

可以看到,教宗的权力实际代表了意大利半岛中部原罗马城邦的政治利益,"丕平献土"后使得罗马教廷成了准君主国式的政治单位,这为后来的教宗萌生打造"拉丁基督教帝国"的想象奠定了地缘政治基础。

六 德意志第一帝国的兴亡

秃头查理驾崩之后,西法兰克王国急速封建化,分裂成若干"地区封邑"(pagi),王国被王室家族分割,彻底碎片化。在封建割据的状态中,地区大主教的政治地位急遽上升,甚至不服从教宗节制,这为随后的历史故事埋下了伏笔。

帝国名号在艰难的地缘政治处境中诞生

东法兰克王国地域更为广阔,而且东面与斯拉夫人等异族接壤,南面则面临阿拉伯人的进逼,地缘政治环境险恶得多。

虔诚者路易驾崩前一年(842年),东法兰克王国已经按其主要语言被称为Regnum Teutonicorum[条顿王国],

即后来的德意志王国。在近一个半世纪的内部整合之后(962年),德意志人遇上了一位英明能干的君王奥托一世(Otto I the Great, 936–973年在位),他将意大利王国、勃艮第王国与德意志王国整合为帝国结构,并沿袭查理大帝所用的奥古斯都[皇帝]名号。由于奥托一世自视为查理帝国名号的继承人,以至于"日耳曼""法兰克""德意志"这三个名称的含义长期混淆不清。①

936年8月,在查理大帝当年所建的皇室领地的石柱大厅,"所有德意志权贵会聚一堂,为新国王举行加冕仪式"。仪式由美因茨大主教主持,他确认奥托大帝为查理大帝的继承人,奥托这时"虽然被称作法兰克国王,却完完全全可以称得上是德意志王"(吉塞布莱希特,《德意志皇帝史》,页194–197)。

尽管如此,史学家强调,德意志地区的贵族远比英格兰和西法兰克王国的贵族"更加具有种姓特征(caste-ridden)":

> 德意志的贵族阶级沉溺于无休止的领地纷争,家族间因继承权相互撕破脸皮,他们既想保持低位的平等,同时又盘算着分割遗产。贵族阶级永远在为财富、权力和社会地位而斗争,并不断地限制他们

---

① 迪尔迈尔等,《德意志史》,孟钟捷等译,北京:商务印书馆,2018,页26(以下随文注页码)。从前的德意志史包含法兰克王国史(参见格隆德曼等,《德意志史》,张载杨等译,上册,北京:商务印书馆,1999,页123–271),新派的德意志史不认同这种史观。

所选出的国王(primus inter pares)的权力。①

一旦我们还意识到当时的德意志地区四面都是"敌人",那么,我们就不得不感叹奥托一世的文治武功,并能理解19世纪的德意志史学家为何会把奥托大帝与查理大帝相提并论：

> 在这段时期,我们常常能够发现,只有外部敌人施加的压力才能促使德意志人的民族统一,激发出人们的民族意识。罗马人的入侵首先使零散的德意志部落联合成为强大的同盟；随后,从东部和西部的侵袭又使得以宗族为基础的小同盟汇集成了更大的民族团体；接下来,莱茵河对岸的法兰克人用他们的利剑将德意志内陆统一到了一个政权之下。
>
> 毫无疑问,丹麦人、匈牙利人和文登人的烧杀劫掠使德意志人认识到紧密团结的必要性,并由此建立起稳固的王权统治,使这个德意志人能够将四面八方的外敌赶出自己的国土,确保德意志民族对外的独立和自由。
>
> 在这期间,王国的统一还经历了大型内部斗争的考验,在紧要关头,命运才为德意志人指出了稳固而明智的前进方向。因此,不仅仅是外部的强制力量,还有德意志人的美德共同造就了统一的

---

① 富布卢克,《剑桥德国史》,高旖嬉译,北京：新星出版社,2017,页16。

王国。

  查理大帝的大帝国衰落之后,所有的民族都试图在各自的民族基础上重塑国家生活的形式。没有一个地方能不经过内部斗争的考验就达到这一目的,没有一个地方能不受外敌侵扰就实现这一向往;但也没有一个地方能像德意志王国一样完成得如此迅速。(吉塞布莱希特,《德意志皇帝史》,页271–272)

  这段充满感情之言写于1855年,从而表达了一种向往,因为当时的德意志仍然没有成为一个统一的政治单位。20世纪60年代以来,德国新派史学家已经很难再这样讴歌古"德意志人的美德"。由于德意志第三帝国过于邪门,好些现代德意志文人的头脑早在上个世纪40年代就开始变得很简单。在这种头脑看来,奥托大帝一再进兵意大利是"梦想统治世界",但经过长期统治及各次战役,他为自己带回德意志的东西除了毫无用处的"某些千里以外的土地"之外一无所有。他的儿孙与他一样"被统治世界的野心所驱使",其结果是"成千颗德意志人的心也随之埋葬"。[①]

  头脑清楚的史学家则看到,奥托大帝"向南方的扩张纯粹是防御性的,因为,一旦伦巴第缺少强有力的统治

---

① 路德维希,《德国人:一个民族的双重历史》,杨成绪、潘琪译,北京:东方出版社,2006,页27。

者,这片土地就会向任何冒险者开放"。①德国官方最新版的史书也说得比较稳妥:955年,奥托大帝成功克制匈牙利人的进犯之后,转而与教宗紧密合作,致力于"在罗马再次复兴西部帝国"。

> 与此前广为流传的观点不同,这次进入加洛林帝国之举,并非德意志人此后历史的无法避免的不幸——当然,德意志人的历史由此也发生了巨大变化,因为此举产生的影响直到最近的历史中仍然存在:接掌加洛林的庞大帝国之观念,意味着德意志人对于领导权的诉求,亦即拥有控制整个基督教世界的潜能。
> 早在中世纪盛期(12世纪),这种目标设定便已招致德意志邻国的强烈批判。其导致的结果是,不同于英法两国,在德意志,并不存在一个核心的王国,也没有产生一个团结一致的"民族国家"。到19世纪,这一特征让很多德意志人都深信,他们获得民族观念的时间过晚、过于短暂了。(迪尔迈尔等,《德意志史》,页32–33)②

德意志人的目标并非仅仅"招致德意志邻国的强烈

---

① 蒂尔尼、佩因特,《西欧中世纪史》,袁传伟译,北京:北京大学出版社,2011,页205。
② 关于奥托大帝的"复兴[西]罗马帝国"方案,详参格隆德曼等,《德意志史》,张载杨等译,上册,前揭,页343–350。

批判",萨利斯伯瑞的约翰(John of Salisbury, 1120–1180)所在的英格兰并非德意志帝国的邻国,但他轻蔑地说,像德意志这样一个野蛮而未开化的民族,究竟是凭借谁的权威,居然号称要统辖一切民族?[①]

与此同时,[西]法兰克王国也开始试图夺回查理大帝的帝国名号的所有权,以至于红胡子在1165年让教宗追封查理大帝为圣徒,以便德意志神圣罗马帝国的统绪与这位帝国缔造者的关系不至于被夺走。[②]

史学家难免好奇:为何在随后的经历中,德意志王国命运多舛,历史的经验和教训是什么?

到康拉德二世(Konrad II, 990–1039, 1024–1039年在位)时,为了与东罗马帝国抗衡,这位皇帝更为有意识地要继承"[西]罗马帝国"的权力,再次扩大帝国版图,兼并了勃艮第王国。他的儿子亨利三世接任国王(1039)之时,其父传给他的政治体已经相当强势。

没过几年,亨利三世就开始使用Romanorum in imperatorem promovendus [罗马元首]这个头衔(1045),在三次废掉不听话的教宗后,首次任命了一位德意志地区的主教出任教宗(克莱门斯二世,1046–1047年在位),并以"罗马贵人"(Patricius Romanorum)的头衔加冕为皇帝(1046)。他还规定,皇帝对教宗选举有首要决定权,史称"中世纪皇帝史上毫无争议的巅峰之作"(迪尔迈尔等,

---

① 参见基钦,《剑桥插图德国史》,赵辉、徐芳译,北京:世界知识出版社,2005,页52。
② 沃格林,《政治观念史稿(卷三):中世纪晚期》,前揭,页58及注释4。

《德意志史》,页37)。[1]

用今天的地缘政治学概念来讲,这个帝国其实称为中欧帝国更准确。无论如何,德意志人这个曾经的罗马帝国的边缘族群被纳入罗马帝国的文明名号之中后,并没有想要另立名号,而是致力于承继罗马帝国的文明。

差不多100年后,斯陶芬家族的康拉德三世(Konrad III, 1138–1152在位)被选为皇帝,他与拜占庭皇帝成功谈判,"最终得到了当时还没有习惯使用的头衔"即"罗马帝国永远的王者奥古斯都"(rex Romannorum semper augustus),这让罗马教宗非常不爽(迪尔迈尔等,《德意志史》,页44)。

此事让我们看到,一方面,作为一个整体的罗马帝国观念仍在延续,另一方面,罗马教宗始终在与德意志国王争夺西罗马帝国名号的继承权。看到这一点,对我们理解当时的所谓教权与皇权冲突的实质非常重要。

红胡子皇帝弗里德里希一世继位(1152)之后5年,为了与教宗的权力抗衡,给这个"[西]罗马帝国"的国号再添加了"神圣"头衔(1157)。这并非仅仅是名义上的添加,红胡子皇帝的确在法律上强化了皇权的神圣性,即利用教会传统的*双剑论*(教权与王权的分离原则)加强皇权的独立性。这意味着,皇权在地缘政治处境中实际上受到了教宗权力的压制。

---

[1] 关于"德意志帝国"的历史名号的不同说法,参见富布卢克,《剑桥德国史》,前揭,页12。

到15世纪的弗里德里希三世（1452–1493）称帝时，帝国的国号改为"德意志民族神圣罗马帝国"（Sacrum Romanorum Imperium nationis Germanicae）。这个添加的"德意志民族"的界定，其实标志着帝国疆域大幅缩水，同时也反映出明确的领土性民族国家诉求。

由此来看，《国王的两个身体》的第五章所讲述的内容的确是一个关键性的历史时期。

> 红胡子通过尊崇sacrum imperium［神圣帝国］这个名号而使他的帝国受崇拜——这个具有极强合法性、与教会并行(para-ecclesiastical)的词汇，是他从罗马法、而不是从教会的词汇中借用的。这样的词汇，为国家机构提供了某种宗教式的光环，以及教会思想和语言的适用性和普遍有效性。
>
> 这类效果很快引导世俗国家的理论家们进入到更深层次地借用不仅罗马法，还包括教会法及其神学的词汇。新兴的领土性和准民族性的国家，宣称自己是自足的，独立于教会和教宗制，开始挖掘教会诸概念的宝藏，而这类内容并不难把握。(康托洛维茨，《两个身体》，页320)

从政治思想史的角度来看，所谓非基督教的法律化帝国理论指统治的合法性摆脱基督教信义的制约，但在实际现实中，帝国理论要摆脱基督教又只能在基督教的名义下进行。1970年代，施米特在涉及如何正确看待政治神学问题的论争中曾引用过这样一段法学史家的话：

> 在通过基督君临来统治的世界这一基督教形象中，古老的罗马权威观念便获得了自己的全新内容并得以实现。一切权力皆来自上帝，因为，正是在上帝之中，绝对的权威才是永恒和完整的。
>
> 但是，这种仍然受某种超越意义的统一体所规定的二元论，仍然是一种事实性的二元论，一种共同生活的诸结构的二元论，也就是说，共同生活在恩典与信仰(圣徒团契)之中，共同生活在基督教世界的道德秩序之中，并且在此范围内共同生活在恺撒的秩序中：一方面是教堂会众，另一方面是帝国。
>
> 这种二元论自身基于罗马的政治概念图式，这种概念图式是由权威和权力来规定的。但是，这种二元论被置于整个基督教观念的超越氛围中，并且被注入了新内容。①

要理解红胡子皇帝为何强化帝国名号的神圣性，还得了解教宗的政治权力如何失而复得。

教宗当年为查理大帝加冕，指望再造西罗马帝国，为信奉基督教的子民找到靠山，并让基督教在西部始终保

---

① J.Fueyo, "Die Idee der auctoritas: Genesis und Entwicklung"，见Hans Barion等编, *Epirrhosis: Festgabe für Carl Schmitt*, Berlin: Duncker & Humblot, 1968, 页226-227(转引自施米特，《政治的神学》，前揭，页165注1)。

持政治优势。毕竟,正在崛起的阿拉伯帝国的威胁一直在眼前晃荡。①

查理帝国分崩离析后,教宗国所在的意大利地区再度成为地缘政治上的破碎地带,不断遭受穆斯林和马扎尔人侵袭。罗马和伦巴第贵族不得不自己担起保卫意大利半岛的责任,教廷再度成了受罗马贵族势力掌控的机构。②后来(963年)奥托一世二度进军意大利时,才让教廷在一定程度恢复其宗教地位,同时也将教廷纳入帝国的主教体系。教宗为奥托加冕,与当年给查理大帝加冕一样,是迫于地缘政治权力的压力。这时,皇帝趁机掌握任命教宗的权力,迫使罗马的贵族势力宣誓放弃其选举教宗的权利。皇帝任命教宗在今天听起来不可思议,而历史上的实情就是如此。

问题在于,奥托大帝再造的查理帝国仅仅在名义上将东法兰西王国和中法兰克王国部分地区统一起来,而德意志地区本身仍由数百个侯国、公国、郡县、自由城市等各色政治单位组成。在随后200年间,趁分裂后的法兰克王国东部地区整合为德意志王国之机,凭靠意大利半岛上的地方势力,教宗国开始形成自己的地缘政治优势,并逐渐萌生出打造以意大利地区为中心向外扩张的拉丁基督教帝国的愿想,由此引发了欧洲历史上著名的

---

① 皮朗,《穆罕穆德与查理曼》,前揭,页218–240。
② 达根,《剑桥意大利史》,邵嘉俊、沈慧慧译,北京:新星出版社,2017,页37–43。

教权与皇权纷争。①

1945年,科耶夫(1902-1968)为战后法国提出的与西班牙和意大利结盟建立"拉丁帝国"(L'Empire Latin)的国是方案,看起来差不多就是当年教宗国的梦想。② 在这个方案中,德国被视为"新教"文明圈的骨干成员,从而与罗马天主教的拉丁文明圈切割开来。由此看来,无论是11至12世纪的教权与皇权冲突,还是20世纪欧洲的意识形态冲突,究其实质恐怕都不如说是地缘政治冲突。

拥有主权的修会与罗马教廷获取政治优势

罗马教廷何以会产生帝国式的想象?要理解教宗国何以会获得地缘政治上的优势,就得提到著名的克吕尼修院改革(the reform of Cluny)。

查理帝国分裂之后,整个帝国地区急遽陷入封建化状态,东西两个法兰克王国的统治王权都名存实亡,地方贵族势力纷纷坐大。与帝国发展自己的势力时需要与教会联手一样,地方封建主通过赋予当地教会土地以换取效忠。这样一来,地方教会便成了地方封建主的附庸,而高级教士一旦获得实际利益,其结果难免是腐败。

---

① 沃格林,《政治观念史稿(卷二):中世纪(至阿奎那)》,前揭,页72-97;布赖斯,《神圣罗马帝国》,孙秉莹等译,北京:商务印书馆,1998,页31-197;王亚平,《权力之争:中世纪西欧的君权与教权》,北京:东方出版社,1995,页50-261;R. W. Southern, *Western Society and the Church in the Middle Ages*, London: Penguin Books, 1970。
② 科耶夫,《法国国是纲要》,邱立波编/译,《科耶夫的新拉丁帝国》,北京:华夏出版社,2008,页3-57。

隐修会本来并不归属地方封建主，也不受地方教会管辖。然而，俗话说，"拿人的手短"，隐修会一旦接受封建主的土地捐赠，必然受其支配。有了自己的财产，修会所崇尚的灵修生活必然受到损害，修院生活腐败同样难免，这就引发了著名的"克吕尼修院改革"。毕竟，隐修院本是有特殊的基督教纪律（保持清贫、独身）的建制，而且是基督教精英意识的重要储藏所。

克吕尼（Cluny）是西法兰克王国中东部的一个小镇（今里昂西北），地处从意大利通往法兰西的主道边上，继续向北可通往英格兰，向东北则通向德意志西部，算得上战略要地。克吕尼教会当时属于勃艮第的马孔（Mâcon）主教区，910年，出生于法国南部阿奎塔尼亚（Aquitania）地区的威廉一世公爵（William I, Duke of Aquitaine, 875–918）把自己的姐姐送给他的全部财产（包括克吕尼镇教堂）改建为隐修院，延聘他信任的博尔诺长老（Berno de Beaume）出任院长。

威廉公爵立下证书，规定修院必须严格按本笃会规（regula Benedicti）来办，并强调修院不属于、也不可再转为地区主教或封建领主的世袭财产。修院由罗马教廷直接监护，但教廷不得插手修院管理和院长任命，院长从修院修士中选举产生。古老的本笃会规不仅强调清贫和禁欲苦修以及独处的沉思生活，还强调纪律和服从。威廉公爵复兴本笃会规明显针对地方教会和修院的腐败，时人称克吕尼修士为réformer意即"恢复旧规者"。[①]

[①] 格茨，《欧洲中世纪生活》，王亚平译，北京：东方出版社，2002，页 62–72。

没过几年(917年)，威廉公爵的一位封臣学他的样，把自己的城堡捐献出来建了一所修院，并立下证书，规定自己的修院归属克吕尼修院节制，成了克吕尼修院的子修院(prieurés)。这种模仿做法很快成风，加盟者一律服从克吕尼母院领导，子修院的主持(prieur)是克吕尼修院派出的代表。随着子修院不断增多，克吕尼修院与各地子修院形成了类似中央集权式的网状修会制度，史称"克吕尼修院同盟"(the Congregation of Cluny)。

威廉公爵虽然是地方贵族，他建克吕尼修院的本来目的是回归信仰生活的原初朴素，加盟的修院认可克吕尼修院为母院，对子修院具有直辖式约束力，为的是防止地方修院腐败。换言之，这种中央集权式的制度是修院纪律的保障。毕竟，修士与平信徒不同，不可能也不应该要求所有平信徒都过清贫、禁欲、苦修以及独处的沉思生活；反之，以严格的纪律来约束修士过这种生活，则理所当然。我们通常会区分先进分子与人民群众，是同样的道理。

罗马教廷以及西法兰克国王都对这场自发的"修院改革运动"相当欢迎，因为这种独立自主的修会建制将大大削弱封建主与地方教会结合所形成的地方封建势力。927年，法王鲁道夫出具文书，确认克吕尼修院不归属任何封建领主，特许克吕尼修院有不受当地封建领主干涉的自由选举院长的权利。

次年，教宗约翰十世写信给国王鲁道夫，承认克吕尼修院有不受地区教会大主教管辖的自治权，并在931年颁予克吕尼修院特许证书，直接确认其自治权。998年，教宗格雷高利五世取消了马孔地区主教对克吕尼修院的监护权,克吕尼修院直属教廷的司铎管辖。于是,克吕尼修会同盟成了一体化的"拥有主权的修会"(the sovereign order)。①

克吕尼修院同盟的自治是在法兰西国王和教廷权力保护下的自治,换言之,这种自治摆脱的是封建权力,而非中央权力。克吕尼修院同盟的形成,正是查理帝国瓦解后的封建碎片化时期。由此可见,并非帝国内的所有封建贵族都追求自己的利益。正如平民有德性差异,贵族也有德性差异:仍然有一些贵族关切作为整体的政治体利益,反对王国的封建碎片化。

反过来看,国王和教宗都积极支持克吕尼修院同盟,恰恰表明当时的西法兰克王国和罗马教廷都缺乏对地方封建势力的管辖权力。当然,由于当时的西法兰克王国已经回归封建化,克吕尼修院同盟更多让罗马教会而非国王获益。在罗马教会与德意志王国及其地方封建势力争夺地区控制权的政治冲突中,克吕尼修院同盟整合良好的权力组织能够更为有效地支持教宗的权力。

---

① 毕尔麦尔,《中世纪教会史》,雷立伯译,北京:宗教文化出版社,2010,页115–119;布洛克曼、霍彭布劳沃,《中世纪欧洲史》,前揭,页133–134;沃格林,《政治观念史稿(卷二):中世纪(至阿奎那)》,前揭,页72–74; Lucy Margaret Smith, *The Early History of the Monastery of Cluny*, Oxford University Press, 1920/2015; John Alexander McCrary, *Reformer to Reformed: Wealth and the Monastery of Cluny: 909–1157*, 1976; Lynn Harry Nelson, *Cluny and Ecclesiastical Reform*, Lectures in Medieval History (1996–1998), University of Kansa, 2000.

意大利修士希尔德布兰德(Hildebrand, 1020–1085)早年在法兰西和德意志游学,回罗马后进入当地的克吕尼子修院。由于身在罗马,30多岁时,希尔德布兰德发出改革教会神职制度的呼吁,清除由世俗叙任、买卖圣职尤其教士婚姻带来的腐败,加强教宗制对地方教会的管辖权。一时间各地修院积极响应,纷纷接受希尔德布兰德的领导,形成不受封建化地区乃至不受分立的王国限制的如今所谓的国际性组织。显然,教廷强有力才能支撑这种国际性修会组织,反过来,这种国际性修会也会为教廷势力提供支撑。

教宗尼古拉二世(Nicholas II, 1058–1061在位)上任后第二年即因势利导,借这股体制外的力量召开拉特兰宗教会议(Lateran Synod, 1059),委托希尔德布兰德制定新的教阶制度:规定教士不得结婚,禁止教士把教会财产遗赠亲属,禁止神职买卖,废除地方封建主任命主教和修道院院长的习惯。甚至教宗也不再由罗马贵族推选,而是恢复769年实行但在824年被"洛塔尔制"(Constitutio Lotharii)废除的旧制,即由大主教团自主选举教宗,仅极为含糊地保留了帝国的任命权。

10多年后,希尔德布兰德当选教宗(法号格雷高利七世,1073–1085在位)。他非常强势,两年后(1075年)即颁布《教宗敕令》(Dictatus papae),列举教宗的各项权柄,包括废黜皇帝和解除臣民对封建主或国王的效忠誓言(fidelitas),将教会支配自身等级体系的原则从教廷扩展到地方主教一级,引发了历史上著名的"主教授职权"之争。①

此时，奥托一世所打造的德意志帝国因地缘政治危局自顾不暇，没有足够的军事实力压制教宗。所谓"主教授职权"之争的实质是，地区主教究竟由国王或封建领主还是教宗来任命。按查理大帝订立的规矩，任命地区主教是皇帝手里的政治权力，教宗只能管主教的信仰是否端正。罗马教廷也可以订立教会法，规定教宗控制主教，但罗马教廷得有足够的政治实力，才能实际决定地区主教的任命。毕竟，地区主教早已成为世俗行政机构的首脑，教宗对地区主教的实际控制，必然掏空王国秩序赖以存续的体制。

1076年，格雷高利七世发布通谕，禁止君主任命主教，宣布教宗任命主教和修道院长。当时的德意志帝国皇帝亨利四世（Heinrich IV, 1050–1106）才20多岁，他4岁继位，由母亲摄政到12岁，其间地方封建主趁机侵夺王室领地。亨利四世16岁时（1066年）才真正亲政，他随即加强王权，抑制地方封建势力。②

---

① Arnold Harris Mathew, *The Life and Times of Hildebrand, Pope Gregory VII* (1910), St. Gabriel Theological Press, 2013（重印）; Ian Stuart Robinson, *Authority and Resistance in the Investiture Contest: the Polemical Literature of the Late Eleventh Century*, Manchester University Press, 1978; Karl Leyser, *Communications and Power in Medieval Europe: The Gregorian Revolution and Beyond*, London: The Hambledon Press, 1994; H. E. J. Cowdrey, *Pope Gregory VII: 1073–1085*, Oxford: Clarendon Press, 1998; Chris Wickham, *Medieval Rome. Stability and Crisis of a City, 900–1150*, Oxford University Press, 2015, p. 420–457.

② I. S. Robinson, *Henry IV of Germany: 1056–1106*, Cambridge University Press, 2003.

面对50多岁的强势教宗格雷高利七世，20多岁的年轻皇帝也不示弱，在沃尔姆斯（Worms，今德国黑森州）召开宗教会议（有26位地区主教参加），宣布废黜教宗。次年，格雷高利七世针锋相对宣布革除皇帝的教籍，迫使其屈服，亲自前往意大利北部亚平宁北坡的卡诺萨（Canossa）城堡向教宗认错。

皇帝大人在雪地光着脚等了3天请求教宗赦罪的说法，显然属于"八卦"性质，否则皇上的脚早就冻没了。卡诺萨事件的具体情况其实并不清楚，而反对国王的作家则"力图以侮辱亨利的笔法描述这一过程"。[①]

这样的"八卦"说传世不衰，甚至在当今权威版的科普类史书中还可见到。[②]然而，随后发生的事情则让我们看到，教宗的权力究竟意味着什么：8年后，亨利四世发兵进占罗马（1084年），另立教宗克莱门三世（Clement III，1187–1191），勒令为他加冕。格雷高利七世脾性再倔，也只有南逃。事实上，亨利四世向教宗认错，不是迫于教宗的属灵权威，而是"受到[国内]最新组成的贵族反对派的威胁"（迪尔迈尔等，《德意志史》，页40）

差不多30年后（1122年），教宗和皇帝都换了新人，教宗卡里克斯图二世（Calixtus II）与皇帝亨利五世（Henry

---

[①] 格隆德曼等，《德意志史》，上册，前揭，页440。格雷高利七世与亨利四世冲突的原始文献，参见刘启戈、李雅书译著，《中世纪中期的西欧》（世界史资料丛刊初集），北京：生活·读书·新知三联书店，1957，页1–52。
[②] 基钦，《剑桥插图德国史》，前揭，页42。

V，1106–1125在位）签订"沃尔姆斯协定"（the Concordat of Worms）。这个协定规定，皇帝不再任命主教和修道院长，由教士组成的选举会议推选——这就为后来的教士造反教权埋下了伏笔。皇帝有权出席选举会议，并在发生分歧时有权干预并裁决人选（意大利和法国地区除外）。协定还规定高级教士有双重身份：作为教会的神职人士服从教宗，作为封建领主保持对皇帝的臣属关系。

这一著名历史事件让我们看到，皇权最终做出了很大让步，但罗马教廷也没有能够实现其基督教帝国的梦想。格雷高利七世甚至曾试图在英格兰建立自己的势力范围，遭到英格兰王权的坚决抵抗才作罢。

20世纪初英国的著名史学家、政治家马尔文（1863–1943）曾说：

> 原罗马帝国留下的遗产为中世纪文明提供了政治观念的框架，神圣罗马帝国（如果宗教上的祝圣赋予它以新的神圣色彩的话）由此仍然保持了罗马人的风格。然而，条顿人大量涌入帝国留下了此种"涌入"的印记，中世纪的皇帝由此永远带着条顿血统。

> 可能在这点上，中世纪的统一框架暴露出一种致命的缺陷。强行认为二元权力（dualism，它在教会和帝国的斗争中有所显现）主要（甚或在任何一种大的程度上）建立在一种种族基础上会归于无用。这些斗争是原则的斗争，而非种族的斗争。它们是一种世

俗视野的观念与一种宗教生活观念的冲突,而非罗马精神与日耳曼人精神之间的冲突。

希尔德布兰德代表一个独立教会,即一个由教宗控制而独立于世俗权力的教会。亨利四世代表世俗机构的权利,以其作为世俗行政管理的机关。不过,事实仍是,在这些另外的、程度更深的争斗加剧不和谐的气氛之前,一个以条顿皇帝和罗马教宗为基础的框架就已沦为一个内部不和谐的事物了。[①]

这无异于说,西方的拉丁基督教缺乏一个整合性的地缘政治基础,所谓"二元权力"之间的冲突或紧张,说到底是日耳曼人大量涌入西罗马帝国后难以整合的结果。马尔文的说法表明,西方史家在这样一个历史事实面前长期游移不定:教权与皇权的冲突究竟是世俗王权与宗教王权的冲突,抑或是查理帝国东扩之后西罗马帝国残余与德意志族裔的冲突。

马尔文这样说的时候,正是20世纪的第一次欧洲大战开打之时(1915)。这让人思考一个问题:这场战争与公元5世纪以来的欧洲战争究竟有什么实质性差异。

这个问题涉及我们对所谓"欧洲文明"的理解,因为,克吕尼修院引发的改革运动所形成的国际性组织模

[①] 马尔文等,《西方文明的统一》,屈伯文译,北京:大象出版社,2013,页69。

式,标志着欧洲地缘政治开始形成新的格局和新的政治方式,其特征是基于某种精神诉求的超逾地缘政治单位的组织方式。后世的无政府主义或激进共和主义之类的政治运动具有类似的政治形式,它们看似超越政治,似乎仅仅是寻求宗教性的精神自由,其实非常政治——我们在今天的自由主义国际同盟身上还可以见到其身影。

斯陶芬王朝举步维艰

"主教授职权"之争后不久,奥托一世缔造的德意志帝国就迎来了弗里德里希时刻——史称斯陶芬王朝时期。

我们已经看到,查理大帝建立帝国时同样规定教会服从王权,与君士坦丁大帝的做法别无二致。随后出现教权与王权的分离和争斗,原因则是法兰克帝国的分裂导致帝国地区长期处于政治地缘的碎片化状况,皇权对帝国地区失去控制。即便在这样的政治状态中,也很难说教权对王权形成了有效制约。一旦王权恢复对帝国的控制能力,必然要夺回世俗王权的独一主权。斯陶芬王朝的德意志帝国的历史戏剧具有悲壮色彩,主要原因恰恰在于:虽然两位弗里德里希大帝竭尽全力,仍然没有在与罗马教宗的斗争中获胜。

斯陶芬家族(Staufer为城堡名,通常冠以Hohen［光荣、尊贵］,旧译"霍亨斯陶芬")是施瓦本(Schwaben,今德国南部)的一个世袭伯爵家族,势力并不大。因与皇帝亨利四世的女儿联姻(1079年),才跻身帝国皇室成员,而这个家族的成员当上帝国皇帝则纯属历史的偶然。

德意志国王兼帝国皇帝洛塔尔二世(Lothar II, 1125–1137年在位)驾崩前本打算把皇位传给自己的女婿,德意志王国的大贵族们担心皇权会变相世袭,坚决抵制,并推举势力弱小的斯陶芬家族的康拉德当皇帝,即前文已经提到过的康拉德三世((1138–1152年在位)。

康拉德三世继位后即进逼一直寻求从帝国秩序中分离出去的意大利地区,教宗知道康拉德并没有政治实力,态度强硬地拒绝给他加冕。由于帝国皇权长期软弱无力,罗马教廷已经在意大利形成自己的势力范围,德意志帝国的任何王朝要想在意大利恢复治权,都会遭到教宗国的抵制。这个时候,英格兰和法兰西正逐步有效抑制国内的封建势力,走向中央集权式的王权政体。相比之下,德意志王国内部还有数不过来的小王国、公国以及"领地化"(Territorialisierung)诸侯之类的政治单位,以至于难以形成中央集权式的一统帝国。[①]

康拉德三世要压制教宗国的势力,必须先整合德意志诸侯势力,而实现这一目的的最大障碍是韦尔夫家族(Welf,引申为Welfen［韦尔夫派］,亦按意大利语Guelfo称Guelfen［圭尔夫派］),它控制着两个大公国(萨克森和巴伐利亚)。由于"斯陶芬派与韦尔夫派在整个帝国境内的激烈冲突,削弱了两者的自身实力",两败俱伤,德

---

① 勒高夫,《中世纪文明》,徐家玲译,上海:格致出版社,2011,页96-103。

意志帝国最终错过了形成统一的政治单位的历史机会（迪尔迈尔等，《德意志史》，页44）。

康拉德三世至死都未能得手，也没能得到教宗加冕，成了第一位没获加冕的帝国皇帝。康拉德三世驾崩后（1152），接替他的便是时年30岁的弗里德里希一世（Friedrich I, 1122–1190，旧译"腓特烈一世"），俗称Barbarossa［红胡子］。

作为德意志王国的国王身兼帝国皇帝，红胡子对实现一统帝国的历史使命有相当的自觉意识，他委托自己的舅父奥托（Otto von Freising, 1112–1158）写一部自亨利四世以来的帝国史，就是这种意识的表达。

奥托早年在巴黎学神学，后来成为弗莱辛（Freising）地区主教，30多岁时著有《编年纪或双城纪事》（*Chronica sive Historia de duabus civitatibus*，八卷，1146），以奥古斯丁的"上帝之城"和"地上之城"的双城观念为依托，记叙德意志当代史，论证皇权与教权的分离（由一位同样名叫Otto的神父续写到1206年），史称中古后期最为重要的政治神学要著。

受红胡子委托后，奥托动笔撰写《弗里德里希大帝行迹》（*Gesta Friderici imperatoris*），从亨利四世与格雷高利七世的冲突起笔。写到第四卷奥托就离世了，其门人拉赫文（Notar Rahewin）续笔，这部四卷本史书才得以完成（1160，一说奥托仅完成前两卷）。这个书名会让人想起亚里士多德的外甥所写的《亚历山大行迹》，显然，奥托意在激励红胡子皇帝模仿亚历山大大帝的气概。[1]

12世纪的教宗国已经不像早前那样,非要仰仗帝国皇权来保护自己,反倒认为可以凭靠与意大利地区的封建势力结盟(consorterie)共同对抗帝国皇权。红胡子认识到,要守住奥托大帝打造的帝国秩序必须得让教宗听命,因此他继位后即领军进逼意大利地区。

据"八卦"说法,罗马教宗硬撑着拒绝给红胡子皇帝加冕。其实,这个时候罗马城的秩序也不稳定。康拉德三世时期,罗马城爆发了一场共和革命(1143年):经院神学家阿伯拉尔(Petrus Abaelardus, 1079–1142)的学生阿诺尔德煽动罗马城的商人、手工业者和小骑士造反,联合起来夺取城市政权,要求废黜教宗,回归古罗马的共和制,还组成了56人的元老院。罗马城陷入动乱,甚至教宗也没法待在梵蒂冈。教宗尤金三世(1145–1553在位)继位后已经求助于康拉德三世,指望皇帝帮忙平定动乱。

红胡子继位后,尤金三世又向红胡子求助。红胡子领兵逼近罗马时(1553),罗马的共和分子派代表以元老院名义给他送上皇冠,与康拉德三世当年对待这事的态度一样,他断然拒绝。这事表明,帝国皇帝从未有过彻底与

---

[1] C. C. Mierow, "Bishop Otto of Freising: Historian and Man",刊于 *Transactions and Proceedings of the American Philological Association*, Vol. 80. (1949), pp. 393–402; Hugh Chisholm编, *Otto of Freising*, Encyclopædia Britannica(11th ed.), Cambridge University Press, 1911; H. Staudinger, *Weltordnung und Reichesverfassung bei Otto von Freising*, Münster 1950; W. Lammers, *Weltgeschichte und Zeitgeschichte bei Otto von Freising*, Wiesbaden, 1977.

教宗闹掰的念头。①

红胡子本指望尤金三世为他加冕,未料这位乱世中的教宗突然撒手人寰。1155年,新继位的历史上唯一的一位英籍教宗哈德良四世(1154–1159年在位)终于同意给红胡子加冕,但这位教宗坚持采用"一项带有侮辱性的方案",否则就不举行加冕仪式:红胡子必须把教宗扶下骡子,然后带着教宗穿过罗马城。②红胡子一怒之下,在罗马城大开杀戒,据说有上千教士死于皇帝军队的刀剑之下,红胡子凭靠军事力量获得加冕。

按正史上的说法,红胡子在1553年与教宗签订的《康斯坦茨协议》就"实现了西方基督教世界政教元首之间的暂时性谅解",而且,1555年,"经过协商而进行的皇帝加冕仪式,在罗马成功举行"(迪尔迈尔等,《德意志史》,页50)。不过,上述历史"八卦"仍然为我们理解"教权与皇权的冲突"提供了生动的历史剧情,让我们不至仅仅停留于观念之辨。

1553年3月红胡子与教宗签订的《康斯坦茨协议》的具体内容值得注意:皇帝承诺,不经教宗同意不得与罗马人和诺曼人缔和,教宗则承诺,红胡子一到罗马就给他加冕;双方共同承诺,不以意大利领土为条件换取拜占

---

① 科斯敏斯基、斯卡斯金,《中世纪史》(第一卷),朱庆永等译,北京:生活·读书·新知三联书店,1957,页453;格隆德曼等,《德意志史》,前揭,上册,页498–499。
② 本内特、霍利斯特,《欧洲中世纪史》,杨宁、李韵译,上海:上海社会科学院出版社,2007,页271。

庭方面做出让步。[①]这个双边协定让我们看到,不仅帝国与教宗国有如两个如今所谓有对等主权的政治单位,而且都需要共同对付外部势力的侵扰,教宗还需要皇帝承诺,不支持罗马人反教宗的叛乱,维护教廷的威望。

红胡子随后就与教宗关系交恶倒是实情,而他耗费十多年精力,多次用兵意大利,始终没有制服这个地区,尽管他曾一度攻克米兰,并马上召开帝国大会宣布统治纲领,而后现代的史学家把这解释为"在帝国的意大利地区建成以集权主义为目标的帝制统治"(迪尔迈尔等,《德意志史》,页51)。1166年的罗马战役后的第二年,教宗国与意大利北部的16个城市单位结成"伦巴第联盟"(Lega Lombarda)对抗帝国皇权。红胡子皇帝索性另立教宗,与教宗亚历山大三世(Alexander III)分庭抗礼。

按地缘政治学家的观点,在意大利,"皇帝的权力有限和不确定,是由其地理以及政治因素造成的"。

> 帝国的中心在阿尔卑斯山背后的德意志,声称要控制即便意大利最近的部分也很难。意大利还是教宗的特别行省,教宗很少与皇帝联手,反倒视之为一个世俗的和精神上的竞争对手。教宗权力最重要的中心在罗马周围,教宗在此地区像一个世俗君主行事,他极力想在自己的城邦成为首领。尽管教

[①] 格隆德曼等,《德意志史》,前揭,上册,页501。

宗和皇帝都拥有自己权力的地缘政治中心，但无论是教宗还是皇帝，都不容易插手北意大利，因此，北意大利在这两者之间的不确定地带找到了自己的位置。宗教与世俗权力都争着寻求地方财富和强大城市的支持，在这种情况下必须向城市让步，而这就实际上增加甚至制度化了城市在帝国中的独立。①

1176年，伦巴第联盟的军队在米兰西北的勒纳诺(Legnano)挫败德意志诸侯联军，激战中红胡子也险些被俘。次年，红胡子被迫与教宗签订《威尼斯和约》(1177)承认教宗的权力。1179年，教宗亚历山大三世修改教宗选举办法，将一致通过改为三分之二通过，让教宗选举彻底摆脱了帝国皇帝的束缚。更要命的是，红胡子接下来还被迫与伦巴第同盟签署《康斯坦茨和约》(Konstanzer Vertrag, 1183)，承认联盟诸城市享有自治权。②

正是在这一背景下，红胡子皇帝的法律顾问建议，不如从古老的罗马帝国的王权论寻求帝国法权的支撑，从意识形态上摆脱对罗马教会的依赖。按照罗马帝国的王权论，皇位经由诸侯选举产生，红胡子皇帝希望用这种理论抵消教宗所谓皇冠乃教宗的"恩赐"(beneficium)的说法，由此开启了非基督教的法律化帝国理论的现代先

---

① 帕克，《城邦：从古希腊到当代》，石衡潭译，济南：山东画报出版社，2007，页78。
② 萨尔瓦托雷利，《意大利简史：从史前到当代》，前揭，页139–150。

河。[1]

红胡子皇帝的帝国在政治上失败，根本原因在于未能实现德意志王国自身的整合，使之成为整合帝国大一统秩序的中坚力量——当年马其顿的菲力王统一泛希腊城邦，凭靠的是马其顿的中央集权统治。红胡子在位近40年，大多时间还需要用来对付强势的韦尔夫家族。

红胡子所凭靠的斯陶芬家族势力过于弱小，他只能鼓励德意志其他大贵族家族各自发展势力，在王权与诸侯之间引入封建法，以求得双方之间的权力平衡和政治合作，削弱韦尔夫家族势力。在位近30年时（1180年），红胡子才终于让德意志诸侯强行瓜分了韦尔夫家族的全部领地（包括萨克森和巴伐利亚）。[2]

这一成功之举的结果是，德意志王国内部更加封建化，而非中央集权化。红胡子皇帝起初像以前的帝国皇帝那样，企望凭靠挟持教宗国势力来整合帝国秩序。德意志王国本身尚未实现内部整合，各大诸侯离心离德，红胡子皇帝缺乏足够的军事实力，对意大利用兵始终没有奏效。红胡子转而采用软的一手，安排自己的儿子亨利六世

---

[1] Peter Munz, *Frederick Barbarossa: A Study in Medieval Politics*, Cornell University Press, 1969; J.Koch, *Auf dem Wege zum Sacrum Imperrium. Studien zur ideologischen Herrschaftbegründung der deutschen Zentralgewalt im 11 und 12. Jahrhundert*, Wien, 1972; Horst Fuhrmann, *Germany in the High Middle Ages c. 1050–1200*, Timothy Reuter英译, Cambridge University Press, 1986; Karl J. Leyser, *Frederick Barbarossa and the Hohenstaufen Polity*, University of California Press, 1988.

[2] 侯树栋，《德意志中古史：政治、经济社会及其他》，北京：商务印书馆，2006，页3–85。

与西西里女王储康斯坦丝(Constance)联姻。

弗里德里希二世与英诺森三世

亨利六世(1190–1197年在位，1191年加冕)与西西里的康斯坦丝婚后生下独生子，即弗里德里希二世。弗里德里希二世将从母亲那里自然继承西西里王国的王位，如果他也能继承帝国的皇位，那么，帝国克制意大利地区的分离趋向就有了一个战略上的立足点。

红胡子的这一着的确高妙，亨利六世继位皇帝时，等于已把西西里拿捏在自己手中，从而对教宗国乃至意大利半岛形成包围态势。可世事难料，人算不如天算。亨利六世在位仅短短7年就驾崩(1197)，当时弗里德里希二世才3岁，而且恰好遇到雄才大略的英诺森三世(Innocentius III，1198–1216在位)继位教宗。

英诺森三世时年37岁，正当英年盛气。他不认可弗里德里希二世为皇位继承人，康斯坦丝只好带着3岁的弗里德里希二世回到西西里。一年后(1198年底)，康斯坦丝也跟着离世，临终前把儿子交托英诺森三世监护抚养，还不得不委托他为西西里王国的摄政王。这位盖世教宗轻而易举就夺回了对西西里的控制权，消除了威胁意大利半岛的侧翼隐患。至于监护抚养，英诺森三世没有尽到丝毫责任，弗里德里希二世小时候经常流落街头。

在德意志王国内部，为争夺德意志王国空缺的王位，斯陶芬家族与韦尔夫家族纷争再起。1199年，双方都派使者到罗马争取教宗承认。英诺森三世稳如泰山，他不急于表态，仅向双方重申教会法中关于教宗权力高于世俗君主的法律条文，以及教宗对世俗君主享有transtio［委任权］的规定。英诺森三世向争夺王位的双方摆明自己的立场：推选德意志国王属于德意志诸侯的权利，但最终敲定谁当国王和帝国皇帝的权力则在教宗手中。①

德意志王国的王位和以此为依托的神圣罗马帝国的皇位在一开始就是选举制(迪尔迈尔等，《德意志史》，页30)。在今天的我们看来，这当然比世袭制好。但是，如果这个"选举制帝国"的内部秩序缺乏有效整合，那么，选举制也会陷入内斗流弊。倘若还有外部势力插手，情况就更糟。这样的情况，即便在21世纪的今天也屡见不鲜。

教宗强势干涉德意志王位和帝国皇位的继承充分表明，德意志帝国已经到了对教宗俯首称臣的地步。究其原因，不外乎德意志王国没有彻底实现政治整合，五个指头没有形成拳头。英诺森三世抓住时机，再度尝试实现格雷高利七世的梦想：以意大利半岛为基地，反过来把德意志帝国变成由罗马教廷掌控的基督教帝国，然后向英格兰和法兰西扩张，最终建立一个拉丁基督教的大一统世界帝国。事实上，亨利四世与教宗格雷高利七世的"主教授职权"之争爆发前，两种帝国形态——教权帝国与皇权帝国——之间的对决，就已经在这个中欧地带拉开帷

---

① 格隆德曼等，《德意志史》，前揭，下册，页7–10；萨尔瓦托雷利，《意大利简史：从史前到当代》，前揭，页151–154。

幕。①

1201年，韦尔夫家族支持的奥托四世（Otto IV, 1175–1218）向教宗承诺，他如果当上德意志王并继承帝位，会放弃皇权对意大利的支配。奥托四世以此换得教宗承认他为德意志国王，英诺森三世答应，适当的时候会加冕他为帝国皇帝。

奥托四世耐心等待，被加冕为皇帝（1209）后的第二年，他旋即率兵进占意大利南部，威逼罗马。英诺森三世并不惊慌，他使出教廷的惯用杀手锏，宣布对奥托四世施以绝罚。遭受绝罚（excommunication，亦即"开除教籍"）不仅意味着被宣布为精神上的麻风病人，从此不得参与教会圣事，更重要的后果是如今所谓的剥夺政治权利：一旦遭受这种司铎权力的惩罚，等于身为国王的政治权威被剥夺，臣民可以不再受王国的臣服誓言约束。英诺森三世宣布对奥托四世施行绝罚，等于废黜了他的帝国皇权和德意志王权，帝国选举团必须另选继任者。

斯陶芬家族趁机联合反韦尔夫家族的其他诸侯甚至拉上法兰西国王，共同推举弗里德里希二世为国王。但直到1215年，已经20岁的弗里德里希二世向英诺森三世承诺，绝不将西西里王国与德意志王国的领土合并，教

---

① 蒂尔尼、佩因特，《西欧中世纪史》，前揭，页337–344；Helen Tillman, *Pope Innocent III*, New York, 1980; James M. Powell, *Innocent III: Vicar of Christ or Lord of the World*, Washington: Catholic University of American Press, 1994; Janet E. Sayers, *Innocent III: Leader of Europe 1198–1216*, London: Longman, 1994; John C. Moore Pope, *Innocent III (1160/61–1216): To Root Up and to Plant*, Leiden: Brill, 2003。

宗才承认他为德意志国王。5年后,英诺森三世已经离世(1216年),新任教宗才加冕弗里德里希二世为帝国皇帝(1220年)。

英诺森三世迟迟不确认弗里德里希二世的王位和帝位继承,并非没有道理。4岁那年(1198年),弗里德里希二世就从母亲的身份那里继承了西西里的王位,若再兼任德意志的国王和帝国的皇帝,红胡子皇帝已经泡汤的大计又会死灰复燃。

弗里德里希二世15岁时,英诺森三世为他选了王后——阿拉贡国王阿方索二世的公主康斯坦丝。虽然康斯坦丝年长大约10岁,而且已经是寡妇,弗里德里希二世仍然非常爱她,很快生下一子(亨利)。1211年,英诺森三世见奥托四世已经不受控制,曾提名弗里德里希二世为德意志国王,而他的刚生下来不久的儿子亨利则被加冕为西西里国王,由母亲摄政。英诺森三世一直对斯陶芬家族十分警惕,自在情理之中。

弗里德里希二世从小在西西里长大,西西里是他的故乡,对西西里的确有感情,甚至兰克也说他"不能算是纯正的德意志人,而是接受了各种外来影响的西西里人"。[①]英诺森三世没有想到,弗里德里希二世的心底自幼埋藏着祖父和父亲的遗愿,即担当起复兴帝国的未竟使命。继承帝位后,由于弗里德里希二世仍然在西西里,南意大利显得成了帝国中心。

---

① 兰克,《世界史》,陈笑天译,卷三,长春:吉林出版集团,2017,页457。

常人不懂王者之心,以为弗里德里希二世儿女情长,不愿离开从小生活过的西西里。其实,弗里德里希二世有超凡的帝王心魄。政治思想史家沃格林这样写道:

> 这位皇帝的伟大之处既不在于直率、坚毅的性格力量,也不在于某项政策的优点或执行政策时的坚定不移;相反,他的伟大之处在于拥有一颗有力、宽广、能与这个时代的种种张力相匹敌的灵魂。……我们看到的是丰富的活力与敏锐,时刻准备采用时势所需立场的能力;乐于探索实在所呈现的结构,并且穷尽一切限制,无论是使用猎鹰狩猎这种经验问题、西西里问题这种理智问题、法庭程序的技术问题,还是针对教宗谴责所作的启示录式反驳宣言,莫不如此。①

德意志王国内部诸侯分立,弗里德里希二世继位后虽然身为帝国皇帝,对帝国诸侯几乎没有号令权威,各大小诸侯在自己的地盘上享有很高的自治权。弗里德里希二世必须首先建立自己的根据地,才能掌握帝国实权。

弗里德里希二世苦心经营西西里王国,为西西里立法,留下名垂史册的《梅尔菲宪章》(Constitutions of Melfi,1231年)。宪章内容虽然仅仅是西西里的宪制、行

---

① 沃格林,《政治观念史稿(卷二):中世纪(至阿奎那)》,前揭,页162-163。

政法、刑法和程序法，弗里德里希二世却以帝国皇帝身份颁布宪章（原文为Constitutiones Augustales），显得是在建设如今所谓的帝国"特区"。

斯陶芬王朝的政治史学问题

弗里德里希二世在西西里打造如今所谓"理性化的"宪制王国时，为了掌控德意志地区，他让自己的儿子亨利（1220–1235在位，史称"亨利七世"）接替德意志王国的王位。为了实现这一目的，他允许帝国内的教会公爵在各自的主教封地内拥有财政主权（铸币权、收税权），这无异于进一步推进了其祖父的帝国让权政策。

亨利七世力图强化德意志王国的统一，必然与帝国内的教会公爵发生利益冲突。弗里德里希二世选择了站在帝国的封建势力一边与儿子作对，教宗趁机怂恿愤然的亨利七世发动了反对父皇的造反。虽然动乱很快被平息，亨利七世的王位被剥夺，而且被监禁后死的不明不白，这件事情却证明弗里德里希二世先经营西西里的战略是失败之举（迪尔迈尔等，《德意志史》，页54）。

罢黜儿子的德意志王国王位后，弗里德里希二世终于回到德意志地区，并把另一个儿子康拉德立为德意志王国的国王（1237–1254年在位，史称"康拉德四世"）。又一次人算不如天算，1250年，年仅56岁的弗里德里希二世"出人意料地驾崩"（1250年），而康拉德四世继位后不到4年，也紧跟着驾崩。

自此，帝国经历了20年没有皇帝的著名"大空位"(the great Interregnum, 1254–1273)期(起初并非没有皇帝,而是皇帝根本不朝政),皇帝选举制度改为每任皇帝都从不同家族中选出。最让今天的人们不可思议的是,在"大空位"时期,德意志大诸侯们甚至选举"外国人"(荷兰的威廉、英国国王亨利三世的弟弟、卡斯蒂利亚的阿方索)当德意志的国王。随后,法兰西王国开始插手德意志帝国皇帝的选举,也就不难理解了。[1]

人们不难想到,德意志帝国的失败,根本原因是德意志王国始终未能实现内部整合,15世纪以后,德意志诸侯寻求为各自的侯国立法就是很好的证明。[2]德意志人的神圣罗马帝国要重新崛起,就得另辟根据地。由于"德意志的大诸侯中没有谁对当皇帝有很大兴趣,只是在教宗威胁会指派一位皇帝的情形下,他们才在1273年选出一位皇帝,即哈布斯堡(位于今瑞士北部)伯爵阿尔布雷希特四世的儿子鲁道夫一世(Rudolf I, 1218–1291)。[3]他当选帝国皇帝后,随即放弃对意大利的要求,转而从德意志地区当时最强大的诸侯波希米亚国王奥托卡二世手中夺取了奥地利公国,而这恰是弗里德里希二世去世前不久正打算做的事情。

德意志王国的统一梦想直到1871年建立德意志第二

---

[1] 钱金飞,《德意志近代早期政治与社会转型研究》,北京:人民出版社,2017,页6–7。
[2] 王倩,《诸侯邦国立法与16世纪德意志的邦国建构》,见《世界历史》,2019年第二期。
[3] 沃格林,《政治观念史(卷三):中世纪晚期》,前揭,页36。

帝国才得以实现,而这又与弗里德里希二世在1226年颁予条顿骑士团经营普鲁士的特许状有历史关系。① 尽管如此,要"既不拔高也不妖魔化"弗里德里希二世,很不容易。困难不在于史料,而在于辨识史料的精神眼力和理解人世政治的深邃智识。②

不妨听听兰克的评价:

> 弗里德里希二世赶上了德意志和意大利民族意识觉醒的时代:德意志诸侯和意大利城市分别实现独立自主。他虽然败给了教宗,却成为反对教权的理想化身。正如但丁所言,在他身上凝聚着吉贝利派精神。我认为,教宗取胜背后的非正义性也是后来政教分离的一个重要原因:因为教会不但植根于神学,还以民意为基础。路德在其著作前言里抱怨教宗欺压德意志民族的基督教贵族,几位弗里德里希和其他德意志皇帝,饱含对命运多舛的斯陶芬家族事业的叹惋之情,尤其是在德意志城市。这种情绪充盈着中世纪接下来走向衰落的几个世纪。③

兰克没有提到,德意志的地缘政治处境极为复杂、

---

① 富布卢克,《剑桥德国史》,前揭,页24–25。
② 比较王顺君,《救世主还是恶魔:神圣罗马帝国皇帝腓特烈二世传》,北京:台海出版社,2016;盐野七生,《皇帝腓特烈二世的故事》,田建国译,北京:中信出版社,2018。
③ 兰克,《世界史》,卷三,前揭,页470。

险恶,绝非英格兰、法兰西、西班牙等王国可以同日而语,给历代德意志国王都带来极大麻烦。

为争夺萨克森、西里西亚、波西米亚和波兹南这些适合小麦生长的冲击平原地区、波罗的海海岸线和鱼,以及波美拉尼亚或普鲁士的木材和毛皮、多瑙河和黑海的航线,德意志人与斯拉夫人彼此争斗达千余年之久。斗争的第一阶段,即从开始到1100年,双方势均力敌。[①]

由于直面东方诸异族的威胁,德意志人被迫不断东扩,红胡子的前任康拉德三世曾发出"向斯拉夫地区进军"的号召,史称"12世纪全面展开的东部殖民运动的序幕"(迪尔迈尔等,《德意志史》,页42)。在当今德国的史学家看来,巴黎地处盆地,这对西法兰克王国随后"发展成为一个完整的民族国家"起到了"一种中心点作用",而东法兰克王国的"中心向东转移,莱茵河却并没有能够发挥这种历史作用","错综复杂的山脉和杂乱无章的河流也助长了德意志的政治分裂。"[②]换言之,由于没有成为一个有内聚力的政治实体,德意志王国东扩必然会持

[①] 福西耶主编,《剑桥插图中世纪史》,李增洪等译,济南:山东画报出版社,2008,页239–240。
[②] 转引自李工真,《德意志道路:现代化进程研究》,武汉:武汉大学出版社,1997,页9;比较费尔格里夫,《地理与世界霸权》,胡坚译,杭州:浙江人民出版社,2016,页180–203。

续加重德意志王国整合的负担：

> 德意志人在东方的扩张是中世纪鼎盛时期最重要的事件，因为它对德意志的政治结构具有持久性影响。在那几个关键世纪里，英格兰王国和法兰西王国都是在一个固定了的领土之内获得自身的民族性格，西方诸国得以通过内部发展而成为连贯的政治体，在那几个关键世纪里，英格兰民族实现了政治的连属化，而德意志人正在积极从事将他们的领土从易北河和萨勒河的古老边界向东扩张，甚至扩张到如今属于波兰和俄罗斯的领土之上。

> 德意志人在12至14世纪向东方扩张，是盎格鲁萨克逊人跨越大西洋进行殖民活动之前西方最伟大的殖民壮举。规模如此之大的在空间上邻近母国的殖民活动，不可避免在宗主国的领土上造成影响。一种与英国和法国相似的德意志民族文明的内部成长被这一事件打断了；德意志从来就没有从这一创伤中彻底恢复过来。[1]

鲁道夫一世把奥地利变成了自己的家族领地，获取德意志地区控制权后，把帝国的统治中心东移维也纳，并把匈牙利和波希米亚纳入控制范围，以保障自己作为帝国皇帝有足够的兵源压制德意志诸侯。哈布斯堡家族

---

[1] 沃格林，《政治观念史稿（卷三）：中世纪晚期》，前揭，页221。

虽然成功统治德意志神圣罗马帝国超过500年,甚至在16世纪曾一度对法兰西王国形成包围,最终仍然未能实现帝国的大一统,这庶几证实了沃格林的说法言之有理。事实上,如今的欧洲史学家大多认为,为了地域安全而东扩,是帝国不稳定的第一大原因。①

在现代意识形态语境中,讨论中世纪的帝国问题相当困难,因为民主宪政观念是主流,史学家难免以此裁剪并复述史料。沃格林曾这样评价卡莱尔兄弟的六卷本名著《西方中世纪政治理论史》:②

> 他们编著的这部史书对文献记载来说非常有价值;但是,必须说明,由于坚持按照宪政政府的范畴来组织材料,论述受到了严重影响。因为,对于教父们来说,这些范畴并不像对我们那样重要。由于这种方法,有关这些问题的大部分内容都被严重扭曲。③

对今天的我们来说,皇帝权力问题明显是巨大的绊脚石。问题的复杂性在于,支配20世纪史学的意识形态化观念出自新教式的人民主权论,而这种论说在今天普遍

---

① 威尔逊,《神圣罗马帝国:1495–1806》,殷宏译,北京:北京大学出版社,2013,页30–31;比较卡尔波夫主编,《欧洲中世纪史》,杨翠红译,北京:社科文献出版社,2018,页183–202。
② R. W. Carlyle/A. J. Carlyle, *A History of Medieval Political Theory in the West*, Barnes & Noble, 1936.
③ 沃格林,《政治观念史稿(卷一):希腊化、罗马和早期基督教》,前揭,页260注释4。

被视为历史的"必然"(或所谓的"普世价值")。其实,它的产生毋宁说源于欧洲地缘政治的复杂纠葛。沃格林随后就说道:

> 从人民那里将权力转移到统治者身上,这个民主的观念是偶然出现的,但是,主要脉络还是趋向于皇帝的权柄来源于神的看法。在整个中世纪,这种状况都没有发生变化。在中世纪后期的理论中,神职人员从大量象形性符号中抽取出lex regia［王权法］,为皇帝制造了一些意识形态上的麻烦。但是,只是因加尔文教在受到以色列的berith［约］的观念,即人民同神和国王立约这个观念影响后,［西方］才确立起王者的权柄与统治者所颁布法律的特点之间的直接关系。(同上,页261,译文略有改动)

由此人们以为,加尔文教给人类带来了一种全新的自由民主观念。可是,在沃格林看来,

> 遵照自然法而实现权柄的基础,在逻辑上也会推导出像在16世纪那样的问题,即通过大众的行动废黜统治者,在早期基督教的环境中,这种观念不可想象,因为,教会要生存,必须依靠皇帝的善意。比如,奥古斯丁就倾向于这样的观念:即便残暴的皇帝,也必须服从,因为他是神所命的;人们可以因为神的恩赐而得到一位皇帝,也可以因神的愤怒而得

到一位皇帝以惩罚犯下的罪。(同上,页262)

沃格林的这一观察提醒我们值得意识到:基督教观念总是与历史中具体的地缘政治现实紧密相关,以至于我们很难笼而统之地谈论基督教与自由民主观念的关系。由此来看,《国王的两个身体》的政治史学意义的确含义幽深。因为,最后题为"但丁"的一章是后来添加的,全书实际上两头两尾谈论英国,德意志问题夹在中间,也许不是偶然。

《国王的两个身体》最终以但丁收尾则表明,康托洛维茨的挑战并非仅仅涉及韦伯关于现代式的合法性理论以及理性化政制的起源论述。我们不应该忘记,康托洛维茨的精神之父格奥尔格与韦伯的精神对峙并没有因韦伯在1920年离世而自动消失。但丁也是格奥尔格最爱的古代诗人。格奥尔格要像但丁那样,从"炉灶取出一块木柴吹着",让它"变成地狱之中的烈火","用来照耀无上的爱,用它联结太阳和星辰"。[1]

这股烈火寓意什么,我们很难得知,但用来寓指弗里德里希二世身上的某种帝王精神,未必不恰当。沃格林在说到但丁时写道:

> 这位为神所感动的诗人,在除了德意志之外的基督教世界中从未有过令人信服的权威。在德意

---

[1] 格奥尔格,《词语破碎之处:格奥尔格诗选》,前揭,页93。

志,自荷尔德林以后,这位诗人作为该民族的神圣喉舌,扮演着一种令西方各族人民感到陌生、几乎不可理喻的角色。①

然而,在魏玛民国时期乃至当今的政治文化处境中,谈论帝王精神很难不会遭遇政治非议,谈论"无领袖的民主制"则不会有如此政治危险。

七 国王观念的永恒性

正当康托洛维茨的声誉重新鹊起之时,激进民主派的中世纪史学家坎托出版了近500页的大著《发明中世纪》(1991),博得一时喝彩,连续两年重印。

通过讲述20世纪上半叶(1895年至1965年间)的20位研究中世纪史的著名学者的生平和著作,坎托力图表明,在这些20世纪的史家笔下,中世纪文明的品质不再是19世纪的史家津津乐道的"浪漫激情"和"公社式情感",而是信仰与理性的综合,圣徒和英雄人物的魅力型领袖才干(charismatic leadership),对文学艺术的形式主义态度,以及神性之爱和人性之爱等等。

在坎托看来,凡此都不过是那些史学家们的"发明"亦即虚构而已。坎托用看似平实的叙事包裹其笔法的犀利,据喝彩的评论者说,那些中世纪史名家们"纷纷倒在

---

① 沃格林,《政治观念史稿(卷三):晚期中世纪》,前揭,页76。

了他的利剑前面"(all fall before his sword)——其中包括康托洛维茨。①

激进民主的史学刚刚兴起时,坎托编写过一本中世纪史教科书(《中世纪史:一个文明的生与死》,1963)。在美国的激进民主运动时期,此书两次修订再版(1968/1974)。《发明中世纪》出版之后,坎托大幅修改和扩充早年的旧作,更名为《中世纪文明史》,并称《发明中世纪》与此书是"伴侣卷"(companion volume)。

在时代的激进民主意识形态支配下,坎托从公民社会以及"坚忍不拔的爱"(tough love)之类的激进民主政治观念出发重述中世纪文明史。②显然,《发明中世纪》全盘扫除20世纪上半叶的中世纪史学,不外乎要为推进激进民主的中世纪史观铺平道路。正如后来斯金纳所说,以重塑史学的方式推行激进民主教育非常有效,而且已经取得显著成效。

据说,在我们的国土上,情形同样如此:晚近30年来,重述中国古代史的当代史学家多半是激进自由民主论的信徒。

康托洛维茨如何倒在坎托的利剑面前?坎托不外乎说,康托洛维茨尽管是犹太人,却是个"犹太纳粹"(a

---

① Norman F. Cantor, *Inventing the Middle Ages: The Lives, Works, and Ideas of the Great Medievalists of the Twentieth Century*, New York, 1991, 页79–117.

② Norman F. Cantor, *Medieval History, The Life and Death of a Civilization*, New York, 1963/1968/1974; *The Civilization of the Middle Ages*, A Completely Revised and Expanded Edition, New York, 1993.

Jewish Nazi),他的中世纪史研究与纳粹有千丝万缕的联系。

坎托给出的证据大致说来有两条：首先，康托洛维茨所属的格奥尔格圈子是纳粹的精神楷模。希特勒当年怀着激动心情读了两遍《弗里德里希二世大帝》，戈培尔也曾被这部传记深深打动。康托洛维茨的终生好友、研究中古德意志王室的专家施拉姆（Percy E.Schramm，1894–1970）教授在二战期间充军，以上尉军衔任职国防部，坎托据此把施拉姆和康托洛维茨称为中世纪史学界中的"纳粹孪生兄弟"。

第二，康托洛维茨的史书仅仅关注帝王和帝国，一辈子都在为帝国命运忧心。言下之意，像坎托自己那样，关注底层社会结构的变迁、关注普通人的家庭生活乃至妇女和巫师的权利，才算得上政治正确的中世纪史学。①

按坎托的逻辑，施拉姆和康托洛维茨在魏玛时期的史书宣扬中世纪的德意志帝王和王室，应该对后来出现德意志第三帝国的历史负责。坎托抹黑康托洛维茨，好些史学家忿忿不平，其实没必要。毕竟，激进民主的史学家们一门心思宣扬民主意识形态，从来不会有兴趣去辨识历史事件的复杂性，甚至还会罔顾史实。

1933年11月，康托洛维茨在法兰克福大学做过题为"秘密的德意志"的学术报告，公开与纳粹作对，堪称少

---

① 比较勒高夫，《试谈另一个中世纪：西方的时间、劳动和文化》，周莽译，北京：商务印书馆，2014。

见的头脑清醒且有勇气的学人。[①]他在演讲中说:

> "秘密的德意志"的统治者刀枪不入,即便把他们的画像拖到街上、把他们降至市井水准、然后再把他们当做自己的血肉那样大加颂扬,也不能占有他们。(康托洛维茨,《秘密》,页80)

听演讲的学生中有纳粹"愤青",他们听得出这话是在叱骂谁,从此煽动学生拒上康托洛维茨的课。从言辞来看,康托洛维茨这样说的起因显然是,纳粹愤青把"秘密的德意志"视为崇拜对象,康托洛维茨叱骂纳粹"愤青"把"秘密的德意志""降至市井水准",从而要与纳粹"愤青"划清界限。

"秘密的德意志"是格奥尔格圈子的别称,康托洛维茨的这句话证明,坎托说格奥尔格圈子是纳粹青年的精神楷模,并非瞎编。至于身为"秘密的德意志"核心成员的康托洛维茨为何如此愤然叱骂纳粹"愤青",拒绝他们对格奥尔格圈子的追捧,坎托不关心这样的史学问题也不奇怪。毕竟,他不会想到,纳粹"愤青"现象很可能与

[①] Ernst Kantorowicz, "Das Geheime Deutschland. Vorlesung, gehalten bei Wiederaufnahme der Lehrtätigkeit am 14. November 1933",见Robert L. Benson/Johannes Fried编, *Ernst Kantorowicz: Erträge der Doppeltagung Institute for Advanced Study, Princeton, Johann Wolfgang Goethe-Universität, Frankfurt*, Stuttgart: Franz Steiner, 1997,页77–93(以下简称《秘密》,随文注页码)。

"无领袖的民主制"有关。①

这里的史学问题首先在于,康托洛维茨为何要在这个时候做题为"秘密的德意志"的学术报告。这个问题不难回答:纳粹高层人士颇为欣赏格奥尔格,一直试图拉拢他加入纳粹运动。希特勒执政后,纳粹党希望格奥尔格出任德国艺术院主席,还要为他的65岁生日做寿。对于纳粹党的不断拉拢,格奥尔格向来冷脸相向,纳粹党执政后,以民族精神担纲者自居的格奥尔格随即离开德国避走瑞士,不久客死他乡(1933年底)。显然,康托洛维茨在这个时候做题为"秘密的德意志"的学术报告,目的是向公众撇清,格奥尔格圈子与纳粹没关系。

进一步的史学问题就不容易澄清了:既然纳粹"愤青"欣赏格奥尔格圈子,难道这个圈子的精神没有法西斯主义要素?迄今人们还习惯于这样推论:纳粹"愤青"欣赏尼采著作,就证明尼采的思想中有法西斯主义要素。康托洛维茨的学术报告能够澄清这样的问题?显然,与康托洛维茨当时的语境相比,在今天的语境中澄清这一问题要难得多。②

---

① 松特海默,《魏玛共和国的反民主思想》,安尼译,南京:译林出版社,2017,页171–178。
② 参见Robert E. Norton, "From Secret Germany to Nazi Germany: The Politics of Art before and after 1933",以及Peter Hoffmann, "The George Circle and National Socialism",见Melissa S. Lane/Martin A. Ruehl编,*A Poet's Reich. Politics and Culture in the George Circle*, New York: Camden House, 2011,页269–284; 287–306. Ritchie Robertson, "George, Nietzsche, and Nazism",见Jens Rieckmann编,*A Companion to the Works of Stefan George*,前揭,页189–202。

康托洛维茨在报告中说,"秘密的德意志"这个称呼用于格奥尔格圈子,源于拉伽德(Paul de Lagarde,1827-1891)一句话的启发。拉伽德是德意志第二帝国初期的一位东方学[近东学]专家,也是十分活跃的政治思想家,虽身为哥廷根大学东方学教授做冷门学问,却因大量文化哲学和政治评论而广有影响。[1]他在一篇题为《论德意志帝国的当前状况》(Über die gegenwärtige Lage des Deutschen Reichs, 1875)的文章中写道:

> 假定在我们当中至少有一些密谋者(Verschworene),有一个秘密开放的同盟(einen heimlich offenen Bund),为了伟大的明天而思索、创造,在这颠倒的圣灵降临期间,尽管大众并不理解这一同盟,但是,凡认为这一同盟替他们说出了那不可言说之渴望的人,都应该会加入这一组织。(转引自《秘密》,页78)

在格奥尔格搞的一次内部读书会上,格奥尔格读了这句话,然后说:"眼下就有了[这样的]密谋者,最好不过的是,这样一个密谋已经起步。"[2]

第一个用"秘密的德意志"这个名称的并非格奥尔格,而是其弟子沃尔夫斯克尔(Karl Wofskehl)。1910年,

---

[1] 参见施特劳斯,《评拉伽德》,施特劳斯,《犹太哲人与启蒙》(增订本),刘小枫编,张缨等译,北京:华夏出版社,2019,页35-52。
[2] Edith Landmann, *Gespräche mit Stefan George*, Düsseldorf/München, 1963,页50。

此人在格奥尔格创办并主编的《艺术与最新文学之页》(*Die Blätter für die Kunst und die neuste Literatur*)上发表文章，称格奥尔格的诗是"秘密的德意志"。言下之意，格奥尔格的诗是德意志民族精神传统的象征，其圈子是这种精神的承载者。因此，康托洛维茨在演讲中说：

> 这样一个秘密帝国从未存在，却永远存在……谁有眼看，有耳听，就知道，几乎所有时代……在公共可见的帝国之外，另有一个德意志被赐予了存在与生命。(康托洛维茨，《秘密》，页80)

可是，拉伽德的政治观点以反犹、反妇女解放、复兴帝国之类主张著称，如今，仅凭"秘密的德意志"这个名称的起源与拉伽德的关系也会让人觉得，格奥尔格圈子与法西斯主义难以完全摆脱干系。问题的复杂性在于，大作家托马斯·曼(1875-1955)和著名犹太哲人马丁·布伯(1878-1965)也崇拜拉伽德，却不便说他们与法西斯主义有干系。

沃格林的目光的确犀利得多，在他看来，拉伽德是"反犹"论者，而格奥尔格则把日耳曼人与犹太人视为同根生的兄弟，两者明显不同。但是，日耳曼人与犹太人的民族生存有相似的失败经历，却是两人大相径庭的犹太观的共同基础。[①]倘若如此，政治现象极为错综复杂，由

---

① 沃格林，《政治观念史稿(卷二)：中世纪(至阿奎那)》，前揭，页44注释1。

此可见一斑。民主派史学会让人的头脑变得简单,对复杂的政治史现象缺乏辨识能力,也并不奇怪。

康托洛维茨把"秘密的德意志"说成看不见的精神帝国,在拉伽德那里也可以找到类似说法:

> 我们所热爱并渴望看到的那个德意志根本不存在,而且也许绝不会存在。这个理想不过是某种既存在又不存在的东西……人们只能靠着一个他们从未见过的星球散发出来的充满秘密的温暖(an der geheimnisvollen Wärme)才能生长发育……
>
> 如果我们以否定的姿态应对这个明显受到非德意志影响的时代生发出来的、如今大行其道的不道德行为,如果我们为了抵御和克服这些不道德行为而结成公开的同盟(外在的标志和记号、严格的风纪,在这一同盟里缺一不可),只有这样,才能建立起德意志。(转引自《秘密》,页78)

康托洛维茨把拉伽德的言辞置换成了新约圣经的语式(比较《约翰福音》18:36;《马太福音》11:15),把"秘密的德意志"的精神寓意说成"上帝国"那样的"属灵帝国",意在强调格奥尔格是古典人文主义者,他最热爱的历史人物是但丁、莎士比亚、歌德这样的伟大诗人。换言之,格奥尔格希望建立一个具有"精神同盟"性质的精英圈子,其精神企向是精神贵族,从而与纳粹政党所忽悠的大众民主精神截然对立。

尽管如此,在错综复杂的政治现实中,人们怎么看待一件事情,与当事人如何看待自己,很难达成一致。在时过境迁的历史回顾中,情形更是如此。①

可以肯定,格奥尔格拒绝纳粹的青睐,是因为他憎恶激进的大众民主。②在《新帝国》组诗中,有一首诗的标题就是"秘密的德意志"(作于1922年初夏)。诗人在开篇唱道:

> 将我拖向你的边缘
> 深渊,但别迷乱我!
> 永不餍足的欲望
> 从极地直至赤道
> 处处留下宽大的足迹
> 并以无情的强光
> 恬不知耻地照遍
> 世界的所有毛孔。③

什么是"永不餍足的欲望",它甚至"恬不知耻地照

---

① Friedrich Glum, *Das geheime Deutschland: Die Aristokratie der demokratischen Gesinnung*, Berlin 1930; Kahlhans Kluncker, *Das geheime Deutschland: Stefan George und sein Kreis*, Bonn, 1985; Robert E. Norton, *Secret Germany: Stefan George and his Circle*, Cornell University Press, 2002。
② Ray Ockenden, "Kingdom of the Spirit: The Secret Germany in Stefan George's Later Poems",见Melissa S. Lane/Martin A. Ruehl编, *A Poet's Reich. Politics and Culture in the George Circle*,前揭,页91–112。
③ 格奥尔格,《词语破碎之处:格奥尔格诗选》,前揭,页172。

遍世界的所有毛孔"？难道仅仅是纳粹"愤青"的欲望，而非也包括美利坚式的自由民主欲望？

1933年的德国政变，标志着德国这个国家的身体正被拖向"深渊"。问题在于：什么样的"深渊"？康托洛维茨在1933年底做题为"秘密的德意志"的学术报告，是否意在警示，德国这个作为国家的身体将要步入人民主权被斩首后难免形成的深渊？

激进民主的共和论认为，人民主权的政治体不应该有"头"。可是，在政治现实中，共和国这个政治身体一旦陷入危难之际，难免会自然而然地生出一个"头"。何况，一个有机的完整身体必须有"头"，官僚式的职业政治家很难为一艘行使在大风大浪中的航船掌舵。倘若如此，问题就不在于共和政体是否应该有"头"，而是这个"头"是否高贵、有高尚的政治德性。

接下来的问题是，政治理论必须关切"头"的伦理德性，国民教育也必须注重传统的圣王德性教育。否则，在国家危难时刻，公民不会去辨识必然会伸出来的"头"是正是邪，品质高贵还是低劣。公民共和主义论断然否定共和政体应该有"头"，因为所有的"头"都坏，理所当然不再关切政治体的"头"的德性，仅仅呼唤公民直接参政的德性。在1933年的历史时刻，德意志共和国的公民们不能认出"头"的邪恶，应该怪谁？

格奥尔格的《新帝国》中有两首诗献给自己心爱的弟子斯陶芬伯格(Berthold von Stauffenberg, 1905–1944)，他是国际法专业极为出色的新秀,自上中学起就热爱诗歌,战争期间在北非战场作战英勇,失掉了一只眼睛。这位第三帝国的"战斗英雄"在1944年刺杀希特勒事败后被枪决时,还不到40岁。①

若有人推测,格奥尔格当年写诗题献给斯陶芬伯格,无异于暗中委托他必要时对希特勒下手,那么,我们不应该觉得离谱。毕竟,格奥尔格和他热爱古诗的弟子熟悉古希腊古风诗人阿尔凯奥斯(Alcaeus,约公元前630-前590)的诗作,其背景就有刺杀僭主的事情。

坎托非说康托洛维茨与纳粹意识形态有牵连,以此诋毁康托洛维茨的史学,这种蛮不讲理的讲法背后隐藏着某种不便明说的政治史学缘由。事实上,像坎托那样动辄指某学者是"法西斯",才是十足的法西斯做派。

经历过德意志第三帝国的历史悲剧之后,德国史学家们痛定思痛,不得不思考德国这个政治身体为何会步入深渊。起初,史学家们的"共识"是,纳粹掌握政权纯属欺人太甚的凡尔赛和约所致,与德意志帝制传统不相干。随着民主史学的兴起,这种史学"共识"很快遭到否弃。新派史学认为,德意志第三帝国这个深渊与德意志第二帝国有历史连续性:威廉二世的帝国未能真正实现

---

① Manfred Riedel, *Geheimes Deutschland. Stefan George und die Brüder Stauffenberg*, Köln, 2006; Thomas Karlauf, "Stauffenberg: The Search for a Motive",见Melissa S. Lane/Martin A. Ruehl编,*A Poet's Reich. Politics and Culture in the George Circle*,前揭,页317-330。

民主政治才会导致第三帝国的纳粹专制。①按如今最为新派的德国现代史家韦勒的观点,威廉二世时代的权力精英们为了自己的特权和利益,竭力维持各种反民主、反平等、反现代的价值体系,才使得德国在现代化进程中背上了沉重的历史负担。②

康托洛维茨要是有幸活到1980年代,他看到这样的史学反思一定会感到好奇:历史的事情真的那么简单?

康托洛维茨在1945年动念撰写《国王的两个身体》,应该被视为他对德国人步入德意志第三帝国这个深渊做出的史学反应,正如他当年撰写《弗里德里希二世大帝》是对德意志第二帝国在1918年崩溃做出的史学反应。③《国王的两个身体》谈论中世纪晚期和近代早期的事情,看似与20世纪的德国历史毫不相干,但仅仅对于实证史学家以及服膺历史社会学方法的史学家来说,情形才如此。坎托的《中世纪文明》与当今的激进民主论隔得如此之近,人们也不能说,《国王的两个身体》与当今的政治思想必须面对的大是大非问题隔得如此之远。

我们必须重视,康托洛维茨在"前言"中说,他动念撰写《国王的两个身体》是在1945年。鉴于实际上他很可

---

① 雷塔拉克,《威廉二世时代的德国》,王莹、方长明译,北京:北京大学出版社,2013,页12–23,158–164;比较林雅华,《民主的悖论》,见曹卫东主编,《危机时刻:德国保守主义革命》,上海:上海人民出版社,2014,页343–357。
② 参见韦勒,《德意志帝国:1871–1918》,邢来顺译,宁夏:青海人民出版社,2009。
③ 比较施蒂默尔,《德意志帝国:一段寻找自我的国家历史,1848–1918》,李超译,北京:中信出版社,2017。

能早在1930年代末期已经有了这个念头,现在特别强调1945这个年份多半有特别用意。明摆着的事情是,当时的德国再次遭遇"空位期",或者说再次面临国体重建。

由此来看,康托洛维茨开篇就说到源于英格兰的议会主权制与源于欧洲的王权主权制的差异,恐怕不是信笔而至:

> 欧洲大陆的法理学,也确实发展出了关于一种双重至高权(duel majesty)的政治理论,人民的实际至高权(maiestas realis)和皇帝的身位至高权(maiestas personalis),还有相当多类似的区分。但是,欧洲大陆的法学家并不熟悉英国所发展的那种议会制度,"主权"既不单独归于国王,也不单独归于人民,而是归于"王在议会"。
>
> 即便欧洲大陆的法理学可以很容易构建出一个抽象的"国家"概念,或者将君主等同于国家,但绝不会将君主理解为一个 sole corporation[独一合体],这显然是一种来源复杂的混合物,在其中,政治之体由议会来代表这一点,绝不会遭到排除。在任何程度上,对于英国这种"生理性"的国王二体概念,欧洲大陆并没有产生与之完全对应的观念——无论在术语上还是在概念上。(康托洛维茨,《两个身体》,页90)

由于当年施米特的政治神学议题直指自由主义的代

议制理论,这段说法会被人视为康托洛维茨与施米特的差异:似乎施米特反对英式议会制民主,康托洛维茨则赞同这种议会主权制。[①]情形真的如此?

施米特在现代人民主权说的前提下讨论问题,他的确质疑议会主权制,因为他不相信人民主权的共和政体应该没有"头"。因此在他那里,王权问题转换成了"总统专政权"问题。但是,要说康托洛维茨赞同议会主权制则很难成立。《国王的两个身体》在诸多关键问题上言辞含混,根本论点并不含混:作为政治体的"头"的国王应该是一个"人身"(Person),否则,我们很难理解,康托洛维茨为何会大谈国王的身体本身及其个体品格。

与格奥尔格一样,康托洛维茨相信,国家兴衰最终取决于王者的品格。真正的王者是一种德性品质,而非王位本身。作为史学家的康托洛维茨当然知道,历史上徒有王位的王者何其多。弗里德里希二世曾这样教育自己的儿子:国王或皇帝与其他人不同,"不是因为他们身居高位,而是因为他们高瞻远瞩,处事英明。"[②]弗里德里希爷孙两代帝王虽然未能实现德意志神圣帝国的统一伟业,不等于他们不具有真正的王者德性。在险恶的地缘政治处境中,弗里德里希爷孙两人在政治观念上带来的

[①] 参见Richard Faber, "Walter Benjamins *Ursprung des deutschen Trauerspiels* und Ernst H. Kantorowicz' *Die zwei Körper des Königs. Ein Vergleich*", 刊于Wolfgang Ernst/Cornelia Vismann编, *Geschichtskörper*, 前揭, 1998, 页176–177。

[②] 米尔,《德意志皇帝列传》,李世隆等译,北京:东方出版社,1995,页181。

变革，彪炳青史。

在康托洛维茨看来，正是这种王者精神才应该为德意志人的民族意识奠定基础。康托洛维茨在德意志第二帝国崩溃之后撰写《弗里德里希二世大帝》，为的是唤起德意志人对高贵的王者精神的景仰，而非像自由主义史学那样，去培植民主化的大众政治权利意识。①

《弗里德里希二世大帝》有一个极为简短的"前言"，康托洛维茨写道：1924年5月，意大利王国举办那不勒斯(Naples)大学建校700周年庆典，这是弗里德里希二世当年一手创建的大学。庆典在帕雷莫(Paremo)大教堂举行，安葬弗里德里希二世的石棺上摆放着格奥尔格圈子献上的花环，上面有这样的献词："敬献给自己的皇帝和英雄"——落款是"秘密的德意志"。

"前言"以下面这段话结束：

> 并不是说，这场事件是这部弗里德里希二世传记的缘起……然而，这一事件却大可视为一个标志，说明在有教养的人圈子外，也开始逐渐热衷于伟大的德意志统治者形象(Herrschergestalten)——恰恰在这个没有皇帝的时代。

---

① 比较Martin A. Ruehl, "'Imperium transcendat hominem': Reich and Rulership in Ernst Kantorowicz's Kaiser Friedrich der Zweite"，见Melissa S. Lane/Martin A. Ruehl编，*A Poet's Reich. Politics and Culture in the George Circle*，前揭，页204–228。

就凭这段话，我们也无法相信康托洛维茨会推崇英式的议会主权制。

按照一种解释，美国的立国原则也不是议会主权制。据说，"美国国父"们反叛的并不是王权而是英国议会，因为议会僭用了国王独有的专权。因此，在1787年制定美国宪法时，这些"王权"论者主张赋予行政首脑极大的专权，而美国宪法赋予总统的权力事实上超过了此前100年间任何一个英国国王所能行使的权力。①

1933年底，康托洛维茨看到民主情绪如此奇怪地为精神品格极为低俗的王者高涨，他做题为"秘密的德意志"的学术报告时带有愤然情绪完全可以理解。

弗里德里希爷孙二帝被视为英明的德意志民族的王者，并非康托洛维茨的传记体史书打造的历史观念。拿破仑战争之后的19世纪初，一位名叫芮克尔（Friesrich Rücker）的诗人的一首题为Friedrich Barbarossa[红胡子弗里德里希]的颂诗，广为流传。可见，弗里德里希王朝崇拜堪称德意志文明传统的人民意识。

普鲁士崛起之后，德罗伊森在《普鲁士政治史》（*Geschichte der Preussischen Politik*）中颂扬红胡子皇帝时，把威廉一世称为Barbablanca[白胡子]，期盼王者心性的回归何其殷切。德意志第二帝国建立前后，主张大德意志帝国观念的史学家们整理、编辑出版斯陶芬王朝时期的帝

---

① 纳尔逊，《王权派的革命：美国建国的一种解读》，吴景键译，北京：中国政法大学出版社，2019。

国文献，同样是在呼唤德意志的传统王者精神。①

凡此表明，对一些德意志智识精英们来说，弗里德里希爷孙二帝在历史上虽败犹荣：为了实现Sacrum imperium［神圣帝国］的统一梦想，他们勇于与教宗国势力殊死搏斗，依凭古罗马的帝国法律理论重塑帝国理念，打造了世俗化的德意志帝国理念，催生了欧洲式的理性化国家法学。

对于信奉自由主义信念的史学家来说，弗里德里希崇拜不过是"斯陶芬王朝神话"。②《弗里德里希二世大帝》问世后遭到当时的专业史学家攻击，绝非仅仅是"没有一个注释"之类的所谓学术规范问题。毋宁说，在魏玛民国时期，自由主义共和论在文化思想领域具有支配性地位——甚至如今研究魏玛民国文化思想史的史学家，大多仍然受这种意识形态支配。③

由此来看，《国王的两个身体》不仅是《君王颂》的延续，也与《弗里德里希二世大帝》有一脉相承的内在联系。《国王的两个身体》的第六章"论延续性与合众体"强调了两个要点：第一，"国王"观念与"永恒"观念的

---

① K.Stumpf编, *Die Kaiserurkunden des 10.11. und 12 Jahrhunderts*, Innsbruck, 1865–83; L.Weiland编, *Constitutiones et Acta publica imperatorum et regum, Tomus I. 911–1197*, Hannover 1893.
② 参见明克斯，《德国人和他们的神话》(2009)，李维、范鸿译，北京：商务印书馆，2017，页27–61; Henning Ottmann, *Geschichte des politischen Denkens: Das Mittelalter*, 前揭, 页182–190。John Freed, *Frederick Barbarossa: The Prince and the Myth*, Yale University Press, 2016。
③ 盖伊，《魏玛文化：一则短暂而璀璨的文化传奇》，刘森尧译，合肥：安徽教育出版社，2005，页68–73。

关系,第二,"国王"观念作为政治体的"头"与人民的关系。康托洛维茨由此强调:人民是政治体的身体,国王是这个身体的"头",人民与国王是一个有机的身体。斩首观念性的"国王",无异于让人民砍掉自己身上的"头"。

从政治哲学上讲,康托洛维茨所挑明的不过是卢梭在《社会契约论》中挑明的问题:人民是主权者,但立法者则只能是人民的王者,即主权者不等于就是立法者。"论立法者"一节出现在"论人民主权"的第二卷,卢梭在大谈人民主权的时候,突然插入关于立法者的论述,绝非偶然——下面这样的句子甚至堪称触目惊心:

> 立法者在一切方面都是国家中的一个非凡人物。如果说由于他的天才而应该如此的话,那么,由于他的职务,他也同样应该如此。①

这样的非凡人物显然几百年难遇,一个政治体运气不好的话,甚至上千年也遇不上自己的非凡人物:所谓"500年必有王者兴"的说法,用今天的话来讲,不过是一种"文明自信"的期许。

在历史的王位上,庸常之人的确居多,理性化的国家政体也确实需要官僚阶层,但这不等于应该否弃王者

---

① 卢梭,《社会契约论》,何兆武译,北京:商务印书馆,1980,页55。对卢梭"论立法者"的解读,参见贺方婴,《卢梭笔下的主权者是谁:重思卢梭〈社会契约论〉中关于主权者的论证》,刊于《甘肃社会科学》,2017年第三期。

观念本身。一个国家若抛弃王者观念，一同被抛弃的还有塑造和凝聚人民德性的高贵王气，而官僚阶层也好，议会也罢，都不可能形塑人民的德性。无论历史上出现过多少庸常的王者甚至暴君，不等于历史上从不曾有过高贵的王者。正如在日常生活中，寻常之人甚至邪乎之人处处可见，将来也不会绝迹，不等于过去从不曾有过、今后也绝不会有德性优异之人。

古典史学承担的人文—政治教育职责是，让政治体中的成员学会辨识历史上各式政治人物尤其王者的德性差异，赞颂并让人民记住那些德性优异的历史人物。

现代的社会学/人类学史学一旦取代古典的政治史学，史学的目光仅仅关注社会结构的变迁、经济生活的形式乃至妇女的权利，当然不会再关注古典史学所看重的历史人物优劣德性的对比和辨识。在剑桥学派的史家眼里，撒路斯特笔下没有德性对比和辨识问题，仅有公民参政的积极自由的德性问题。显然，如果史家自己不关切高贵的德性，那么，他也不可能自觉培养辨识政治人物德性的眼力，进而也不可能知道，史书应该让人民记住值得记住的是什么。

若将《国王的两个身体》第六章"论延续性与合众体"（含两节）与波考克《马基雅维利时刻》第一部分（含三章）加以对比，康托洛维茨的论题马上突显出现实意义。我们不难看到，两者涉及的问题、史料乃至政治思想史上的要人（亚里士多德）都殊为相近，但史学意识乃至政治观念上的差异之大，同样显而易见。

波考克致力于打击中世纪晚期的经院神学,其理由是基督教的"永恒"观念让政治人无视充满偶然和特殊性的历史;康托洛维茨则让人们看到,中世纪晚期的王权论如何在基督教神学的框架中复兴罗马帝国时期的王权论。对于波考克来说,正因为基督教王权论与永恒观念勾连在一起,因此必须废除王权论。在康托洛维茨那里,情形恰恰相反:他让作为政治体的人民为国王的永恒观念辩护。

在题为"国王永远不死"的第七章,康托洛维茨回到了莎士比亚笔下的查理二世问题,与头两章形成呼应。莎士比亚笔下的理查二世曾遭受诸多指控,最重要的一条是"伤害人民,并剥夺英格兰王冠的继承权"。基于人民与国王是一个有机身体的观点,这样的指控显然荒谬。但是,后来的英国共和革命的弑君是真实的历史事件,剑桥学派史学把这一历史事件视为理所当然的政治理论前提,不遗余力地收罗近代以来的反王权论言论,为激进共和主义的直接民主论提供史学证明。在《国王的两个身体》中,康托洛维茨用大量史料让今天的读者看到,剑桥学派屏蔽了太多历史语境中的言辞。

> 英国的保王派在1649年即查理一世遭处决后,铸造了一枚不死鸟纪念章,则表达了一种不同的观念。在正面,人物头上有一行铭文"查理一世,蒙神恩为大不列颠、法国和爱尔兰之王"。反面的铭文是"查理二世,蒙神恩为大不列颠、法国和爱尔兰之

王";但是,没有使用人物形象,而是刻画了不死鸟从焚烧的窠中升起,加上铭文:"出自灰烬"。

这枚纪念章的涵义确定无疑;铸造这枚徽章明显是要驳斥护国公克伦威尔和共和政府,强调世袭王权和王家尊荣在普遍意义上的永久性:国王之子好像不死鸟那样从余烬之中、从乃父的灰烬之中升起——或者,尽管可能性较小,从君主制的屠宰场中升起。(康托洛维茨,《两个身体》,页543-544)

如果今天的人们认为,只有保王党人才有国王意识,人民没有这样的意识,那么,这仅仅表明民主史学的教育策略取得了显著成效。即便在19世纪的自由主义史学家笔下,人民与自己身体上的"头"仍然是一个有机身体,或者说,人民仍然有国王意识。基佐在记叙对查理一世的审判时写道:

第三次开庭在1月23日,情景还是同过去一样,人民向国王表示同情,且变得日益热烈起来。盛怒的军官们及士兵们虽然大声叫喊"执行法律,杀头!"也无济于事。受到威吓的群众不过短暂地不吭声,可是,等到新发生一件小事,他们就忘记了恐怖,"上帝拯救国王"的呼声,在四面八方起伏回荡。甚至在军队里头,也有人喊这句话。(基佐,《1640年英国革命史》,页444)

人们能说康托洛维茨赞同英国式的议会主权制吗?

康托洛维茨没有看到、也不会去预见剑桥学派史学的崛起,他关切"国王的身体"仅仅为了这个身体观念上的神圣性和永恒性本身。剑桥学派在1980年代初开始形成声势,康托洛维茨的《国王的两个身体》随之逐渐走红,八成是欧洲学界有人把这部此前并无人问津的史书当成了横扫剑桥学派史学的扫帚。毕竟,扫帚不到,灰尘不仅不会自己跑掉,还会让人养成习惯,把灰尘当新鲜空气。

余 论

弗里德里希二世不仅是帝王,他也热爱自然研究和哲学,甚至熟悉阿拉伯哲学,研读过迈蒙尼德,还创办了注重自然科学研究的大学。在政治事功方面,按通俗版的史书说法,弗里德里希二世治下的帝国实现了重塑欧洲的计划:

> 德意志、意大利和西西里得到了和平,与法国、英国和匈牙利结盟,教训了丹麦。这个从罗马和巴勒莫到易北河,从雅法利斯到伦巴第的帝国统治,与使徒宝座所"统治的世界"并立于世。弗里德里希二世控制了东西方的整个轴心和整个教会的交点。(米尔,《德意志皇帝列传》,页191)

尼采称弗里德里希二世为"第一位欧洲人",则另有深意：弗里德里希二世是哲人—王吗？①尼采在其著作中三次提及弗里德里希二世，的确都与哲人问题相关。

尼采笔下出现的历史人物众多，三次提及弗里德里希二世绝不算多，也算不上突出。但尼采仅仅在晚期著作中提到弗里德里希二世，值得深思。不用说，要理解尼采如何借弗里德里希二世说事，必须注意他提到弗里德里希二世时的语境。

尼采笔下的弗里德里希二世首先出现在《善恶的彼岸》题为"论道德的自然史"的第五章。《善恶的彼岸》的基本主题是"未来的哲学"，区分真假"自由精神"是其中的重大论题之一。"自由精神"是哲人的标志，但自启蒙时代以来，哲人所高扬的"自由精神"并非真正的自由精神，高扬"自由精神"的人也并非真正的哲人。

在尼采看来，启蒙文化开启了"各种族杂处融合"的"分化时代"。所谓"种族杂处"实际寓指人世中人性的各种自然品质杂处，在这样的时代，一个人所面对的人性"遗产来源不一，五花八门"，很容易"继承相互对立、而且往往不仅是对立而已的本能欲念和价值标准"。

尼采让人思考的问题是：天性卓越之人无不是偶然而生，而卓越天性偶然降生到的世间又往往是各种人性品质杂处的环境，并不适合卓越天性的自然生长。

---

① 尼采，《善恶的彼岸》，魏育青等译，上海：华东师范大学出版社，2016，页139（以下随文注页码）。

> 于是，就会产生那种魔术般的、难以置信的、不可思议的东西，那些像谜一样的、注定为胜利与诱惑而生的人，表现得最为完美的是阿尔喀比亚德和恺撒——出于我个人的品味，我还想在这两人之外再加上那位堪称第一位欧洲人的斯陶芬王朝弗里德里希二世，在艺术家当中或许是达·芬奇。他们恰好都出现在要求和平的弱者登台亮相的时代，他们和这些弱者唇齿相依，一脉相传。(尼采，《善恶的彼岸》，格言200，页138–139)

在对观文本中，尼采至少有一次把自己比作恺撒，也至少有一次把自己比作弗里德里希二世。在《瞧，这个人》中，尼采称"伟大的"弗里德里希二世是自己的"近亲"，因为他是"得体的无神论者和教会的敌人"。①

其实，弗里德里希二世反教宗和教会式的帝国政治，并不反基督教本身。这倒的确与尼采相近，因为尼采所憎恶的基督教道德式的哲学实指自由主义哲学或具有民主精神的哲学，他从来看重基督教信仰对民众生活的安慰作用。

> 倘若宗教不是被当作培养和教育的工具而掌握在哲人手中，而是自行自主地运作，倘若它将自己

---

① 尼采，《瞧，这个人：人如何成其所是》，孙周兴译，北京：商务印书馆，2016，页116。

看作最终目标,而不是许多手段之中的一种,那必定会让人付出高昂惨重的代价。(尼采,《善恶的彼岸》,格言62,页87)

尼采称弗里德里希二世为"第一位欧洲人",想必是要与"今天的欧洲人"对比。因为,德意志的现代哲学家们嘴边的"'上帝面前人人平等'的口头禅,迄今为止一直掌控着欧洲的命运,直到最后变成一种萎缩了的、几乎可笑的种类,一头群居的牲口,被教养得听话,柔弱,平庸"(同上,格言202,页142–144)。

由此可以理解,在《敌基督》中,尼采称弗里德里希二世是"伟大的自由精神,德意志君主中的天才"。在这一语境中,尼采声色俱厉地控诉基督教摧毁了西方的古代文明成果——尤其是败坏了德意志的贵族精神:

> 教会清楚地知道如何收编德意志贵族……正是借助于德意志的剑、德意志的血和勇敢,教会才能够对地球上一切高贵的东西发动殊死战争!正是在这个地方,存在着大量痛苦的问题。在高级文化的历史中,几乎没有德意志贵族存在……"和罗马兵刃相见,和伊斯兰教保持和平、友谊",那位伟大的自由精神,德意志君主中的天才,弗里德里希二世,就是这样觉得,就是这样行动。什么?一个德国人难道必须首先成为天才,首先成为自由精神,才能获得

体面的感受?[1]

在历史上,弗里德里希二世以与教宗的教会帝国搏斗著称。按《瞧,这个人》中的说法,正是在让尼采感到极不舒服的罗马,他想起了自己的"近亲"弗里德里希二世。但是,我们不应该忘记,弗里德里希二世也以与德意志王国内部的封建贵族搏斗著称,正是这些大贵族势力竭力阻碍帝国实现大一统,以至弗里德里希二世力图统一帝国的事功最终功败垂成。尽管如此,尼采仍然肯定,弗里德里希二世是"德意志君主中的天才"。

诗人格奥尔格也崇拜尼采,他从尼采那里汲取坚定不移地追求高贵的精神源泉。在这位诗人眼里,尼采有如"深黄的云团",它"朝平坦的中心之国和死城,发出最后的沉闷的霹雳,并从长夜走向最长的夜"。[2]

1931年,康托洛维茨接受法兰克福大学的史学教席时,他的就职演讲题为"何谓贵族",尼采《善恶的彼岸》最后一章的标题是"何谓高贵"。按尼采的看法,真正的立法者是哲人,因为真正的哲人追求高贵。

无论在《弗里德里希二世大帝》还是《国王的两个身体》中,弗里德里希二世的突出形象都是立法者,他作为王者缔造了欧洲第一个理性化的宪制国家,并成为人民

---

[1] 尼采,《敌基督》,见吴增定,《〈敌基督者〉讲稿》,北京:生活·读书·新知三联书店,2012,261-262。
[2] 格奥尔格,《词语破碎之处:格奥尔格诗选》,前揭,页95。

的王者。在他身上、在他的血液中，希腊罗马的古代文明得到传承，这种文明的精髓体现于那个伟大的自然法典，"在一个民族进化的某一点上，这个民族的一个最具洞察力、也就是最具后顾与前瞻眼光的阶层"所宣布的法典，它保障高贵的德性品质在人世历史中不会被颠覆（尼采，《敌基督》，57节）。

民主政体取代君主政体，不仅是政治支配权的转移，还有德性观念、精神品质的支配权转移。显而易见，与民主政体一同出现的是一系列价值观念革命：王者气概、领袖尊荣、卓绝的个人优异品质等观念不再拥有"主权"，也不再受人景仰。民主意识意味着，改变"价值判断的等级秩序"，切割"价值权威与效力权威"之间的关系，使得低俗趣味尤其劣人品性"能够对地球上一切高贵的东西发动殊死战争"（尼采，《善恶的彼岸》，格言224，页180）。

《国王的两个身体》会让今天的我们想到这样的道理：斩掉作为政治体的人民身体的"头"，无异于斩除一个人民共和国应该景仰的高贵精神——这意味着一个民族的文明传统的珍珠彻底破碎。

康托洛维茨若还在世，他一定会乐意为《国王的两个身体》中译本撰写序言。他会告诉我们，他的史书不过是要让欧洲人记取自己的历史教训：由于现代哲学斩掉人民身体的"头"，20世纪的欧美史学乃至文化，才能够对地球上一切高贵的东西一而再、再而三地发动全面战争,以至于在这个地方存在着大量痛苦的问题。

他会看着我们的眼睛问:你们中国的史学家们愿意与我们的激进民主史学乃至当今时髦得很的全球化史学接轨?

安德里亚与17世纪的"玫瑰十字会"传说

出生于加拿大的美国人哈尔(1901–1990)出版大部头《古往今来的秘密》(1928)时年仅27岁,距今已经90年。这部让他留名青史的*启蒙读物*前不久有了中译本,其中一个"有争议"的话题让笔者吃了一惊:现代科学的伟大先驱培根(1561–1626)和英国绝对王权时期的大诗人莎士比亚(1564–1616)都是"玫瑰十字会"会员![1]

笔者不禁想起自己早年读书时的一段经历。

1980年代初,笔者刚到北大哲学系念硕士不久,1960年代《哲学译丛》上的一篇译文让笔者感到好奇:文中说,普鲁士王国的大哲人黑格尔(1770–1831)的《精神现象学》中隐藏着玫瑰十字会的秘密教义。别的不说,单单"玫瑰十字"这个语词散发出的某种莫名的神秘气息就让笔者着迷:什么是"玫瑰十字会"及其教义?

当时的中译文没习惯给专有名词附原文,笔者想要寻找"玫瑰十字会"的踪迹无从下手。1990年代初,笔者

---

[1] 哈尔,《失落的秘籍》,薛妍译,长春:吉林出版集团,2019,页115–133。

到欧洲念书，偶然从洛维特（1897–1973）的《从黑格尔到尼采》中读到：不仅黑格尔，德意志大诗人歌德（1749–1832）也与"玫瑰十字会"有瓜葛。[①]

据说，歌德的小说《亲合力》（*Die Wahlverwandtschaften*, 1809）的书名来自炼金术术语，指各种金属元素彼此之间不同程度上有某种本能性的相互吸引力。难道"玫瑰十字会"与炼金术有什么关系？

培根、莎士比亚、黑格尔、歌德真的都是"玫瑰十字会"成员？这些欧洲现代文明的代表心智与"玫瑰十字会"有瓜葛意味着什么？"玫瑰十字会"究竟怎么回事？

后来笔者又看到一种说法："玫瑰十字会"在一开始仅仅是一种"传说"，或者说一种文学现象，与如今的"科幻"文学没什么差别。但正如"科幻"作品中的想象有可能成为现实，"玫瑰十字会"的文学作品让传说变成了世界历史。

倘若如此，有意思的政治史学问题就来了：文学性传说如何变成世界历史的事件？一旦深入调查，笔者才发现这个问题相当复杂，它牵扯到一桩由17世纪著名的"乌托邦"小说家安德里亚（Johannes Valentinus Andreae, 1586–1654）惹出来的文史公案，而且迄今诉讼纷纭，不少问题难有定论。[②]

[①] 洛维特，《从黑格尔到尼采》，李秋零译，北京：生活·读书·新知三联书店，2006，页18–38。

[②] Bernd Steinbrink, "Die Hochzeit von Himmel und Erde. Die Rosenkreuzer-Schriften und die Sozialutopie Johann Valentin Andreaes", in: G. Ueding ed., *Literatur ist Utopie?*, Frankfurt am Main, 1978, S. 131–158.

搞清这桩17世纪的文史公案，说不定对我们观察当今的"科幻"文学或"乌托邦欲望"也不无启发。①

一 "玫瑰十字会"传说的诞生

1614年，德意志图林根地区（今黑森州）卡瑟尔（Kassel）城的印刷商维瑟尔（W. Wessel）印行了一份没有署名作者的小册子，标题叫"兄弟会传说"（Fama Fraternitatis）。②

标题很长，紧随Fraternitas［兄弟会］这个语词之后是"或为人称道的R. C.教团的兄弟会［的传说］"（Oder Brüderschafft des Hochlöblichen Ordens des R. C.）。这一表达式具体说明了这个"兄弟会"是哪个教团，接下来还有相当于如今所谓副标题的"致欧洲的头领、有身份者和学士"（An die Häupter, Stände und Gelehrten Europae）。

更为醒目的其实是封面上方的一句口号式表达，似乎这才是小册子的真正标题："普遍而又全面地改革整个广袤世界"（Allgemeine und General Reformation der gantzen weiten Welt）。

---

① 比较詹姆逊，《未来考古学：乌托邦欲望及其他科幻小说》，南京：译林出版社，2014。
② 现代校勘本见R. van Dülmen编，*Chymische Hochzeit Christiani Rosencreütz*, Stuttgart, 1973, 页15–30（以下简称《传说》）；权威英译本见F. A. Yates, *The Rosicrucian Enlightenment*, New York, 1972, pp. 297–312。

Reformation这个语词通常译作"宗教改革",但在这里明显不能这样译。因为,作者并非在呼吁"改革"教会状况,而是在呼吁"改革"整个基督教欧洲的知识状况。

小册子的匿名作者这样开始:

> 我们——R.C.兄弟会的兄弟——吁请所有人和每个人都读读这份[关于]我们基督徒的意见、致意、爱和祈求的传说。

作者首先抱怨当前的知识状况过于陈旧,学士们还在信奉亚里士多德和盖伦(Galenus),与今天人们还信奉教宗(Bapst)一样可笑。在这些古代大师那里,学问明显支离破碎不成体系,兄弟会将依据晚近的灵知智慧使得知识成为完整的统一体。作者呼吁,欧洲应该有新的"神学、物理学、数学"。

接下来作者讲述了"我们的兄弟会之父C.R."(Vatter Fr. C.R.)的故事:他如何从一个普通修士成长为兄弟会的创始人和领导人。

C.R.在15岁那年进修院学习希腊文和拉丁文,成年后,一位修院兄弟带他去耶路撒冷朝圣,但这位兄弟在途中倒下了,C.R.便独自前行。刚踏上阿拉伯半岛,C.R.就因体力不支滞留大马士革(Damascum,当时还叫Damcar)。在那里C.R.有了奇遇:当地的阿拉伯"智士"(Weysen)竟然知道他会到来,没把他当外人,甚至知道他叫什么名字。C.R.开始学阿拉伯语,然后跟从"东方的智士们"(Weisen des Orients)学习炼金术、医术和数学,开始真正接触到"整个自然"(die gantze Natur)的奥秘。我们值得注意到,C.R.主要学习物理学和数学,作者没有提到他学习神学。C.R.自此以后不再急切地想要前往耶路撒冷,大马士革已经让他获得了他渴望的知识。

若干年后,C.R.又前往埃及,跟从那里的智士们学习,然后再乘船横渡地中海前往费兹(Fez,今摩洛哥境内),那里聚集着一批探究自然奥秘的高士(炼金术士)。如今我们知道,当时那里正流行犹太教的喀巴拉神秘主义。[①]作者特别提到,C.R.在费兹待了两年,接触到die Cabala[喀巴拉]秘学,信仰觉悟有了很大提升。

按《传说》作者的上述说法,C.R.成为大师经历了三个阶段的锻造,或者说他的新知识有三个来源:阿拉伯秘学—埃及秘学—[犹太教的]喀巴拉秘学。

C.R.学成后回到德意志故乡,开始了自己的事业。他先后发展了七位弟子,向他们传授"各种技艺"(Künste),这就是原初的"C.R.兄弟会"。我们值得注意到,C.R.发展的弟子不是普通人,而是"学士"(Gelehrten)。换言之,C.R.的抱负是用从"东方的智士们"那里学到的新知识改造"欧洲的学士"(die Gelehrten Europae)。

C.R.要求弟子们分散到欧洲"各国"(Nationen),免费为人治病救死扶伤,同时秘密传授新知识培育新

---

① 参见索勒姆,《犹太神秘主义主流》,成都:四川人民出版社,1998,页116–151。

人。兄弟会肩负着这样的使命：革除"旧哲学"（die alte Philosophia），尤其要"改善整个道德哲学"（die gantz Philosophia moralis zu verbessern），为建立一个完美的"学士共和国"（Gelehrtenrepublik）做准备。因此，《传说》把"C.R.兄弟会"称为"看不见的学园"。

《传说》还说到，"C.R.兄弟会"成员遵守六大纪律。第一，对外只能称免费行医，不可自称懂得其他任何知识；第二，入乡随俗，不可穿有"兄弟会"标志的服装；第三，每年的C日应该在C.R.的住地即"圣灵之家"（Santi Spiritus）聚会一次，非缺席不可必须申明原因；第四，培育一个值得培育的人，以便自己"倒下"（auf den fall）后接替工作；第五，应以R.C.为记号、标记和联络暗号；第六，兄弟会应该保密100年后才公开。

可以看到，虽然在组织形式上模仿传统的基督教僧侣教团（Orden），"C.R.兄弟会"实际上"改革"了旧的教团形式：这个穿便服的教团以免费行医作伪装，有选择地向外人传授他们所掌握的天象、数理和医学知识。

《传说》最后说，"我们敬爱的父C.R.何时离世的，我们当时并不知道"，也不知道墓穴在哪里。但在C.R.离世120年后，"我们"偶然发现了他的墓穴。作者颇为详细地记叙了发现墓穴的情形：墓穴门上镌刻着Post CXX. annos patebo［120年后公开］（指1604年）几个大字，墓穴内虽然不见阳光，"却被另一个太阳照得透亮"（leuchtet es doch helle von einer andern［Sonnen］；传说中的"万古灯"），让人可以清楚看到墓穴呈七边形，中间有祭台。

他们还找到了C. R."漂亮而又尊贵的尸身,完整且一点儿未腐"(ein schöner und ruhmwürdiger Leib, unversehret und ohne alle verwesung)。与"C.R.兄弟会"的使命相关,墓穴周围摆放着不少书籍,作者尤其提到著名的现代医学之父帕拉克尔苏斯(1493–1541)的书。这是一个奇怪的说法,因为,按推算C.R.离世时(1484),帕拉克尔苏斯还没出世。

《传说》的作者以"C.R.兄弟会"的传人自居,并因此有权宣布,如今他们可以将"C.R.兄弟会"的诞生这件大事公之于世,毕竟,100年的保密期已经过了。现在让"C.R.的兄弟会"从地下活动转为地上活动,"对德意志民族的共同祖国有助益"(... dem gemeinen Vatterland Teutscher Nation behülflich ... sein)。

《传说》的作者把发现C.R.的墓穴说成"新纪元"到来的标志,并展示了墓穴中的一篇拉丁文"祭文"(Elogium),以此阐发"C.R.的兄弟会"的基本思想:区分真假哲人以及Philosophiam Verum [哲学的真理] 与Theologiam falsum [神学的谬误] 是关键。在作者看来,这种区分才是路德号召的Reformation [改革] 的真义。换言之,《传说》意在向整个基督教欧洲发出第二次"改革"的呼吁:用新的自然科学知识来拯救人世。可以毫不夸张地说,《兄弟会传说》是近代欧洲的第一份科学启蒙宣言书。

据考证,在以印刷品形式出现之前(1610),《传说》已经以手抄本形式流传多年。文史家还提醒我们,《传说》用当时还是俗语的德语写成,而德意志地区的大学最早在1687年才开始用德语授课。这意味着,出现C.R.的"兄弟会"这样的组织与当时德意志地区的政治形势有关。今天的我们不难推断,这个小册子与当时正在迅速发酵的"宗教改革"运动乃至所谓的欧洲"危机"有关。[1]

路德(1483–1546)造反罗马教廷的事件(1517)发生之后,德意志地区好些地方出现动乱。1522年,冯·济金根(1481–1523)发起骑士暴动,向莱茵河中游地区的封建势力(邦主与地区主教的结合)发起攻击,差点儿夺取特里尔城——后来马克思(1818–1883)出生的地方。[2]

我们不能仅仅把这场动乱视为骑士阶层在十字军东征后遭到遗弃的结果,因为,暴动的另一个重要组织者胡腾(1458–1522)既是骑士,也是信奉人文主义的诗人和如今所谓的"公共知识分子"作家。[3]人文主义运动绝非仅仅是纸面上的,它也促成实际的暴力性改革行动。

德意志西南部施瓦本地区爆发的农民抗税大暴动(1524)更为著名,由于有闵采尔(1489–1525)这样的莱比锡大学哲学—神学专业毕业的科班生参与领导,这次农民起义史无前例地具有极高的理想政治诉求,即实现"一

---

[1] H. R. T. Roper, *The Crisis of the Seventeenth Century: Religion, the Reformation, and Social Change*, New York, 1968.

[2] K. E. Wild, *Franz von Sickingen. Ein Ritter in unruhiger Zeit*, Erfurt, 2007.

[3] F. Rueb, *Ulrich von Hutten. Ein radikaler Intellektueller im 16. Jahrhundert*, Berlin, 1976; G. Scholz编, *Ulrich von Hutten (1448–1523): Glanzvoller Humanist, gescheiterter Reichsreformer*, Böblingen 1989.

种没有阶级差别,没有私有财产,没有高高在上地与社会成员作对的国家政权的社会"。①

闵采尔起初是路德的忠实追随者,但很快就与路德分道扬镳。这意味着,路德的改革仅针对教会腐败,闵采尔则希望改革能实现更高的政治理想。政治史家提醒我们注意,这样的政治理想与基督教修士教团的生活理想颇为一致。闵采尔也写过一些神学作品,包括战争期间写下的文学性的《论诗化信仰》(*Von dem gedichteten Glauben*, 1524)。

闵采尔何以能把神秘思想家与革命家的身份集于一身,越来越让今天的文史家和政治思想史家感到好奇,甚至提出了这样的问题:一个神秘思想家为何会把农民领入战争?②

闵采尔介入图林根的农民暴动引发了邻近的萨克森地区缪尔豪森城的平民暴动:在闵采尔思想的影响下,城市平民起来革了贵族的命,成立"永久议会"(1525),闵采尔被推举为议会主席。尽管这个小小的"城邦政体"仅仅存在了两个月就被诸侯势力翦灭,闵采尔在激战中负伤被俘,就义时年仅35岁,这位神学生毕竟在世界历史

---

① 恩格斯,《德国农民战争》,《马克思恩格斯全集》(第一版),中共中央编译局编译,北京:人民出版社(1959/1965/1972),2016,第7卷,页414。比较Ernst Bloch, *Thomas Münzer als Theologe der Revolution*(1921), Leipzig, 1989;明克勒,《德国人和他们的神话》,李维、范鸿译,北京:商务印书馆,2017,页434–439。
② U. Strerath-Bolz, *Thomas Müntzer. Warum der Mystiker die Bauern in den Krieg führte. Ein Porträt*, Berlin, 2014;比较H.-J., Goertz, *Thomas Müntzer. Mystiker — Apokalyptiker — Revolutionär*, München, 1989.

上留下了闪光的一页。①

与闵采尔事件对比,我们可以推断,"C.R.的兄弟会"同样认为,路德的"改革"过于局促,应该在欧洲掀起一场更为彻底的"改革"——学术改革。《传说》在结尾时呼吁"欧洲的学士们"留意一份拉丁文的《兄弟会告白》书。果然,第二年(1615),同样是在卡瑟尔城,又出现了一份名为"兄弟会告白"(*Confessio Fraternitatis*)的小册子,篇幅略短一些,同样没有作者名,印刷商则是同一家,而且很快就出现了德文本。②

从封面上可以看到,这是R.C.兄弟会为"欧洲学士"而作的《告白》,主题仍然是"整个世界的普遍改革"(von allgemeiner Reformation der gantzen Welt)。不同的是,这次人们看到,R. C.是Rosen Creutz的缩写(后世按德文正字法写作Rosenkreutz),即Rosen［玫瑰］+ Creutz［十字］的合拼。显然,这个名字具有双重含义,它既可以是人名,也可以是以Rosae Crucis［玫瑰十字］为标志的兄弟会的名称。《传说》中的那个神秘人物从头到尾都以C.R.或C.R.C.的缩写形式出现,现在看来未必真有其人。第一个C.是Christiani［基督徒］的缩写,R.是Rosencreutz

---

① T. Quilisch, *Das Widerstandsrecht und die Idee des religiösen Bundes bei Thomas Müntzer — ein Beitrag zur Politischen Theologie*, Berlin, 1999; Jan Cattepoel, *Thomas Müntzer. Ein Mystiker als Terrorist*, Frankfurt am Main, 2007.
② 校勘本见R. van Dülmen编, *Chymische Hochzeit Christiani Rosencreütz*, 前揭,页31–42;权威英译本见F. A. Yates, *The Rosicrucian Enlightenment*, 前揭, pp. 312–322。

的缩写,连在一起即"基督徒的玫瑰十字"。

倘若如此,罗森克罗伊茨(Rosencreutz)就仅仅是一个文学性的虚构人物或所谓"传说"中的人物,尽管《告白》的作者提到了罗森克罗伊茨的生卒年(1378–1484),似乎历史上确有其人。

匿名作者在一开始就宣称,《告白》打算进一步阐发《传说》中的某些要点。事实上,作者集中谈的是《告白》中的首要主题:"改变并改善哲学"(Verenderung nun und Verbesserung der Philosophy)。作者抱怨,眼下的哲学状况"整个儿既病态又贫乏"(gantz kranck und mangelhafft),让人不堪忍受。

所谓"改变哲学"指区分真假哲学,把虚假的哲学从学士中间清除出去,以便治疗种种"哲学疾病"(Kranckheiten der Philosophy)。《告白》在接近结尾时呼吁学士们警惕"假炼金术士"(die falsche Alchimisten)的书籍,这些书大多是在搞笑或供人娱乐,欺骗人们寻找什么"黄金"。作者呼吁欧洲学士"避开和逃离"(meidet und fliehet)这些书籍,转向罗森克罗伊茨的兄弟会。"我们"才掌握着真正的哲学,即真正关于"自然的知识",这是"所有专业人士、科学家和艺术人都需要掌握的基础和内涵"(das Fundament und Inhalt aller Faculteten, Wissenschafften und Künste)。

作者提到新派占星家(后来称"天文学家")在1604年发现的新行星,尽管"自然这部大书对所有人都是敞开的"(das grosse Buch der Natur allen Menschen offen stehet），却很少有人能够如实地去阅读和理解这部大书。显然，作者提出了以新自然科学为基础改造所有传统学科的呼吁，明确提到神学、医学和法学。用今天的话来说，《告白》无异于一篇哲学论文，大谈"关于人的理解力"（von Menschlichem Verstandt），尽管作者也明显加重了新教色彩，在结尾时"诅咒罗马教宗"（den Bapst verdammen），把罗马天主教会比作暴政，强调阅读圣经时的个人自主性。

作者还呼吁用"母语"（Muttersprach）谈论哲学，并更为明确地提出了政治诉求：C.R.在阿拉伯的达姆卡游学时曾见过一个由"聪明而且有理解力的人施行统治的共同体，那里的国王允许他们制定特别的法律"（... weise und verstendige Leute darinn herrschen, welchen es vom König zugelassen, besondere Gesetz daselbst zu machen）。

很清楚，这些新自然科学的爱好者绝非仅仅是要探究自然奥秘，他们自觉地负有政治使命，即凭靠自然科学的新发现打造新天新地，"让整个世界富起来和有学养"（die gantze Welt reich und gelehrt machen）。《告白》作者呼吁兄弟会成员用敞开的心灵光头赤脚地去唤醒沉睡的德意志人，迎接重新升起的太阳。可以说，《告白》是现代自然科学家的第一篇政治宣言。

> 我们不用比喻（Sprichwort）与你说话，而是愿意把你们领向对所有秘密的非常简洁而且完全可以理解的解释、说明和学问（zur schlechten einfeltigen

und gantz verstendlichen Außlegung, Erklärung und Wissenschafft aller Geheimnisse anführen)。

《兄弟会传说》和《兄弟会告白》的作者是谁？他们是同一个人吗？真的有"玫瑰十字会"这样一个秘密组织？他们所说的"传说"是真实的历史故事吗？

《兄弟会传说》首版封面

二 寓意的"化学婚礼"

又过了1年(1616),斯特拉斯堡(Strassburg)城出现了一部名为《化学婚礼》(*Chymische Hochzeit*)的书,

《化学婚礼》首版封面

副标题是:"基督徒罗森克罗伊茨:1459年"(Christiani Rosencreutz: Anno 1459)。

就文体和修辞而言,这本书明显是托名罗森克罗伊茨的叙事作品。作者以罗森克罗伊茨的名义用第一人称讲述了自己参加一位国王与王后的婚礼的七日经历,时间在1459年复活节前的一周,这时的罗森克罗伊茨已经是81岁的耄耋老人。由于内容纯属虚构,《化学婚礼》可归类为如今的中篇小说。[①]

全书共七章,历时七日的婚礼每日一章,整个叙事看起来没有特别让人费解的地方,其实不然。叙事由层层隐喻包裹,象征充满奇幻色彩,其中的寓意显然仅内行才能看明白。

开篇第一句是这样的:

> 复活节前的一个傍晚,我坐在一张桌前,像我习惯的那样,在我恭顺的祈祷中与我的造物主惬意地叙谈。

短短一句话,与"我"相关的语词出现了6次(中译仅能表达出其中4次)。看来,主人翁这时正要进入神性的

[①] 校勘本见R. van Dülmen编,*Chymische Hochzeit Christiani Rosencreütz*,前揭,页43–124;笺注本见*Chymische Hochzeit Christiani Rosencreütz*, Gedeutet und kommentiert von Bastiaan Baan, Stuttgart, 2001;英译本见 Christian Rosencreutz, *The Chemical Wedding of Christian Rosenkreutz*, trans. By J. Godwin, Grand Rapids, 1991。

冥想状态。随后,一阵风暴袭来,一个带翅膀的女人给罗森克罗伊茨送来出席皇家婚礼的请柬。

罗森克罗伊茨激动一阵子后就睡着了,并做了一个长梦。他梦见自己被囚禁在一个塔楼底层,黑暗中所有的人相互踩踏;正当骚乱不断加剧时,七根绳索从天而降,人们纷纷争夺这救命的绳索,难免厮打得更加你死我活。罗森克罗伊茨不与众人争夺,他以为自己已经没救,未料一根绳索径直飞到跟前。凭着这根绳索,罗森克罗伊茨脱离了黑暗的塔楼上升到光明天地。这是第一日。

第二日,罗森克罗伊茨前往举行婚礼的城堡,一路上难免遇到好些艰难,此不赘述。傍晚时分,罗森克罗伊茨终于赶在大门关闭之前进入了皇家城堡。这时,年轻漂亮的皇家侍女露西菲拉(Virgo Lucifera)出现了,她将全程引领受邀宾客参加婚礼。我们应该猜得出来,她八成是传说中的智慧女神的化身。

等在大厅准备进入内庭参加婚礼的人已经不少,既有国王、王子、贵族人士,也有各色平民。作者尤其提到其中还有"假哲人",整个场面有如闹剧,让人联想到罗森克罗伊茨昨夜梦中的塔楼底层。

第三日,为防止无关人士混入婚礼场所,露西菲拉一大早主持了一场资格审查:每位来宾都得在一架"德性天平"(Tugendwaage)上过称,身上有足够的品德才有资格进入内庭参加婚礼。大多数人非常自信却没能通过资格审查,罗森克罗伊茨担心自己通不过,未料自己身上的德性重得不行。这意味着,他昨夜梦中的地牢处境应验了:从天而降的绳索有选择性地飞到他跟前。

罗森克罗伊茨和其他通过审查的人获得骑士团的"金羊毛"(Goldene Vlies),他们凭此进入皇家城堡。看来,这场"化学婚礼"发生的地点属于哈布斯堡王朝的领地,因为"金羊毛"是神圣罗马帝国的骑士能够获得的最高荣誉。

审查在上午就结束了,通过审查的宾客获准参观城堡。罗森克罗伊茨在参观时尤其对图书馆和天文馆感兴趣,他提醒我们注意到,天文馆里有一个像如今的地球仪一般的圆球,上面标满了各个地方的国家。晚上,宾客们受邀参加了一个豪华宴会。

现在我们应该意识到,这个皇家城堡其实是个新兴的科学城。如果城堡还寓意政治体,那么,罗森克罗伊茨的德性让他有资格进入的是一个当时的理想之国。对如今的美国人来说,这个理想之国已经成为现实。

第四日,有资格参加婚礼的人进入内庭,身为新郎和新娘的国王和王后已经在那里恭候。罗森克罗伊茨感到奇怪:这对新人看上去其貌不扬,而且无精打采的样子。一位名叫阿尔塔斯(Altas)的老人出面迎接宾客并发表演说,宾客们现在被称为"哲人"。

接下来,露西菲拉引领宾客们前往剧场观看一出七幕喜剧,随后又是豪华宴会。联想到前日参观图书馆和天文馆,我们值得意识到,这座皇家城堡的基本特征是"科学"和"文艺",也就是卢梭(1712–1778)在100多年后猛烈抨击的伤风败俗的东西。

第四日位居七日婚礼的中间,这一天想必会有特别的事情发生。果然,傍晚时分响起了钟声,新郎和新娘以及作为伴郎和伴娘的另两对皇室成员夫妇共6人被围巾蒙上眼睛,一位身着黑袍的行刑人(摩尔人)砍掉他们一个个的头,男侍者将鲜血收进玻璃瓶,将尸体放进棺材。行刑人自己最后也被砍头,共7具尸身进了棺材。

婚礼开始了,用化学术语来讲,这叫做物质分解。要从物质中提炼出优质的prima materia[原初物质],必须先让物质中的成分相互分离(separatio)。

白天的经历让罗森克罗伊茨入夜难寐,他看到窗外湖上有7艘船驶过,船上火焰通明,想必是7口棺材中的灵魂正驶向重生之地。

第五日,露西菲拉一大早带领罗森克罗伊茨和其他宾客参观城堡内的宫殿。宾客们见到那里摆放着3对棺材,唯有罗森克罗伊茨怀疑,棺材里很可能是空的。为何棺材现在变成了3对,对读者来说则是一个谜。

露西菲拉发表了一通演说,邀请宾客们与她一起去奥林珀斯塔,参与提炼一种让三对皇室成员的尸身复活的灵丹。

读到这里我们才知道,所谓"化学婚礼"指灵魂重生的过程。日常的婚礼标志着一对男女的结合,他们将开始新的共同生活,并诞生新的后代。"化学婚礼"寓意个体灵魂与宇宙灵魂的结合,并开始全新的生活,他的后代会是一个新天新地的政治体,即新的国家。毕竟,罗森克罗伊茨应邀参加的是一位国王的"婚礼"。

皇家城堡内有一大湖，奥林珀斯塔坐落在湖中的一个小岛上。小岛呈正方形，显得像是一个按科学的几何比例造就的人工岛。宾客们乘船前往小岛的途中，他们听到了像是出自海中女仙和海洋女神充满"爱"的歌声——文本中体现为诗歌。

奥林珀斯塔有7层高，底层是一个化学实验室，顶层是个平台，实际上有9层。宾客们进入实验室后马上开始干活：洗药草、碾药草、萃取汁液或精油，再不就是碾磨矿石。他们都成了"[化学]技师"，看来，淬金工程（如今叫"化学实验"）是这座城堡的核心。

与昨晚一样，罗森克罗伊茨夜不能寐。他抬眼望天，看到了让他惊讶的星象异动，还发现了一颗"沉睡着的金星"（die schlafende Venus），不免又一阵激动。读到这里，我们应该想起康帕内拉（1568–1639）的著名对话录《太阳城》（*La città del sole*, 1602）的开篇。[①] 这部作品的拉丁文译本虽然在1623年才出版，实际上在1614年就已经秘密流传到德意志地区，刚好在《化学婚礼》出版之前两年，恐怕不是偶然。

第六日，宾客们一大早起身后来到塔楼一层不知道要干什么，正在困惑之际，阿尔塔斯老人前来告诉他们，每人必须经天花板的一个小洞一层又一层地爬到塔顶，还得背着3件东西之一：要么梯子、要么翅膀、要么绳

---

① 康帕内拉，《太阳城》，陈大维等译，北京：商务印书馆，1980（以下随文注页码）。

索。宾客们不能自由选择自己要什么，而是靠抽签得到其中一件。梯子、翅膀、绳索都是有助上升的工具，抽签得到其中一件意味着，每个宾客的灵魂都有个体差异，上升时或艰难或轻便由天命决定。罗森克罗伊茨抽签得到一架12阶梯子，这意味着他的灵魂在上升时会非常稳重，无论上到多高，梯子总稳稳地立在地上。

由此开始了具体的淬金进程，宾客们要经过6个塔层，每一层都有事情做，整个上升过程在这一天内完成。

上升到第2层时，宾客们见到那里摆放着三对皇室成员的尸体。露西菲拉主持仪式，将昨日宾客们提炼出来的物质加热，然后滴在尸体上面，尸体随即融解（solutio）成液态，流入一个大金球。看来，这种能让尸体随即融解的东西就是炼金密术中常说的硫磺。

在第3层时，罗森克罗伊茨发现这里除了金球、窗户和镜子外，什么都没有。太阳升起后，窗户之间的镜子让整个房间显得处在多重太阳之下，恍若来到太阳城。在阳光的强烈照射下，金球的圆形显得像是天与地的结合（coniunctio）。

宾客们将金球打开后才发现，里面是皇室成员尸体的液体蒸馏后的一颗白色大蛋。蛋寓意一种原生的力量，果然，上到第4层后，宾客们把白色的蛋放在细沙上慢慢加热，一只小鸟从蛋里孵化而出。宾客们用国王和皇后被砍头时流的血喂养小鸟，由于这血液中储藏着这对男女的灵性精微，具有净化和转化的力量，每喂一次，鸟性都会发生质的变化。

鸟儿会飞，它很可能寓意人的个体灵魂。毕竟，灵魂是人体上唯一不受身体支配的部分，但它的性质必须经过改造，否则也飞不起来，只能在地牢里相互厮杀。

到第5层时，露西菲拉带领宾客们让小鸟在奶白色的液体中加热，小鸟的羽毛渐渐脱落，露出光滑如人体的肌肤，奶白色的液体慢慢蒸发后则凝结成一颗蓝色石头。宾客们把石头碾成粉末，然后涂在小鸟身上——蓝色是天空的颜色，其寓意不难让人遐想。

到第6层时，宾客们看到一个祭台，他们被要求砍下小鸟的头，血留下，再把尸身烧成灰。显然，宾客们重复了国王和王后被砍头的程序。罗森克罗伊茨说，鸟儿的死让他的心深受触动。看来，他的灵魂这时已经与国王和王后的灵魂变形的历程交融在一起。

上第7层时，宾客们再次经过拣选，只有罗森克罗伊茨和另外四位宾客得以见到最后一道工序：露西菲拉把小鸟的骨灰掺水做成膏，然后倒进一个小熔炉加热。不一会儿，一男一女两个"小人儿"（homunculi duo）样的透明人形神奇地浮现出来。

宾客们用鸟儿的血喂养这对"小人儿"到成年模样后，阿尔塔斯老人用一只小号角放进两个已经长大的"小人儿"嘴里各吹了三次气，灵魂飘入了他们的身体。

这时，一个"坏心眼儿的贪婪鬼"（der mutwillige Cupido）进来把两个已经长大的"小人儿"唤醒，还介绍两人相互认识。他们穿上水晶衣，向宾客们表示感谢。罗森克罗伊茨一看，两个长大的"小人儿"不是别人，正是他在第三日见到被砍头的国王与王后。

可以看到,"化学婚礼"的关键过程在第六日,鸟儿寓意的不仅是国王与王后的灵魂,也寓意宾客们或炼金术士们的灵魂。宾客们让国王与王后的灵魂变形的过程,也是自己的灵魂变形的过程,或者说自己的灵魂得救的过程。我们不可忘记,"化学婚礼"是从罗森克罗伊茨在祷告中与上帝交谈以及随后的那个梦开始的。

因此我们看到,第七日一大早露西菲拉就宣布,参与这场婚礼的每位宾客都荣升为"金石骑士"(Ritter des Guldin Steins/Ritter vom goldenen Stein)。《化学婚礼》出版时,帝国皇帝鲁道夫二世(1552–1612)驾崩还不到5年,他在历史上首先以热衷炼金术和占星术闻名,因为他邀请大名鼎鼎的第谷·布拉赫(1546–1601)在布拉格附近建立了一座天文台(1599),而第谷则邀请天才的开普勒(1571–1630)一同工作。第谷去世后,作为鲁道夫二世的御用占星家和数学家,开普勒取得了一系列科研成果,史称哥白尼天文学革命的最后完成者。[1]因此有人推测,《化学婚礼》是在影射鲁道夫二世的宫廷。

---

[1] 德雷尔,《行星系统:从泰勒斯到开普勒》,王影译,武汉:湖北科学技术出版社,2016,页306–331; R. J. W. Evans, *Rudolf II and His World: A Study in Intellectual History 1576–1612*, Oxford Uni. Press, 1973, pp. 243–274; Erich Trunz, *Wissenschaft und Kunst im Kreise Kaiser Rudolf II. 1576–1612*, Neumünster, 1992; P. Marshall, *The Magic Circle of Rudolf II: Alchemy and Astrology in Renaissance Prague*, New York, 2006; I. Purš/V. Karpenko, *Alchemy and Rudolf II. Searching for the secrets of nature in Central Europe in the 16th and 17th centuries*, Artefactum, 2016. 比较王国强,《新天文学的起源:开普勒物理天文学研究》,北京:中国科学技术出版社,2010。

开普勒也是如今"科幻小说"(Science-Fiction)的最早先驱之一,他的《梦》(*Somnium*,写于1608,1634年出版)颇具童话色彩,的确堪称"科幻小说"。[1]他在成熟之年写下的传世之作《世界的和谐》(*Harmonice mundi*,1619)与他在25岁时写下的《宇宙的奥秘》(*Mysterium Cosmographicum*,1596)有内在的连续性,从中我们不难看到,这位天体物理学家不仅具有基督教的神学理论修养,而且具有音乐家的素养和诗人气质——开普勒的确也写诗。[2]

鲁道夫二世还以对新教徒持宽容态度著称,而天文学家大多是新教徒。反叛罗马天主教的新教运动与天文学革命在同一时期展开,而且相当程度上交织在一起,两者之间的隐秘关系迄今还是一个政治史学之谜。[3]

---

[1] 开普勒,《梦》,见《飞向太空丛书》编委会编,《开普勒的梦:太空探险科幻小说赏析》,北京:世界图书出版公司,2010; J. Kepler, *Der Traum, oder: Mond — Astronomie*, B. Langner编, Berlin, 2010; 比较J. Ehtreiber/A. Hohenester/G. Rath, *Der kosmische Träumer*, Graz, 1994。

[2] 开普勒,《世界的和谐》,张卜天译,北京:北京大学出版社,2011,页43—68; 比较B. Stephenson, *The Music of the Heavens: Kepler's Harmonic Astronomy*, Princeton University Press, 1994. 开普勒的神学著作和诗作参见Johannes Kepler, *Gesammelte Werke*, Band 12: *Theologica. Hexenprozess. Gedichte. Tacitus — Uebersetzung*, J. Hübner/H. Grössing编, München, 1990。

[3] 比较路德维希,《德国人:一个民族的双重历史》,杨成绪、潘琪译,北京:东方出版社,2006,页71—162; 罗布莱克,《天文学家的女巫案:开普勒为母洗污之战》,洪云、张文龙译,北京:联合出版公司,2017. 比较J. W. Montgomery, "Lutheran Astrology and Alchemy in the Age of the Reformation", in *Ambix: The Journal of the Society for the Study of Alchemy and Early Chemistry*, Vol. 11(June 1963), pp. 65—86; B. Sutter, *Johannes Kepler und Graz. Im Spannungsfeld zwischen geistigem Fortschritt und Politik*, Graz, 1975。

三 "玫瑰十字会"仅仅是文学"传说"?

所有宾客离开城堡时都得在纪念石上留下一句话,罗森克罗伊茨说他留下了这样一句: Summa scientia nihil scire [最高的知识即一无所知]。

这不是基督教"否定神学"的最高原则吗?从5世纪的托名狄俄尼修斯到15世纪的库萨的尼古拉(1401–1464),基督教的神秘论者都主张这样的道理。[1] 罗森克罗伊茨真的崇尚这样的神学知识原则?与《传说》和《告白》对比,我们有理由怀疑,作者让罗森克罗伊茨写下这句话倒像是反讽。

按现代德文校勘本计算,《化学婚礼》约80页(原版154页,18世纪的小开本有173页),篇幅不短。笔者在此只能勾勒故事梗概,无法呈现大量细节和花絮。即便再多两三倍篇幅,对于理解整个叙事依托这些细节和花絮铺展的层层寓意仍然无济于事。[2]

比如,结尾时罗森克罗伊茨本来应该心怀喜悦离开城堡,没想到他在第五日自以为发现了一颗沉睡的金星,结果被证明是搞错了,他因此被罚留在城堡当"城门看守"(Thorhüter)。要解释这个细节的寓意,显然不容易。

---

[1] 狄奥尼修斯,《神秘神学》,包利民译,北京:生活・读书・新知三联书店,1998;库萨的尼古拉,《有学识的无知》,尹大贻、朱新民译,北京:商务印书馆,1988。
[2] 比较哈尔,《失落的秘籍》,前揭,页95–113;芮夫,《荣格与炼金术》,廖世德译,长沙:湖南人民出版社,2012,页178–231。

从写作手法上讲,《化学婚礼》具有所谓巴洛克(Baroque)式的装饰风格。故事发生在奢华的城堡,花园中有带自动小机械的喷泉,人物服装随着故事的发展或淬金进程不同阶段的变化由黑色换成白色又换成红色,还穿插着宴会、喜剧演出、音乐表演。

从受邀之日算起,罗森克罗伊茨经历的这次神秘婚礼整整7天。我们值得意识到,数字"7"在文本中多次出现绝非偶然:被斩首的皇室成员共7位,七艘船驶向正方形的湖中岛,更不用说7根绳索、7位少女、7位男侍和7个砝码之类。最后经历的7层上升过程最为重要,它展示了制作"灵魂转变"这一化合工程的七个具体步骤。

从第一日到第七日都有关于天象的描述,尤其是关键性的第五和第六日。显然,地上的淬金过程与宇宙天体之间有着神秘的内在关联。这让笔者想起14世纪的著名基督教神秘主义作家吕斯布鲁克(Jan van Ruusbroec, 1293–1381),他写过很多书,其中《爱的七重阶梯》(*De septem amoris gradibus*)和《属灵的婚礼》(*De ornatu spiritalium nuptiarum*,又译《精神的婚恋》)最为著名。[①]《化学婚礼》中的各种寓意意象并非作者的臆想,毋宁说,所有的意象都有所本,无不来自某种既成传统。

《化学婚礼》出现后,人们普遍认为,《化学婚礼》的作者就是《传说》和《告白》的写手,尽管人们并不知道

---

① 吕斯布鲁克,《七重阶梯:吕斯布鲁克文集》,陈建洪等译,上海:华东师范大学出版社,2011;吕斯布鲁克,《精神的婚恋》,张祥龙译,北京:商务印书馆,2012。

《化学婚礼》的作者是谁。

《化学婚礼》的寓意叙事引人入胜，极大地推动了《传说》和《告白》的传播，关于"玫瑰十字会"的传闻不胫而走。据现代文史家的调查研究，不到10年内（至1625年），德意志地区出现了不下400种有关"玫瑰十字会"的读物，有的还附有加入这个"地下"组织的匿名声明。一时间，德意志地区出现了所谓"玫瑰十字会狂热"（Rosicrucianism furore），并很快向西欧（法国和英国）扩散。最为著名的例子是：1622年，短短几天内，巴黎街头曾两次出现"玫瑰十字会"的传单。[1]

路德事件引发各种政治动乱之后，德意志地区的确出现了好些自治团体。但真的有"玫瑰十字会"这样的地下秘密组织吗？即便在当时也有很多人对此深表怀疑，并撰文说"玫瑰十字会"纯属子乌虚有。

针对种种怀疑，曾担任鲁道夫二世御医的德意志炼金术士和诗人麦耶尔（1568-1622）挺身而出，连续发表了好几本书为"玫瑰十字会"传说辩护，以至于成了"玫瑰十字会"的真正奠基人。毕竟，《传说》和《告白》的作者是谁，仍然是无头公案。另一位替《传说》和《告白》辩护的著名人物弗拉德（1574-1637）是英国皇家学会成员，与

---

[1] C. E. Lindgren, "The way of the Rose Cross: A Historical Perception, 1614–1620, Archived from the Original on 8 November 2012", in. *Journal of Religion and Psychical Research*, Volume 18, Number 3 (1995), pp.141-148; C. Gilly, *Cimelia Rhodostaurotica. Die Rosenkreuzer im Spiegel der zwischen 1610 und 1660 entstandenen Handschriften und Drucke*, Amsterdam, 1995.

开普勒有过著名论战,皇家学会与"玫瑰十字会"因此也扯上了干系。①

就深入认识近代欧洲政治史和文史而言,麦耶尔绝对算得上值得关注的人物,尽管欧洲的史学界晚近30年来才开始重视此人,甚至在后现代作家笔下成了小说人物。②可惜,我们的外国文学界和世界史学界同仁太忙,还没空关注他。

麦耶尔出生于德意志北部小城瑞恩德斯堡(Rendsburg),早年在罗斯托克(Rostock)大学学习医学和修辞学,以后又游学其他大学,28岁那年(1596)在瑞士巴塞尔大学以论文《癫痫诸题》(*Theses de epilepsia*)获得哲学博士学位。在巴塞尔读书期间,麦耶尔肯定受到帕拉克尔苏斯学派的感染,因为他毕业后成了热忱的帕拉克尔苏斯信徒,迷恋上了炼金术,投入大量精力做炼金术实验,还到处收集有关炼金术和"赫耳墨斯教"的历史文献。③

我们值得注意到,麦耶尔不是从炼金术士成为医师,而是从医师成为炼金术士,这显得与《传说》和《告白》中的呼吁相反,即让医学作为新科学与炼金术划清界限。

---

① J. B. Craven, *Doctor Fludd (Robertus de Fluctibus), the English Rosicrucian: Life and Writings*, Kirkwall, 1902; J. Godwin, *Robert Fludd: Hermetic Philosopher and Surveyor of Two Worlds*, Shambhala, 1979/1991.
② H. Tilton, *The Quest for the Phoenix. Spiritual Alchemy and Rosicrucianism in the Work of Count Michael Maier (1569–1622)*, Berlin, 2003.
③ J. B. Craven, *Count Michael Maier. Doctor of Philosophy and of Medicine Alchemist, Rosicrucian, Mystic: Life and Writings, 1568–1622*, Kirkwall, 1910/1963/Ibis Press, 2003.

不到40岁时,麦耶尔已经以炼金术士的身份闻名,他写下带自传性质的《论王者气度的医学:真正英雄般的天赐的医学》(1607),自印寄给自己的一些朋友,也寄给了迷恋炼金术的帝国皇帝鲁道夫二世,其中讲述了自己转向炼金术的思想转变心得。[①]

麦耶尔40岁那年(1608),鲁道夫二世邀聘他担任贴身御医,对他信任有加,赐给他帝国行宫。没过几年,鲁道夫二世的皇权被其胞弟马蒂亚斯(Matthias, 1557–1619)架空,软禁在布拉格的宫殿失去了"自由"(1611),麦耶尔转而向英格兰国王詹姆斯一世(James I., 1566–1625)示好。1613年,麦耶尔受邀出席詹姆斯一世的女儿伊丽莎白(1596–1662)与德意志帝国行宫选帝侯弗里德里希一世(Friedrich I. von Pfalz, Elector Palatine, 1596–1632)的婚礼,并在伦敦待了下来。

这场婚礼在政治史上十分有名,因为,这次联姻有可能促成神圣罗马帝国与英格兰王国的联合,从而给基督教欧洲带来新的政治秩序。弗里德里希一世后称弗里德里希五世(Frederich V.),而他青史留名却是因为引发世界史上著名的德意志30年战争。英国著名史学家耶茨(1899–1981)是研究"玫瑰十字会"的名家,她的叙事体

[①] M. Maier, *Medicina regia et vere heroica, Coelidonia/Von der königlichen Medizin, der wahrhaft heroischen, der Himmelsgabe*, 1609; 比较K. Figala/U. Neumann, "Chymia — die wahre Königin der Künste. Leben und Schriften des holsteinischen Dichters, Arztes und Alchemisten Michael Maier (1569–1622)", in. *Chemie in unserer Zeit*, Band 25, 1991 (Nr. 3), p. 146(右栏)。

史学名作《玫瑰十字会的启蒙》以这场婚礼的故事而非以《传说》和《告白》起头,的确有道理,尽管她的意图是要证明,《化学婚礼》是在讽喻这场婚礼。①

在随后几年里,麦耶尔连续写了几本书,宣传炼金术和"赫耳墨斯教",其中要数《密中之密》(*Arcana arcanissima*, 1613或1614)最为著名。当时麦耶尔已经耳闻关于"玫瑰十字会"的传闻,尽管《传说》的印刷本尚未面世,仅以手抄本形式秘密流传。1616年秋天,麦耶尔到法兰克福逛图书博览会,才首次接触到"玫瑰十字会"的匿名小册子《传说》和《告白》。

这时,针对《传说》的质疑四起,麦耶尔随即写下《喧嚷后缄口不言》(*Silentium post clamores*, 1617),为"玫瑰十字会"辩护。

> 质疑玫瑰十字会(the R. C.)是否存在的人应该想想看,诸如希腊人、埃及人、阿拉伯人等都曾有过这样的秘密会社(such secret societies)。既然如此,如今仍存在秘密会社又有什么稀奇?它们自我训练(self-discipline)的总则是:"万物之中唯独敬畏神,帮扶同胞竭尽所能。"《传说》和《告白》所言都是真的。有人谴责兄弟会允诺甚多而落实甚寡,真是幼稚可笑。这个修会的大师们(The masters of the order)奉上的玫瑰是一种遥远的奖赏(a remote prize),而对

---

① F. A. Yates, *The Rosicrucian Enlightenment*, 前揭, pp. 1–23。

那些入会者则会放上十字[记号]。

与毕达哥拉斯门徒和埃及人一样,玫瑰十字会员(the Rosicrucians)也要缄口不言和恪守保密的誓言。不知情的汉子认为,这一切都是凭空捏造。殊不知,这一誓言有为期五年的试炼期(probation),即便是已准备充分的见习修士,在能够进入更高阶段的奥秘之前,也必须经历这一阶段。在此期间,他们要学会管住自己的舌头。[①]

既然如此,《传说》和《告白》乃至《化学婚礼》都是匿名出版物,就没有什么好奇怪。麦耶尔把"玫瑰十字会"的起源追溯到古埃及和古波斯的祭司巫术、古希腊的厄琉西斯和毕达哥拉斯密教、古印度的婆罗门教大师以及阿拉伯的炼金术士,并非没有道理。毕竟,从《传说》中可以看到,罗森克罗伊茨成为大师经历了三个阶段的历炼(地点在中东、埃及和摩洛哥),这暗示"玫瑰十字会"教义包含三大要素:第一,阿拉伯人传承的古希腊炼金术神秘知识;第二,源于古埃及的法术知识;第三,晚近兴起的犹太教喀巴拉密教知识。用今天的宗教学术语来说,与十字符号结合的玫瑰的神奇香味来自古希腊自然学与各大宗教神秘知识的奇妙化合。

---

① 转引自J. B. Craven, *Count Michael Maier*, 前揭, p. 67; 详参H. Tilton, *The Quest for the Phoenix. Spiritual Alchemy and Rosicrucianism in the Work of Count Michael Maier (1569–1622)*, 前揭, p. 160–172。

我们应该意识到,"玫瑰十字会"传说诞生之时,正值"赫耳墨斯教"在欧洲复兴。麦耶尔是"赫耳墨斯教"信徒,按照他的解释,"玫瑰十字会"不过是源远流长的"赫耳墨斯教"的最新形式。的确,《传说》中出现了"赫耳墨斯"之名,甚至在《化学婚礼》中,好些戏剧角色作为象征也指向赫耳墨斯教传统。[①]因此,要说麦耶尔与看不见的"玫瑰十字会"心有灵犀,并非不可思议。

以炼金术崇拜为标志的"赫耳墨斯教"诞生于公元前3至2世纪的希腊化时期,成形于罗马帝国时代(公元1至3世纪),与基督教的形成同时。西罗马帝国瓦解后,"赫耳墨斯教"经叙利亚的东方基督徒传到阿拉伯地区,很快在伊斯兰教智识人中流传。公元7世纪的《翠玉录》是阿拉伯版本的"赫耳墨斯教"新经,其中讲到发现"三倍伟大的赫耳墨斯"的墓地:墓穴中端坐着的那位老人手握铭刻炼金术箴言的绿宝石石板(the emerald tablet)。从文学角度讲,《传说》中讲述的发现罗森克罗伊茨墓穴的故事,明显是化用这个古代传说。

1463年,弗洛伦萨城的年轻新柏拉图主义者斐奇诺(1433–1499)将14篇来自拜占庭的赫耳墨斯教对话作品(残篇)译成了拉丁文,该译本在1471年刊行之后迅

[①] R. Edighoffer, "Hermeticism in Early Rosicrucianism",见R. van den Broek/W. J. Hanegraaff编, *Gnosis and Hermeticism: From Antiquity to Modern Times*, State University of New York Press, 1998, p. 145–173。

速流传整个西欧地区。[1]受斐奇诺的影响,瑞士医师帕拉克尔苏斯迷上了炼金术,成了赫耳墨斯教信徒。他在1533年出版的《重生与荣耀的身体》(*Liber de resurrectione et corporum glorificatione*)中谈人的身体的"质变"(transmutation)时,6页篇幅内17次用到十字符号与玫瑰符号的组合,以此标志淬金过程中的灵魂重生。

> 烈火淬真金。故而重生之时,不纯的将从纯净中剔离,新的躯体将会诞生,它有更甚于太阳的辉煌,它就叫做荣耀之躯。
>
> [基督的重生]是我们的形象,我们将藉由基督、在基督内复活,正如玫瑰,由相似的种子再度生长。[2]

《传说》中不仅提到,罗森克罗伊茨的墓穴中有帕拉克尔苏斯写的书,还说他虽然不是玫瑰十字兄弟会成员,却非常努力地汲取玫瑰十字精神,这证明《传说》的作者也是个帕拉克尔苏斯的崇拜者。因此,有人甚至认为,帕拉克尔苏斯才是"玫瑰十字会"的隐秘教主。

帕拉克尔苏斯仅比路德小10岁,他依托"赫耳墨斯

---

[1] 参见[托名]赫耳墨斯,《赫耳墨斯秘籍》,肖霄译,上海:华东师范大学出版社,2019;比较高洋,《赫耳墨斯主义与近代早期科学编史学》,刊于《科学文化评论》第13卷第1期(2016),页42—61。

[2] 转引自雷比瑟,《自然科学史与玫瑰:玫瑰十字会的史与秘》,朱亚栋译,北京:华夏出版社,2019,页37。

教"引发的"医学革命"紧随路德事件引发的农民战争而至,从政治史学上看发人深省。换言之,帕拉克尔苏斯的"医学革命"绝非仅仅是专业化的科学史事件。毋宁说,由于与路德事件引发的欧洲信仰分裂交织在一起,从而也是政治—宗教事件。[①]

"玫瑰"这个语词的寓意用法,至少在14世纪就出现了。据说,自1400年以来,德意志地区流传着一本图文并茂的小册子名为《哲人的玫瑰园》(*Rosarium philosophorum*)。[②]这里的"哲人"一词指炼金术士,而帕拉克尔苏斯就属于这样的"哲人"。他的"医学"(physica/medical science)理论有4大支柱,即自然哲学(Philosophia)、占星术(Astronomia)、炼金术(Alchimia)、德性品质(Proprietas)。

具体来说,所谓"哲学"有两层含义:首先,它指关于整个"不可见的自然"(大宇宙)的知识,而占星术是这种知识的"上层部分";因此,第二,"哲学"也指这种知识的"下层部分"即炼金术。我们以为医学仅仅是治疗身体疾病,但在帕拉克尔苏斯那里,医学知识关涉作为"小宇

[①] 参见C. Webster, *Paracelsus: Medicine, Magic, and Mission at the End of Time*, Yale Univ. Press, 2008, pp. 170–209; V. Wels, *Manifestationen des Geistes. Frömmigkeit, Spiritualismus und Dichtung in der Frühen Neuzeit*, Göttingen, 2014, pp. 131–188; 比较C. Webster, *The Great Instauration: Science, Mediane and Reform 1626–1660*, London, 1975。

[②] 普林西比:《炼金术的秘密》,张卜天译,北京:商务印书馆,2018,页110–117。

宙"的人的内在德性的完善。①

现在我们可以来理解十字符号与玫瑰符号组合的含义:"十字"并非表示耶稣被钉死在上面的"十字架",而是表示用圆规划出的四个极点,以此表征整个大宇宙。玫瑰发出的幽黯香味则表征不可见的灵魂,两者的结合寓意大宇宙与小宇宙的联姻,或者不可见的世界(灵魂)与可见世界(物质)的联姻。有的史学家说,葡萄牙的一所天主教修院在1530年时就已经采用过玫瑰与十字符号的结合,这一证据并不能否定"玫瑰十字"的原创性。毕竟,玫瑰与十字或灵性与万物的联姻意味着,一个人可以通过炼金术式的修炼成就自己的神性。

我国不少学者认为,只有中国传统才讲究"天人合一",看来情形并非如此。帕拉克尔苏斯的"医学"与如今我们所理解的医学完全不同,倒是与我国古代的内经学一致。换言之,他的"医学"包含两个即将出现分化的成分:灵魂修炼与治疗身体疾病。

当时崇拜帕拉克尔苏斯的人好些是名医,如丹麦国王御医瑟维瑞努斯(P. Severinus, 1542–1602),法国国王御医杜切斯纳(J. Duchesne, 1544–1609),勃兰登堡选帝侯御医图内瑟尔(L. Thurneysser zum Thurn, 1531–1595),比利时医生赫尔蒙特(J. B. van Helmont, 1580–1644),他

---

① Paracelsus (Theophrastus Bombastus von Hohenheim), *Essential Theoretical Writings*, Edited and Translated with a Commentary and Introduction by Andrew Weeks, Leiden/Boston, 2008, pp. 10–13.

们大多成了现代化学或医学的开拓者。[1]沿着这个方向走下去,医学最终会脱离炼金术和占星术,成为仅仅针对身体疾病的经验学科,但并非所有的医生都如此。

麦耶尔虽然也是医师,却显得在走回头路。他对《传说》和《告白》的解释并非没有道理,关于罗森克罗伊茨的传说的确反映了"玫瑰十字会"与古老的赫耳墨斯教传统的关系。问题在于,麦耶尔与《传说》和《告白》的作者没有关系,这表明"玫瑰十字会"传说的出现不是一个孤立的政治文化现象。

四 "玫瑰十字会"精神的诗艺呈现

紧接《喧嚷后缄口不言》,麦耶尔写了一部奇书名为《捷足的阿塔兰忒:关于自然奥秘的新的化学寓意画》。[2]在麦耶尔一生写下的17部书中,这部最负盛名也

---

[1] J. Shackelford, *A Philosophical Path for Paracelsian Medicine: The Ideas, Intellectual Context, and Influence of Petrus Severinus (1540/2–1602)*, Copenhagen, 2004; G. Spitzer, *"... und die Spree führt Gold": Leonhard Thurneysser zum Thurn, Astrologe — Alchimist — Arzt und Drucker im Berlin des 16. Jahrhunderts*, Wiesbaden, 1996; M. Lopez-Perez/D. Kahn/M. Rey-Bueno编, *Chymia: Science and Nature in Medieval and Early Modern Europe (1450–1750)*, Cambridge, 2010.

[2] Michael Maier, *Atalanta fugiens, hoc est emblemata nova de secretis naturae chymica. Mit 52 Stichen von Matthaeus Merian d. Ä.*, Oppenheim, 1618/Kassel, 1964/Schalksmühle, 2006; 摘要英译及义疏见H. M. E. De Jong, *Michael Maier's Atalanta Fugiens. Sources of an Alchemical Book of Emblems*, Leiden, 1969/York Beach, 2002。

最受今人看重。所谓"化学"(chymica)不仅指该书内容讲炼金术原理,而且指形式上集科学论文(散文体)、诗歌、绘画(铜版画)和音乐(卡农)为一体(化合),的确堪称一部神奇之作。

翻开这部图文并茂的书,我们首先看到扉页有1首诗体的"作者题句"(Epigramma Autoris)。随后两页散文体"献辞"(Epistola dedicatoria)赞美了神圣罗马帝国皇帝鲁多夫二世,接下来是5页篇幅的"致读者的前言"(Praefatio ad lectorem)。

全书正文由50篇炼金术文章(散文体)组成,并构成一个连贯的叙事。每篇文章都由4个部分组成,即诗歌(拉丁文/德文对照)、卡农曲、铜版画和散文体论文,统一都是规整的4页篇幅。第一页上方是三声部卡农的曲谱(配拉丁文诗歌的头两行),下方是拉丁文诗歌的德文翻译(6行);第二页上方是梅里安(Matthäus Merian, 1593–1650)为诗歌配的铜版画,这位出生于瑞士的画家以画圣经插图和描绘30年战争的版画在欧洲名气很大。[①]插图下方是拉丁文歌词全文(6行),与前一页下方的诗歌德译平行对照。随后两页(第3–4页)是散文体的炼金术论文,与卡农曲、诗歌和插图构成一个四重结构的整体。

---

① 参见J. H. Eckardt, *Matthaeus Merian — Eine kulturhistorische Studie*, Kiel, 1892/Bad Langensalza, 2015。

安德里亚与17世纪的"玫瑰十字会"传说　275

《捷足的阿特兰忒》第42篇首页"卡农"曲谱

麦耶尔(Michael Maier, 1568–1622)

图画直观可感、旋律悦耳动听、诗歌简洁质朴,教会人士善于利用歌曲、诗歌和插图帮助普通信众更容易理解圣经中的寓意,麦耶尔则采用这些诗艺形式帮助人们理解他的炼金术原理。毕竟,这些论文免不了"理性思考"(vernünftige Überlegungen),还包含大量炼金术的历史文献。因此,《捷足的阿塔兰忒》可以称为炼金术的启蒙读物。

按我们的民俗说法,谁走路脚步很重的话,这人的命恐怕不好。古希腊神话中的伯罗奔半岛国王的女儿阿塔兰忒脚步轻盈,跑起来飞快,父亲让她出嫁,她凭腿快多次逃脱。但出嫁终归是女孩儿的命,阿塔兰忒自知无法逃脱,于是向父亲提出,谁若能在赛跑上胜过她,她就嫁给谁,求婚者若不能胜过她就得偿命。许多求婚者经不住阿塔兰忒美貌的诱惑,却又没法赛过阿塔兰忒。希波墨涅斯(Hippomenes)眼见诸多求婚者因此丧命,仍决心一试。维纳斯欣赏他的勇气和爱欲,送给他三个出自赫斯珀里得斯(Hesperiden)园的金苹果。

阿塔兰忒让希波墨涅斯先起跑,并轻易迅速赶上。这时,希波墨涅斯高高抛出第一个金苹果,好奇心促使阿塔兰忒停下脚步去拾落在地上闪耀着金色光芒的苹果。当她再次赶上时,希波墨涅斯再抛出第二个金苹果,阿塔兰忒又停下来拾落地的金苹果。希波墨涅斯第三次抛出金苹果时已经接近赛道终点,阿塔兰忒因拾金苹果而输掉赛跑,嫁给了希波墨涅斯。

麦耶尔用这个古希腊神话传说作为全书的基本意象要寓意什么道理呢?

麦耶尔亲自作曲的卡农有3个声部,分别代表"捷足的阿塔兰忒"(Atalanta Fugiens,高声部),"跟随的希波墨涅斯"(Hippomenes sequens,中声部)和"落下的果实"(Pomum morans，低声部)。按照某种解释，卡农的旋律走势体现了"对立要素的结合"(coincidentia oppositorum)：低沉缓慢的低声部(有节奏地落地的苹果)寓意贪恋尘世，轻盈飘忽的高声部(捷足的阿塔兰忒)寓意逃离此世(拒绝成婚)，稳定的中声部则使得缓慢悠长的Basso Continuo[通奏低音]与高音部轻盈涣散的乐音都受到节制，逐渐趋于平衡，最终结合成和谐的一体。①

这种解释让笔者想到，开普勒在《世界的和谐》中大谈"火星有男高音的性质，地球和金星有女低音的性质，水星有女高音的性质"等等。但天象与乐理的比例关系并非开普勒的发明，而是来自古老的毕达哥拉斯—柏拉图传统。② 看来，麦耶尔熟悉这一传统，但他没有停留在乐理上，而是付诸作曲实践。从而，他谱写的卡农具有所谓"赫耳墨斯教"韵味。据说，19世纪末20世纪初的德彪西(1862–1918)、萨蒂(1866–1925)、斯克里亚宾(1871–1915)的多调性或调性模糊的作品以及勋伯格(1874–1951)的无调性作品的内在结构，都与这种"赫耳

---

① V. Wels, *Manifestationen des Geistes. Frömmigkeit, Spiritualismus und Dichtung in der Frühen Neuzeit*，前揭，pp. 189–232；比较G.-F. Calian: *Spiritual Alchemy and the Function of Image: coincidentia oppositorum in Michael Maier's Atalanta Fugiens*, Budapest, 2009.
② 开普勒，《世界的和谐》，前揭，页71；比较麦克莱恩，《柏拉图作品中的乐理》，娄林主编，《柏拉图与古典乐教》("经典与解释"辑刊第42辑)，北京：华夏出版社，2015，页22–41。

墨斯教"韵味儿相关。①

这是一种解释，还可以有另一种解释。麦耶尔在前言中提到柏拉图的《会饮》，为自己在这本书中既做诗（dichten）又谱曲（musizieren）提供理论依据。这让笔者想起，《会饮》中的肃剧诗人阿伽通在演说时把"爱若斯"比作荷马笔下的阿特女神：她双脚轻柔，从不沾地儿，经常从人们的头上或灵魂中捷足而过。因为，

> 爱若斯在神们和世人的性情和灵魂里筑起[自己的]居所，并且也不是住在所有灵魂里，毋宁说，凡遇到性情坚硬的[灵魂]他就离去，遇到性情柔软的灵魂他才住下来。（《会饮》195e4–6）

阿伽通要表达的意思是：爱欲与阿特女神一样并不进驻所有人的灵魂，而是有选择地进入具有特定的德性品质的灵魂。这意味着并非所有人的灵魂都有爱欲，有爱欲与没爱欲的灵魂始终是陌人，尽管他们难免生活在一起。有爱欲的灵魂各有自己的欲求，相互之间难免因分歧而起争斗，一旦再与没爱欲的灵魂有错综复杂的历史关系，企望这个世界会有和谐真是白日做梦。

---

① 比较 J. Godwin, "Music and the Hermetic Tradition", 见 R. van den Broek/W. J. Hanegraaff 编, *Gnosis and Hermeticism: From Antiquity to Modern Times*, 前揭, p. 175–194；艾特，《从古典主义到现代主义：西方音乐文化与秩序的形而上学》，李晓冬译，北京：中央音乐学院出版社，2012，页169–240。

《捷足的阿特兰忒》图27

在《捷足的阿塔兰忒》的第27幅寓意画中我们看到，画中男子似乎没有双脚，他抄着两手，无动于衷地打量着大门紧闭的果园，没有显得想要非进去不可的样子。看得出来，这个男子的灵魂对智慧的果园毫无爱欲。意大利学者埃科（1932–2016）在他的第二部小说《傅科摆》中一开始不久就引用了麦耶尔对第27幅寓意画的解释：

> 谁要是没有钥匙就想要进入哲人的玫瑰园，犹如一个人没有双脚却想走路。[1]

在第27篇论文中麦耶尔说，人的双脚是人的两种基本认知能力的延伸：一只脚代表基于Wahrnehmung［感知］的experientia［经验］认知，另一只脚代表基于Denken［思考］的ratio［理性］认知。谁能正确地运用双脚，谁就能步入锁闭的智慧果园。谁若没有探知自然奥秘的爱欲，他就会像古希腊神话中遭遗弃的厄里克托尼俄斯（Erichthonius）那样，天生没有双脚，即便他也能走路。有位朋友告诉笔者，他在如今的"豆瓣读书"的留言栏中经常看到这类人的身影出没，不禁莞尔。

---

[1] 埃科，《傅科摆》，郭世琮译，上海：上海译文出版社，2014，页34。

《捷足的阿特兰忒》图42

与此形成对照,在第42幅寓意画中我们看到,画中的男子打着灯笼,戴着眼镜,手拄手杖,在茫茫夜色中紧盯着自然女神(Natura)的脚印追随前行。显然,这个男人对探究自然充满爱欲。灯笼和眼镜寓意此人的灵魂对探究自然有极为强烈的爱欲,他要寻找自然中带有精神性质的事物的印记,玄思隐藏在自然现象背后的奥秘。

麦耶尔写下的第42首诗歌这样说:

> 你必须长久跟随的向导是自然,
> 要心甘情愿,若改心志,你便在她不为你指路的地方迷路,
> 理智是你的手杖,它会强化你的经验
> 及你的视力,你可以看到周遭有何事物,
> 阅读如同昏暗中一盏明灯闪烁,清晰且明亮,
> 这样你才能规避事务与言辞上的危险。(温玉伟译文)

"理智"和"阅读"在这首教诲诗中是关键词,按麦耶尔对第42图的解释:热爱智慧者为了获得智慧女神的青睐需要耐心,她不会屈从于鲁莽的意愿,只会对有耐心的爱欲者展露自己的足印,让他在漫漫长夜中跟随。

若将第27篇和第42篇对照起来看,我们不是可以看到两种灵魂类型的对比吗?麦耶尔的阿塔兰忒意象的关键寓意在于:施行教育必须挑选像希波墨涅斯那样的爱欲者。可是,麦耶尔编写《捷足的阿塔兰忒》难道不是为了呼吁普遍的人文主义教育吗?难道麦耶尔会认为,第27图所描画的那种人也能够被教育成人文主义者?

与"玫瑰十字会"直接相关的书,麦耶尔随后还写过两部,首先值得提到《金律:玫瑰十字会的法则》(1618)。

原文书名很长是当时的写作习惯,除相当于副标题的"一篇论玫瑰十字会会规的论文"外,还有一句解释:"通过此论文,会规与事实真相的相符、其公共和私人的实用性及其必然理据得以揭示和证明。"[1] 所谓"公共的实用性"(utilitas publica)这个语词值得注意,它表明麦耶尔心目中的"玫瑰十字会"精神的确涉及普遍启蒙。严格来讲,这本书才算得上名副其实的第一部"玫瑰十字会"理论著作,且与《传说》和《告白》相隔不到5年。

第二本值得提到的《智识之歌与神圣的不死鸟》(1622)是一部"炼金术教诲诗"(Die alchemische Lehrdichtung)集,但既有音乐要素又有叙事要素,即以"三重唱"(Trias)形式讲述炼金术秘史。[2] 由于神秘的"玫瑰十字会"精神弥散在由诗歌和音乐形式包裹着的历史叙事中,与《捷足的阿塔兰忒》一样,《智识之歌与神圣的不死鸟》会让今天的人文学者非常棘手:它应该被视为所谓"科学史"文献,还是文艺作品,抑或必须被归类为宗教典籍——所谓"赫耳墨斯教诗歌"?[3]

---

[1] Michael Maier, *Themis Aurea, hoc est, de Legibus Fraternitatis R. C. tractatus, quo earum cum rei veritate convenientia, utilitas publica et privata, nec non causa necessaria, evolvuntur et demonstrantur*, Frankfurt, 1618(英译本1656: *Themis Aurea: The Laws of the Fraternity of the Rosie Cross*, 影印重版Los Angeles, 1976)。

[2] Michael Maier, *Cantilenae Intellectuales et Phoenice redivivo*. Rostock, 1622(法译本名为: *Chansons sur la resurection de Phoenix*, Paris 1758)。

[3] Erik Leibenguth, *Hermetische Poesie des Frühbarock. Die ‚Cantilenae intellectuales' Michael Maiers*, Edition mit Übersetzung, Kommentar und Bio-Bibliographie, Tübingen, 2002.

无论如何，由于麦耶尔的推动，在整个17世纪，据说欧洲智识人津津乐道"玫瑰十字会"甚至成了一种"欧洲现象"。[1]尽管如此，麦耶尔并没有建立实际上的"玫瑰十字会"组织，他自己也并非某个"玫瑰十字会"的成员，因为当时并没有这样的公开组织。关于笛卡尔（1596–1650）有一个著名"段子"：在德意志地区的军队里服役期间，他曾到处寻找"玫瑰十字会"想要加入组织，却始终不得其门而入。

这倒不难理解，毕竟，"玫瑰十字会"虽然披着基督教外衣，骨子里却是宣扬炼金术的"异端"。《告白》中提到，罗森克罗伊茨出生于1378年，这一年正好是西方教会因出现两个教廷即阿维尼翁教廷（Avignon Papacy）与罗马教廷对峙而"大分裂"（the Great Schism）的起始之时（1378–1417），这难道是历史巧合？[2]再说，罗森克罗伊茨的卒年刚好是路德的生年（1484），有如密教中所说的"转世"，难道也是历史巧合？

无论如何，1615年的《告白》严词指控天主教会，这表明"玫瑰十字会"的出现肯定与路德事件有关。路德本人曾在传说中的罗森克罗伊茨的出生地（图林根森林西南的瓦尔特堡）待过近1年（1521年5月至1522年3月），说不定《传说》中的罗森克罗伊茨形象就有路德的身影。毕

---

[1] C. Gilly/F. Niewöhner编，*Das Rosenkreuz als europäisches Phänomen des 17. Jahrhunderts*, Stuttgart, 2001, pp. 19–56。
[2] 参见沃格林，《政治观念史稿（卷三）：中世纪晚期》，段保良译，上海：华东师范大学出版社，2009，页179–183，273–299。

竟,路德宗的标志是十字架中间有一朵绽放的玫瑰,这与传说中的"玫瑰十字会"记号一致。《传说》封面上明确写到,有人因自己是"玫瑰十字会"成员而下狱。

有人怀疑"玫瑰十字会"不过是路德事件之后突然冒出来的诸多激进的小宗派之一,看来不无道理。问题在于,既然"玫瑰十字会"属于新教阵营,其宣传品出现在"新教"地区为何还要采取秘密方式?

如果我们意识到,路德引发的宗教改革并未导致出现一个统一的"新教",那么,我们就不仅应该关注"新教"与罗马教会之间的紧张关系,更应该关注并没有一个统一的"新教"这一现实。[1]事实上,"新教"教派之间的分歧和冲突,并不亚于罗马教会与新教之间的关系。

"玫瑰十字会"的宣传品宣扬占星术,而著名的"新教"神学家梅兰希顿(1497–1560)则对占星术持拒斥态度,就是一个典型例子。[2]由此可以理解,路德事件之后,欧洲的政治文化状况极为复杂。有非凡头脑的人因提出某种主张而搞秘密组织,若有人想要加入必须经过严格"审查",并非不可理解。在《化学婚礼》中我们看到,进入举行婚礼的皇家城堡得经过审查。据说,"玫瑰十

---

[1] 比较 J. B. Bossuet, *Histoire des variations des Églises protestantes*(1688), Ulan Press, 2012(影印版);林赛,《宗教改革史》,刘林海等译,下册,北京:商务印书馆,2016。
[2] 沃格林,《政治观念史稿(卷五):宗教与现代性的兴起》,霍伟岸译,上海:华东师范大学出版社,2009,页178–180;详参 V. Wels, *Manifestationen des Geistes. Frömmigkeit, Spiritualismus und Dichtung in der Frühen Neuzeit*, pp. 89–130。

字会"成员之间的接头暗语是:"愿玫瑰在你的十字上绽放。"这话的意思是:愿灵魂在你的身体上绽放,凡没有进入"玫瑰十字"兄弟会的人都是没有灵魂的行尸走肉。

德意志的著名学士莱布尼茨(1646—1716)不这样看,他在给朋友的一封信(1696)中曾说:"玫瑰十字会"是虚构,根本就没有一个这样的秘密组织。好玩的是,有人却说,莱布尼茨自己就是"玫瑰十字会"的秘密成员。不难理解,谁身为秘密组织的成员,绝不可能主动暴露自己:对老婆都保密,遑论给朋友写信。

看来,只要历史上出现过秘密组织,很多历史的实情就没可能彻底搞清楚。但是,"玫瑰十字会"现象的历史是否属于这类情形,还真难说。在今天看来,当时的政治家施罗德(W. von Schroeder,1640—1688)的看法倒颇有见地,他在《淬金必修课》中说,"玫瑰十字会"是新派自然哲人的符号,他们打着不穿制服的修士的旗号,致力于重新解释自然世界,并希望由此建立一个全新的人世。[1]

的确,从1615年的《告白》中可以清楚看到,作者宣称"玫瑰十字会"掌握着一种具有神奇力量的自然知识,这种知识能促进人类的普遍"进步",从而呼吁全面更新欧洲的文艺、科学、宗教、政治知识。能够提出这种宏

---

[1] Wilhelm von Schröder, *Nothwendiger Unterricht vom Goldmachen, denen Buccinatoribus oder so sich selbst nennenden foederatis hermeticis auf ihre drey Epistel zur freundlichen Nachricht*, 1684; 比较H. von Srbik, *Wilhelm von Schröder. Ein Beitrag zur Geschichte der Staatswissenschaften*, Wien, 1910.

大改革构想的人绝非等闲之辈,因此,有史学家认为,罗森克罗伊茨很可能是某个著名历史人物的假名——比如英国人培根。毕竟,直到18世纪中期,新派自然哲人仍然不得不经常采用匿名或假名写作。①

尽管如此,17世纪末至18世纪初,欧洲的确出现了众多新派知识人的地下秘密组织。这类结社或成伙的组织非常之小,以至于数量多得数不过来,其中就包括自称"玫瑰十字会"的秘密组织。②

席卷欧洲的拿破仑战争之后,整个欧洲的政治状况才发生了质的变化。用我们熟悉的语言来说,新生资产者反对教权和王权的斗争取得了决定性胜利。这时"玫瑰十字会"组织才开始从地下走向地上,而且遍布欧洲。尤其值得提到,17世纪末,在欧洲受迫害的小教派移民美洲时,"玫瑰十字会"的基因也被带到北美洲。英国殖民者闹独立建立合众国后,这个国家成了受迫害"信仰"的庇护所,自然也会成为"玫瑰十字会"的天堂。尤其在19世纪末以来,"玫瑰十字会"在美国有了长足发展。③

---

① 贝尼泰兹,《启蒙的另一面:古典时代地下哲学文稿研究》,闫素伟译,北京:商务印书馆,2017。
② K. R. H. Frick, *Die Erleuchteten. Gnostisch-theosophische und alchemistische-rosenkreuzerische Geheimgesellschaften bis zum Ende des 18. Jahrhunderts, ein Beitrag zur Geistesgeschichte der Neuzeit*, Graz, 1973/Wiesbaden, 2005.
③ C. McIntosh, *The Rosicrucians: The History, Mythology, and Rituals of an Esoteric Order*, 3rd revised edition, Maine, 1997, 页119–136;比较雷比瑟,《自然科学史与玫瑰》,前揭,页218–295。

19世纪末最后20年至20世纪30年代的半个世纪里，随着各种"玫瑰十字会"组织纷纷公开露面，关于"玫瑰十字会"的出版物猛增。本文开头提到的《失落的秘密》就是一个证明：20岁出头的哈尔能够找到那么多文献，然后在27岁时就编织出这部大书，可见相关的"八卦"说法已经急剧增加。如果把这类图书当史料来看，那就搞错了。因为，实际上并无史实可寻，能够找到的仅仅是种种文学性传说。《失落的秘密》不过是收集各种传说然后复述传说，让传说的内容显得更为可信。从形式上看，这类似于某种"谣言"的形成。

值得注意的倒是，"玫瑰十字会"传说对欧洲作家、艺术家的影响一直不衰。反过来说，作家、诗人、艺术家对"玫瑰十字会"传说的流传起了很大作用，以至于人们的确可以说，"玫瑰十字会"传说是一个文学现象。

不妨举个例子：法国诗人、作家、戏剧家马格雷（1877-1941）在其《法术家与光照派》一书中就编了一个关于罗森克罗伊茨出生经历的故事。[①] 他说，罗森克罗伊茨出生在德意志图林根一个名叫格尔墨尔韶森（Germelschausen）的家族，由于这个家族信奉发端于法国南部小镇（Albi）的阿尔比教派（Albigensians，即史上著名的Chatharism［清洁派］），当地贵族孔拉德（Landgrave

---

① Maurice Magre, *Magiciens et Illuminés. Apollonius de Tyane. Le Maître inconnu des Albigeois. Les Rose-Croix. Le Mystère des Templiers. Nicolas Flamel et la Pierre philosophale. Saint-Germain l'immortel. Cagliostro le charlatan. Mme Blavatsky et les Théosophes*, Fasquelle, 1930.

Conrad of Thuringia)灭了整个家族。[①] 当时,罗森克罗伊茨年仅5岁,只有他幸免于难。

一位来自法国南部(Languedoc)的阿尔比派长老把罗森克罗伊茨送到一所修院秘密抚养。16岁那年,罗森克罗伊茨随修院长老前往耶路撒冷朝圣,途经阿拉伯半岛时长老突然病故,罗森克罗伊茨打算原路返回,这时有人告诉他,附近有个地方叫达姆卡,那里有修炼段数很高的隐修士。罗森克罗伊茨眼下离耶路撒冷和自己的故乡都很远,因此决定去看看这个让他感到好奇的地方。

马格雷是"赫耳墨斯教"信徒,他自己就出生在阿尔比教派的诞生地,还是多产的诗人和小说家,他编的历史故事当然不能算信得过的史料。马格雷还写过《中国之光:孔子传》(*La Lumière de la Chine. Le Roman de Confucius*, 1927),难道我们会认为靠谱?[②]

毋宁说,"玫瑰十字会"的传说已经成了欧洲作家和诗人取之不尽用之不竭的精神资源。19世纪末20世纪初的法国作家佩拉当(Joséphin Péladan, 1858–1918)在他写的"玫瑰十字会"小册子的封面上用一句精妙之言表达了玫瑰与十字联姻的含义:

[①] 关于"清洁派"的故事,参见林肯、贝金特、理查德·利,《圣血与圣杯》,李永成译,北京:世界知识出版社,2008。

[②] 比较Robert Aribaut, *Maurice Magre, un méridional universel*, Toulouse, 1987; J. Madaule, *The Albigensian Crusade: An Historical Essay*, New York, 1967。

Ad rosam per crucem, ad crucem per rosam, in ea, in eis gemmatus resurgam［通过十字进入玫瑰，通过玫瑰进入十字，在玫瑰中，在玫瑰和十字中，我犹如宝石显身］。

佩拉当天生富有极强的艺术感觉，早年着迷达芬奇，也崇拜瓦格纳歌剧。他在1890年建立了一个"玫瑰十字会"组织，1892年在巴黎的著名画廊（Durand-Ruel）举办第一次"玫瑰十字会沙龙"（Salon de la Rose-Croix），参与者都是艺术家和诗人之类。以后他每年举办一次，连续办了5年，成了现代欧洲文化史上的一个事件。①

离我们最近的例子是埃科在48岁那年发表《玫瑰的名字》（1980）引起轰动，他也因此爆得大名。这部小说所讲的故事与"玫瑰十字会"传说没有关系，却不能说与"玫瑰十字"这个精神符号没关系。在接受采访时，埃科一开始就借用中古时期著名僧侣学者阿伯拉尔（1079–1142）的话神秘兮兮地说：nulla rosa est［玫瑰什么也不是］。在随后列举一系列关于玫瑰的说法时，他又显得不经意地随口提到"十字玫瑰"。②

8年后，埃科出版了《傅科摆》（1988），这次他真的把

---

① R. Pincus-Witten, *Occult Symbolism in France. Joséphin Péladan and the Salons de la Rose-Croix*, New York, 1976; R. Rutkowski, *Literatur, Kunst und Religion im Fin de siècle. Untersuchungen über das Werk des „Sâr" Péladan (1858–1918)*, Bonn, 1989.
② 埃科，《玫瑰的名字注》，王东亮译，上海：上海译文出版社，2010，页1, 4。

"玫瑰十字会"传说变成了后现代小说的素材。他以第一人称的叙事方式编了一个故事,让高科技的当代与玫瑰十字会的古老传说交织在一起:1980年代,意大利米兰一家出版社的一个年轻编辑出于"好玩"的目的,与两位年轻同事一起将关于"玫瑰十字会"的种种传说编织成一个天衣无缝的秘密"计划",让人徒劳地好奇和追寻。全书共120个小节,每个小节以与"玫瑰十字会"有关的作品的语录开篇。绝大多数作品仅出现过一次,《兄弟会传说》却出现了3次,《化学婚礼》则出现了5次。[①]故事中玩儿的隐秘铭文和用密码编成的谜语,像是在模仿《化学婚礼》中的游戏。

一个有趣的问题出现了:埃科与在《傅科摆》中出现过一次的麦耶尔一样,属于既有艺术才华又有学识的心智,两者的灵魂差异怎么会那么大而且那么明显呢?

五 从共济会到美利坚立国

耶茨的《玫瑰十字会的启蒙》名气很大,但在一些业内人士眼里,该书堪称"声名狼藉",因为耶茨对"玫瑰十字会"现象的理解过于片面。看来,史学上的事情要达成共识很难。即便史实明摆在那里,辨识史实的个体见识也还有高低之别。

[①] 埃科,《傅科摆》,前揭,第9, 12, 56–57, 70–71, 104, 119小节。

耶茨主张慎用"玫瑰十字会"这个语词,它不过是一种triumph of rhetoric[修辞上的胜利],因为在历史上找不到实实在在的对应者。文艺复兴以来,赫耳墨斯教的复兴催生了现代自然科学,所谓"玫瑰十字会"现象不过是这一历史过程的伴生表现。[1]

相反的观点则认为,"玫瑰十字会"现象与赫耳墨斯教复兴有关系,不等于它不是一个独立的政治史现象。两者的决定性差异在于:"玫瑰十字会"现象带有具体的政治理想,并产生了一系列如今所谓的"乌托邦"作品。[2]在笔者看来,这种反驳的理据未必充分,毕竟,所谓"乌托邦"作品在"玫瑰十字会"现象出现之前就有了。当然,耶茨贬低"玫瑰十字会"现象在政治史学中的独特性也并不恰当。毋宁说,必须承认,17世纪西欧的政治—文化现象极为复杂难辨,要认清其真实面目恐怕已经超出了史学之所能及。

这个问题因另一个秘密组织即共济会在17世纪中期至18世纪初期浮出水面而变得更加复杂难辨。既然共济会以致力于构建如今被称之为"公民社会"的新政治体著称,那么,它与"玫瑰十字会"有是什么关系吗?

2011年,我国最为权威的文学出版社(人民文学出版社)出版了一本美国人写的小册子《共济会的秘密》,笔

---

[1] F. A. Yates, *The Rosicrucian Enlightenment*,前揭,pp. 109–125, 278–293。

[2] D. R. Dickson, *The Tessera of Antilia: Utopian Brotherhoods and Secret Societies in the Early Seventeenth Century*, Leiden, 1998, p. 20.

者看了不禁大吃一惊。①

笔者感到吃惊,并非因为文学出版社竟然会出版这样的政治书。毕竟,与"玫瑰十字会"传说一样,共济会在历史上不仅是政治现象,也是文学和艺术现象。众所周知,18至19世纪的不少欧洲诗人、作家、作曲家是共济会员。②笔者感到吃惊仅仅因为,中译本的封面设计带有共济会的秘密味道。橘黄色的护封封面上的"共济会的秘密"这个书名与封面颜色完全一致,仅以凸凹压印形式呈现,很难凭眼力辨识,除非用手触摸,有如盲人读物。取掉护封,读者又会看到一个全黑色的封面,"共济会的秘密"六个字以浅黑色若隐若现地呈现在正中,宛若茫茫黑暗中透出的一线微光。

据说共济会成立于1717年的"圣约翰日"(6月24日),地点在伦敦圣保罗大教堂附近的烤鹅大厦(Goose and Gridiron Ale-house)。我们值得意识到,那时英国的"光荣革命"刚好过去30年,如今好些史学家称为"激进启蒙"的时代。③

---

① 布莱克斯托克编著,《共济会的秘密》,王宇皎译,北京:人民文学出版社,2011(以下随文注页码)。
② O. Antoni, *Der Wortschatz der deutschen Freimaurerlyrik des 18. Jahrhunderts in seiner geistesgeschichtlichen Bedeutung*, Saarbrucken, 1967; J. Chailey, *The Magic Flute, Masonic Opera*, New York, 1971.
③ A. Hamilton, *The History of the Tuesday Club* (成书于约1752–1756), R. Micklus编, University of North Carolina Press, 1990/2011; D. Stevenson, *The Origins of Freemasonry*, Cambridge University Press, 1988; J. Hamill/R. Gilbert编, *Freemasonry*, Angus, 2004; R. L.D. Cooper, *Cracking the Freemason's Code*, Rider, 2006。

所谓"激进启蒙"首先指政治上的激进"共和主义",有时还与"激进新教"是同义词,同时也指从古老的炼金术和占星术中分化出来的新自然科学教。[1] 由于共济会的信仰基础是机械论式的新自然哲学,据说,共济会的真正教父是培根和笛卡尔。如今威力无比的洲际弹道导弹得凭靠牛顿(1643–1727)发明的力学原理,要制造达成国际战略平衡不可或缺的核弹,其原理则恐怕得溯源到史称第一位伟大的理性化学家波厄哈维(Boerhaave,1664–1734)的发明。1717年伦敦成立的共济会总会中,据说不乏这两位现代自然科学先驱的朋友。

我们更应该意识到,无论牛顿还是波厄哈维,都对炼金术深信不疑。[2] 倘若如此,人们的确有理由说,现代自然科学(物理学、化学和生物学)的诞生实现了"玫瑰十字会"《告白》的呼吁,而共济会则致力于实现其政治诉求。

在半公开地露面之前,共济会八成已经神秘地存在了相当长的时期,尽管史学家们迄今没法搞清,它究竟何时出现,秘密存在了多久。有一点可以肯定:共济会出现于"玫瑰十字会"传说在欧洲疯传之后。从眼下这本《共济会的秘密》来看,共济会的起源、宗旨和规章制度乃

---

[1] M. C. Jacobs, *The Radical Enlightenment: Pantheists, Freemasons, and Republicans*, London, 1981; J. R. Jacob, *Henry Stubbe, Radical Protestantism and the Early Enlightenment*, Cambridge University Press, 1983/2002.

[2] B. J. T. Dobbs, *The Foundations of Newton's Alchemy*, Cambridge University Press, 1975/2008, p. 44; B. J. T. Dobbs, *The Janus Faces of Genius: The Role of Alchemy in Newton's Thought*, Cambridge University Press, 1992.

至行为准则,的确与"玫瑰十字会"《传说》和《告白》中的说法颇为相似。①

这种相似性并不能坐实共济会是"玫瑰十字会"成员的缔造,即便在18世纪后期,不少共济会员的确同时就是"玫瑰十字会员"。毋宁说,所谓"激进启蒙"与新派自然科学智识人群体的形成相关,无论"玫瑰十字会"还是共济会,都是这类新科学知识人的组织。共济会与"玫瑰十字会"一样注重革新教育,致力把新的理性知识教给世上所有的人。他们以地方分会的方式筹集资金,资助科学实验,传播各种基于新自然科学的哲学知识,直接催生了法国的启蒙运动。据说,达朗贝尔(1717–1783)在1750年的《百科全书前言》中提到的"秘密团体",很可能指的就是共济会。②

尽管如此,共济会与"玫瑰十字会"仍然不无差异。共济会的精神领袖是"石匠大师傅",而非精通炼金术和占星术的"罗森克罗伊茨"——与此相应,共济会强调几何术。此外,共济会的组织结构具有严格的等级制,像是在模仿耶稣会,从而具有很强的政治实践能力。

共济会的组织标志为圆规、曲尺和书本(即法典),据说几乎每个共济会会所都饰有这种三合一符号。这些既是石工行业常用的"家当",也是共济会员完善自身、突破三重黑暗、重见理性光明的修炼过程必不可少的工

---

① 布莱克斯托克,《共济会的秘密》,前揭,页71–80。
② 范迪尔门,《欧洲近代生活:宗教、巫术、启蒙运动》,王亚平译,北京:东方出版社,2005,页253–257。

具,因此被称为"三重伟大之光"。

据共济会中人自己的说法,共济会的神秘象征都具有极为古老的来源。[①]尽管如此,共济会的基本宗旨却非常"现代":倡导博爱和慈善,主张个人自由至上,致力于在世上建造一个完美的政治体。用"光明王国"取代"黑暗王国"是共济会的政治修辞,翻译成20世纪的语汇即:反抗任何统治形式,通过渐进的革命性改革建立起一个能够给所有人带来幸福的公民自主的政治体,听起来颇像今天的"自由主义"政治理想。[②]

18世纪中期,法兰克福出现了一个名为"金十字和玫瑰十字教团"(Orden der Gold- und Rosenkreuzer/the Golden Rosicrucians)的秘密团体,这让共济会现象变得复杂起来。

"金十字和玫瑰十字教团"史称第一个有名有实的"玫瑰十字会"组织,好些德意志城市都有分部,还在波兰乃至俄国发展了自己的组织。既然是秘密结社,要搞清这个有名有实的"玫瑰十字会"组织的实际历史也并不容易。共济会的出版物与"玫瑰十字会"出版物一样,都是这些组织的宣传品,是否算得上实证史学意义上的史料很难讲。因此,虽然早在19世纪就有了对"金十字和

---

① 哈尔,《失落的密码》,薛妍译,长春:吉林出版集团,2017,页323–339。
② M. C. Jacobs, *Living the Enlightenment: Freemasonry and Politics in Eighteenth-Century Europe*, Oxford University Press, 1991; M. D. J. Scanlan(编), *The Social Impact of Freemasonry on the Modern Western World*, London, 2002。

玫瑰十字教团"的研究，史料辨识始终是一大难题。①

"金十字和玫瑰十字教团"的建立要追溯到18世纪初。德意志30年战争之后，关于"玫瑰十字会"的传闻在德意志地区曾一度销声匿迹。17世纪末、18世纪初，也就是共济会露面的时期，德意志地区又出现了"玫瑰十字会"的书籍和宣传品。

1710年，德意志的新教牧师李希特（Samuel Richter，?-1722）用化名出版了《出自金十字与玫瑰十字兄弟会的哲人石的真实而又完美的准备》。②此人虽然是新教牧师，同时也是炼金术迷，他写下这本书时有多大年纪，无从查考，因为史学家对他的生平所知甚少。他出版这部书所用的化名叫做Sincerus Renatus［信实的重生者］，据说这个化名透露出李希特是个新教虔敬派信徒。

差不多10年后（1719），李希特又用另一个化名编辑出版了《祭司—喀巴拉与神智之书》（副标题"论盐的起源和生产及其性质和特性以及益处和用途"）。3年后（1722），李希特突然不见了踪迹，用今天的说法叫做"人间蒸发"。他留下5部书，均涉及炼金术和医学，明显是个帕拉克尔苏斯信徒。

《祭司—喀巴拉与神智之书》并非李希特自己写的，而是出自韦林的格奥尔格（Georg von Welling, 1655-1727）

---

① 参见R. D. Geffarth, *Religion und arkane Hierarchie: Der Orden der Gold- und Rosenkreuzer als geheime Kirche im 18. Jahrhundert*, Leiden, 2007, p. 25–74; 比较H. Lamprecht, *Neue Rosenkreuzer. Ein Handbuch*, Göttingen, 2004。

② Samuel Richter, *Die warhaffte und vollkommene Bereitung des philosophischen Steins der Brüderschafft aus dem Orden des Gülden — und Rosen-Creutzes*, Breslau, 1710/1714.

之笔,此人的生平有案可考。他出生在"玫瑰十字会"《传说》的诞生地卡瑟尔,祖上是符腾堡地区的贵族,早年在哈布斯堡王朝陆军中任军官,还做过帝国派驻普鲁士王国的公使馆参赞。50岁左右时,韦林迷上炼金术,抛官替贵族打理采矿业,趁机钻研炼金术。《祭司——喀巴拉与神智之书》是他沉思炼金术的成果,共三个部分,依次论"盐、硫、汞的起源和生产及其性质和特性以及益处和用途"。李希特未经韦林同意编辑出版的仅是第一部分,韦林去世多年后(1735),虔敬派信徒许茨(Christoph Schütz,1693–1750)才以其本名将全书整理出版。[1]

我们会觉得费解:盐、硫、汞一类物质与古波斯祭司的智慧或喀巴拉以及神智学有什么关系?实际上,这才是正宗的炼金术秘学。

1756至1757年间,两位新教虔敬派(Pietism)信徒在法兰克福成立秘密团体"金十字和玫瑰十字会"时,把李希特和韦林的书奉为圣典,团体名称亦取自李希特的书名中用到的Orden des Gülden —— und Rosen —— Creutzes[金十字和玫瑰十字教团]这个名称。歌德在《诗与真》中提到,他在1768至1769年期间读过韦林的书。[2]看来,

---

[1] Georg von Welling, *Opus mago-cabbalisticum et theosophicum, darinnen der Ursprung, Natur, Eigenschaften und Gebrauch des Salzes, Schwefels und Mercurii in dreyen Theilen beschrieben*, Frankfurt, 1735/1760/1784;比较Petra Jungmayr, *Georg von Welling (1655–1727). Studien zu Leben und Werk*, Stuttgart, 1990.

[2] 歌德,《诗与真》(上),见《歌德文集》卷四,刘思慕译,北京:人民文学出版社,1999,页349–351;比较N. Boyle, *Goethe: The Poet and Age. Volume I, The Poetry of Desire (1749–1790)*, Oxford University Press, 1991, p. 76, 88, 222。

《浮士德》中的炼金术故事与此不无关系，关于歌德是"玫瑰十字会员"的"八卦"说法同样如此。

李希特和韦林的书中出现了一个备受推崇的人物——路德宗神学家、帕拉克尔苏斯的崇拜者波墨（Jakob Böhme, 1575-1624），他的神学思想虽然有浓厚的"神智学"思辨色彩，却对激进宗教精神有不可思议的影响——包括对英国革命的影响。[①]所谓黑格尔的《精神现象学》中隐藏着"玫瑰十字会"教义，即指黑格尔与波墨的神智学和喀巴拉神秘主义有关系："在黑格尔那里，波墨的神秘主义沉思转变成了理念的辩证运动。"[②]在随后的谢林那里，这种"玫瑰十字会"教义的味道更重。

"金十字和玫瑰十字会"带来的史学难题是：它的组织形式明显来自共济会，甚至自称共济会成员，但其主张又明确反对正在兴起的共济会式的普遍启蒙。老"玫瑰十字会"人士指责这个新的"玫瑰十字会"是叛徒、骗子，出卖了"玫瑰十字会"的真精神；"金十字和玫瑰十字会"人士则宣称自己是在保守"玫瑰十字会"的真传统，即炼金术的"内传"奥秘在于个体灵魂修炼。

看来，随着启蒙运动的全面展开和推进，欧洲知识界的状况在发生变化。"玫瑰十字会"《传说》和《告白》诞生之时，与亚里士多德形而上学体系结盟的基督教正

---

① M. L. Bailey, *Milton and Jakob Boehme: A Study of German Mysticism in Seventeenth — Century Endland,* Oxford University Press, 1914; C. Bourgeault, *The Holy Trinity and the Law of Three: Discovering the Radical Truth at the Heart of Christianity,* Shambhala, 2013.
② 沃格林，《政治观念史稿（卷六）：革命与新科学》，谢华育译，上海：华东师范大学出版社，2009，页88。

统教义的宇宙论在欧洲仍然占支配地位,"玫瑰十字会"传说对这个体系的攻击代表了新自然知识人的心声。18世纪初以来,英国和法国的知识界在经历过一场"古今之争"后,新的自然科学知识体系(笛卡尔的新物理主义或机械论哲学)至少在大学领域已经成功取代亚里士多德的知识体系。①

"金十字和玫瑰十字会"与源于路德宗的虔敬派相关,这个派别把路德的"唯信"论推到极端,把个体内省式的修炼视为唯一有效的灵魂得救方式,反对严律教义。虔敬派的信念不仅对天主教传统制度构成严重威胁,对"改革宗"同样构成威胁,因为新教的大教派同样注重制度约束。换言之,"宗教改革"打开了各种极端个体精神的闸门。从这一角度来看,"金十字和玫瑰十字会"与当年的老"玫瑰十字会"一样都是"新教精神"衍生出来的激进变种。②

"金十字和玫瑰十字会"拒绝把数理化的理性当作人类完善自身的唯一且最高的条件,持守古老的炼金术传统,强调理解世界隐秘的内在结构必须得凭靠直觉,这

---

① C. McIntosh, *The Rose Cross and the Age of Reason: Eighteenth-Century Rosicrucianism in Central Europe and its Relationship to the Enlightenment*, New York, 1992.
② 范迪尔门,《欧洲近代生活:宗教、巫术、启蒙运动》,前揭,页141–151;详参C. D. Ensign, *Radical German Pietism* (1675–1760), Boston University, 1955; M. Gierl, *Pietismus und Aufklärung: Theologische Polemik und die Kommunikations-reform der Wissenschaft am Ende des 17. Jahrhunderts*, Göttingen, 1997; D. H. Shantz, *An Introduction to German Pietism: Protestant Renewal at the Dawn of Modern Europe*, Johns Hopkins University Press, 2013。

没有什么不好理解。难以理解的是,为何这个组织要以共济会的形式反共济会的启蒙诉求:难道我们熟悉的"打着红旗反红旗"在那个时代就有了?由此看来,在18世纪,"玫瑰十字会"与共济会之间的区别很难搞清。①

这件史实让我们意识到,近代欧洲的启蒙运动作为历史现象极为复杂难辨,要搞清楚其真实面目实在不容易。我们读过盖伊的大部头《启蒙时代》后,会以为他对这段历史的描述再清楚不过了。②一旦我们又读到伊斯雷尔的同样大部头的《激进启蒙》,马上就会感觉到盖伊的描述太过平面,还忽略了不少重大的思想史现象——比如,斯宾诺莎的著作相当抽象思辨,却极富激进政治的煽动性。③

1738年,教宗克莱门斯十二世颁布通谕,禁止天主教徒加入共济会,违者革除教籍。可见,共济会已经成为一种社会现象。法国大革命爆发后,各地谣传这场革命是共济会员搞的,各君主制王国纷纷颁布针对共济会的禁令,直到拿破仑挥军横扫欧洲旧制度时才解除禁令。法

---

① M. Agethen, *Geheimbung und Utopie Illuminaten: Frermaurer und deutsche Spatanflkärung*, München, 1984.
② 盖伊,《启蒙时代:现代异教精神的兴起》,刘北城译,上海:上海人民出版社,2015;盖伊,《启蒙时代:自由的科学》,王皖强译,上海:上海人民出版社,2016;比较希梅尔法布,《现代性之路:英法美启蒙运动之比较》,齐安儒译,上海:复旦大学出版社,2011。
③ J. I. Israel, *Radical Enlightenment: Philosophy and Making Modernity, 1650–1750*, Oxford University Press, 2001; J. I. Israel, *A Revolution of the Mind: Radical Enlightenment and the Intellectual Origins of Modern Democracy, 1650–1750*, Princeton University Press, 2010.

兰西第一帝国覆亡后，罗马教廷随即(1817)同普鲁士王国签订协议、4年后(1821)又同巴伐利亚王国签订协议，共同禁止包括共济会在内的各种秘密社团。

共济会传说中最为著名的"八卦"要数共济会与法国大革命尤其北美殖民地独立并立国的关系。[①]布莱克斯托克在《共济会的秘密》中用大量书信向读者表明，华盛顿(1732–1799)是共济会的大师级"石匠师傅"(页107–133)。著名的富兰克林(1706–1790)是共济会员，在当时就不是秘密。他从小喜欢阅读自然科学和技术方面的通俗读物，长大后自己也搞实验，还编写过《共济会会规》(*The Constitutions of the Free-Masons*)。

美利坚立国与共济会有关的"八卦"很可能是真的，因为，18世纪的德意志著名戏剧诗人、古典学家莱辛(1729–1781)曾与共济会组织有过深度接触，从他病逝前不久写的著名对话作品《恩斯特与法尔克》中，我们可以读到这样一段对话：

> 恩斯特　他们终于走了！呵，这些饶舌者！难道你没有看出或者不愿注意到，那个下颚长着肉瘤的人——他叫什么名字无关紧要！——是共济会员？他不断这样叩手指头。

[①] B. Faÿ, *Revolution and Freemasonry: 1680–1800*, Boston, 1935/2011(影印版)；索雷，《拷问法国大革命》，王晨译，北京：商务印书馆，2015，页29–30。

> **法尔克** 我注意听他讲话。我甚至从他的话中听出了没有引起你足够注意的东西。他属于那些在欧洲为美国人辩护的人——
>
> **恩斯特** 在他身上,这也许还不算最坏的事。
>
> **法尔克** 他想入非非,认为美国国会是一个共济会分会;共济会员最终将在那里以武装的双手建立自己的国家。
>
> **恩斯特** 竟有这样的梦想家?
>
> **法尔克** 这是必然的嘛。
>
> **恩斯特** 你从哪里看出他有这种怪念头?
>
> **法尔克** 从他的一种表情,将来你也一定会更清楚地认识到这种表情。
>
> **恩斯特** 天哪!我怎么就不知道,竟如此错看了这些共济会员!
>
> **法尔克** 不必担心,共济会员沉静地等待日出,同时让火烛尽其所愿和所能地闪亮发光。掐灭火烛,或者在其熄灭时突然意识到应该插上新的蜡烛、提供新的光明,并非共济会员的行为方式。[1]

"美国国会是一个共济会分会"——这个说法是否具有史料价值,如今断难搞清楚,尽管早在19世纪,共济

---

[1] 莱辛,《恩斯特与法尔克》,见莱辛,《论人类的教育》,刘小枫编,朱雁冰译,北京:华夏出版社,2008,页183–184。

会与美国立国的关系就成了一个史学话题。①问题在于，即便是文学性说法也具有政治思想史意义。莱辛的这部对话作品让人们看到：共济会的政治理想是打造一个完美的"市民社会"式的国家。这意味着共济会员相信，通过普遍的理性教育，所有人的德性都能够达到完善。同时，莱辛又试图让人明白：共济会的政治理想从本质上说是乌托邦，这种政治理想会制造出更多的世间恶。②

有共济会大师傅说，莱辛破碎了共济会的理念，有的大师傅则说，莱辛最为精当地表达了共济会的理念。对今天的我们来说，问题会截然不同。科学技术文明极大地改善了人类的生活品质，就此而言，人类的生活方式的确有了有目共睹的进步。问题在于：即便在技术文明发达的国家，人的德性达到共济会理想所企望的普遍完善吗？共济会的秘密政治理想早已经在美国实现，仍然有美国的政治学家认为，莱辛的思考没有过时。③

埃科在《傅科摆》接近结尾的第104小节引用了相隔300多年的两段语录。第一段语录出自20世纪的黎巴嫩政治家琼布拉特（K. F. Jumblatt, 1917–1977）在欧洲"文革"

---

① P. A. Roth, *Masonry in the Formation of Our Government, 1771–1799*, 1845/1995（影印版）；B. Faÿ, *Franklin: The Apostle of Modern Times*, Boston, 1929；H. Schnerder, *Quest for Mysteries*, Cornell University Press, 1947；S. C. Bullock, *Revolutionary Brotherhood: Freemasonry and the Transformation of the American Social Order, 1730–1840*, University of North Carolina Press, 1996。
② 参见拙文《启蒙与哲人的德性》，见刘小枫，《施特劳斯的路标》，北京：华夏出版社，2012，页86–183。
③ 马斯勒，《为什么必须读〈恩斯特与法尔克〉》，见刘小枫编，《古典诗文绎读：西学卷》（现代编），北京：华夏出版社，2009，页30–44。

来临前夕(1967年3月)的一篇访谈:

> 这些文章并非针对凡人……灵知统觉是专为出类拔萃者开辟的一条路径……因为据《圣经》的说法:不要把你们的珍珠丢在猪前。(埃科,《傅科摆》,页604)

琼布拉特是黎巴嫩民族解放运动的领袖之一、德鲁兹派武装力量的创建者和领导人,即便笔者知道他早年毕业于巴黎的索邦大学(心理学/社会学专业)和黎巴嫩的圣约瑟夫大学(法学专业),他能说出这样的话还是让笔者惊诧莫名:他竟然知道我们以为仅仅与个体灵魂相关的"灵知统觉"(Gnostic perception)。看来,任何政治体都可能产生出自己的闵采尔,如果这个政治体走运的话。

埃科接下来让琼布拉特的语录与出自《化学婚礼》扉页的语录放在一起供人对观:

> 秘密一旦曝光就贬值了,就失去了被玷污的雅致。因此,不要给笨猪戴珍珠项链,不要给蠢驴送玫瑰。(同上)

"玫瑰十字会"或共济会的政治理想明摆着已经实现,埃科让琼布拉特的语录与出自《化学婚礼》的语录并置又是什么意思呢?难道他的意思是"玫瑰十字会"或共济会的政治理想还没有真正在全世界实现?

1825年的俄国十二月党人起义据说也与共济会有关，而马克思则激烈谴责共济会。令笔者百思不得其解的是，后来列宁的建党原则据说有些像共济会的组织形式。笔者想起《共济会的秘密》的"译者序"结尾时的一段话：

> 智利前总统阿连德，一位"被盖棺"30多年的马克思主义者，仍未有生平定论，但身为共济会会员，相信他死后也应该"进入和谐神圣的所罗门宫殿"或"至圣所"，不知他在那里遇到那么多美国总统时，是"相逢一笑"履行共济会的握手礼，还是继续在尘世未竟的事业……（布莱克斯托克，《共济会的秘密》，页4）

这段话实在精妙，其隐含的意思似乎是说：冷战时期的苏俄与美国以核弹相向长达半个世纪，到头来却发现双方的先辈其实是共济会同仁。[①] 核弹这种东西的发明，难道不是可以溯源到现代化学从古老的炼金术分化出来吗？

六 从《化学婚礼》到《基督城》

1614年至1616年，《传说》、《告白》、《化学婚礼》

[①] 参见拉费伯尔，《美国、俄国和冷战：1945–2006》，牛可等译，北京：世界图书出版公司，2011。

接踵而出，的确显得是一阵"喧嚷"，实际上也起到了如此效果。但"喧嚷"之后，作者真的如麦耶尔所说的那样"缄口不言"了吗？

18世纪的最后一年，坊间突然出现了安德里亚用拉丁文写的自传《本人亲自写下的生平》(*Vita ab ipso conscripta*)的德文译本，这与安德里亚离世已经相隔近一个半世纪。①

安德里亚(Johann Valentin Andreae, 1586–1654)

---

① J. V. Andrea, *Selbstbiographie*, D. C. Seybold译, Winterthur, 1799/Berlin, 1849。

在这部离世前12年（1642）写下的自传中，安德里亚说他就是《化学婚礼》的作者，写这部作品时才19岁（1605）。尤其让人惊讶的是，他还说《化学婚礼》是ludibrium［搞笑］之作，目的是嘲弄"玫瑰十字会"。①

这个玩笑开得实在太大。毕竟，《化学婚礼》出版后，该书一直被视为"玫瑰十字会"人士的经典杰作，直到今天仍然如此。由于坊间已经习惯于把《化学婚礼》的作者与《传说》和《告白》的作者视为同一个人，人们自然也就把安德里亚视为这两部小册子的作者。但在传记中，安德里亚对此支支吾吾，语焉不详，没说自己是《传说》和《告白》的作者，也没说不是。

19世纪以来的"玫瑰十字会"作家对这件事情置之不理，就当没听见，史学家们则不然。一个史学公案由此产生，而且还很复杂。

首先，安德里亚真的是《化学婚礼》的作者？他在自传中说自己是作者，他就是吗？这个问题倒不难解决，通过文献考证乃至文体学的辨识，文史学家确认，安德里亚的确如他在自传中坦陈的那样是《化学婚礼》的作者。安德里亚生前是当地德高望重的新教牧师和长老，他的为人品德也让人很难设想他会冒充《化学婚礼》的作者。何况，冒充这样的作者对他来说也没有必要。②

---

① D. R. Dickson, *The Tessera of Antilia*, 前揭, p. 80–88。
② F. A. Yates, *The Rosicrucian Enlightment*, 前揭, p. 30; J. W. Montgomery, *Cross and Crucible: Johann Valentin Andreae (1586–1654). Phoenix of the Theologians*, The Hague, 1973, 1 vols., pp. 158–162。

接下来的问题就不好说了：安德里亚也是《传说》和《告白》的作者吗？《告白》中说罗森克罗伊茨这位"我们的兄弟会之父"生于1378年，他活了106岁，按此推算，罗森克罗伊茨死于1484年。安德里亚的《化学婚礼》中的罗森克罗伊茨当时(1459)已经81岁高龄，而且时日不多，明显与《告白》中的说法不同。在其他方面，《化学婚礼》对罗森克罗伊茨的描绘也与《传说》中的形象多有不合。史学家有理由怀疑，《化学婚礼》的作者与《传说》和《告白》的写手并不是同一个人。

好在这个问题现在也基本搞清楚了：《传说》和《告白》的作者并非某一个人，而是小城图宾根以赫斯(T. Heß, 1558–1614)为首的一些如今所谓"激进知识分子"（法学家、神学家、医生），史称"图宾根学人圈子"(Tübinger Gelehrtenkreis)，成员多为年轻人。

赫斯早年在图宾根大学读法学，后来迷上帕拉克尔苏斯医学，他领导的这个"学人圈子"是一群帕拉克尔苏斯的崇拜者。好些成员还很年轻，思想并未定型。比如，同样是学法学出身的中心人物之一伯索尔德(C. Besold, 1577–1638，曾做过开普勒的助手)后来就回归了天主教。作为他的挚友，安德里亚为此内心十分痛苦。[①] 此人当时

[①] D. R. Dickson, *The Tessera of Antilia*, 前揭, p. 30–39；关于贝索尔德的政治思想，参见H. de Wall, "Politik, Recht und Maiestas — Zur Staatslehre Christoph Besolds", In: U. Köpf/S. Lorenz/D. R. Bauer编, *Die Universität Tübingen zwischen Reformation und Dreißigjährigem Krieg*, Ostfildern, 2010, S. 223–234。

虽然年轻，却是校园里的魅力人物，酷爱各种神秘主义书籍，据说私人藏书多达3870册（现藏Salzburg［萨尔茨堡］大学图书馆）。

安德里亚属于这个圈子，而且参与了《传说》和《告白》的所谓"集体撰写"（worked collaboratively）。①

与接下来的故事相关，我们需要知道，这个"图宾根学人圈子"深受当时的意大利激进知识分子（史称"人文主义者"或"赫耳墨斯教"信徒）影响。他们泡制的《传说》的第一部分（"普遍而又全面地改革整个广袤世界"），即出自威尼斯城的政治作家博卡里尼（T. Boccalini, 1556–1613）的对话作品《来自帕尔纳索的报道》（*Ragguagli di Parnaso*, 1612/1613）的第26章（伯索尔德的翻译）。博卡里尼是伽利略的朋友，属于当时大名鼎鼎的威尼斯政治家萨尔皮（P. Sarpi, 1552–1623）领导的反教宗秘密组织的成员，以善写讽刺性文学小品著称。②

博卡里尼在《来自帕尔纳索的报道》中以对话形式描绘了一个想象中的王国，以此抨击意大利的政治现实。

---

① M. Brecht的考证非常充分，得到业界人士认同，见M. Brecht, "Johann Valentin Andreae. Weg und Programm eines Reformers zwischen Reformation und Moderne", In: M. Brecht编, *Theologen und Theologie an der Universität Tübingen. Beiträge zur Geschichte der Evangelisch-Theologischen Fakultät*, Tübingen, 1977, S. 270–343。

② 关于萨尔皮，参见W. J. Bouwsma, *Venice and the Defense of Republican Liberty: Renaissance Values in the Age of the Counter-Reformation*, University of California Press, 1968/1984; D. Wootton, *Paolo Sarpi: Between Renaissance and Enlightenment*, Cambridge University Press, 1983。

作者明显对整个基督教欧洲长期以来饱受分裂之苦痛心疾首,呼吁重新整合欧洲,这需要用新的知识形态取代大公教会的意识形态。[1]由此可见,《传说》和《告白》的产生绝非仅仅是宗教问题,毋宁说,基督教欧洲自14世纪以来的政治裂变是"玫瑰十字会"传说产生的根本原因。

《来自帕尔纳索的报道》在形式上是虚构类文学作品,内容却带有很高的理想政治诉求(如今所谓的"乌托邦欲望"),《传说》在这两个方面都与此相似。我们不能以为,《传说》具有所谓"神秘主义"的宗教气息,从而与实际政治没关系,不妨想想中世纪晚期著名的寓意叙事诗《农夫皮尔斯的[梦中]异象》(*Visio Willelmi de Petro Ploughman*, 约1370–1390)。[2]这部诗作出自一人还是多人之手,同样长期是无头公案,如今通常认为是郎兰的威廉(William Langland, 1332–1386)所作,与《传说》和《告白》的情形颇为相似。

按照沃格林的识读,这部诗作不仅以现实主义风格描绘了"在宗教上迷失方向的英国社会",而且"讽刺性"地描绘了"与真理指引的生命坦途背道而驰"的精神状况,标志着正在成长的领土性民族国家已经成熟到产生出自己的"代表类型即基督教知识分子":"如今,这种成

---

[1] H. Jedin, "Religion und Staatsräson. Ein Dialog Trajano Boccalinis über die deutsche Glaubensspaltung", In: H. Jedin编, *Kirche des Glaubens. Kirche der Geschichte*, Freiburg, 1966, S. 271–285。

[2] 中译见兰格伦,《农夫皮尔斯》,沈宏译,北京:中国对外翻译出版公司,1999。

熟正在从城市向下延伸至整个未受教育的人群。"[①]用今天的话说，即所谓的"启蒙"。

这段说法挪到《传说》和《告白》上未必不恰当，把英格兰换成德意志就行了。当然，在"学问"对一个人自身的完美是否有积极作用这一重大问题上，《传说》和《告白》与《农夫皮尔斯的[梦中]异象》完全相反，后者并不认为理智性的学问有多重要。尽管如此，两者在一个更为重要的立场上堪称同气相求：这些新生的基督教知识分子相信，有天赋的人"是自己的最高[精神]主宰"。因此，他们张扬基于自己的"灵魂之神秘经验"的精神独立性，用如今我们喜欢模仿的说法即"自由之精神，独立之人格"。所以，沃格林说，"就其个人主义言之"，《农夫皮尔斯的[梦中]异象》在性质上"基本上已属于新教了"（同上，页199）。

现在来看最棘手的问题：《化学婚礼》究竟是在展示"灵魂重生"的炼金术，还是如安德里亚自己所说，是在"嘲弄"传说中的"玫瑰十字会"？

《化学婚礼》的笔调和诸多细节的确不乏幽默，比如，国王和王后的灵魂重生时，那个"坏心眼儿的贪婪鬼"所扮演的角色让这个神圣时刻显得颇为滑稽。故事中出现的隐秘铭文也显得不严肃，用密码编成的谜语像是游戏，数学家莱布尼茨后来曾试图解开这个谜语同样

[①] 沃格林，《政治观念史卷三：中世纪晚期》，前揭，页196–197；比较C. D. Benson, *Public Piers Plowman: Modern Scholarship and Late Medieval English Culture*, University of Pennsylvania Press, 2003。

是为了好玩儿。尽管如此,这些喜剧成分未必能充分证明,作者是在嘲弄"玫瑰十字会"的神秘。[1]

安德里亚出生于符腾堡的一个路德宗家庭,他祖父雅各伯(Jacob Andreae, 1528–1590)很有名,是路德的亲密战友,路德宗重要历史文件《和谐信条》(*Konkordienformel*, 1577)的起草人之一,曾任图宾根大学校长,有"符腾堡的路德"(Württemberg Luther)之称。但与安德里亚的青史留名相比,他祖父的名声就算不得什么了。

即便对我国知识界而言,安德里亚也早已不是陌生人:他是史称三大"乌托邦名作"之一的《基督徒城邦共和国素描》(*Reipublicae Christianopolitanae descriptio*, 1619,通常简称Christianopolis,即《基督城》)的作者。此书在1980年代末就已经译成中文,1991年出版后10年内两次重印,可见不乏读者。[2]

安德里亚是《基督城》的作者,这没有疑问,因为安德里亚在1619年用本名(缩写J. V. A.)出版该书。如果《化学婚礼》的作者的确是安德里亚,那么问题就来了:这两部作品的刊印时间相隔很短(仅仅3年),两者之间有什么关系?为什么安德里亚要匿名刊印《化学婚礼》,而且生前一直守口如瓶,任凭坊间猜测?

---

[1] 参见C. Neeb, *Christlicher Haß wider die Welt. Philosophie und Staatstheorie des Johann Valentin Andreae*, Frankfurt am Main, 1999, 页47–76。

[2] 安德里亚,《基督城》,黄宗汉译,北京:商务印书馆,1991/2009/2011(以下随文注小节编号)。凡有改动,依据德文考订版:J. V. Andreaes, *Christianopolis*, R. van Dülmen编,拉/德对照本,Stuttgart, 1972。

按文体分类,《基督城》与《化学婚礼》一样相当于如今的中篇小说,叙述角度也都采用第一人称。《基督城》全书共100个小节,每节篇幅都不长。作者首先讲述自己出海航行的原因和航船遭难的经过,以及如何飘到了基督城(1–3节)。开篇是这样的:

> 我在这个世上象陌生人一样到处流浪,忍气吞声受尽暴政、诡辩和虚伪带来的许多痛苦,想要找到一种男子气概,而又发现不了我所急于想要求得之物,于是我决定,尽管科学之海曾让我吃过不少苦头,我还是要再次去这个大海航行。就这样,我和很多人一起登上一艘良好的"幻想号"航船,驶离港口,使自己的身心暴露在因渴求知识而发生的万千危险面前。(1节)

与《化学婚礼》的开篇对观,这里的"我"明显富有主动的自主精神,而非像旧教士那样沉溺在与上帝的独白式祈祷交谈之中。此外,这个"我"感受到的"痛苦"无不来自政治现实:"暴政、诡辩和虚伪"(tyrannidis, sophistices et hypocriseos)。这个句子让笔者想到康帕内拉的1首诗的开头:

> 我降生是为了击破恶习:
> 诡辩、伪善、残暴行为,
> 我珍视忒弥斯(Themis)的坚贞、

权威、智慧和爱——她的教训。①

在今天看来,《基督城》的开篇最引人注目的地方莫过于作者"我"登上"幻想号"航船(phantasiae nave),驶向了"科学之海"(academicum mare):驶向了我们的现代世界。换言之,《基督城》中的"我"与"玫瑰十字会"信徒不同:他不沉溺于上帝信仰的"幻想",而是凭靠"科学"幻想勇于探索。

尽管如此,接下来我们还是能够看到与《化学婚礼》类似的情节:"我"进入基督城得经过德性资格"审查"(4–6节)。守卫"基督城"的卫士告诉安德里亚,各种社会"渣滓"不受欢迎,包括"并无真正虔诚感的狂热信徒(fanaticis),葬送化学(chymiam macularent)的药剂师,佯称自己是玫瑰十字会会友的骗子"(impostoribus, qui se roseae crucis fratres mentirentur),因为"这个城邦对这班人从来持怀疑态度"(4节)。

这个细节引起笔者的好奇:"葬送化学"这门科学的药剂师是谁?安德里亚写《化学婚礼》不就是在佯称自己是"玫瑰十字会会友"?他不就是个"骗子"?

安德里亚在自传中说《化学婚礼》是ludibrium[搞笑]之作,如果我们没有理由怀疑这是在欺骗世人,而且他在同一年(1617)匿名发表的《基督兄弟会的邀请》

---

① 引自康帕内拉,《太阳城》,前揭,页85(以下随文注页码);关于康帕内拉,参见施捷克里,《康帕内拉传》,秦水译,北京:商务印书馆,1963。

(*Invitatio fraternitatis Christi*)和讽刺性的《墨尼普斯》(*Menippus*)等一系列作品明显与"玫瑰十字会"保持距离,那么问题就在于:为何他在19岁时写下这部喜剧却未发表,要等到11年后才抛出来?

情形有可能是:《化学婚礼》有助于加强《传说》和《告白》中提出的区分真假"哲人"这一重大主题。由于其文学风格,人们才很难意识到,《化学婚礼》是一部讽刺意味的戏作。

若将《化学婚礼》与《基督城》对照起来看,情形似乎就清楚了:《基督城》清楚表明安德里亚是信奉新自然科学的"人文主义"新教徒。在他眼里时髦的"炼金术士"是一群"骗子",这并不奇怪。可是,问题并没有这么简单,情形也有可能刚好相反:安德里亚写作《基督城》意在与"玫瑰十字兄弟会"的政治理想对抗,展示他自己心目中的欧洲理想。[①]

问题在于,安德里亚当时并未公开承认自己是《化学婚礼》的作者,以至于人们无法想到《基督城》与《化学婚礼》的内在关联。何况,《基督城》也表明,对安德里亚来说,路德引发的Reformation[改革]浪潮绝不应该局限于教会生活,Reformation的真义是改变"整个世界",这与《传说》和《告白》的呼吁完全一致。差异仅仅在于,《传说》和《告白》并没有明确提出建立一个"基督教共

---

① J. V. Andreaes, *Christianopolis*, E. H. Thompson 英译, Dordrecht, 1999, 译者导言,页9-15。

和国"的构想。

安德里亚的父亲约翰（Johann Andreae，1554–1601）虽是新教牧师，却热衷炼金术，他母亲玛利亚（Maria，1550–1632）通医术，后来替斯图加特的一位贵族（公爵）经营药房颇为成功。由于有这样的父母，安德里亚自小就熟悉炼金术的名堂，他后来在自传中抱怨，家里因父亲和母亲喜欢搞实验而经常乌烟瘴气，他的胞弟跟着迷了进去出不来，毁了自己的一生。言下之意，安德里亚自己在少年时也迷过搞炼金术实验，幸好自己走了出来。

15岁那年，安德里亚的父亲去世，他随母亲迁居到图宾根上大学（1602），先念了3年"博雅课程"（artes liberales，古典文学、自然科学和数学），成了追仿意大利人文主义风潮的"文青"，喜欢意大利即兴喜剧（Commedia dell' Arte），写过一部题为《图博：一个艰难而徒劳地遍游各地的才士》（*Turbo. Sive Moleste et Frusta Per Cuncta Divagans Ingenium*，1617）的喜剧。"图博"这个名字很可能带有寓意，因为，拉丁文的turbo意为"搅拌""躁动"。据说，后来歌德创作《浮士德》就以这部剧作为素材。

从时间上推算，《化学婚礼》应该是安德里亚结束"博雅课程"获得Magister［文科硕士］学位（1605）时的习作。倘若如此，要说它带有明确（遑论深刻）的敌视"玫瑰十字会"传说的意识，未免夸张。据文史家考证，安德里亚对传统炼金术转变态度，应该是后来的事情。

此后安德里亚升学主修神学和数学，对正从占星术分化出来的天文学也常常用功，成了新自然科学迷：用《基督城》中的说法，他驾着"幻想号"驶向了"科学之海"。毕竟，开普勒是从图宾根大学走出去的天才。28岁那年（1614），安德里亚出版过在读期间编写的一部初级教材性质的《数学文集》（*Collectaneorum mathematicorum decades XI*），由曾教过开普勒的数学教授墨斯特林（M. Mästlin, 1550–1631）指导。

在图宾根大学深造不到3年，安德里亚因涉足一起校园诽谤事件被校方注销学籍（1607），他开始了欧洲旅行，1611年才回图宾根。这时，他参与了赫斯"学人圈子"的活动，从而与《传说》和《告白》的出笼有瓜葛。

1617年，热衷新派自然哲学的阿达米（T. Adami, 1581–1643）路过图宾根。此人早年在莱比锡大学读哲学期间曾到图宾根游学过一个学期（1599/1600冬季学期），结识了一帮朋友。1616年，阿达米到意大利旅行，除了拜访伽利略（1564–1642），还多次到监狱探访康帕内拉。由于相谈甚欢，康帕内拉将自己的未刊对话作品《太阳城》（作于1602）的抄本送给阿达米。阿达米返回家乡时路过图宾根，认识了比自己小3岁的安德里亚，同样因相谈甚欢，他让安德里亚读了《太阳城》的未刊抄本。阿达米后来翻译康帕内拉的诗集出版时（1621）题献给了安德里亚，可见两人在钦慕康帕内拉方面尤其心心相连。

《太阳城》直接促成了《基督城》的写作，这一点没有疑问。还可以进一步推测，《太阳城》甚至促成了安德里亚对"玫瑰十字会"传说转变态度，如他后来在自传中所说，自己当年与这个圈子混是年轻时"少不更事"。这并非因为《传说》和《告白》带有"赫耳墨斯教"色彩，把占星术和炼金术捧得很高，毋宁说，安德里亚现在认识到，"玫瑰十字会"传说的政治理想还远不够具体。毕竟，《太阳城》的构想同样基于占星术和炼金术知识。①

《太阳城》开篇描述了"太阳城"的城防建设以及城邦的布局，但都相当简略，《基督城》的描绘则具体得多。与《化学婚礼》中的罗森克罗伊茨在第三日参观皇室城堡一样，《基督城》中的"我"进城后参观了整个"基督城"的布局。与《化学婚礼》中的罗森克罗伊茨所看到的不同，《基督城》中的"我"看到的不仅有农业和畜牧业、磨坊和面包房以及肉店和供应站（7-10节），还有工矿企业（11-13节）。换言之，《基督城》虽然模仿《太阳城》，但大大丰富了理想城邦的细节。

与《太阳城》的明显差异还在于，安德里亚的"基督城"更多地带有基督教色彩，生活方式受到基督教道德戒律的严格约束（14-20小节）。安德里亚在25岁那年（1611）曾到加尔文（1509-1564）所打造的神权政体式的日内瓦城邦观摩，严律的基督教化生活管理给安德里亚留下了深刻印象，促使他回图宾根后继续攻读神学。

---

① 康帕内拉，《太阳城》，前揭，页36-39, 45-50, 52-57；比较M. W. Mönnich, *Tommaso Campanella. Sein Beitrag zur Medizin und Pharmazie in der Renaissance*, Stuttgart, 1990; Peter Forshaw, *Astrology, Ritual and Revolution in the Works of Tommaso Campanella (1568–1639)*, in: A. Brady/E. Butterworth编, *The Uses of the Future in Early Modern Europe*, London, 2010, pp. 181-197.亦参G. Bock, *Thomas Campanella. Politisches Interesse und philosophische Spekulation*, Tübingen, 1974。

加尔文打造的日内瓦城邦是现实的而非想象中的基督教共和政体,尽管其好景不长。[①]这让安德里亚在受到康帕内拉激发提出"基督徒的共和国"理想时有了具体的现实摹本。因此我们看到,安德里亚在描述"基督城"的政治体制时,从官员到社团都相当基督教化(21-26节)。

在《太阳城》的政治结构中,"领导人"有3位,即"权威"、"智慧"、"爱",他们按照"太阳"的指示治理城邦(康帕内拉,《太阳城》,页9)。在安德里亚的基督教共和政体中,最高统治者是"3人执政官",但这个城邦共和国实际上像加尔文统治时期的日内瓦那样受牧师或长老掌控,以便整个政治体具有道德品质(27-38节)。

尽管如此,安德里亚的"基督城"是用自然科学武装起来的政治体,这与加尔文教式的日内瓦城邦有品质上的差异。由此看来,安德里亚的"基督城"构想似乎最终依循的是"太阳城"理想,只不过他认为,这才是Reformation[改革]应该追求的基督教政治理想。[②]

因此,安德里亚笔下的"我"进入这个理想城邦后,逐一看到了图书馆、兵器库、档案馆、印刷所和国库(39-43节),然后是三大实验室:药物实验室、自然科学试验室和数学实验室(44-50节)。按今天的分类即数学、物理、化学三大学科的实验室,不同的是炼金术(化学)

---

① 马莱特,《加尔文》,林学仪译,上海:上海译文出版社,2001;麦格拉思,《加尔文传:现代西方文化的塑造者》,甘霖译,北京:中国社会科学出版社,2009。

② J. W. Montgomery, *Cross and Crucible: Johann Valentin Andreae (1586–1654). Phoenix of the Theologians*, Vol. I, Den Haag, 1973, pp. 112–157.

居于首位。在加尔文打造的日内瓦共和国,人们不可能见到这些自然科学作威作福。

安德里亚的"基督城"极为重视新式教育,对教育的记叙最多,占全书三分之一篇幅。对科学教育的重视也来自《太阳城》,但《基督城》的描述明显更为系统。安德里亚首先说到教育的性质(51–54节),然后分八个部分论述整个教育体制。按今天的眼光来看,安德里亚设想的教育体制已经具有小学、中学、大学三级建制。首先是文法[语文](55–57节)、论理学[逻辑学](含形而上学和神智学,58–60节)、算术(61–63节)和音乐(64–66节)四科,相当于如今的小学课程。

接下来的天文学(67–69节)和自然科学(70–72节)可对应于如今的中学课程。史学被归入这个门类看似奇怪,其实不然,18世纪以来出现的实证史学正是致力于建立可与自然科学媲美的历史"科学"。最后是伦理学(73–75节)和神学(76–80节),这一部分包括医学和法学,可对应于如今的专业化大学课程。[①]

由此来看,《基督城》与《太阳城》的差异也相当明显,何况,《太阳城》非常重视军事,而《基督城》则不然。就现代国家的军事能力依赖于自然科学实验室和教育体制而言,《太阳城》比《基督城》更具有预言性。

教育是为了培育青年,安德里亚专门谈到基督徒式的青年生活,包括犯罪后的赦免或革出教门(81–87节)。

---

① 参见C. Neeb, *Christlicher Haß wider die Welt*, 前揭, 页159–204。

这表明安德里亚显然比康帕内拉更关心"新共和国"的宗教品质,否则他的理想城邦不会起名为"基督城"。①不会忽略的问题当然少不了婚姻,以及与女性相关的生育和居孀之类(88—91节)。这些都是《太阳城》中出现过的话题,但安德里亚更多突显了基督教伦理的支配权。

新自然科学与基督教共和国政治理想的结合是《基督城》的基本特征,在安德里亚的年轻头脑中,这种结合的契机究竟是什么?加尔文与康帕内拉的叠加仍然不能给出有说服力的解释。

《基督城》的叙述虽然看起来是虚构,叙述者"我"却未必能与安德里亚直接划等号,但《基督城》前面的长篇序言"谨致基督徒读者"并非叙事,而是一篇针砭时弊的檄文,其中的"我"毫无疑问是安德里亚。在这篇序言前面,还有一段充满感情的献词,安德里亚让读者获知,促使他写作《基督城》的决定性人物是"最高贵、最值得崇敬"的阿恩特(Johann Arndt, 1555–1621)。

从世界政治史的角度来看,阿恩特在宗教改革运动中的实际影响仅次于路德和加尔文,算得上第三号人物。阿恩特出生在德意志东部邻近巴伦斯德特(Ballenstedt)的小镇Edderitz,父亲是乡村牧师。他早年游学多所大学,包括宗教改革的发源地维滕贝格(Wittenberg)大学——起初修读博雅课程(artes liberales)和医学,后专攻神学。27岁

---

① C. Bernet, "Johann Valentin Andreaes Utopie Christianopolis", in: *Zeitschrift für württembergische Landesgeschichte*, Band 66, 2007, S. 147–182.

那年（1582）大学毕业后，阿恩特回到故乡，起初任乡村教师，很快转入牧职。

阿恩特读书的时候，反叛罗马教会的宗教运动内部出现了严重的分离趋向，在南德意志的路德宗地盘，好些牧师和公侯公开转信加尔文宗，还有不少所谓Crypto-Calvinist［地下加尔文信徒］。用教会史学家的说法，"如果路德多活10年或15年"，加尔文宗与路德宗"教会之间的巨大分歧，应该会弥合"，1555年后，德意志境内的路德宗也不至于"把大量地盘丢给"加尔文宗。[①]

阿恩特在这样的宗教—政治处境成长，难免卷入新教运动内部的教派纷争。1605年，时年40岁的阿恩特发表了《真正的基督教》（*Das wahre Christentum*）第1卷，5年后又完成了其余3卷，名为《真正的基督教四书》（*Vier Bücher von wahrem Christenthum*, Magdeburg, 1610）。这部大著让阿恩特成了后来在现代世界史上影响深远的虔敬派的教父。[②]

自保罗时代以来，何谓"真正的"基督教信仰一直争议不断。大公会议决议的信经并没有一劳永逸地解决问题，压制信仰分歧还得凭靠罗马教廷这样的权威裁决机

[①] 林赛，《宗教改革史》，下卷，刘林海等译，北京：商务印书馆，2006，页9–11。

[②] D. Peil, "Zur Illustrationsgeschichte von Johann Arndts »Vom wahren Christentum« mit einer Bibliographie", In: Archiv für Geschichte des Buchwesens. Jg. 18 (1977), S. 963–1066; H. Otte/H. Schneider编, *Frömmigkeit oder Theologie. Johann Arndt und die »Vier Bücher vom wahrenChristentum«*, Göttingen, 2007.

关。路德的信仰"造反"打掉了裁决"异端"与"正统"或真假基督教的权威机关，开放了信仰自决的闸门。尽管无论路德宗还是加尔文宗都建立起各自的信仰裁决机关，凭靠"虔敬""属灵""唯信"的自信重新确立"真正的基督教"信仰的新派诉求仍然层出不穷。阿恩特受中古晚期的神秘主义影响以"虔敬"唯尚，在路德宗内部也成了"异端"。[1]

在初版后的一个近半世纪里，《真正的基督教四书》以及阿恩特后来写的小册子《所有基督徒德行的天堂小园》(*Paradiesgärtlein aller christlicher Tugenden*, 1612)产生了广泛持久的影响(至1740年印了123版)，在虔敬派的创始人手中成了指路明灯。

我们难免会觉得不可思议：阿恩特把个人的"虔敬"视为信徒与基督的神秘合一，却引发了政治想象。从"谨致基督徒读者"这篇序言中我们可以看到，安德里亚对路德发起的基督教革新运动给德意志乃至整个欧洲带来"不安和动荡"痛心疾首(《基督城》，页4–6)。因此，他在"献辞"中感谢阿恩特"订立了一套制度和法则"，启发他构想出一个"新的共和国"让世人摆脱混乱和纷争。对安德里亚来说，阿恩特的《真正的基督教四书》有如建

---

[1] V. Wels, *Manifestationen des Geistes. Frömmigkeit, Spiritualismus und Dichtung in der Frühen Neuzeit*, 前揭, pp. 37–55。阿恩特的生平和思想，参见G. S. Spink, *John Arndt's Religious Thought: A Study in German Proto-Pietism*, TempleUniversity, 1970; Hans Schneider, *Der fremde Arndt. Studien zu Leben, Werk und Wirkung Johann Arndts*, Göttingen, 2006。

立了"那个伟大的耶路撒冷"(magna illa Hierosolyma),而他的《基督城》不过是其"微型移民地"(minuta colonia)。由于阿恩特的信仰学说在路德宗内部争议极大,安德里亚在序言中这样写,无异于承认自己同样是个路德宗里的Crypto-Calvinist［地下加尔文信徒］。

虔敬派兴起于17世纪后期,这一影响遍及整个欧洲的新教运动非常注重教育——不仅是宗教教育,还有讲究"实利实学"的实用知识教育,因为,"真正的基督徒"不仅得通过宗教教育培养"虔敬",还得具备实际生活所必需的实用知识。《基督城》的主要篇幅在谈教育,而该书出版时,虔敬派创始人斯佩纳(P. J. Spener, 1635-1705)还没出生。就此而言,《基督城》堪称虔敬派运动的理想宣言,尽管虔敬派创始人很可能并没有读到过这部书。

共和国得有议会或者说公民代表,这个议题在《基督城》中快到结束时才谈,而且篇幅很短(92-93节)。这倒不难理解,因为,议员应该是"全体公民中最卓越的人",而在"基督城"中,由于公民受过普及化的高等教育之后普遍相当卓越。尽管如此,人再卓越也终有一死,所以,《基督城》以谈论老人、穷人、病人乃至死亡和丧葬之类的问题结束(94-100节)。显然,这些是任何一个理想政体最后都得面对的问题——如今的所谓"福利国家"无不为此伤脑筋。

从1605年的《化学婚礼》到1619年的《基督城》,安德里亚从19岁成长到33岁,其思想的成熟过程谈不上有什么太大波折,但他所身处的政治处境则不然。据说,《化学婚礼》中的国王形象会让人想起沉迷于炼金术和占星术的神圣罗马帝国皇帝鲁道夫二世。换言之，与其说《化学婚礼》是在讽喻不如说是在赞颂鲁道夫二世。因为，这位皇帝虽然在信奉天主教的西班牙宫廷长大，却对新教有好感，不与罗马教宗联手压制新教势力的蔓延，安德里亚赞颂他并非不可思议。

在哈布斯堡王朝直接统治的地区，新教势力是极少数派。波希米亚的极少数新教徒看准时机，提出更多"宗教自由"的要求，鲁道夫二世在1609年签署诏书满足了新教徒的要求。他没有想到，波希米亚新教徒要求的"宗教自由"绝非信仰问题，而是政治问题。毕竟，哈布斯堡王朝并未真正实现对波希米亚的整合。

1415年，罗马教廷曾判波希米亚的政治领袖、布拉格大学教授胡斯(1369–1415)为异端并处以火刑，引发波希米亚人之间的宗教内战。200年后的1618年，捷克再次爆发分离动乱（"第二次掷出窗外事件"），在这样的政治现实中，安德里亚渴望新教能够重建政治秩序，与其说是什么"乌托邦式"的空想，不如说是在构想实际政治方案。[①]

安德里亚发表《基督城》那年(1619)，波希米亚的新教徒成立临时政府，推举弗里德里希五世（即6年前与英王詹姆斯一世的女儿伊丽莎白举行过婚礼的德意志选帝

---

① A. U. Sommer, "Religion, Wissenschaft und Politik im protestantischen Idealstaat. Johann Valentin Andreaes 'Christianopolis'", in: *Zeitschrift für Religions — und Geistesgeschichte.* Band 48, Heft 2 (1996), S. 114–137.

侯)为王,宣布波希米亚独立,引发了具有世界历史意义的30年战争(1618–1648)。

安德里亚惨遭兵灾之祸过早地头发花白,1634年的一场战火还让他丧失了全部图书和艺术品收藏,包括丢勒(A. Dürer, 1471–1528)和老霍尔拜因(H. Holbein, 1465–1524)的画作。他从此不再写作,这并不意味着《基督城》的政治理想也随之被这场战争付之一炬,变成一堆死灰。英国内战时期,哈特利普(Samuel Hartlib, 1600–1662)的圈子曾想将《基督城》译成英文(1641),当时,清教徒中正在形成激进组织,似乎《基督城》这样的作品也能滋生激进主义政治行动。[1]不过,由于30年战争的影响,《基督城》在德意志地区并无影响。100多年后,巴黎的启蒙运动已经有声有色,《基督城》才有了第一个德文译本(1741,第二版1751)。又过了100多年,英译本才在美国问世(1916)。这部小书在西方学界长期受冷落,中译本却来得不算太晚,可见我国译界翻译西籍从来就有所选择。

在政治思想史上,《基督城》一向被视为莫尔(1478–1535)的《乌托邦》和康帕内拉的《太阳城》之后的第3部"乌托邦"名作。在21世纪的今天看来,这种看法需要修正,理由有如下两点。

首先,《太阳城》与《乌托邦》已经有质的差异。《太

---

[1] D. R. Dickson, *The Tessera of Antilia*, 前揭, pp. 172–180; 比较斯通,《英国革命的起因》, 舒丽萍译, 北京: 北京师范大学出版社, 2018, 页138–142。

阳城》的构想基于正在形成的新自然科学，《基督城》更是如此，而《乌托邦》则并非如此。莫尔所关注的经济制度问题，在《太阳城》——更不用说在《基督城》——中并不是重点。①

第二，鉴于新自然科学带来的多次技术革命已经使得经济生活问题变得越来越成为一个可控的技术问题，《基督城》所展现的图景以建立全面而又系统的教育为祈向在今天看来不能说是"乌托邦"。

安德里亚在"谨致基督徒读者"结尾时说，

> 这是一次公开表白，这里并没有说什么对著名的莫尔不利的话。至于说到我自己的作品，倒很容易弃如敝屣，因为它不如莫尔的作品那么重要。（安德里亚，《基督城》，页10）

这段话常被视为安德里亚推崇莫尔的证言，但在笔者看来，情形恰好相反。这话的意思其实是，莫尔的《乌托邦》当弃如敝屣，理由很简单：莫尔没有看到，生产力是推动历史发展的根本原动力。一旦新自然科学为生产力插上数学、化学、物理学的翅膀，那么，"乌托邦"就不再是想象中的城邦，而是会成为历史的现实。安德里亚在序言中没有提到康帕内拉，恰恰因为在他看来，《太阳

---

① 参见考茨基，《莫尔及其乌托邦》，关其侗译，北京：生活·读书·新知三联书店，1963/华夏出版社，2015（重订本）。

城》已经让莫尔的《乌托邦》成了敝屣。

我们应该意识到,就理想城邦的名称而言,"基督城"最少"空想"色彩。毕竟,对一个虔诚的基督徒来说,"基督重临"是一种认信的现实,或者说加尔文已经实现过的现实,而非所谓"乌托邦式的"空想。如德国的一位史学家所说,"人们是通过基督教社会的理想社会认识了人文主义者和宗教的狂热者。"[①]

《基督城》中的"我"登岛后问城邦守卫,这个美丽的城邦是怎么建立起来的。"基督城"的卫士回答说:

> 当这个世界欺虐善良,并把他们赶出疆界的时候,宗教也就随之背井离乡,到处选择佳境,最后看中了这块土地,并把她的追随者安置下来。(安德里亚,《基督城》,页13)

安德里亚写下这个句子时,他心里想到的未必是1608年的夏天。当时,英国清教中最激进的分离教派因受国教的残酷迫害离开英国的疆界到了荷兰,一部分教徒随后又决定迁居北美。在今天的我们看来,这里所谓的"宗教背井离乡"(religio exul)即受"宗教迫害"而"流亡"(德译ins Elend verjagte Religion,英译an exile)。

换言之,《基督城》的开篇无意中预言了一件影响世界历史的重大事件:自认为最忠实的基督徒在遭受迫害

---

① 范迪尔门,《欧洲近代生活:宗教、巫术、启蒙运动》,前揭,页135。

之后漂洋过海,在北美建立起"新共和国"(rempublicam novam,安德里亚,《基督城》,页9),即如今世界上的最强、最富有的国家美国。

我们今天的确不难看到,美国引以为傲的国家基础正是《基督城》所描绘的3件法宝:自然科学、普及教育和受迫害的信仰心态。倘若如此,我们还能够说《基督城》是"乌托邦"作品?

我们不可忘记,虔敬派不仅对德意志的现代教育的形成做出过贡献,对美国的现代教育也贡献甚巨,让"美国人在显示出强烈的宗教色彩的同时,也表现得非常世俗",即既虔敬又看重"实利实学"的实用知识。尤其重要的是,虔敬主义助长信仰自决,"教士的权威让位于个人信念的权威",为美国的基督教打上了独特的烙印。[①]

安德里亚在《基督城》的序言"谨致基督徒读者"中说:

> 我替自己建造了这个城市,在这里我可以按照我个人的意志行事。(安德里亚,《基督城》,页9)

这话听起来不就像如今的美国人在为自己感到自豪时说的话?

安德里亚算得上多产作家,如今,政治史家已经倾向

[①] 皮尔逊,《18世纪虔敬主义和理性主义对美国思想形成的影响》,见《美国研究》2004年第一期,页126–132;比较J. Strom, *Pietism in Germany and North America 1680–1820*, London, 2009。

于承认,安德里亚与"玫瑰十字会"传说的关系这一公案严重模糊了他应该得到的文学家甚至政治思想家的历史声誉和地位。①

话说回来,就文学成就而言,《基督城》与《化学婚礼》不可同日而语,它几乎就是一份"新共和国"的政制草案,谈不上什么文学色彩。与培根的《新大西岛》(1623)相比,《基督城》不会给人带来文学性享受。但反过来说,《新大西岛》所提供的"新共和国"图景远不如《基督城》清晰、细致。

《新大西岛》的问世晚于《基督城》,但紧接着《太阳城》的面世。笔者不知道培根是否读过《基督城》,两者对实验室的描写颇可对观,但未必能成为凭据。②康帕内拉在"太阳城"中说,"原来中国人早在我们以前就发明了以石球为弹的大炮和印刷术"(《太阳城》,页9)。培根的《新大西岛》开篇则说:"我们满载了12个月的粮食,沿南海驶向中国和日本。"③安德里亚在《基督城》中说到"印刷术"时,他仅仅表达了加尔文式的关切:哪些书该印、哪些不该印。从这个细节来看,《新大西岛》恐

---

① D. R. Dickson, *The Tessera of Antilia*, 前揭, p. 18。《安德里亚全集》共24卷,上个世纪末才开始陆续出版(J. V. Andreae, *Gesammelte Schriften*, in 24 Bänden, Hrsg. von W. Schmidt-Biggemann, Stuttgart, 1994 ff.)。

② F. E. Held在其《基督城》英译本的长篇导言"Andreae's *Christianopolis*, its origin and Influence"中认为,《新大西岛》的核心情节来自《基督城》,见F. E. Held, *Christianopolis. An Ideal State of the Seventeenth Century*, Oxford University Press, 1916, p. 41–74。

③ 培根,《论古人的智慧》(增订本),刘小枫编,李春长译,北京:华夏出版社,2017,页111。

怕与《太阳城》而非《基督城》更有关系。

但是,晚年培根生活在"玫瑰十字会"传说疯传的时代,他不可能没有耳闻。耶茨断言,《新大西岛》显得是"玫瑰十字会员"在施行统治,尽管培根肯定不是"玫瑰十字会"分子。无论如何,培根的"伟大计划"与《告白》中的呼吁的确显得一致。①

余 论

自1980年代末以来,笔者断断续续追踪"玫瑰十字会神话"(Rosenkreuzer-ythos)的来龙去脉,差不多10年才慢慢搞清楚大致是怎么回事。现在看来,这件事情其实应该算是*历史常识*:所谓"玫瑰十字会"会员不过是现代自然科学和社会科学的先驱。

我们知道,西方的自然科学发端于希腊化时代的埃及(以著名的亚历山大里亚城为表征),其源头在伊奥尼亚的自然哲人。②接下来是我们耳熟能详的所谓欧洲的"黑暗"中世纪,由于与基督教的世界观相悖,自然科学知识受到压制。自文艺复兴以来,自然科学的追求才重获新生。由于撞上了欧洲基督教的大分裂(所谓"宗教改革"),新教精神给自然科学精神提供了出人意料的另一

---

① F. Yates, *The Rosicrucian Enlightenment*, 前揭, pp. 156–169; F. Yates, *The Occult Philosophy in the Elizabethan Age*, London, 1979, pp. 61–68。
② 萨顿,《希腊黄金时代的古代科学》,鲁旭东译,郑州:大象出版社,2010;比较陈恒,《希腊化研究》,上海:上海三联书店,2006。

种原动力。

如今的高中生都知道这个世界历史的大故事。他们上大学后还知道,为了重新获得探究自然奥秘的自由权利,文艺复兴以来的新自然科学家们曾与教权意识形态进行了不屈不挠的斗争:不妨想想哥白尼和伽利略的故事。

> 事实证明,常被称为"科学革命"的16–17世纪,即哥白尼、伽利略、笛卡尔、波义耳和牛顿的时代,也是炼金术的伟大时代。[①]

"玫瑰十字会"传说是这一欧洲历史的偶然事件的产物,并成为欧洲政治文化变迁的一个重要枢纽和标志。搞清这一历史事件的来龙去脉,对于认识欧洲近代启蒙文化的兴起和发展具有重要意义。必须承认,直到今天,我国学界并没有对新自然科学与教权意识形态的斗争及其与欧洲民族国家成长的历史纠葛的种种细节给予足够关注。否则,我们不可能不注意到,新自然科学家们曾不得不长期以秘密团体成员身份从事自然科学研究。

自然科学与宗教的关系并不像教科书上讲的那样简单,"玫瑰十字会"传说是显而易见的史例。近代欧洲确实有教会机关压制自然科学探究的情形,但自然科学与所谓基督教的异端又有着密切联系:我们显然不能说,某

---

① 普林西比:《炼金术的秘密》,前揭,页119;比较多尼克,《机械宇宙:艾萨克·牛顿、皇家学会与现代世界的诞生》,黄珮玲译,北京:社会科学文献出版社,2016。

种宗教"异端"不是一种宗教。

从科学史学的角度讲,我们应该了解现代自然科学在其诞生时期所经历的艰难。[1]问题的复杂性在于,"玫瑰十字会"表明,现代自然科学的先驱们并非都仅仅热爱探究自然原理。探究自然奥秘的热情与分离主义的基督教"异端"精神结合催生出一类特殊的宗教知识人,他们渴望凭靠自己的神秘技术知识济世救人,在现世中实现理想世界:不仅要改造世人的灵魂,而且要改造世界本身。

在我们所生活的当今世界,新自然科学早已占据支配地位,如前文所言,严格来讲,安德里亚的政治理想在美国和欧洲都已经实现。可是,为何直到今天,"玫瑰十字会"传说式的神秘精神诉求仍然不时在美国和欧洲显得像活火山一样不时活跃?[2]

由此引出了世界政治史上的一大问题:探究自然奥秘的旨趣与宗教旨趣在各大宗教传统中都并不抵牾,为何偏偏在近代的欧洲,两者会出现如此尖锐的冲突?探究自然奥秘的旨趣获得解放,并成为现代世界"进步"的推动力,[3]为何"玫瑰十字会"传说式的神秘精神诉求仍然感到自己遭受压制?

政治思想史家沃格林思考过这一问题,他在考察新

---

[1] 怀特,《科学—神学论战史》(第一卷),鲁旭东译,北京:商务印书馆,2012。
[2] 哈内赫拉夫:《西方神秘学指津》,张卜天译,北京:商务印书馆,2018。
[3] 比较哈里森,《科学与宗教的领地》,张卜天译,北京:商务印书馆,2016。

自然科学(天文学、化学)从旧科学(占星术、炼金术)中分化出来的历史时刻时说过这样一段话:

> 炼金术虽然不是一门科学,但在灵性生活中却有重要的功能。基督教的圣灵本位态度把灵性及其救赎的问题严格限制在人的领域;那些更为综合性的关于自然中灵性生活的问题,以某些东方宗教运动(例如摩尼教)尤其关注的把灵性从物质中解放出来的问题,统统遭到了压制;基督是人类的救主,而不是自然的救主。
>
> 在基督教的世纪里,这种救赎工作的另一面在炼金术士的工作中获得了最为重要的表达;炼金术士的作品实质上是尝试把救赎的工作扩展到物质上。当炼金术的非科学性变得清楚可见而招致骂名的时候,其作品中那种自行表达的灵性欲望被迫去寻找其它的表达形式。因此,随着炼金术在18世纪的垂死挣扎和在19世纪的消亡,我们发现这种无家可归的欲望重新出现,成了那些最出人意料的文本中的一个活跃因素。①

沃格林的意思是:天文学和化学从占星术和炼金术中分化出来时,逐渐抛弃了原本蕴含在占星术和炼金术

---

① 沃格林,《政治观念史稿(卷五):宗教与现代性的兴起》,前揭,页199–200。

中的灵魂自我解救诉求。问题在于，只要人类存在，这种灵魂自我解救诉求就会不死——麦耶尔用Phoenix［不死鸟］来表征这种诉求。

沃格林更为关注某种"异端"信仰对欧洲民族国家成长过程中的政治行动的影响，但对我们来说，这个问题未必合身。倘若如此，我们就得重新通盘考虑现代中国与欧洲文明的关系问题。毕竟，向欧洲文明学习是现代中国的命运，幸运也好、不幸也罢都得承受。问题在于，我们必须审慎辨识值得学习的东西是什么。近代欧洲的"宗教改革"让形形色色的"异端"脑筋获得彻底解放，而"异端"精神未必是值得我们学习的东西。否则，我们难免违背"玫瑰十字会"高人的告诫："不要给笨猪戴珍珠项链，不要给蠢驴送玫瑰。"

［附记］2014年5月，笔者曾应北京大学"德国中心"邀请做过关于"玫瑰十字会"的学术报告，次年在上海外国语大学德语系又讲过一次这个题目，本文为讲稿的扩充。

如何辨识畸变的心灵
——从林国华对里拉的"回答"中我们能学到什么

> 城邦有着各式各样的智慧,以及形形色色的诗人。
>
> 柏拉图《米诺斯》320e8–9

> 不好奇、不贪婪、不恐惧、不苦恼地站在一座高山上,在世界的彼岸用一台秤称量这个世界。
>
> 布克哈特,《世界历史的观察》

> 从文化史角度看,它属于一世纪的亚历山大体。这座城市汇聚了所有时代最虔诚的宗教。在这里,灵知派教徒,基督徒,异教哲人,可以把跨越国界的饕餮变成每种宗教狂热的暴怒。街上充斥着异教女性的美味大餐、异端分子以及哲人的高谈阔论。
>
> 施米特,《多伯勒的〈北极光〉》

引言 心灵的不同颜色

"心灵"(Mind)是个现代欧洲语汇,在古代希腊找不到对应语词:既不能对应Phyche[灵魂],也不能对应Nous[心智]。若说它综合了这两个语词的部分含义,兴许比较恰当。

哥伦比亚大学讲席教授里拉(Mark Lilla)的《搁浅的心灵》以报刊随笔体描绘20世纪三位思想者的智性灵魂,堪称一次信心满满的心灵探险。[①]若不能设想里拉没听说过奥德修斯下到冥府辨识亡灵的故事,就只能设想他深谙灵魂的层级秩序,否则,他在"考查"思想者的智性灵魂时,恐怕不会自信得如此轻省。

《搁浅的心灵》这个书名让笔者想起《危险的心灵:战后欧洲思潮中的卡尔·施米特》,该书作者米勒是德国人,出生于"70后",上大学念研究生时据说成了美籍人士,完成这本专著时大约32岁。由于他30岁出头就出版专著,甚至在A类学刊上有了"知名度",勤奋好学的中译者也"不能不对这位年轻才俊心生敬意"。[②]

对热爱智识的人来说,灵魂会面临危险堪称亘古不变的生存处境。我们在柏拉图的《普罗塔戈拉》一开始就可以读到,向学青年希珀克拉底追慕智术师的言辞,苏格

[①] 里拉,《搁浅的心灵:论政治反动》,唐颖祺译,北京:商务印书馆,2019(以下简称《搁浅》,随文注页码)。
[②] 参见米勒,《危险的心灵:战后欧洲思潮中的卡尔·施米特》,张龚、邓晓菁译,北京:新星出版社,2006,页365。

拉底则警告他:小心自己的灵魂陷入危险境地。在《斐德若》中我们读到,某些富有智性的灵魂热爱飞升,从而面临危险。这个问题极为复杂,很难辨识,因为,智性的灵魂热爱飞升的根本原因是:

> 每个灵魂各自都关切无灵魂的东西,而且游历诸天,变换着一个又一个样子[形相]。如果[灵魂]完善,长出了翅羽,就游上天宇,主理整个宇宙[秩序]。如果灵魂失去翅羽,灵魂就[从天上]掉下来,直到自己被某个坚实的东西撑住——在那里,这灵魂住下来,取一个尘世的身体,而这身体看上去靠灵魂的能力才让自己运动起来。(《斐德若》246b6–c4)[①]

米勒所关注的"危险心灵"或心灵面临的危险问题与苏格拉底所关切的灵魂问题相隔十万八千里。在他看来,施米特之所以堪称"危险的心灵"(a dangerous mind),乃因为这样的智性心灵威胁到自由民主政制的正当性。米勒没有意识到,苏格拉底恰恰是这样"一个危险的心灵"。换言之,米勒不关切灵魂本身的问题,或者说不关切自己的心灵是否会陷入危险境地,而是关切某类智性心灵对自由民主信念和政制具有危险性。

---

① 参见刘小枫编/译,《柏拉图四书》,北京:生活·读书·新知三联书店,2015/2016/2018(第二版)。

若非"危险的心灵"这个书名已经被占用,里拉一定会据为己有,因为他与米勒有同样的忧心。

《搁浅的心灵》英文版出版于2016年,里拉邀请林国华为中译本撰写序言。国华一口气写了220页,比里拉书还多近30页,以至于没法放在前面当"中译本序言",不得不作为"评述"与里拉书携手单行。①

国华10多年前游学芝加哥时,曾师从里拉教授研习西方文史典籍,两人后来成了"老朋友"。一般而言,天生有智性爱欲的灵魂大约在35岁左右趋于成熟,夫子所谓"三十而立,四十而不惑"确有道理。有智性爱欲的灵魂抵达不惑之年后,与其学术前辈的心智年龄差异便骤然消失。如今(2018年)国华早已过了不惑之年,他与里拉不是心智上的师徒关系,而是智性上的友伴关系。因此,他称自己的长篇"评述"是对里拉的报刊随笔文集的"回答"。

据笔者所知,国华一直紧迫地关切自身灵魂的安危,并不关心自由民主政体的安危。倘若如此,有趣的问题就来了:国华如何"回答"里拉?这让笔者对国华的"评述"(而非对里拉的报刊随笔文)兴味盎然。

读罢《灵知沉沦》笔者不禁掩卷赞叹:妙文!国华没有辜负读者!

击节之余,笔者也禁不住想:国华为何会写如此长篇

---

① 林国华,《灵知沉沦的编年史:马克・里拉〈搁浅的心灵〉评述》,北京:商务印书馆,2019(以下简称《灵知沉沦》,随文注页码)。

"评述",其笔法又如何为我们理解《搁浅的心灵》提供助益?

里拉的随笔是为报刊写的,不仅文笔生动活泼,还冒着热腾腾的现实政治蒸汽,对公共知识分子颇有吸引力。国华的"评述"不是报刊文,或者说不带政治蒸汽,但文笔同样生动诱人,而且不是为了吸引公共知识分子。换言之,两篇作品都是极富文采的修辞性推论之作,虽然性质不同,却又偶然粘在了一起。这让笔者想到:我们何不借此机会,以柏拉图的《斐德若》为指引,通过对比学习辨识智识心灵的不同颜色。

出版社编辑邀请笔者为国华的书写句推荐语,限定50字左右。为了国华而非里拉,笔者接受了造句考试,但费了一番功夫才做到一字不多一字不少,连同标点恰好50字符:

> 里拉有灵魂透视术,否则没可能看出灵魂是否"搁浅"。通过梳理沉沦灵知谱系,林国华绘出了里拉的灵魂颜色。

出版社编辑还转达了策划和主持人博非兄的邀请,欢迎笔者撰写书评。对所评之物有相当的了解,才有资格评论。笔者虽曾涉猎灵知主义思想史,但自知尚属业余水平,不敢冒充业内人士,做一个学习者恰如其分。

国华的"评述"富有哲学意味,我们值得从中学习何谓热爱智慧。里拉的报刊随笔散发着政治蒸汽,我们也必须学习,但应该学的是如何辨识实际的政治观念。麻烦在于,国华的哲学性"评述"与里拉的政治性随笔紧紧粘在一起,笔者首先得小心翼翼地把粘在一起的两者撕开。毕竟,被相似的修辞粘在一起的两个心灵的颜色看似相同,其实未必相同,或者说,两个心灵的伦理品质看似相同,其实未必相同。

一 何谓心灵"搁浅"

《搁浅的心灵》为罗森茨威格、施特劳斯和沃格林的智性灵魂各画了一幅素描,也顺带给不那么著名的陶伯斯(1923–1987)和20世纪末才走红的巴迪欧(1937–)画了速写。在20世纪,堪称思想家的智性心灵远不止这几位,为何里拉仅给他们画素描或速写?

差不多20年前(2001),里拉出版过一本报刊随笔文集《轻率的心灵:政治生活中的知识分子》(*The Reckless Mind: Intellectuals in Politics*)。[1]这是里拉念完博士学位之后发表的第一部专著,在此之前,他仅仅编过两本谈不上有什么学术分量的文集。看来,只要意识形态正确,在美国名牌大学获得教授席位也不难。

里拉在《轻率的心灵》的中译本序言"致中国读者"中告诉我们,他要"考查"几位"20世纪欧洲最重要的思

---

[1] 《搁浅的心灵》的中译者将The Reckless Mind译作"不负责任的心灵"。

想家"(包括海德格尔、阿伦特、施米特、本雅明、科耶夫、福柯、德里达),追究他们"在纳粹时期和更为晚近的冷战时期的政治参与"。[①]若非中译本(2005)的书名被富有创意地译为"当知识分子遇到政治",今天的读者一眼就会看出,眼下这本《搁浅的心灵:论政治反动》(*The Shipwrecked Mind: On Political Reaction*)与《轻率的心灵》一脉相承。

"轻率的心灵"和"搁浅的心灵"都是染上某种灵魂疾病的心灵,从而堪称"危险的心灵"。看得出来,里拉企望通过报刊式写作履行自己的现实政治职责,即让人们看清某类"政治生活中的知识分子"的沉沦面目。里拉显然不可能说,"政治生活中的知识分子"的心灵个个"轻率"或"搁浅",否则人们没法设想他该把自己的心灵归为哪一类。

《搁浅的心灵》的副标题"论政治反动"清楚表明了里拉的政治区分尺度:心灵"轻率"或"搁浅"指政治思想反动。还有政治思想正确或不反动的一类知识分子心灵,里拉显然把自己的心灵归为这一类。

笔者不免好奇:按里拉的政治区分,国华算进步还是反动?他的心灵算审慎抑或轻率?要搞清这个问题,首先需要理解里拉如何理解进步和反动、审慎和轻率。

[①] 里拉,《当知识分子遇到政治》,邓晓菁、王笑红译,北京:新星出版社,2005/2010/2014,页I(以下简称《遇到政治》,并随文注页码)。

自由主义"公知"的政治审查

在笔者的听觉记忆中,"考查"是个敏感词。谁从小听惯了"政治考查"的说法,见多了"政治考查"的行动,难免对"考查"一词心生恐惧。幸好,人到中年时,笔者逐渐认识到"考查"还有另一种含义,即苏格拉底式的热爱智慧的"盘诘"。

里拉在《轻率的心灵》中译本序言中用的"考查"是哪个英文词,笔者不得而知(英文版中没有中译本序言)。从实际用法来看,他笔下的"考查"明显具有实际政治含义,因为他宣称自己要"考查""哲学与政治权力的行使之间的关系,尤其关注它遭遇被暴政滥用的政治权力的状况"。

让人迷惑的是,里拉同时宣称,他的《轻率的心灵》"既富哲学意蕴又不乏传记旨趣"。他甚至提到柏拉图的《理想国》,说"它至今依旧如当日一样适用",似乎他的"考查"带有苏格拉底式的"盘诘"意味(里拉,《遇到政治》,页I–II)。

里拉考查哲学"被暴政滥用的政治权力的状况"富有哲学意蕴?或者说,里拉有意模仿柏拉图?

我们知道,柏拉图的苏格拉底作品的确"既富哲学意蕴又不乏传记旨趣"。但普罗塔戈拉参与了伯里克勒斯的政治权力,而我们在《普罗塔戈拉》中没有看到苏格拉底追究普罗塔戈拉的政治参与,仅看到他"考查"普罗塔戈拉如何理解政治德性(正义、节制、虔敬、勇敢和智慧)。①

难道里拉会认为,凡参与政治的心灵都是低劣的心灵?断无可能!否则,里拉没可能靠自己的政治参与来证明自己的心灵优异。

里拉在给英语读者写的"序言"中提到,《轻率的心灵》的写作灵感来自波兰文人米沃什(1911–2004)的《被虏的心灵》(1953),所谓"被虏"指心灵被斯大林政权俘虏。换言之,里拉心目中的政治参与指"与僭主政治同流合污",这意味着也有不"与僭主政治同流合污"的政治参与。

《被虏的心灵》中译本把The Captive Mind译作"被禁锢的头脑",颇为切合我们的公共知识分子关切的唯一问题。②米沃什启发里拉想到,"与僭主政治同流合污"不仅见于东欧和苏联的知识分子,也见于那些"未处于危险境地而完全可以自由书写的国家"中的知识分子。他们生活在自由民主国家,却"否认暴政和西方自由社会的本质区别","用魔鬼的字眼"把"整个世纪的欧洲自由民主""描绘成僭主的真正家园"。里拉告诉读者,对"任何阅读报纸且具有一定道德感的人"来说,这都是"几乎不用争议的事实"(里拉,《遇到政治》,页V)。

---

① 比较沃格林,《密尔:讨论自由与讨论意愿》,见沃格林,《记忆:历史与政治理论》,朱成明译,上海:华东师范大学出版社,2017,页339–344(以下凡引此书简称《记忆》,并随文注页码)。
② 米沃什,《被禁锢的头脑》,乌兰、易丽君译,桂林:广西师范大学出版社,2013。

里拉没法否认，他的说法带有他自己极为反感甚至憎恶的那类道德强制：凡能阅读报纸的人，若不认为海德格尔（1889–1976）的哲学"亲暴政"（tyrannophilia），就证明他缺乏起码的"道德感"。显而易见，里拉所谓的"道德感"指具有自由民主政治意识，形象的说法即不"亲暴政"。据说，这是公共知识分子应有的起码责任，否则，虽然能阅读报纸却算不上有道德感。

一个公共知识分子要认清海德格尔哲学是否"亲暴政"谈何容易！哲学尤其海德格尔哲学那么容易识读？谁认识到这一点，他已经不可能是一个公共知识分子，即便他每天都阅读报纸。

"通过研习具体历史情境中的知识生活和政治生活"，里拉希望告诫西方自由社会的知识分子们慎言慎行，切莫与任何政治权力沾边。因此，里拉考查了"来自意识形态左右翼"的知识分子心灵（里拉，《遇到政治》，页V–VI）。

里拉没有考查自由翼的知识分子心灵，似乎这类心灵无需考查，或者在他看来自由主义不是一种意识形态，自由民主政制不是一种政治权力。里拉没有想到，若"来自意识形态左右翼"的知识分子的确有理由把自由民主的美国"描绘成僭主的真正家园"，[①]他自己就成了他所

---

① 参见奥伦，《美国和美国的敌人：美国的对手与美国政治学的形成》，唐小松、王义桅译，上海：上海人民出版社，2004，页36–186；比较哈维，《新帝国主义》，初立忠、沈晓雷译，北京：社会科学文献出版社，2009；斯通、库茨尼克，《躁动的帝国：不为人知的美国历史》，（转下页）

说的philotyrannical［亲暴政的］公共知识分子。

里拉承认，自己也曾被某些"意识形态左右翼"知识分子的作品吸引，而且"受益良多"：里拉年轻时曾是个"新保守主义"分子。但心灵成熟后的里拉说，他"愈是沉浸"在左右翼知识分子的作品中，"失望感就愈强烈"（里拉，《遇到政治》，页VI–VII）。

比如说，福柯（1926–1984）曾让里拉"受益良多"，幸好伯林擦亮了他的眼睛，使他认识到福柯"将欧洲文明的发展描绘成一种内部不恰者——精神错乱、性变态和政治变态——的边缘化过程"，其结果是"所有西方社会曾经的边缘事物现在都可以被赋予足够的正当性"（里拉，《遇到政治》，页160）。在里拉看来，作为左翼知识分子的教父，福柯的著述对自由民主社会的态度堪称极为轻率。

里拉的现身说法带有幡然悔悟的味道，让人觉得颇具说服力。其实，意识形态左翼或右翼的知识分子也会有类似的幡然悔悟心得。他们甚至会说，自由翼知识分子的著述谈不上让人"受益良多"。[1]

《轻率的心灵》中译本附有一篇与我国著名公共知

（接上页注①）潘丽君等译，重庆：重庆出版社，2014；曼彻斯特，《光荣与梦想：1932–1972年美国叙事史》，四川外国语大学翻译学院翻译组译，北京：中信出版社，2015；安德鲁斯，《形塑政治：政治变迁如何被叙述》，陈巨擘译，台北：联经出版公司，2015；乔姆斯基、弗尔切克，《以自由的名义：民主帝国的战争、谎言与杀戮》，宣栋彪译，北京：中信出版社，2016。

[1] 参见阿马茨，《柯特论三大"主义"》，刘小枫编，《施米特论政治的现代性》，魏朝勇等译，上海：华东师范大学出版社，2007，页223–252。

识分子的对话,我们看到里拉说:

> 我的确怀疑那样一种人:他们从自己的口袋里掏出一个计划,宣告一种关于人类社会与人性的全新图景。是的,我怀疑并敌视那些放弃实践责任政治的知识分子。激励他们的是种种弥赛亚救世的梦想,或者意识形态的狂热,或一个据称是失落了的世界,或一种纯粹的道德义愤。(里拉,《遇到政治》,页224)

里拉没有"从自己的口袋里掏出一个计划,宣告一种关于人类社会与人性的全新图景"?或者说,他没有表达过"一种纯粹的道德义愤"?他在自己的书中呼吁的"任何阅读报纸且具有一定道德感的人"是谁?

聪慧的中国公共知识分子紧追不舍,里拉被迫承认,"必须认识到,自由主义在某种特定的社会条件下并不总是可能的,甚至并不总是明智的,也必须认识到,自由主义还不完善,而改进总是可能的。"但是,里拉紧接着就说,正因为如此,必须认为,公共知识分子的责任就在于"严肃和清醒地考虑自由民主必须提供什么"(里拉,《遇到政治》,页224)。

里拉没法否认,自由主义也是一种意识形态。从逻辑上讲,既然"意识形态左右翼"的知识分子把自由民主"描绘成僭主的真正家园",里拉同样是对民主僭政及其僭主负责任的知识分子。

里拉若要反驳这一修辞性推论,他就得严肃并清醒地思考何谓"僭政",否则,他自以为搞清了"暴政和西方自由社会的本质区别",如果不是轻率,就有可能是自欺欺人。毕竟,任何一个熟悉西方政治思想史的人都对"民主的暴政"这个语词耳熟能详。

"搁浅的心灵"与政治神学

里拉在《搁浅的心灵》中表示,他要毫不动摇地继续履行自己的责任:《轻率的心灵》旨在清查"亲暴政"的知识分子,他们"出于自恋被某些暴君所吸引,幻想着这些暴君能将他们的思想转化为政治上的现实",从而"受到自身蛊惑转而支持诸如纳粹德国、苏联以及伊朗神权共和国等现代暴政,或干脆否认它们存在的事实"。与此不同,《搁浅的心灵》要追查怀有"反动者特殊的怀旧情绪"(nostalgia)的知识分子(里拉,《搁浅》,页11)。

追查有怀旧情绪的反动知识分子与追查"亲暴政"的知识分子有什么不同,两者之间有什么内在关联?

翻开目录即可看到,《搁浅的心灵》分三部分,分别题为"思想家"、"潮流"、"事件"。思想家有三位,即罗森茨威格、施特劳斯、沃格林;潮流有两个,即"[从]路德到沃尔玛"和"到圣保罗";事件仅一个,即2015年的"巴黎[恐袭]事件"。

如此谋篇布局似乎要求读者接受这样一个归罪逻辑:"巴黎[恐袭]事件"与两个政治思想"潮流"有瓜葛,而这两个反动思潮又与三位有"特殊的怀旧情绪"的思想家的心灵"搁浅"脱不了干系。可见，里拉在一如既往地与"意识形态左右翼"战斗。

里拉对"巴黎[恐袭]事件"的描绘和评议，让笔者想起卡普兰（1952– ）所说的那类西方公共知识分子：他们满脑子伯林式自由主义理想修辞，对"宁死不屈的[政治]地理"一无所知。①

卡普兰也是给报刊专栏写稿的传媒作家。这让我们有机会通过比较得知，即便是公共知识分子，心灵的理智德性也有不同档次。在《即将到来的地缘战争》这部畅销书中，卡普兰用20世纪80年代末以来的诸多"地缘战争"现实让美国常春藤大学的讲席教授看到，他们的心灵如何被伯林的修辞性推论俘获，以至于不知道自己的心灵并非自由的心灵，而是被虏的心灵。

《轻率的心灵》的写作灵感来自《被虏的心灵》，《搁浅的心灵》的写作灵感很可能来自"巴黎[恐袭]事件"。这提醒笔者想起，里拉的成名作《夭折的上帝》的写作灵感很可能来自2001年的"9·11事件"。

2003年的冬季学期，里拉应邀在牛津大学开了一学期讲座课程，此即《夭折的上帝》一书的雏形。该书主题

---

① 卡普兰，《即将到来的地缘战争》，涵朴译，广州：广东人民出版社，2013，页17–18。比较C. Lindholm，《伊斯兰中东：传统与变迁》(2002)，张士军、杨军译，兰州：兰州大学出版社，2012；；莫伊西，《情感地缘政治学：恐惧、羞辱与希望的文化如何重塑我们的世界》，姚芸竹译，北京：新华出版社，2010；张锡模，《圣战与文明：伊斯兰与西方的永恒冲突》，北京：生活·读书·新知三联书店，2014；安德森，《破碎大地：21世纪中东的六种人生》(2016)，陆大鹏、刘晓晖译，北京：社会科学文献出版社，2019。

是施米特意义上的政治神学问题,即施米特(1888–1985)在20世纪20年代提出的现代民主政治的神学议题:即便在世俗化了的现代西方国家仍然有政治神学问题。

严格来讲,早在1990年代,施米特的政治神学议题就已经再度成为欧美政治理论界的热门话题,与"9·11事件"没关系。但无可否认,"恐袭事件"的发生为政治神学议题陡然增添了烫手的热度。[①] 通过提醒美国的公共知识分子们时刻不可忘记施米特是"亲暴政"知识分子,《轻率的心灵》试图阻击欧美政治理论界的"政治神学复兴",但没有起到什么作用。

"恐袭事件"的发生让里拉醒悟到,自由民主政体还面临另一股"强大的政治动力"的威胁:政治神学的复兴正在突破自由主义意识形态环形防御阵地的薄弱部位。一旦意识到这一点,绝不"轻率"的里拉马上奔向了即将被敌军突防的无名高地:

> 我们觉得不可思议,神学的观念还会让人们头脑发热,激起弥赛亚的激情,后者令社会成为一片瓦砾。我们假想这种情况不再可能,人类已经学会把宗教问题从政治问题中分离出来,宗教狂热已成为过去。我们错了。(里拉,《夭折》,页1)

[①] 参见Michael Kirwan, *Political Theology: An Introduction*, London, 2008。

里拉在"9·11恐袭事件"之后这样说，会让公共知识分子们的心底油然而生一种莫可名状的生存恐惧。在《搁浅的心灵》中，里拉把话说得更加明白：

> 如今的政治伊斯兰主义者、欧洲民族主义者以及美国右派向他们意识形态上的继承人诉说着的故事在本质上一模一样。……反动者的心灵是搁浅的心灵。当其他人眼中的时光之河一如既往地流动时，反动者看到的却是漂浮在眼前的天堂的遗骸。（里拉，《搁浅》，页8）

"天堂"属于政治神学拥有的视界，心灵"搁浅"意味着灵魂的视界中还有"天堂"。《夭折的上帝》最后一章已经谈到《搁浅的心灵》所描画的罗森茨威格，①要说《搁浅的心灵》是《夭折的上帝》的续篇，恐怕不会有错。

《夭折的上帝》试图重述西方自由民主现代性形成的历史故事，以此回应政治神学议题对自由主义现代性论述的挑战。里拉没有料到，该书在2007年出版时会与泰勒（1931— ）的《世俗时代》（*A Secular Age*）迎面相撞。②

泰勒的巨著同样是因应1990年代兴起的政治神学议题而作，但他讲述的西方现代性的历史故事与里拉的讲法完全不同。该书长达近900页（中译本超过1000页），无

---

① 里拉，《夭折的上帝：宗教、政治与现代西方》，萧易译，北京：新星出版社，2010，页189–204（以下简称"夭折"并随文注页码）。
② 泰勒，《世俗时代》，张容南等译，上海：上海三联书店，2016。

论篇幅还是学术分量,都让里拉喘不过气来。

事情还没完,《世俗时代》出版不到两年,吉莱斯皮(1951–)出版了400页的《现代性的神学起源》(2009),让《夭折的上帝》的思想史叙事再次遭遇重创。[①] 又过了两年(2011),卡恩(1952–)出版了《政治神学:新主权概念四论》,仅书名就明目张胆模仿施米特。[②] 施米特的政治神学议题如此大摇大摆长驱直入美国当下的政治理论界腹地,让里拉感到事态已经极为严峻。偏偏在这时他吃惊地得知,施米特在中国也开始"颇具影响力"。[③]

笔者若是公共知识分子,也会感到事态严峻得紧:诸多战略制高点纷纷失守,自由主义意识形态处境危殆。《搁浅的心灵》在这样的意识形态战争的硝烟中出场,可谓非常及时。

但是,就应对"恐怖主义"问题而言,《搁浅的心灵》不仅谈不上及时,还缺乏学术上的真诚。里拉没有提到,早在1963年的《游击队理论》中,被他视为"亲暴政"者的施米特已经提出,要警惕"恐怖与反恐怖"的逻辑怪圈(施米特,《政治的概念》,前揭,页209)。里拉把沃格林视为染上"怀旧情绪"的思想者,他显然不知道,沃格

[①] 吉莱斯皮,《现代性的神学起源》,张卜天译,长沙:湖南科技出版社,2011,页1–4;比较G. Hammill/J. R. Lupton, *Political Theology and Early Modernity*, The University of Chicago Press, 2012。

[②] 卡恩,《政治神学:新主权概念四论》,郑琪译,南京:译林出版社,2015。

[③] 里拉,《我们的特殊历史道路》,见里拉,《夭折的上帝》,前揭,页285注15。

林在1965年所做的一次学术报告中已经发出警告,"恐怖主义"之类的符号已经开始在西方社会流通(沃格林,《记忆》,页421)。

熟悉古代政治史的古典学家甚至说:

> 基地组织和西方的战争不过是旷日持久的东西方对抗的最新表现而已,双方的冲突经年累月,其起始之日已不可考,只能归入传说的范畴。冲突很可能始于历史上最著名的一场战争,对阵双方分别是阿凯亚人(伯罗奔半岛东北部的希腊人)和属于半神话的小亚细亚民族特洛伊人,战争的起因是斯巴达国王墨涅拉俄斯的尊严受辱,他的妻子海伦被一个名叫帕里斯的放荡的特洛伊花花公子拐走。①

里拉一定会把这种观点也归入"怀旧情绪"范畴。我们若不愿意让自己的政治头脑变得越来越简单,就值得对观《搁浅的心灵》中的说法与施米特和沃格林对"恐怖主义"现象的论析,否则,我们的政治辨识力不会有长进。

苏格拉底与知识分子的心灵为伍?

《轻率的心灵》的中译者在"译后记"中告诉我们,里拉是"杰出"的公共知识分子,他的写作始终"介于学

---

① 帕戈登,《两个世界的战争:2500年来东方与西方的竞逐》(2008),宇方译,北京:民主与建设出版社,2018,页7。

院与新闻媒体之间"(不时在《纽约书评》和《泰晤士报文学增刊》发表文章)。言下之意,里拉当上了美国常春藤大学的教授,不是靠哲学的严肃思考成果,而是靠他手中的"美国自由主义阵营的一支健笔"(里拉,《遇到政治》,页205–206)。

既然如此,里拉为"西方自由社会"负责,坚守自由民主政制的宗教大法官岗位,"考查"各色"意识形态左右翼"人士的著述,责无旁贷。问题在于,里拉把自己的意识形态政治"考查"说成具有哲学旨趣,会让我们中间的那些经历过"文革"的知识分子们难以接受。

《轻率的心灵》的"后记"题为"叙拉古的诱惑",里拉在这里讲述了柏拉图的故事,并谈到《会饮》和《斐德若》(中译本误译为《斐多》,见里拉,《遇到政治》,页197),然后过渡到《理想国》。《轻率的心灵》以柏拉图的故事结尾的理由是,"知性上的亲暴政与现代的暴政实践有着共同的知识根源",或者说"知性上的亲暴政""是一个普遍现象"。在里拉看来,"海德格尔不过是20世纪中最为戏剧化的例子,[他]表明了爱智慧的哲学何以沦为对暴政的亲和"(里拉,《遇到政治》,页188)。

里拉是否想要说,爱智慧的哲学难免甚至必然会沦为"亲僭政"?倘若如此,里拉自己的"哲学旨趣"肯定不会是"爱智慧的"哲学旨趣。所以,如我们所看到的那样,他的"考查"所具有的哲学旨趣体现为津津乐道海德格尔与阿伦特的恋情,或者海德格尔与雅思贝尔斯的私交

（所谓"传记旨趣"）。

热爱海德格尔哲学的爱智慧者会问：这能证明海德格尔的哲学"亲暴政"？在这些爱智慧者眼里，里拉对海德格尔的"考查"不过是20世纪末的"公知"最为戏剧化的表演。《轻率的心灵》的封底罗列了几位"哲学教授"、"政治学教授"、"史学教授"的推荐语，他们称赞"里拉才思敏捷，具有揭示真相的天赋"，书中的"每一篇研究（［引按］这个词值得怀疑）都发人深思、给人启示"。甚至还有人说，里拉的书像"一次召集了所有这些思想家的公正听证会"，指控他们"犯有严重罪行"，"精彩绝伦地剖析了20世纪那些亲暴政的知识分子。"

不少中国学人致力于翻译和研究海德格尔哲学，他们看到这样的言论肯定会坐不住。在他们看来，此类赞词仅仅表明，这些"教授"们不过是海德格尔痛斥过的那类现代智术师。一个"公知"把并非公共知识分子的心灵看扁，仅仅因为他自己的灵魂是扁的。

要考查热爱智识的心灵，难免需要凭靠某种观念，即苏格拉底经常说的所谓灵魂样式或"理式"。里拉让公共知识分子们清楚看到，他自己的灵魂样式的颜色既简单又鲜明，即是否"亲暴政"或有"反动"的"怀旧情绪"。他用戴着这种有色眼镜来考查热爱智识的心灵，我们不能说不对，因为这是"公共知识分子"这个语词所标识的心灵颜色。

《搁浅的心灵》刻画的第二位思想家是沃格林（1901-1986），笔者记得，在《天下时代》中沃格林曾写道：

就各种类型的圣人来说,无论是在柏拉图的生平之中,还是在建立学园这件事上,"培养有能力辅佐统治者的圣人"这一目标清晰可见;在罗马帝国的廊下派官僚体系中,该目标采取了制度化的形式,类似于儒家官僚体系在中华帝国的作用。最后,与道家圣人类型相似,古希腊发展出引人瞩目的平行物,即皮浪从各种行动哲学退缩到如教条一般严格的不动心,退缩到神秘主义怀疑论者的生存。[①]

在里拉这样的公共知识分子眼里,历史上几乎没有统治者不是"暴君",按这样的政治审查尺度,柏拉图、亚里士多德、廊下派乃至儒家的后继者们无不是"亲暴政"的知识分子。《搁浅的心灵》把罗森茨威格、沃格林和施特劳斯都称为"典范式的知识分子型人物"(里拉,《搁浅》,页11),按里拉式的政治审查标准,他们与"亲暴政"也脱不了干系,尽管关系并不是那么直接和明显。

《搁浅的心灵》的写作意图明显与《轻率的心灵》一脉相承,因为里拉在《轻率的心灵》后记中明确告诉读者,他要揭示这样的事实:

> 这些人自诩为独立的思想家,其实他们不过是受心魔驱使,渴望赢得浮躁的公众认可的普罗大众

[①] 沃格林,《天下时代》,叶颖译,南京:译林出版社,2018,页401(以下随文注页码)。

罢了。(里拉,《遇到政治》,页198)

紧接着里拉就披上苏格拉底的外套说:苏格拉底看到,"在致使民主沦为暴政的路上",某类"知识分子扮演了重要角色,是他们驱使年轻人的心灵走向狂热"(里拉,《遇到政治》,页199)。

借用分析哲学的说法,这话在语义上有问题,因为我们值得问:无论海德格尔、施米特,还是罗森茨威格、沃格林,更不用说施特劳斯,有哪个是"知识分子型人物"?相反,若把这句话中的"这些人"和"他们"换成单数且加定冠词的里拉(Lilla),语义上则不会有任何问题。

苏格拉底自称热爱智慧者,智术师们倒有几分像如今的"公知",尽管还不能在两者之间直接划等号。无论如何,苏格拉底致力于从热爱智慧者的角度考查智术师,而非从智术师的角度考查热爱智慧者,这迫使他不断探究何谓热爱智慧。

里拉自己关切过何谓热爱智慧的问题吗?显然没有。既然如此,《轻率的心灵》以谈论柏拉图笔下的苏格拉底结尾,无异于把苏格拉底丑化成了一个公共知识分子。

《轻率的心灵》从"被虏的心灵"这一表达式获得灵感,但在柏拉图笔下的苏格拉底看来,没有不"被虏"的心灵。问题仅仅在于,心灵被谁"虏"或被什么观念"禁锢"。一个人的心灵被"反暴政"观念抑或被天地之大美的观念所"虏"或"禁锢",有显而易见的天壤之别,正如一个爱智的心灵被伯林抑或被柏拉图所"虏",心灵的品质定然会有天壤之别。

在苏格拉底看来,一个人的灵魂若不知道自己被谁"虏"或被什么观念"禁锢",却自以为有理智理性的"自由",在各种学术场合内外大显身手,这样的灵魂不是可悲而是可笑。

智术师高尔吉亚在其著名的修辞性推论之作《海伦颂辞》中曾说,所有人的灵魂都"被爱欲所虏"(ἔρωτι ἁλοῦσα)。他并没有说,在不同灵魂类型的人身上,"爱欲"会有天壤之别(高尔吉亚,《海伦颂辞》6)。[①]笔者禁不住想,里拉的心灵与高尔吉亚所说的"爱欲"有什么思想史上的关联吗?

坦率地说,读过里拉的《轻率的心灵》和《搁浅的心灵》后,笔者不由得想起苏格拉底关于智术师忒拉绪马霍斯的说法,因为,忒拉绪马霍斯颇像里拉所说的那种有道德感的公共知识分子:

> 在我看来,谈论老年和贫穷扯得来催人泪下,那位卡尔克多尼俄斯人[忒拉绪马霍斯]的力量凭技艺才威力大呢。这男人厉害得能让多数人激愤起来,[然后]靠歌唱般的言说再哄激愤的人们[昏

---

① 参见何博超,《高尔吉亚〈海伦颂辞〉译注》,见《古典研究》,2012年冬季卷(总第十二期),页19–48。

昏欲睡]——这是他自己说的哟。而且,无论是诽谤
[他人]还是摆脱随便哪里来的诽谤,他都极为得心
应手。(《斐德若》267c5–d3)

里拉谈论知识分子的心灵自由时的确"扯得来催人
泪下",谈论"亲暴政"或反"暴政"时,真的能"让多数
人激愤起来"。若有人把《轻率的心灵》和《搁浅的心灵》
视为诽谤他人的表演式演说类小册子,恐怕不会错到哪
里去。

里拉在《搁浅的心灵》的"代序"结尾时说:

《搁浅的心灵》是一个谦卑的开始。这是我在
过去20年内随性阅读的成果,带来的是一系列关于
"反动"这一概念的案例和反思,而不是系统的论
述。(里拉,《搁浅》,页11)

真让人开眼界!读过《搁浅的心灵》的知识分子会动
脑筋或者说有心灵自由的话就应该问:里拉称得上谦卑
吗?《搁浅的心灵》的政治考查称得上谦卑吗?

如果里拉算得上谦卑,人们就得说国华太过肆心,因
为他的"序言"比里拉书篇幅还长。如果国华的"评述"
才称得上谦卑,因为它致力于严肃地理解里拉教授仅凭
"随性阅读"反思(?)的那些"搁浅的心灵",并让我们看
到,仅凭"随性阅读"根本就没可能严肃地理解无论古代
还是现代思想家的灵魂,遑论理解这些人的灵魂深度和

幽微,那么,太过肆心的只会是里拉。

《轻率的心灵》中译本出版那年,国华发表了自己的学术随笔集《在灵泊深处》。[①]若将《在灵泊深处》与《轻率的心灵》放在一起对观,任何一位脑子清楚的读者都不难看到,就学术视野、学养德性以及文笔品质而言,两者都判然有别。对比眼下的《灵知沉沦》和《搁浅的心灵》,人们也不难获得同样的印象。

无论如何,国华不是公共知识分子,里拉邀请国华为《搁浅的心灵》写中译本序言,无异于给他出了一道思想难题。笔者有理由好奇:国华为何要写篇幅更长的"评述"?里拉邀请他写,他就能写得如此之长,还如此曲里拐弯?

国华究竟写了些什么?好奇!

二 "逃离诉求"与"沉沦"的灵知

《灵知沉沦》有12个小节,外加一个"结语",还有一个"附录"和"后记",仅目录就看起来颇为繁复。这是否在暗示,《搁浅的心灵》把复杂的思想史问题搞得过于简单?

第一节题为"缘起",当与"后记"呼应,但"后记"并未进入章节框架。结语的标题是一句很短的英文,似

[①] 林国华,《在灵泊深处:西洋文史发微》,北京:北京大学出版社,2014。

乎不是写给中文读者看的;附录的标题则是一长串中文——"关于希腊悲剧、灵知暴君、霍布斯与自由主义等议题的对话",又好像要让中文读者逮不着要旨。

总之,笔者隐隐觉得,《灵知沉沦》的篇章布局似乎有些刻意让人迷惑。如果这一感觉没错,那我们就值得问:国华要迷惑谁?迷惑中文读者?也许吧。

还有一种可能:国华要迷惑里拉,因为里拉邀请他写中译本序,而由于种种不便明言的原因,他不得不写。

目录前面的题词中出现了"国王"这个语词,在里拉眼里,这个语词的语义肯定是"暴君",国华却显得在期盼某个神秘的"形象在国王的心中永存",仿佛自己是辅佐君王之人。

含糊其辞的"缘起"

"缘起"不到两页篇幅,国华说,《搁浅的心灵》英文本出版之时(2016),里拉就邀请他写"序言",以便中文读者知道"我从哪里来"。

"我"指里拉吗?未必!国华接下来就说:

> 在古代秩序坍塌溃散所激起的文明衰败风潮中,灵知派向丧家流离的世人提出了几个标志性问题,其中一个就是"我从哪里来?"(林国华,《灵知沉沦》,页2)

里拉希望国华告诉中文读者,他的心灵来自灵知派?若里拉得知国华告诉中文读者,他的心灵来自某种类型的灵知派,他会怎么想?

国华随后用5页篇幅(第2节)讲述了另一个缘起:在得知里拉写《搁浅的心灵》之前,国华读了法国哲人布拉格(1947–)的《世界的智慧》并"深受震动":

> 对我而言,《世界的智慧》打开了一条通往古代天文学和灵知派文献的幽深小径,灵知传统给我尤其奇幻的体验,我甚至尝试把它理解为一种怪异的天文学,或者一种反天文学、古典天文学的反题,它好像是一支来自天外的力量,对支撑着古代欧亚大陆神学——政治秩序的宇宙论骨架提出质疑、挑战甚至予以毁灭性的拆解、居心叵测的利用、滥用和打击,并发出最后的逃离诉求。(林国华,《灵知沉沦》,页4)

国华由此想到了自己更早时候的一段经历:15年前(2000年),经施特劳斯的亲炙弟子罗森(1929–2014)教授介绍,国华曾拜访过布拉格教授,并与他有过愉快的交谈——那时国华还不知道美国学界有个里拉。

《世界的智慧》甚至让国华想起了施特劳斯的"现代性三次浪潮"的著名论题:

> 古代自然秩序的坍塌首先引发霍布斯的反应,后者再引发卢梭的反动,尼采最终再反卢梭。每一

代反动派既是对前一代的反动,同时又与前一代共享根本的前提与基础。(林国华,《灵知沉沦》,页6)

交代过与施特劳斯学派的这段思想姻缘之后,国华才把他从布拉格教授那里得知的灵知问题与《搁浅的心灵》联系在一起,并引用了里拉给他的一封信。

笔者感到好奇:里拉迄今为止的著述关心过"世界的智慧"这个层级甚或类似的问题吗?即便他的博士论文也没有关心过这个问题。①

里拉在信中表示,他在1990年代中期念博士学位时,《资本主义的文化矛盾》的作者贝尔(1919–2011)就让他注意到灵知主义,并研读了索勒姆(1897–1982)和约纳斯(1903–1993)的著作。里拉在信中显得颇为熟悉而且推崇约纳斯,据说他谈论的灵知"其实是一种人类心灵的体验结构",而这种精神体验还"戴着现代的面具出现在我们的世界上"(林国华,《灵知沉沦》页8)。

约纳斯的博士论文《灵知概念》(*Der Begriff der Gnosis*)虽然出版于1930年(仅52页),但最早触及古老的宗教体验"戴着现代面具出现"这一现代性问题的是沃格林在1938年发表的《政治的诸宗教》(*Die politischen Religionen*)。沃格林在晚年回忆说,他"意识到灵知主义问题并将其用于现代意识形态现象",是受巴尔塔萨(1905–1988)32岁时出版的《普罗米修斯》(1937)一书的

---

① 里拉,《维科:反现代的创生》,张小勇译,北京:新星出版社,2008。

"导言"激发。①

里拉在信中没有提到沃格林,看来,他仅仅是显得熟知灵知主义与现代性问题的来龙去脉,其实未必。

国华说,里拉的《夭折的上帝》"已经开始"密切关注"灵知"论题,其中"浓重的神学元素与里拉之前的著作有明显差异"(林国华,《灵知沉沦》,页8)。这一说法即便不是似是而非,也语焉不详:既然里拉念博士时已经注意到灵知主义,为何他直到2003年着手写作《夭折的上帝》时才开始"密切关注"灵知论题?没有1990年代欧美政治理论界的"政治神学复兴",里拉会写带有"浓重的神学元素"的《夭折的上帝》?

何况,《夭折的上帝》既没提到约纳斯,也没提及任何与灵知主义相关的文献,仅在题为"危机"的第一章简要提到"灵知传统"(里拉,《夭折》,页11-14),要说"灵知问题已经得到密切关注",委实是虚夸之辞。国华显然心里清楚,《夭折的上帝》与其说"密切关注"不如说万分警惕政治神学问题,其意图是与"意识形态左右翼"知识分子搏斗。

从《搁浅的心灵》中也可以看到,里拉密切关注的仍然是"意识形态左右翼"的最新动向。里拉注意到,一方面,当代美国右派中出现了一股重要势力,即"凝聚了传

---

① 沃格林口述/桑多兹整理,《自传体反思》,段保良译,北京:华夏出版社,2018,页85(以下简称"反思",并随文注页码)。比较 Johanna Prader, *Der gnostische Wahn: Eric Voegelin und die Zerstörung menschlicher Ordnung in der Moderne*, Passagen, 2006。

统天主教徒、福音派新教徒与新正统派的犹太教徒"的"神学保守主义";另一方面,"学术极左派"引发了"一场规模不大但引人注目的运动"——

> 它的支持者们以怀旧的目光看待过去的革命运动,有时甚至缅怀20世纪的极权主义国家。他们都被"政治神学"所吸引,并对其中最知名的理论家、纳粹法学学者施米特心存痴迷。既已放弃了马克思主义历史理论及其决定论的唯物主义,却又拒绝接受1989年以后的新自由主义共识,这批支持者如今把革命当作一件政治神学意义上的"事件",认为它揭示了一种新的教义,并无视历史显而易见的漂泊与无序而加之以一种新的秩序。在他们眼中,圣保罗与列宁这类人之间存在着密切关联。(里拉,《搁浅》,页15–16)

里拉的"密切关注"与布拉格的《世界的智慧》的哲学关切相干吗?或者说,国华在2015年"深受震动"的纯属哲学的事情与里拉关切的纯属政治的事情真的叠合到了一起?

现在回过头来看"缘起"中的下面这段话,我们应该能够体会出其含义似是而非:

> 我只能在有限篇幅的约束下,尽我所能,回答作者委托给我的任务,告诉它的中国读者,作者从

哪里来。当然，我的解释仅仅是可能视角中的一个。
(林国华，《灵知沉沦》，页2)

国华的"评述"受"有限篇幅的约束"还能写这么长？里拉真委托过国华这样的任务，即希望他告诉中国读者"我从哪里来"？难道国华要告诉我们，里拉的心灵来自"古代天文学和灵知派"或者来自"最后的逃离诉求"？断无可能！否则就等于说里拉的心灵"搁浅"了。

"我从哪里来"的"我"倒可能指国华自己。从《世界的智慧》让他"深受震动"来看，要说国华的心灵来自"古代天文学和灵知派"或者来自"最后的逃离诉求"，不会离谱。

倘若如此，国华的"评述"受"有限篇幅的约束"还能写这么长，不过是因为他要借"评述"说自己关切的热爱智慧问题，《搁浅的心灵》其实并没有什么好说的。是不是这样，让我们看国华的文本怎么说。

灵知人与西方"负典"

我们已经看到，《灵知沉沦》的头两小节实际上交代了两个不同的"缘起"。这很可能表明，国华写作《灵知沉沦》与里拉的《搁浅的心灵》乃至《夭折的上帝》未必有什么相干。随后国华用了四个小节篇幅反复讲述一个主题：灵知主义始祖马克安(85–160)是谁，他所开创的"灵知传统"是怎么回事，篇幅加起来足有35页左右。

我国学界对马克安(若仿希腊文的发音，$Μαρκίων$当念作"马克安")和"灵知传统"都不陌生,基本文献的汉译已有了一定积累。国华称为"令人望而生畏"的重要原典《赫耳墨斯集》的汉译刚刚面世,[①]我们能看到它如何令人生畏。读者若要获得理解《灵知沉沦》的知识性背景,尤其是"灵知传统"与西方哲学史、宗教史和文学史的相关知识,浏览一下汉拉第的概述就足矣。[②]

国华对马克安和"灵知传统"的概述精当而又准确,但这并非看点。毋宁说,看点在于如下三点。首先,国华提出,"灵知传统"堪称西方文明的"负典"传统。第二,通过为马克安正名,国华力图区分真的和假的灵知人。第三,由此国华提出了"沉沦的灵知"概念,他希望凭此挑明:"灵知"的根本品质是"逃离"世间甚至宇宙,一旦"灵知"转而企图与世间"和解"或重整宇宙秩序,那么,"灵知"就沦为夭折的心灵,这意味着灵知的堕落。

国华发明"负典"概念,明显意在让西方文史上的一系列文本与作为"正典"系列的经典文本分庭抗礼。如果说"正典"系列代表着西方文明的"大传统",那么,"负典"系列则代表西方文史上断然否定这个"大传统"的另类大传统。

在"灵知传统"一节,国华通过盛赞约纳斯的博士论

[①] 托名赫耳墨斯,《赫耳墨斯秘籍》,肖霄译,上海:华东师范大学出版社,2019;比较柯本哈维,《〈赫耳墨斯秘籍〉成书考》,见彭磊编,《普罗塔克与罗马政治》("经典与解释"辑刊第53辑),北京:华夏出版社,2019,页127—199。
[②] 汉拉第,《灵知派与神秘主义》,张湛译,上海:华东师范大学出版社,2012。

文提出了"负典"概念:

> 一种被"文明正典"长久压抑迫害而隐匿地下的古代异端"负典"在现代破土而出,对已经在摇摇欲坠中的"正典秩序"实施报复反击。这里的"正典秩序"指的是以希腊理性传统、希伯来律法传统和基督教福音传统为骨干的欧洲文明大统,三种传统的教义在各自的原教旨状态下几乎南辕北辙、不共戴天,但在终点部位却有着根本的共识,那就是与尘世和解、占有这个世界、给这个世界以稳定的秩序。(林国华,《灵知沉沦》,页11)

国华马上挑明了"负典"传统否定"正典"传统的理由:"正典"传统坚持"世界是自然秩序的一部分,它是美的、符合理性的"——"负典"传统断然拒绝这种世界观,因为它只会强化此世的恶。

> 这个尘世是宜居的,世界为人而造,人为世界而造。这种关于世界图景的形而上学教义继而又鼓励了种种道德和政治理想,比如人是政治的动物、朝向尘世生活的德性培养、对律法和正义的热心、爱上帝(他是世界和人的创造主)、爱邻人、爱自己(禁止自杀)、作为圣事的婚姻与繁衍以及朝向文明民族的启蒙,等等。(林国华,《灵知沉沦》,页11–12)

从哲学上讲,"正典"传统是一种一元论,其基本品质是"与世界和解的愿景",而"负典"传统则坚持"与世界保持二元距离和紧张",因为此世的本质是恶。紧接下来国华就为马克安正名:在西方思想史上,这位出生于黑海边的大富豪长期背负"异端"恶名,其实,

> 异端之所以是异端,在于它看到了可怕的真相,拥有卓尔不凡的思想。(林国华,《灵知沉沦》,页15)

不过,国华马上又告诉我们:史上确确实实存在异端,或者说,所谓"灵知传统"确实是异端——不仅对"正典"传统来说是异端,重要的是,对真"灵知"来说同样是异端。

我们应该注意到,国华强调,马克安思想是"一条高度哲思化的理性道路",它相当于"柏拉图学说的神秘化"。这无异于说,马克安是个热爱智慧者,亦即通常所谓的"哲人"。

让人感兴趣的问题来了:如果不能说神秘主义的柏拉图派是异端,那么,也就不能说马克安是异端;如果"柏拉图学说的神秘化"堪称异端,那么,就不能说马克安思想是"一条高度哲思化的理性道路"。倘若如此,马克安思想究竟是抑或不是异端呢?

换言之,既然"希腊理性传统"已经被视为"正典秩序"的三大组成部分之一,若要为长期背负"异端"恶名

的马克安正名就显得颇为奇怪。既然马克安思想是"一条高度哲思化的理性道路",它被视为"异端"就不过是历史失误,从而,用马克安来证明"负典"传统在逻辑上讲不通。为了让"负典"概念成立,人们就得说马克安是潜藏在"正典秩序"中的异端,但这样一来,若说马克安思想是"一条高度哲思化的理性道路"就无异于佯谬修辞。

国华接下来的说法看似解决了这个麻烦,他说,"正典"传统是"关于世界图景的形而上学教义","负典"传统同样如此,只不过其"形而上学教义"与"正典"传统截然对立:一元论与二元论的形而上学对立。可是,一旦这种二元论式的高度哲思化的"灵知"走向"庸俗化、大众化",就会堕落为"庸俗不堪的大众化神棍邪教"——此即名副其实的"异端"。

> 如果说灵知传统拥有两个极点,一个是庸俗不堪的大众化神棍邪教,另一个就是最具理性思辨气质和重度精神洁癖的神秘知识论,而马克安占据的就是后面这个极点,他的存在标志着灵知传统所能达到的最高点。(林国华,《灵知沉沦》,页16)

这样一来,得到正名的其实是具有"理性思辨气质和重度精神洁癖的神秘知识论",而"负典"概念仍然没有被从"庸俗不堪的大众化神棍邪教"中解救出来。为何如此,暂时还是一个思想之谜。热爱智慧的灵魂需要经受种种困惑的磨砺,思想之谜不过是些困惑而已。比如,"大众化神棍邪教"并非都显得庸俗不堪,同样可能显得具有理性思辨气质和重度精神洁癖的外观,就是让人困惑的思想之谜。

结束对马克安的礼赞时,国华突然严厉谴责沃格林,并顺带褒奖里拉:沃格林一生与"大众激进灵知主义运动理论家"缠斗不休,却没有区分真—假"灵知",没有看到"大众激进灵知"使得"灵知"一词"严重污名化的不幸局面"。国华甚至说,沃格林写了八卷"政治观念史稿",不过是为了"浸泡在灵知污水中享受批判的狂欢":

> What a taste!沃格林终生研究灵知问题,却终生不愿正视马克安的价值及其在现代的稀有回声!(林国华,《灵知沉沦》,页17)

这无异于说,沃格林虽然终生研究灵知问题,却没有看到,马克安的教诲其实是"最具理性思辨气质和重度精神洁癖的神秘知识论"。里拉读到这个段落肯定会喜不自胜,我们作为中文读者却应该感到奇怪,因为这段话不仅声色俱厉,而且言过其实得明显夸张。

首先,沃格林不仅用八卷"政治观念史稿",而且还加上四大卷"秩序与历史",与"大众激进灵知主义运动理论家"缠斗终生,谁要说他对灵知问题的认识还不及《夭折的上帝》的作者,常识脑筋也会对此说法叹息一声:What a taste!国华心里当然清楚,《搁浅的心灵》中的

"从毛到圣保罗"一章不过是拾沃格林牙慧,而且属于庸俗水平。

第二,里拉知道马克安的教诲其实是"最具理性思辨气质和重度精神洁癖的神秘知识论"吗?他懂得何谓"理性思辨气质"?至于"重度精神洁癖",里拉恐怕会说,这是地地道道的恶癖!

"灵知传统"和"马克安"两个小节加起来仅8页多一点儿,随后的"再论灵知传统"一节长达13页。在这里,国华进一步告诉我们:

> 古代灵知传统和近代天文革命都以解构古代宇宙秩序为使命,二者差异在于,在灵知传统那里,古代宇宙体系本身尚可得到保留,被解构的只是被正典秩序的辩护士们附着其上的肯定性价值;而在近代天文学这里,那个古老的宇宙体系本身遭到了毁灭性的解体归于零。(林国华,《灵知沉沦》,页20)

用便于理解的表述来讲,在国华眼中的"古代灵知传统"看来,依附于古代宇宙体系身上的自然正确纯属子虚乌有,一旦将它剥离下来,"所有依附在古代宇宙骨架上的优秀价值"就会"遭到奇妙的、剧烈的重估和颠转"(林国华,《灵知沉沦》,页19)。

国华再次高调称颂马克安:严格来讲,这并非"古代灵知传统"的伟大历史功绩,而是马克安一人之功!毕竟,"在鱼龙混杂的灵知派理论迷宫中,唯此人卓尔不群"(林国华,《灵知沉沦》,页17)。

国华说这些,是要告诉我们里拉的心灵"从哪里来"吗?显然不是。国华随后突然转调称赞沃格林:

> 他无情挞伐的灵知全都带着一个可耻的修饰词——intra-mundane［世内的］,那些致力于贪恋世界、占有世界、统治世界但最终被世界席卷而去的堕落的灵知。(林国华,《灵知沉沦》,页26)

所谓"灵知沉沦"指忘记了"灵知"的本义是"在世界之上(supra-mundane)和世界之外(extra-mundane)构想一个神圣秩序"。国华说,没有把握到这一点,就不能准确理解"沃格林的批判事业"(同上)。

> 灵知派看到的星空不是康德头顶的星空,他们对天体和星辰的评价很低,对圣化宇宙没有兴趣,这是高度精英化、神秘化的古代灵知区别于沃格林大加挞伐的堕落的现代灵知(物质进步主义、世俗性的政治弥赛亚,等等)的关键所在。(林国华,《灵知沉沦》,页30–31)

康德是自由主义哲学大师,真正的灵知蔑视"康德头顶的星空"无异于蔑视自由主义的道德学说。按此我们不难推论,真正的灵知人只会是里拉眼中的敌人。

无需记性很好我们也会记得,国华刚刚在第4节结尾时还贬低过沃格林,并夸赞里拉。国华难道想说但又不便明说,自由主义的伯林和里拉才是"堕落的现代灵知"?

是不是这样呢?让我们拭目以待。

沉沦的灵知人

随后的第六节"再论马克安"长达14页,读到这里,我们首先应该问:为何国华论"灵知传统"和"马克安"要分为一论和"再论"两个不同小节?合在一起说不是更为简洁紧凑?看来,如此递进式的谋篇布局肯定有某种用意。

国华说,在马克安眼里,"人是人类思想史上可以构想到的最低级、最不幸的创造物。"因此,在"西方形而上学史上",没有什么学说的悲观主义色彩比马克安更浓烈。这无异于说,马克安思想是一种极度悲观主义的形而上学。倘若如此,这种品质的哲学会出自怎样的个体灵魂品质,又会吸引什么样的灵魂类型呢?

必须注意,国华说"正典"传统与"负典"传统都是西方形而上学传统,而里拉的老师伯林对任何形而上学传统都一概深感厌恶。如果马克安思想真的是"一条高度哲思化的理性道路",甚至相当于"柏拉图学说的神秘化",厌恶柏拉图学说的伯林肯定也厌恶马克安。

国华告诉我们,马克安思想"属于重度精神洁癖的学说,一种对基于恋尸癖发展出来的受虐道德的极端厌恶"(林国华,《灵知沉沦》,页36)。这话带出了典型的灵知神秘论密语:给此世带来道德秩序的哲学企图无异于一种"恋尸癖",因为,整顿乾坤必然会制造大量无辜的尸体。

20世纪初期有位德意志诗人名叫多伯勒(1876–1934),他在其长诗《北极光》(1910)中说得更狠:"这个处心积虑的刽子手,这个砍掉自己头颅的人"简直"就像丑陋的Kadaverbenager[噬尸者]"。

这一说法与现代灵知主义有关,因为据说多伯勒是个灵知分子。[①]施米特年仅28岁时(1916)曾撰文评论说,多伯勒的"北极光"具有的独特神秘性,这源于北极光与太阳的对立关系:它把整个地球掩盖在自己的黑暗里,像一个黑黢黢的幽灵紧紧追随每个人。"灵知"中的世界是一个由图像构成的世界,这意味着"在图像中认识现实,再扬弃现实",由此形成一个神秘的构造。令人费解的是,施米特紧接着说,这个构造最为神秘之处,莫过于最深奥的公法学及国家哲学问题:

> 二元论进入了世界历史的进程:波斯人是真英雄,他们的行动力、正义感、国家意识和种族意识都特别具有男性的阳刚之气。他们给女性设定的位置只有后院……通过善神Ahoura Mazda(即奥玛兹特[Ormuzd])与恶神Angro-Mainyos(即阿赫里曼

---

① 比较Theodor Däubler, "Idee des Nordlichts",见Peter Sloterdijk / Thomas H. Macho编, *Weltrevolution der Seele. Ein Lese- und Arbeitsbuch der Gnosis von der Spätantike bis zur Gegenwart*, München, 1993, S. 580–587。

[Ahriman]）以及光明与黑暗的角逐。

灵知—摩尼教派扩充了这一点，鉴于造物主创造了这个活生生的、却恶到无可救药的世界，他们尤其从造物主那里把正义之神变成了爱之神。①

我们得当心"二元论"这个概念，它有两种不同样式：要么是现世之中的善—恶二元论，不妨称之为"现世二元论"，要么是现世—超世的二元论，不妨称之为"超世二元论"。在超世二元论眼里，现世中除了恶别无他物，这种二元论者会把现世二元论者视为"恋尸癖"甚至"噬尸者"，因为它必然导致善与恶的厮杀。

超世二元论似乎才称得上是真灵知，因为它绝不与现世妥协。问题的复杂性在于：真灵知的超世二元论难道不会导致超世的善与此世的恶决一死战，而且在历史上从未导致过如此善与恶的厮杀？如果情形并非如此，那么，真灵知未必能够摆脱"恋尸癖"或"噬尸者"的嫌疑，甚至可能是更为残酷决绝的"噬尸者"。

无论如何，大相径庭的两种二元论对于国家或法的秩序的态度会判然有别。对现世二元论来说，必须建立一种基于恒定的统治与被统治关系的国家秩序或法的秩序，否则，此世中的恶不可能得到抑制。对超世二元论来说，任何国家或法的秩序建构都是一种恶。

---

① 施米特，《多伯勒的"北极光"》，见刘小枫、温玉伟编，《施米特与破碎时代的诗人》，安尼、温玉伟等译，上海：华东师范大学出版社，2019，页16（译文略有改动）。

明白这个道理，我们才能理解国华为何说，主张"逃离"此世的马克安转而"认肯了律法的必要性"——因为：

> 那个低等的造物主(耶和华)必须制定律法以管控出自他自己之手的低级的、充满缺陷的、经常使他们的创造者感到悔恨的造物！在这里，马克安再一次和《法义》的作者柏拉图走到一起。(林国华，《灵知沉沦》，页36)

我们应该对这一说法感到奇怪，因为国华自己在前面说过，马克安的思想相当于"柏拉图学说的神秘化"，两者都走的是"一条高度哲思化的理性道路"。我们禁不住要问：写作《法义》的柏拉图是个神秘主义者？

既然国华让马克安否定了任何积极的现世行为，毫不妥协地坚持"与世界保持二元距离和紧张"，即坚持毫不妥协的超世二元论立场，马克安何以可能再与柏拉图"走到一起"，一致肯定"律法的必要性"？难道柏拉图是个超世二元论者？

国华没有意识到自己这样说自相矛盾？绝无可能！

这个弯子转得不小，但接下来的转弯更让人觉得蹊跷：国华马上又让马克安与凭靠"白白赐予的恩典"扬弃律法的保罗走到一起。国华甚至用"保罗—马克安"这样的连缀表达式说，两者"为人们恢复了上帝的善良和爱的形象"。正是这位"陌生的上帝"毅然"与那个创造了世界的低等造物主对抗",才让"我们"获得"白白赐予的恩典"(林国华,《灵知沉沦》,页38–39)。

国华在一论马克安时强调,"灵知传统"与"正典"传统势不两立,针尖对麦芒,现在却说马克安与"正典"传统的两大思想人物(柏拉图—保罗)携手。怎么回事?

"保罗—马克安"的连缀表达式没有问题,因为马克安坚定不移地跟从保罗,甚至试图(通过删除对观福音、删节《路加福音》、增加保罗书信)让保罗取代耶稣,乃著名的思想史事实。[①] 国华没有用"柏拉图—马克安"这样的连缀表达式,这又是为什么呢?

要澄清这样的问题不容易,至少不适合在这里展开讨论,否则有掉书袋之嫌。我们倒是应该注意,国华本来在谈论马克安的"陌生上帝"与"人"的关系,现在,泛称的"人"突然不动声色地换成了"我们":

> 马克安封闭了基督教正典传统与世界和解的一元论路径,但并没有绝对阻断拯救的可能:那个陌生的上帝将把我们从这个世界及其造物主手里拯救出来,把我们安放到陌生的栖居地,做那个陌生上帝的孩子。(林国华,《灵知沉沦》,页37)

这段话的感情饱满得令人难忘。问题是:谁是"我

[①] 参见文森,《保罗与马克安:一种思想史考察》,郑淑红译,北京:华夏出版社,2018。

们"？无论是谁，国华心目中的"我们"都应该懂得：

> 陌生上帝……的本质是反宇宙的，它不会触动、干扰或改善世界的自然进程和律法秩序，它所致力于的仅仅在于通过对未来的信心而改变当前的灵性状态，至于世界何去何从，任其自然便是，也就是说，任它最终自行毁灭。最重要的是，在地上暂居的这段时间，那些被恩典转化的人需要做的不再是去积极营建律法之下的"圣洁"生活，而是尽可能减少与世界——那个低等造物神的领域——的接触。(林国华，《灵知沉沦》，页40-41)

正当笔者费神思量这段话中的形而上学意蕴时，国华紧接下来的一句说法让笔者再次大吃一惊："马克安关于世界暂居和消极道德的教诲"是以伯林为标签的"消极自由"学说的"形而上学源头"！

必须注意：国华说的是"消极自由"论的形而上学源头！按国华的描述，马克安的灵知论的确可以贴上"消极自由"论这个标签，但伯林的自由主义论可以贴上马克安的"消极自由"论标签？里拉——更别说伯林——会同意吗？伯林会承认自己的自由主义论是一种形而上学？

如果不能设想国华会犯这类常识性错误，那就只能设想：他在玩看似如此的修辞性推论游戏。

果然，《灵知沉沦》接下来的第7-8两个小节高调为伯林—里拉的自由主义信念提供形而上学辩护或灵知主义辩护,标题分别为"关于'消极自由'的插话"和"里拉的学术进路:灵知沉沦的编年史"。

我们有了识读第4节结尾那段称赞里拉和贬抑沃格林之言的经验,要看出国华对伯林的赞美似是而非并不难。比如,他说伯林是否了解马克安的学说并不重要,重要的是他体验到"马克安式的基本体验":

> 作为一个优秀的思想史家,伯林不难获知这场披着浪漫主义面纱的"灵知复仇运动"。……[伯林]体内始终保持着犹太人从巴比伦俘囚时代就开始酝酿的基本体验——在世界的坍塌面前保持敌意和冷漠。这是伯林的神经中枢,他所有学说都需要回到这个起点,比如"消极自由",或者"多元主义"。——"多元主义"的含义与其说是宽容,不如说是冷漠。(林国华,《灵知沉沦》,页49)

伯林若诚实的话,他听见这样的赞词恐怕会脸红。世俗化、多元主义、宽容等理念都算得上伯林自由主义学说的标签,如里拉所说:

> 伯林最为关注的是他在西方主流传统中辨识出的对多样性和多元主义的敌意,这始于柏拉图,于启蒙运动中在思想上达到顶点,最终在20世纪导致了政治上的后果。这一思潮的基本假设就是:所有的道德和政治问题只有唯一的正解,通过理性可以

获知那些答案,而所有的这类真理都必然是兼容的。古拉格和死亡集中营就建立在这些假设上。(里拉,《遇到政治》,页189)

按照国华的描述,对马克安来说,难道不是"所有的道德和政治问题只有唯一的正解",即"尽可能减少与世界——那个低等造物神的领域——的接触"?里拉竭尽全力与"意识形态左右翼"知识分子厮杀,不正是要"积极营建[自由民主政制]律法之下的'圣洁'生活"?

国华在文章开头提出"负典"概念时,曾提到《搁浅的心灵》中记叙的"巴黎[恐袭]事件",并把事件归因于"灵知暴君":

> 欧洲文明根基之处的二元张力中的灵性维度发生断裂,尘世被过度地贪爱,世俗化、多元主义、毫无原则的宽容理念正在啮噬文明的肌体……(林国华,《灵知沉沦》,页12–13)

如果这里所痛斥的"世俗化、多元主义、毫无原则的宽容理念"也是伯林—里拉的自由主义标签,那么,国华是不是想说但又不便明说,伯林—里拉是沉沦的"灵知"或地道的"灵知暴君"?

倘若如此,国华的说法中有过于明显的自相矛盾之处就会迎刃而解:凡此修辞不外乎既揭示又隐藏伯林自由主义与某种灵知主义的思想史关联,以迷惑里拉。不仅如此，国华为何采用递进式的谋篇方式论述"灵知传统"和马克安，其意图也就不难理解了。

国华在这里还用"冷漠"一词来描述伯林的学说，而他在后来描述施特劳斯的哲学思考时也用了"冷漠"这个语词。难道国华会认为，伯林与施特劳斯是同一类"冷漠"哲人？如果不能设想国华一时疏忽下笔有误，就只能设想他刻意颠三倒四。

是不是这样呢？下面这一大段关于"自由主义"的说法也许能够提供证明：

> "自由主义"讲的"自由"就是"消极自由"。"自由主义"是一种更大范围的难民理论，在其原初的神学—政治前提上也是一种选民理论，它强调了人在世界的消极和暂居的地位，因此指向了一种在世界之外的、能够永恒地安顿世界暂居者的可能秩序。那个永恒的秩序是否能够最终抵达、怎么抵达，自由主义理论早期奠基者并没有给出答案，这并不重要，重要的是这种天外秩序图景存在于他们的心灵中，主宰着他们对天内(天下)秩序的构想。我认为这就是自由主义最根本的天文学背景和星际含义，它有着深远的犹太——基督教、马克安——灵知派神学以及近代天文革命所结成的消极负典路线的支持，它挑战了——准确而言是替代了由希腊传统和犹太——基督教传统中肯定性元素结成的正典路线。(林国华，《灵知沉沦》，页51)

这是在说伯林—里拉所信奉的自由主义？必须注意到，国华在这里给"自由主义"一词加了引号。笔者相信，伯林若读到这段话一定会觉得，这是对其哲学主张别有用心的污蔑。

沃格林不止一次下过这样的病理分析诊断：现代自由主义是沉沦的灵知，或者说一种"启示录式的灵魂畸变"，与其意识形态的敌人是孪生兄弟（沃格林，《天下时代》，页436）。博览群书的国华对此心中有数，否则他不会写道：

> 我们在沃格林的著作中可以目睹一帧又一帧有着傲娇身世的天外灵知在污浊的尘世中被诱惑、堕落、挣扎和受苦的悲惨影像。（林国华，《灵知沉沦》，页59）

国华紧接着还说："在某种程度上，里拉承袭的正是沃格林的事业。"里拉的《搁浅的心灵》让我们看到，他把沃格林视为"搁浅的心灵"，属于"反动"思想阵营。如果"里拉承袭的正是沃格林的事业"，那我们就得说，里拉的心灵也"搁浅"了，他同样是"反动"派——这难道不令人拍案叫绝？

国华随后的一句话兴许透露了他的真实看法：

> 沃格林宛如宗教裁判所外派的猎巫人一样，以无情地追踪、猎杀坠落在人世间的灵知为终生的快

乐和荣耀。(林国华,《灵知沉沦》,页65)

这句言辞不仅高妙,而且颇为机智。既然国华说里拉承袭了"沃格林的事业",那么,这话的意思就可读作:里拉有如自由主义宗教裁判所外派的猎巫人,以追踪、猎杀人间的"搁浅心灵"为终生的快乐和荣耀,却不知道自己正是沃格林无情地追踪、猎杀的"灵知暴君"。

"我从哪里来"

国华说,"里拉期待他的读者把他视为一个编修现代心灵苦史的史学家"(林国华,《灵知沉沦》,页60)。现在我们应该看得出来,这话与其说是在替里拉表达期待,不如说是在表达国华的自我期许:他自己要致力成为这样的思想史家。

倘若如此,当国华说"我希望我的再分析能够为里拉挣得一个他值得拥有的更为根本、更为专业、更为严肃的思想史定位"时,他的意思有可能是说,里拉在《搁浅的心灵》中对那几位思想家的描述不仅肤浅、不够专业,还缺乏严肃。

是不是这样,让我们拭目以待。

国华用了4个小节来描绘自己对"搁浅的心灵"的理解,篇幅长达130页,占全书三分之二还多一点儿。由于国华在前面已经让我们见识了他的双重笔法,我们有理由问:现在他重新描述里拉已经描述过的"搁浅的心灵",会不会用上了相同的笔法?如果答案是肯定的,那么，这种笔法又要告诉我们什么他不便明言的东西呢？

笔者对陶伯斯、巴迪欧、柯亨和罗森茨威格的论著都不熟悉，无法辨识国华的描画是否用上了双重笔法。[①] 对于施特劳斯和沃格林，笔者则不能说不熟悉，否则，作为中译"施特劳斯集"和"沃格林集"的主编就得算不负责任。

关于施特劳斯和沃格林的这两个小节，笔者的阅读有一个基本感觉：国华并非在描述两位哲人的心灵如何"搁浅"。毋宁说，借描述两位"正典"维护者，国华要告诉我们，他自己"从哪里来"。由于需要顾及里拉的"搁浅的心灵"，国华不得不采用曲折笔法。

国华说，施特劳斯"在其漫长的书斋生涯中对与灵知传统相关的任何论题（至少在公开发表的文献方面）几乎保持着绝对的沉默"（林国华，《灵知沉沦》，页65）。在笔者的印象中，情形的确如此，这也是笔者曾一度感到困惑的问题，直到有一天读到施特劳斯与沃格林的一通书信往来。

1950年底，沃格林读到施特劳斯即将出版的《自然正确与历史》中的一个章节，他随即给施特劳斯写了一封长信。沃格林完全赞同施特劳斯对历史主义的分析，但在历史主义的兴起问题上，沃格林表达了不同看法。他认为，历史主义作为"观念运动起源于中世纪的灵知主

[①] 比较摩西，《历史的天使：罗森茨威格、本雅明、肖勒姆》，梁展译，上海：华东师范大学出版社出版社，2017。

义",比如约阿希姆(1135-1202)的著作就尝试赋予历史的内在过程以意义。①

> 在这些尝试一开始,只是在原则上把超验的(基督教意义上的)eschaton［终末］内在化,随后,这种方法的逻辑导致了一切,直至把历史事实视为解释自我解释的生存(self-interpreting existence)之意义的答案。遵循这种中世纪的方法,现代似乎具有一种把历史中政治之外的东西视为鄙俗历史的倾向。……
>
> 从笛卡尔到黑格尔,哲学蜕变成了体系,封闭的哲学"体系"占据优势,这在我看来是一脉相承的。然而,"体系"的观念以及知识分子彻底参透宇宙及其存在之奥秘的可能,把永恒拉入到了个体思想者的时间之中,这本身就是一个灵知现象。②

施特劳斯在回信中说,

> 我当然知道有人主张把这种［历史主义］转向追溯到约阿希姆(单单前两年就有陶伯斯和洛维特写书做此事),而且我也知道,这个主张并没有令我

---

① 关于约阿希姆及其历史神学,参见刘小枫编,《西方古代的天下观》,杨志城、安蒨等译,北京:华夏出版社,2018,页288–337。
② 施特劳斯、沃格林,《信仰与政治哲学:施特劳斯与沃格林通信集》,谢华育、张新樟译,上海:华东师范大学出版社,2007/2014,页103–104。

信服。我不会反驳说,我们必须从约阿希姆回到伊斯兰教的什叶派。什叶派与柏拉图的《政治家》有关,清楚的线索和背景的清晰性都已经消失了。即便存在从约阿希姆到黑格尔的线索,它们也不会引起向"此世"哲学的彻底转向,也即从永恒转向此世:人们还必须也在哲学中引起这种转向。(同上,页106–107)

这段回答令笔者印象深刻,从此,施特劳斯为何不谈与"灵知传统"相关的论题,不再成其为一个问题。

国华在谈论施特劳斯与沃格林的通信交往时,没有提到施特劳斯的这封回信,而是强调施特劳斯与索勒姆(1897–1982)有更为切合的心性相契。因为,对于施特劳斯在灵知问题上为何保持沉默,国华有自己的看法——他"猜测"说:

> 沃格林对负典异端的无情批判可能触动甚至激怒了施特劳斯永不泯灭的"犹太神经",这根神经谜一样地同时维系着保守的律法正典和激进的反律法负典。(林国华,《灵知沉沦》,页184)

笔者感到好奇:施特劳斯这样的哲人会被沃格林对灵知主义的"无情批判"触动甚至激怒?据笔者所知,施特劳斯30多岁时就对沃格林关注的"灵知传统"问题不感兴趣。我们在他写给挚友克莱因(1899–1978)的信

(1934元月)中可以读到:

> 我在这里见到了约纳斯,你还记得他吗?他现在已经完成他关于灵知主义的著作。我觉得,他的想法很不错,一点不可笑。[①]

一个月后,施特劳斯在给克莱因的信中再次提到约纳斯,这并非因为他对约纳斯的灵知研究感兴趣,而是因为他在这段时间经常碰到约纳斯,而且有过多次交谈。

> 他[约纳斯]关于灵知派的书(约500页)已完工。第一卷即将印出(复活节面世)。我相信这将是一个巨大成就:非常娴熟,可以说给人以深刻印象,论说绝不愚蠢。尽管如此,[我]不会希望自己写成这样的书。这有点像我们民族的敌人想象一个犹太人的书。(同上)

我们看到,施特劳斯没有认为研究"灵知传统"问题是愚蠢,反倒肯定这种研究算得上一大学术成就。约纳斯的灵知研究尽管并不带有无情批判的态度,但施特劳斯仍然表示,他不感兴趣。为什么?答案恐怕不仅得从不同的智识灵魂的微妙差异中去寻找,还得看到哲学见识

---

① 施特劳斯等,《回归古典政治哲学》,朱雁冰、何鸿藻译,北京:华夏出版社,2007/2017(重订本),页164。

上的差异。

笔者想起施特劳斯在1960年代的尼采研读课上说的一段话：

> 如果我们返回现代思想的源头，我们将面临可以表述如下的假设性主张：我们所有人都知道，自然可能是一个邪恶精神的作品，所以我们都知道自然是恶。由于给定了这个假设，要谈论**自然正确**就不可能。自然在根本上是恶这一观点在常识性概念——**征服自然**——中得到了暗示。因为，除非你认为自然是敌人，否则你无法谈论对自然的征服。自然是恶这个观念，不仅仅是笛卡尔假设出来的一个奇思妙想，它还是一种极有生命力的思想，正如征服自然这个说法所暗示出来的那样。①

由此来看，要说"沃格林对负典异端的无情批判"是否会触动甚至激怒"施特劳斯永不泯灭的'犹太神经'"，笔者愿意替施特劳斯负责任地说：断无可能！施特劳斯是"冷漠"的哲人，如果"沃格林对负典异端的无情批判"是哲学的批判，那么，施特劳斯会因此而被"激怒"就断无可能。

国华不可能不知道这一点，倘若如此，他为什么要

---

① 施特劳斯，《尼采如何克服历史主义》，马勇译，上海：华东师范大学出版社，2019，页31。

"猜测"施特劳斯会被哲学的批判"激怒"？笔者有理由猜测，由于国华在谈论施特劳斯时不得不与里拉的报刊随笔粘在一起，会被哲学的批判"激怒"的人很有可能指里拉，但这显然不便明说。

国华重笔强调晚年施特劳斯与索勒姆的情感关系，以便证明施特劳斯的那根"犹太神经""永不泯灭"。但这充其量有可能证明施特劳斯是个犹太律法主义者，却没可能证明他对灵知"负典"有感情，而国华真正想要证明的恰恰是：虽然施特劳斯一生都在维护西方文明的两大"正典"传统，但他骨子里是个真正的灵知人。

针对里拉关于施特劳斯的说法，国华说：

> 在严格意义上，一个纯粹的思想家必然是一个与尘世保持距离的灵知，沉思对他而言是逐步取消世界内容的思想步骤……很难判断施特劳斯在灵知道路上究竟走了有多远，但是，他至少保持了一个纯粹的思想者的身份却毋庸置疑。(林国华，《灵知沉沦》，页177–178)

国华真的"很难判断施特劳斯在灵知道路上究竟走了有多远"？他把看似斩钉截铁的判词放在了别处的一个脚注里：

> 施特劳斯似乎回归到了犹太传统最深层的世界——不是律法主义那一层，那一层深深地卷入了

糟糕的尘世，其中挤满了暴君、难民、居心叵测的诡辩者、被吊打的哲学家，以及谎言和惩罚、被颠转的爱、被扭曲的正义、被贱卖的高贵。在犹太喀巴拉神秘论大师索勒姆陪伴下，施特劳斯告别他为之辩护终生的"政治哲学"——一门注定伤痕累累、破绽百出的人类知识分支。施特劳斯的回归在形式上毋庸置疑是灵知式的：退出世界，与之保持陌生的距离。（林国华，《灵知沉沦》，页115注1）

这段话极具修辞性推论色彩（开头说"似乎回归到了"，结尾时则说"回归在形式上毋庸置疑是灵知式的"），从而明显似是而非。

首先，马克安也肯定了"律法的必要性"，我们能说他"深深地卷入了糟糕的尘世"？再说，在国华眼中，柏拉图算得上"纯粹的思想家"，从而"必然是一个与尘世保持距离的灵知"，但他晚年写的《法义》"注定伤痕累累、破绽百出"？如果《法义》真的如此，那么，是谁让它"注定"如此？柏拉图自己？倘若如此，柏拉图晚年就写了一部自己刻意让它"伤痕累累、破绽百出"的书。如此逻辑不是佯谬，又是什么？

第三，施特劳斯晚年最后一部自编文集题为"柏拉图式的政治哲学"，若凭靠晚年施特劳斯与索勒姆的几通书信断言，他已经告别了自己"为之辩护终生的'政治哲学'"，明显犯了妄加推断的学术大忌。由于国华绝不会这么轻率，笔者有理由推断，这只可能是佯谬。

第四,苏格拉底见多了"被颠转的爱、被扭曲的正义、被贱卖的高贵",但他向往天外的美景,绝非因为尘世如此糟糕透顶(参见《斐德若》和《斐多》)。换言之,面对世间的恶,苏格拉底的灵魂绝没有那么脆弱,看见世间"挤满了暴君、难民、居心叵测的诡辩者、被吊打的哲学家",便恐惧得干脆决意一走了之(参见《克力同》)。

如果我们不能说苏格拉底不是"纯粹的思想家",那么,我们就得说,"一个纯粹的思想家必然是一个与尘世保持距离的灵知"的说法是佯谬。①

我们同样值得问,作为苏格拉底—柏拉图的学生,施特劳斯的灵魂有那么脆弱,面对糟糕透顶的尘世,他有那么恐惧吗?

这让笔者想起,施特劳斯在课堂上曾说到过国华提到的"古代自然秩序的坍塌"这件事:

> 在现代,关于天空发生了什么?从哥白尼(1473–1543)开始,当你用望远镜凝视天空,你就会获得一种观念;当你用更先进的望远镜凝视天空,你就会看到天空完全被碎裂为一个无边界的空间。
>
> 这种观念对地球影响极为深远——地球变成了众多星球中的一颗。人从此彻底遗失了自己的自然位置。关于人的整个学说必须完全重写,因为大地

---

① 比较施特劳斯,《修辞、政治与哲学:柏拉图〈高尔吉亚〉讲疏》(1963),李致远译,上海:华东师范大学出版社,2017。

变成了众多星球中的一颗,天空变成了人可以生活的另外一种选择。①

施特劳斯是在谈论尼采时提到这件事情的,他接下来说:

> 人想要再次获得自然的位置并再次将地球作为自己的家园,某种程度上天空必须恢复其古典的高贵……对尼采来说,这不仅是恢复人的自然位置的问题,在尼采看来,这根本不是一种恢复,人在现代首次能彻底地将大地作为自己的家园,因为在前现代总是存在一种人无法忠于大地的原则,例如前现代的人要么忠于圣经的上帝,要么忠于荷马作品中生活于大地之上的不死的诸神。
>
> 尼采如何实现这种恢复从而保护苍天的穹顶呢?当然不是通过现代宇宙论。对宇宙论的理解现在意味着万物没有任何目的。这是古老的反目的论的说法。万物没有终点,因为顶峰也不是终点,紧随顶峰的是下坠。人拥有目的,人为自己设置目的,但是,人所能设置的最高目的却是没有目的地活着:仅仅活着,不过仍要求知。因此可以说,最高的创造性行为是求知……(施特劳斯,《尼采如何克服历史主义》,页242)

---

① 施特劳斯,《尼采如何克服历史主义》,前揭,页242。

看来，对"施特劳斯的回归在形式上毋庸置疑是灵知式的"这一说法，我们的确不应该当真，如此修辞完全有可能是说恰恰需要置疑。凭靠修辞性推论笔法，国华看似在告诉读者施特劳斯是谁，实际上是在告诉我们，里拉"从哪里来"：他来自伯林式自由主义所为之辩护的英美自由民主帝国所统治的世界，"其中挤满了暴君、难民、居心叵测的诡辩者、被吊打的哲学家，以及谎言和惩罚、被颠转的爱、被扭曲的正义、被贱卖的高贵"。

倘若如此，所谓施特劳斯晚年告别他为之辩护终生的"政治哲学"这一说法，就无异于一个精致的修辞幻影。通过制造这个幻影，国华也曲折隐晦地告诉我们，他来自"退出［政治］世界"的另一边。国华说："在严格意义上，一个纯粹的思想家必然是一个与尘世保持距离的灵知。" 我们值得意识到这一断言的严肃性，从而必须严肃思考由此必然引出的一个棘手问题：何谓以及如何与尘世保持距离。

无论如何，伯林式自由主义压根儿谈不上与尘世保持距离。由此可以说，国华为伯林式自由主义提供辩护理由，同样是在制造一种修辞幻影。

国华给沃格林的篇幅最多（约32页），它有如一篇精彩的密文，要涂上显影水才能看明白。这并非不可理解，毕竟，国华不得不让自己对沃格林心灵的描绘与里拉的肤浅、学问不够专业、更缺乏严肃的描绘搅在一起。

在一开始，国华跟随里拉调侃沃格林，说读他的一生著述"仿佛误入了一座巨大的烂尾迷宫"（林国华，《灵知沉沦》，页138)——但国华紧接着就说：

> 横亘在沃格林思想迷宫中的骨架就是对潜伏于古今欧洲思想史中的一种异端成分的不懈辨识和无情打击，这个异端被人称为"灵知主义"，沃格林发现它无处不在。事实上，在极大程度上，沃格林也正是以灵知异端的批判者被学界推崇与记取的。在19-20世纪灵知主义议题的研究传统中，沃格林无疑拥有一个坚实的席位。(林国华，《灵知沉沦》，页139)

这无异于说，里拉所谓"没有止境的好奇心害了沃格林，以至于他耗费掉了自己卓越的理论洞察力，换取的只是漫无边际的博学"云云，不过是胡扯。后来国华还说，"里拉盛赞沃格林是一个'自由的精灵'"的说法"似是而非"(同上，页146)。由此可见，无论里拉对沃格林是褒还是贬，在国华看来都不得要领。

针对里拉的不够专业、更缺乏严肃的沃格林描述，国华提供了另一个似非而是的描述：他把沃格林自己根本没有出版过的八卷本"政治观念史稿"说成沃格林的关键"著作"，并凭此勾勒沃格林的一生思考轨迹。国华甚至一本正经地"建议"删除沃格林根本没有出版过的"秩序与历史"的后三卷(国华知道沃格林仅出版过第四卷)，将前三卷"移植到'史稿'系列之前"，由此"构成一条由九卷本组成的完整思路"(林国华，《灵知沉沦》，页150及注释1)——如此做法和修辞堪称似非而是。

国华承认自己的这一"建议略显粗暴",或者说高调宣称自己是在任意摆弄沃格林的著作,从而看似在刻意犯粗暴的错误,把从希腊化时代开始的"政治观念史稿"第一卷视为沃格林思考的起点(同上,页147)。稍微熟悉沃格林的读者一眼就能看出,国华对沃格林一生思考轨迹的勾勒显得是不着边际的东拉西扯,其夸张程度甚至里拉也无从望其项背。

谁如果凭此推论国华与里拉一样肤浅、学问不够专业、更缺乏严肃,那就大错特错。毋宁说,国华过于明显的出错不仅是在戏仿里拉,而且是在既揭示又隐藏某种东西。

在戏仿里拉的这个段落,国华大谈古希腊哲人生活的"两个极点",即政治化的和非政治化的哲人生活方式(同上,页142)。换言之,国华提醒我们:西方文明除了有一个"政治哲学"传统,还有一个"非政治的"政治哲学传统。在非政治的哲人看来,

> 作为正典秩序的城邦世界并不能提供美好生活的路径,人在本性上也不是群居性的政治动物,所以,他们宣布退出,去过一种离群索居的生活。(林国华,《灵知沉沦》,页141)

不仅如此,甚至在同一个哲人身上,政治化的和非政治化的哲人生活方式也可能并行不悖。国华说,苏格拉

底即典型例子,在他身上有同样明显的"退出"政治生活的"意志"(同上,比较页143注2)。

国华承认,正是沃格林启发他认识到这一点。沃格林在《政治观念史稿(卷一):希腊化、罗马和早期基督教》的"导言"中曾提出,古希腊哲学中除了有一个政治哲学传统,还有一个apolitical[非政治的](或译"厌政治的")哲学传统,它体现在犬儒派、库瑞奈克派(Cyrenaics,旧译"昔兰尼派")、廊下派尤其伊壁鸠鲁派身上,并对苏格拉底—柏拉图—亚里士多德的政治哲学构成了持久不衰的致命挑战。[①]

由此可以理解,国华为何要把"秩序与历史"前三卷打包成一卷,"移植到'史稿'系列之前"。换言之,"政治观念史稿"卷一"导言"所阐发的the Problem of Apolitism[非政治论/厌政治论问题]从根本上挑战了西方文明大传统的两大根基:古希腊政治哲学和犹太—基督教信仰。反过来看,随后的七卷"政治观念史稿"所呈现的西方政治思想史,不过是在与这一哲学的"负典"传统殊死搏斗。

国华满怀热情地阐发"非政治/厌政治的"政治哲学如何有道理,不知不觉就花了差不多18页篇幅(林国华,《灵知沉沦》,页141–158)。接下来,国华仅用了11页篇幅无关痛痒地谈论沃格林对灵知主义的批判(同上,页

---

① 沃格林,《政治观念史稿(卷一):希腊化、罗马和基督教》,谢华育译,上海:华东师范大学出版社,2007,页88–105。

158–170),似乎"对潜伏于古今欧洲思想史中的一种异端成分的不懈辨识和无情打击"虽然是"横亘在沃格林思想迷宫中的骨架",但他对灵知主义的打击不可能取得完胜。因为,严格来讲,灵知主义的心性品质是"非政治/厌政治",即"逃离"此世。既然灵知心灵根本就不在此世,怎么可能在此世打击他们。

我们应该理解,国华的心思不在沃格林,或者说他并不关心沃格林在想什么,他的心思在自己悟到的西方文明中的"负典"传统的哲学含义。正如西方文明中有政治的和厌政治的两种哲学传统,灵知主义思想史上也有政治的和厌政治的灵知传统。由于沃格林既打击政治的灵知论,又打击厌政治的政治哲学,在国华看来,他才"更像一名守护正典权威的预警先知和宗教大法官"(同上,页146,比较页166–168)。

国华对施特劳斯心灵的描述旨在揭示其灵知人的心底,对沃格林心灵的描述则旨在凸显西方政治思想史上的"非政治[厌政治]的"心灵,凡此都不过是要告诉里拉,他自己"从哪里来"。要印证这一点,我们仅需要翻开《在灵泊深处》的目录。国华让我们看到,起头三篇随笔的标题依次是:"哲人不进城"–"那杀身体的杀不了灵魂"–"灵魂世界的装饰品,政治世界的缄默者"。

三 沃格林的心灵苦史

《在灵泊深处》让我们看到,国华有过自己的心灵苦史,这样的心灵才会自问"我从哪里来"的问题。里拉有过自己的心灵苦涩史吗?真还难说。

为了更好地理解国华的心灵苦史,我们值得简要考查一下沃格林的心灵苦史。毕竟,由于国华被迫与里拉粘在一起,他没有向我们展示无论施特劳斯还是沃格林的心灵苦史。要理解沃格林探究灵知传统的心路历程及其思考结果,需要付出艰辛的理性思辨心力,而里拉对这些哲学思考显然没有兴趣,甚至未必有足够的心智能力。

沃格林用上了自己整个后半生的智识心力与灵知人的灵魂缠斗,的确称得上一部心灵苦史。因为,某种程度上讲,沃格林是在与自己的灵魂缠斗。但要认识沃格林的灵知研究,我们至少面临三个方面的困难。

首先,沃格林的探究基于大量思想史文献,他亲自阅读过这些文献,要判定他的论断是否恰切,我们就得阅读他读过的那些原始文献。

第二,沃格林至少三次调整自己的思考视角,修改自己的基本观点。换言之,沃格林探究灵知心性的过程,同时是认识自己的过程。一个热爱智慧者在哲学探究过程中若不是同时在澄清对自己的灵魂的自我认识,就算不上真正的热爱智慧。

第三,沃格林针对历史中的灵知心性展开的现象学分析具有相当艰深的思辨品质,它基于对胡塞尔的纯粹意识现象学的批判性改造。[①]在《论意识理论》中,我们

[①] 沃格林,《反思》,前揭,页90–94;比较沃格林,《纪念舒茨》,见《记忆》,前揭,页6。

可以读到这样一个关键性句子：

> 最终，我们与一个超越了的意识的世界联系在一起，而且是以对它的对象性的知晓这一神秘[相联系]；现象学尚未照亮这一关系，却只是"从外部"描述过它。(沃格林，《记忆》，页52)

《论意识理论》以下面这句话结束对"意识哲学"的沉思：

> 自我论界域的基础主体性，作为胡塞尔哲学不容商榷的最后通牒，是精神层面虚无主义的症候，它作为反动虽仍有其功绩，但也仅此而已。(沃格林，《记忆》，页63)

无论在保罗—马克安那里，还是在伯林(更不用说里拉)那里，我们都不曾看到类似的对超越意识的思辨性反思。如果我们没有跟随沃格林进入他曾深入过的灵知心性现象学思辨的纵深，那么，我们断乎不能理解他在自己的心灵苦史中获得的灵魂觉悟。

沃格林关于灵知主义及其与西方政治史之关系的最终看法，见于"秩序与历史"的第四卷《天下时代》。国华曾以引号方式用过"天下秩序"这个带沃格林色彩的语词(林国华，《灵知沉沦》，页52)，可见他对《天下时代》在沃格林著述中的位置心中有数。但为了戏仿里拉，他又不得不说：

> 从《天下时代》开始，沃格林似乎再也没有足够强悍的力量去组织他异常博杂的思绪和文献材料，他在漫无边际的史料中彻底迷失了。非常不幸，也非常反讽，这竟然是一个终生以追寻"秩序"为使命的学人的命运。里拉把沃格林比作"卡索邦"，虽然尖刻，但不失公正。（同上，页150注1）

国华这样说的确"非常反讽"，很可能是在糊弄里拉的搁浅心灵。《天下时代》刚有了中译本，译笔颇为精审，我们可以亲自研读沃格林的书。看得出来，为了把沃格林笔下那些让人极为挠头的智性思考"符号"和艰涩表述倒成中文，《天下时代》的中译者花费了极大的心智力，对我们来说，即便琢磨这些译法也会给人带来智性的愉悦和心灵的享受。

此前不久出版的《记忆》中译本更是如此，译者所加的那些精审的译注提醒我们，若要对沃格林评头品足，确实得小心谨慎，否则丢人现眼。这两部译作都出自年轻学者之手，其质量和水平之高让笔者不禁心生欣慰：中国的土地毕竟广袤，再怎么赤贫也会不时生出个把心智坚毅而且品质端正的年轻学人。里拉敢把《搁浅的心灵》这样的书拿给中国的热爱智慧的年轻人看，算得上无知者无畏。

《天下时代》（1974）与"秩序与历史"的第三卷《柏

拉图与亚里士多德》(1957)相隔足有17年之久,该书出版时沃格林已经是70岁出头的老翁——里拉会说他已经老了。《天下时代》开篇第一句即宣称,此书"背离了我曾经为'秩序与历史'设定的计划"。如英文版编者所说,读者"不难想象,此言一出举座皆惊"(沃格林,《天下时代》,页3)。到了这把年纪,沃格林还在修正自己,并未故步自封,可见他颇为自觉地以古希腊贤人梭伦为榜样:"吾老来为学逾勤。"

我们不时见到,一些中国学人还没到知天命之年就喜欢不断宣称自己30岁以来就没变过,志得意满溢于言表。两相比较,灵魂的不同颜色反差何其鲜明。

灵知现象学与"畸变的心灵"

搞清灵知主义及其与西方文明历史嬗变的关系,并非沃格林在年轻时就有的哲学抱负,尽管他很早就对思想史上的"灵知"现象和与此相关的政治宗教问题产生了兴趣。按沃格林自己的说法,早在18至19世纪之交的欧洲思想界,"灵知主义从古代到现代的连续性"问题就已经成为话题,绝非他的发明。而直到写作《新政治科学》(1952)和《科学、政治和灵知主义》(1959),他才专注于灵知主义与现代现象的关联(沃格林,《反思》,页86)。我们知道,沃格林这时已经50岁出头,在此之前,他的学术关注点一直游移不定。

1940年代初,移民美国的沃格林接受了一份稿约:写一部大学教科书《政治观念史》。受韦伯和斯宾格勒影响，青年沃格林把人类各大文明的历史比较视为首要的时代问题，毕竟，这也是18世纪以来形成的欧洲历史哲学的核心问题。因此，在写作教科书《政治观念史》时，沃格林注入了自己对西方政治观念历史嬗变的独特理解和问题意识。

5年之后，《政治观念史》已经接近收尾，沃格林猛然意识到，即便卷帙浩繁，陈述政治观念的历史也无法澄清历史哲学的核心问题。尤为重要的是，沃格林还意识到，"观念史这个概念乃是对实在的一种意识形态扭曲"，毕竟，"并没有什么观念，唯有表达直接经验的符号"（沃格林，《反思》，页83）。

不仅如此，如果说世界历史有一条线性发展模式的史观是荒谬的，那么，政治观念的历史有一条线性发展模式的史观同样荒谬。要深入探究历史上的政治观念，就必须与历史中具体的政制嬗变联系起来。

沃格林毅然撇下长达4000多页的《政治观念史》成稿，开始撰写多卷本"秩序与历史"系列，以探究人类文明的"历史意识"。当然，沃格林并不认为，写作《政治观念史》是白费工夫，毕竟他由此熟悉了思想史上的大量原始材料（沃格林，《反思》，页98–103）。

实际上，沃格林终生都没有离弃"观念史"。毋宁说，他逐渐意识到，必须先澄清"观念"赖以形成的意识结构本身，才能把"观念史"的问题看透。但要搞清人的意识结构，就非得对意识现象本身作深入的现象学分析不可。①

如今我们看到的"政治观念史稿"从希腊化时期开始，不过是因为沃格林把此前的材料用来构筑"秩序与历史"系列的前三卷。按原定构想，这个系列的后三卷分别名为《帝国与基督教》(中世纪)、《新教的世纪》(近代)和《西方文明的危机》(现代)。可见，"秩序与历史"系列起初仍然带有思想史特征。

"秩序与历史"系列有一个总的导言，但不在第一卷，而在第二卷，即《城邦与历史》的导言"人与历史"。②我们从中可以看到，"秩序与历史"系列的写作抱负与挽救欧洲历史哲学的"没落"有关。

在沃格林看来，雅斯贝尔斯(1883–1969)在二战之后提出"轴心文明论"，力图通过"发现共同人性"来消弭人类各大文明传统的理念冲突，无异于让"历史哲学问题"彻底消失(沃格林，《城邦的世界》，页88，90)。如果真正的"历史哲学问题"在于各文明政体对"存在真理"的理解及其高下之争，那么，历史哲学就必须在意识层面展开关于"存在真理"的争辩。

沃格林的历史哲学思考带有强烈而且紧迫的西方文明危机意识，他心怀忧虑地感觉到，"随着历史地平线的扩展，存在中的飞跃的多样性和应对性问题再度尖锐起来"，"理论状况相当混乱"。因为，有目共睹的是，急

---

① 沃格林，《记忆》，前揭，页450–451，454–474，尤其页484–494。
② 沃格林，《城邦的世界》，陈周旺译，南京：译林出版社，2009，页69–92（以下随文注页码）。

剧增长的实证史学知识"冲垮"了西方传统的精神观念,作为对存在危机的反应,"对历史的灵知式思辨甚嚣尘上"(沃格林,《城邦与历史》,页82)。

这里出现了沃格林的历史哲学独有的两个术语,值得特别注意。所谓"存在中的飞跃"(leaps in being,又译"跃入存在")即对存在的理解,由于这种理解无异于个体灵魂接近实在的终极奥秘的向上飞升意识,沃格林也称之为"神显事件"(the theophanic events)。显然,这种对存在的理解仅仅体现在各文明政治体中的极少数思想人物身上,而这些智识头脑无一例外地置身于特定的历史处境,因此,"存在中的飞跃"也就自然呈现为所谓的"历史意识"。

"秩序与历史"致力于考查各文明政治体中极少数智性超迈之士的"历史意识",可以说是一种关于"历史意识"的精神现象学。因此,在沃格林看来,黑格尔(1770–1831)的历史哲学远比一个世纪之后的斯宾格勒(1880–1936)和汤因比(1889–1975)的历史哲学高明。毕竟,黑格尔关于"存在真理"的理解不仅更精深,而且对"智性和精神秩序"的历史问题给出了富有哲学深度的解释(沃格林,《城邦与历史》,页85)。

由于有自觉的韦伯式的文明比较意识,沃格林看到,黑格尔关于意识的经验"源于作为存在本质的主体的经验",这与印度《奥义书》的思辨"别无二致。这种与宇宙同一的最高意识或者说"超个人和超世的现实的一致性",实质上也就是通常所谓的"神秘主义"意识,比如犹太教神秘主义的所谓"喀巴拉"学说(沃格林,《城邦与历史》,页86)。①

由于这种向上飞升的意识把智性的灵魂带到了超出自然宇宙的天外,"神秘主义"意识堪称最高的存在意识。在沃格林看来,保罗—奥古斯丁的基督教式的存在理解同样带有这种神秘主义取向。黑格尔"把启示的逻各斯化约为哲学的逻各斯,进而将哲学逻各斯化约为意识的辩证法",其实是在模仿基督教的启示真理(沃格林,《城邦的世界》,页85)。

然而,向上飞升的灵知意识尽管能把智性的灵魂带到超出自然宇宙的天外,却始终面临一个问题:*如何对待智性灵魂脚下的历史实在*。在1950年代的反思中,沃格林越来越确信自己的如下感觉没错:超出天外的神秘意识回头看待历史的实在过程时,难免严重扭曲现世中的实在。

在自传性"反思"中,沃格林举过这样一个例子:

> 在以赛亚的预言里,我们碰到一件怪事,以赛亚告诫犹大国王,不要依赖耶路撒冷的防御和他的军队的力量,而是要依赖自己对耶和华的信仰。如果国王有真诚的信仰,上帝就会做余下的事情,在敌人中间降下瘟疫或恐慌,该城的危险就会化为乌

---

① 参见刘精忠,《犹太神秘主义概论》,北京:中国社会科学出版社,2015。

有。国王具有足够的常识,未听从先知的建议,而是依赖防御和军备。而先知仍然认为,实在的结构会因信仰行为而产生有效的变化。(沃格林,《反思》,页88)

与灵知意识对立的是"常识",因此,沃格林称扭曲"常识"的灵知意识为"变形启示录"(metastatic apocalypse)式的经验意识。由于黑格尔置身于启蒙后的欧洲历史处境,在沃格林看来,他的历史哲学因携带灵知意识而有"严重缺陷":虽然印度的神秘经验与黑格尔的绝对意识或"新教内在论的确正好背道而驰",但"都惊人地产生了类似的历史后果"。具体而言,晚期《奥义书》走向了无神论救赎,黑格尔的历史哲学则经黑格尔左派走向了马克思的无神论,"这些无神论后果使灵知式思辨(gnostic speculation)的非历史特征更加暴露无遗"。因为,

> 灵知是一种囿于神话形式的思辨运动,而现代灵知,如黑格尔式的诸同一性(the Hegelian identifications)所显示的那样,乃是从分殊大步退回到前历史的神话之浑然一体(the pre-historic compactness of the myth)。[……]当有限的思辨(finite speculation)让自己拥有了历史意义,哲学和基督教就给毁掉了,历史的生存也走向了没落。(沃格林,《城邦的世界》,页87,译文略有改动。)

这段说法的要点是：虽然古希腊哲学和基督教信理都基于向上飞升的意识或拒绝此世的意识（即所谓"超世"意识），毕竟没有彻底抛弃实在及其过程（所谓的"历史"），而是将其涵括在出世意识之中。与此不同，灵知意识是彻底的超世意识（"非政治"意识），以为个体的"有限思辨"可以超升为非宇宙式的"无限思辨"。

现代灵知意识的怪异之处在于，凭靠彻底的超世意识构造的神话转而积极入世，人为打造灵知式的实在及其历史，沃格林称之为"有限的思辨让自己拥有了历史意义"。这样一来，古人的超越意识同时具有的节制和审慎品质就被抛弃了，由此催生出各种扭曲实在的政治行动。因此，对沃格林来说，把灵知主义与古希腊哲学和基督教信理的抵牾视为一种互补或互动的历史关系，无异于无视西方精神意识历史地经历过一场"智思情势"（noetic situation）"的古今之变这一思想史事实。（沃格林，《记忆》，页62, 438）

可以看到，虽然"秩序与历史"的前三卷考查的仅是希腊化时期之前的"存在的飞跃"，反思"对历史的灵知式思辨"（gnostic speculation on history）已经成为沃格林的"历史意识"精神现象学的核心问题。

时隔17年之后，《天下时代》让我们看到，沃格林对神秘灵知的反思有了明显的新突破："居间"（metaxy）和"畸变"（deformation）这两个关键词的出现足以证明，沃格林对作为"存在的飞跃"的历史意识的理解发生了决定性转变。

在《城邦的世界》中,"居间"一词仅出现过1次,在《柏拉图和亚里士多德》中出现过3次,在《天下时代》中出现的地方,仅索引就有近一页篇幅(沃格林,《天下时代》,页490–491;比较沃格林,《记忆》,页9)。至于"畸变"一词,我们在"秩序与历史"前三卷的索引中一次也见不到,而在《天下时代》中,按索引的指引至少涉及10多页篇幅,而实际上索引并未穷尽所有出现过这个语词的地方。

"畸变"是沃格林发明的概念,它指"意识的畸变"(a deformation of consciousness),从而是一个现象学概念。沃格林喜欢自造术语,这不是一种哲学自恋癖,毋宁说,为了更准确地描述"神性显现的人性构成的经验",他不得不自造术语(沃格林,《反思》,页88)。

按沃格林的用法,所谓"畸变的心灵"(deformed mind)指智性灵魂"直面实在之奥秘"时的"自我显现式的造反"(egophanic revolt),与"神性显现的人性构成的经验"相对,从而"遮蔽了古典和基督教的意识结构中的神显"(沃格林,《反思》,页87)。由于"神性显现式的"经验与"自我显现式的"经验都是理智天分很高的极少数人(文明政治体的智识头脑)在特定的历史处境中"直面实在之奥秘"时的经验,辨识两者的差异就具有决定性的意义。

在沃格林看来,"神性显现式的"经验体现为智性灵魂蒙受神的引领,进而更好地理解自身的在世状态,"自我显现式的"经验则体现为智性灵魂自居为神的视力本身,以为自己的智性即神的智性,并凭靠这种自称属灵的理智构想重整乾坤的计划,如果可能的话就付诸行动。由于这种实践行动必然扭曲实在本身,沃格林称之为"畸变行为"(deforming action)。

如果说"实在之奥秘"始终是"一",那么,各文明政治体的智识头脑对"实在之奥秘"的理解或者说"存在中的飞跃"就是"一"的分殊化意识。这听起来有点儿像宋代理学家所说的"理一分殊",但沃格林关注并深入思考的问题并非是这种分殊化意识对"实在之奥秘"的不同理解,而是"意识的畸变"作为"灵魂病理学中的现象"(the phenomena that in psychopathology)在世界文明史上的表现及其与实在过程(政治史)的历史关系。

问题的复杂性在于:智性灵魂"直面实在之奥秘"的经验本来是一种超越性经验,这种经验使得个体灵魂沐浴在神性的光照之中,但它也容易"畸变"为"自我显现式的造反",即自以为自己的超越意识就是神性光照本身。由于这种"自我显现式的造反"意识说到底基于偶然的个体性情,我们要辨识自己的灵魂是否偶然撞上了"意识的畸变"绝非易事,除非我们的灵魂有真正的自我反省的意愿。

在宗教经验中,尤其是在强调"属灵"意识的宗教经验中,超越性意识最容易发生"畸变"而又不自知。这意味着,"自我显现式的"超越性意识固然也是灵魂品质很高的极少数人的意识,但它扭曲了人的在世状态,以至于必然败坏人"直面实在之奥秘"时的经验,因此沃格林称之为"属灵病理学的畸变"(Pneumopathological deformation)。① 就此而言,我们不能以为,只要是在颂扬灵知式的"超越意识"就没问题,或者就一定是好事情。

"畸变的心灵"或"自我显现式的"超越性意识现象,见于所有文明意识高度发达的政治单位,从而堪称普遍的人性现象。在《天下秩序》题为"普遍人性"的第七章结尾时,沃格林带总结意味地写道:

> 直面实在之奥秘,意味着生活在信仰中,它是所望之事的实质,是未见之事的确据(《希伯来书》11:1)。这些终末论意义上的为人所期盼却未曾得见的"事物",被以变形的方式畸变为(metastatically deformed)一种终末论标志(它被赋予将在"历史"中为人所期盼和得见之物),并且这种作为终末论事物的实质和证据的"信仰",被相应地畸变为一种黑格尔式、马克思式或孔德式的"科学体系"(它那唤启性的魔法意欲"在历史中"实现那些期盼),在这个时候,疑问就能得到比它在人类历史中曾经经历过的更加充分的分[殊]化,但奥秘将被摧毁。对奥秘的摧毁体现在围绕各种"答案"的当代教条之争中。(沃格林,《天下时代》,页441)

可以看到,"畸变的心灵"就是国华所说的"沉沦的

---

① 沃格林,《天下时代》,页351;比较沃格林,《记忆》,页36译注3。

灵知",这种灵知作为"自我显现式的"超越意识既扭曲了实在的表面("常识"),又"摧毁"了"实在之奥秘"本身。

沃格林在《天下时代》的"导言"中深入阐述了"意识的畸变",若将这个"导言"与"秩序与历史"前三卷的"导言"(即《城邦的世界》中的"人与历史")加以比较,我们就能清楚看到,沃格林的心灵苦史中的这场转变的关键在于:"对历史的灵知式思辨"的反思愈来愈哲学思辨化,更确切地说愈来愈现象学化,更少受思想史框架束缚。1965年,沃格林在德国政治学协会做了题为"何为政治实在"的学术报告,其中"对根基的意识"一节能够让我们清楚地看到这一点,尽管他要谈论的是"政治实在"(沃格林,《记忆》,页393–440)。

沃格林生前未来得及出版的《求索秩序》(计划中的"秩序与历史"第五卷)更为充分地证明了这一点,从中我们可以看到,"居间"和"畸变"这两个语词——我们还得加上柏拉图这个人物,仍然是甚至更是关键词。①

成熟之人与自由

现在我们能够更好地理解,国华在第4节结束对马克安的礼赞时严厉谴责沃格林并顺带褒奖里拉,随后又不动声色地三次赞叹沃格林高明,其笔法的确堪称高妙。尤其是我们记得国华说,"沃格林终生研究灵知问题,却终

---

① 沃格林,《求索秩序》,徐志跃译,南京:译林出版社,2018。

生不愿正视马克安的价值。"笔者相信,这话暗中针对里拉,反讽之义意味深长,因为国华知道,《天下时代》的核心内容是什么。

《天下时代》共7章,位居中间的3章(第三至五章)围绕"逃离[此世]"主题就灵知主义的核心问题展开了精彩的现象学辩难。与其说《天下时代》作为"秩序与历史"的第四卷是前三卷的延续,不如说它整个儿替换了"秩序与历史"的前三卷,进入灵知主义诞生的历史时刻直凑单微,与"灵知传统"创始人的灵魂展开面对面的哲学辩驳。

灵知主义诞生于世界历史的第一个"天下时代",这个时代的现实特征是帝国之间的"征服",而所谓"征服"的另一面含义则是世上的生灵涂炭。换言之,作为"逃离"世间的超升意识,"灵知"意识并非没有退出世界的现实因由。按照灵知人的观点,此世的自然性质或本相从根本上讲是恒在的恶,而恒在的战争状态就是其具体体现。据说,由于命运女神才最终掌管着战争的胜负,对任何政治体来说,从来没有过、将来也不会有正义与不正义的区分,只有命好或命不好的际遇。

在笔者看来,沃格林笔下的"天下时代"这个语词有双重含义。一方面,它指"从波斯帝国的兴起开始,延续到罗马帝国的衰亡"这一历史时期,也就是从古希腊哲学的诞生到以保罗—马克安为标志的灵知主义诞生的时期(沃格林,《天下时代》,页182–186)。

另一方面,"天下时代"还有形而上学的普遍含义,它寓指此世的恒在品质：现世因群体或政治单位之间的冲突永远充满暴力、不幸和灾变。正是基于此世的这种恒在品质，"逃离"世间的终末意识主张"反宇宙的蔑视此世"(contemptus mundi)伦理才有了正当理由：

> 保罗因在该进程中看不到任何意义而深感绝望，同时又对由那些终末事件带来的有意义的终结而深怀希望。(沃格林，《天下时代》，页404)

沃格林让希腊哲人提出的"居间"伦理与这种"逃离"伦理针锋相对。"居间"概念不是沃格林的发明，而是柏拉图笔下的苏格拉底的发明。在沃格林看来，"居间"是希腊哲人伦理的符号，或者说哲人面对此世本相的伦理态度，称为哲人的历史意识也行。换言之，在《天下时代》中，沃格林不仅用"居间"和"逃离"来表征两种截然不同的灵魂飞升意识，而且让"居间"伦理据理反驳"逃离"伦理。

在第一章"历史创生论"中，沃格林阐发了具有形而上学含义的"居间"概念，并将其视为古希腊哲人的在世经验突破宇宙论神话的标志(沃格林，《天下时代》，页126–143)。在接下来的第二章"天下时代"中，沃格林让我们看到，时代的灾变如何带来"精神层面的天下"意识：在这里，保罗、摩尼和穆罕穆德依次先后出场(同上，页205–219)。由于摩尼(216–约274)自称"第二保罗"，我们应该想到，在他之前还有马克安(约110–约160)。

随后的第三章题为"历史过程",这个术语在沃格林笔下也有双重含义。一方面,它指通常所谓的现实历史或人类生活的经历,不用说,"历史过程"不可避免地充满种种暴力、不幸和灾变。另一方面,这个术语又带有沃格林所赋予的独特含义,即各文明政治单位的智识头脑求索根基之真理的内在意识过程,以及由此而来的面对现世中的暴力、不幸、灾变时的伦理态度。

下面这段说法出自《何为政治实在》,它清楚表达了这一含义:

> 历史不是一个由各种无关紧要的对象性材料[形成]的场域,我们可以根据一些随意的标准来从中进行拣择,以便构建某种历史"图景"。毋宁说,历史由意识所建构;这样一来,何者在历史层面紧要或不紧要,由意识之逻各斯来决定。尤其重要的是要提到,历史在其中建构其自身的时间,并不对应外部世界的时间(在世界的时间这里,人的生命及其身体基础留下了其痕迹),而是对应着对根基之渴爱与求索这个内在于意识的维度。(沃格林,《记忆》,页415,比较页352以下,页408–409,页445)

所谓"对象性材料[形成]的场域"相当于如今实证史学占据的领域,沃格林断然否认这个领域的"材料"堪称"历史",尽管他随后说的"外部世界的时间"为实证史学的领域留出了地盘。

在1956年写给朋友的一封信中，我们还可以看到沃格林更为简洁也更为明晰的表达：

> 历史是人类psychē［灵魂］的展开；历史书写是通过史学家的灵魂来重构这一展开。(沃格林，《记忆》，"编者导言"，页19)

由此可以理解，在沃格林笔下，所谓"历史过程"更多指"意识过程"，即超越性意识与实在的关系意识。题为"历史过程"的第三章第一节即题为"实在过程"，这一节又分三小节，沃格林将古希腊自然哲人的代表阿那克西曼德摆在中间位置，以突显自然哲人对"实在过程"的理解。他特别提到，自然哲学的出现"得益于古希腊城邦毗邻亚洲各帝国的便利位置，伊奥尼亚人拥有大量机会去体验天下时代的暴力"(沃格林，《天下时代》，页254)。

言下之意，古希腊哲人并非不知道此世的恒在品质是恶。随后，沃格林以高度概括的笔法从柏拉图谈到康德、怀特海、海德格尔，由此引出了对"理智性意识领域"的历史的现象学分析(沃格林，《天下时代》，页255-258)。严肃而又富有哲学旨趣的问题来了：在沃格林看来，一个纯粹的智识头脑应该如何与尘世保持距离？

虽然"居间"概念的要义来自伊奥尼亚哲人的生存经验，即人置身于此世与超世之间，人既渴望出离又深深爱恋着这个"之间"(In-Between)，但对这个概念最为精彩也最为透辟的阐发见于柏拉图的《会饮》(同上,页267–269)。在阐述柏拉图—亚里士多德的"居间"论之后,沃格林突然插入了世界史家布克哈特(1818–1897)在19世纪末所表达的极度悲观主义的历史意识或"非政治人"的伦理态度(同上,页276–280)。我们应该知道,沃格林在"政治观念史稿"卷一"导言"提到的"非政治的"政治哲学传统,并非出自他自己的思想史洞见,而是来自布克哈特。①

这印证了笔者的阅读感觉:沃格林的"天下时代"概念具有形而上学式的普遍历史含义。这意味着,从古至今乃至不可预见的将来,无论文明多么"进步","天下"处境都让人极度悲观绝望,总会不断有人萌生宁可做"厌政治的异乡人"(the apolitical strangers)的念头。

结束对布克哈特式的"非政治人"气质的论述时,沃格林提到了亚里士多德在《尼各马可伦理学》中提出的智性"成熟之人"(spoudaios/mature man)的德性问题:

> 成熟之人的各种德性虽然为人性提供了标准,但没有被期望成为人民群众(Plethos)中每个人的德性;柏拉图和亚里士多德甚至试探性地为不同的基本类型提出多样化的伦理标准。如今,由各种生存

---

① 参见布克哈特,《希腊人和希腊文明》,王大庆译,上海:上海人民出版社,2008,页171–182。比较洛维特,《雅各布·布克哈特》,楚人译,北京:商务印书馆,2013,页157–168;关于布克哈特"非政治"的个性气质,参见页70–73; 148–152。

类型及其各自的问题构成的这片广袤领域，已然为一种启示录式的幻梦遮蔽：只有一种"道德"，它适用于一个由全都平等的人构成的共同体。（沃格林，《天下时代》，页281）

所谓"启示录式的幻梦"指的正是灵知意识，这意味着，在沃格林看来，布克哈特对现世的极度悲观情绪和与生俱来的厌政治心性，对热爱智慧者来说，是检验热爱智慧的德性是否成熟的试金石。换言之，"非政治"的伦理态度或"逃离"意识，不过是灵魂的理智德性尚不成熟的表征。

沃格林特别提到，"保罗不是一个哲人"，而是为"向他现身的基督而工作的传教士"（同上，页335）。柏拉图和亚里士多德懂得，要指望世上所有人的灵魂都在理智德性方面变得成熟断无可能，因此，必须为不同天性的灵魂设立不同的伦理规矩。他们没有想到，帝国的更迭或世间的恶使得"一种启示录式的幻梦"在战乱频仍的地中海周边迅速蔓延。

沃格林紧接着就说：

> 这个幻梦表征着一种严重的生存畸变（deformation of existence），而它在社会上的主导地位带来了以下后果：在伦理上，这个幻梦是当代个体无序与社会无序的重要原因之一。在理智上，对那些梦想家来说，"大众并未按照启示录的要求行事"这一事实持

续令他们感到诧异。有这样一种"灵魂学",它幻想着某种内在于世界的"灵魂"(psyche),从而使那些有关参与式实在的问题隐而不彰;这种"灵魂学"进一步加剧了由启示录式的说教对理智德性和伦理德性造成的损害。(沃格林,《天下时代》,页281)

在接下来题为"征服与逃离"的第4章中,沃格林对柏拉图作品中的"居间"意识展开了深入的现象学辨析,所涉意识哲学层面的义理极为抽象,行文也颇为艰涩。笔者觉得,要读懂这一章非常不容易,尤其是其中第三节"意识的均衡"(同上,页319–331)。尽管如此,有一点清楚无误,无需特别的思辨脑筋也看得明白:柏拉图已经预见到,启示录式的"逃离"灵知对各种类型的灵魂来说都是一种心灵的危险。

因此,沃格林在结束这一章时说:

> 柏拉图充分了解人的精神均衡的不稳定性和出现精神紊乱(nosos)的可能性,因而他在踏足这类问题出没之处时,总是如履薄冰。(沃格林,《天下时代》,页328)

紧接第四章之后的第五章题为"保罗的复活者意象",我们能够感觉到,仅仅这个标题就极富挑战性。沃格林开篇就说:

> 柏拉图将神显事件与对宇宙的经验保持在均衡中。他并未容许狂热的期盼歪曲人的境况。……就社会而言,理智性秩序的各种范式得到了令人信服的阐述,但它们并不会终结于心灵理智性程度较低的大众的斗争;就历史而言,人们并不指望对结盟民族的洞见能阻止历史走上神国之路。总而言之,柏拉图并未容许神显事件发展成启示录式的"充满整个世界的大山"。(同上,页332)

这段话显然直接指向"逃离"世间的灵知意识,或者说让保罗的启示录式的"逃离诉求"面临柏拉图的挑战。因为,沃格林紧接着就说,"启示录式的想象通过摆弄意义的奥秘而威胁到意识的均衡。"随后,沃格林就提到保罗"通过变形想象而进行歪曲的可能性",其逃离诉求的根本理由是:

> 我们的身体将从日渐衰亡的名义束缚中获得自由(或救赎),进入神之子民所得享的自由和荣耀。(沃格林,《天下时代》,页332–333)

这种自由观引导世人"逃离"世间,堪称启示录式的消极自由,它显然有别于苏格拉底—柏拉图所理解的热爱智慧者或成熟之人的"自由"。笔者不禁想起,苏格拉底临终前对热爱智识的年轻人语重心长地说:

> 这种男人会热切追求涉及学习的快乐,用灵魂自身的装饰而非用不相干的装饰来安顿灵魂,亦即用节制、正义、勇敢、自由和真实来安顿灵魂——就这样等待去往冥府的旅程:一旦自己的命份召唤就启程。(《斐多》114e4–115a3)

苏格拉底的这段临终教诲让我们看到,"安顿灵魂"的德性首先是政治德性(节制、正义、勇敢),并用"自由和真实"取代了通常的"智慧和虔敬"德性。显然,如此"保持洁净"不可能会是启示录式的消极自由;相反,要求普遍洁净的启示录式的消极自由倒可能会反转为彻底变革世间的积极自由诉求。

"保罗的复活者意象"一章中有个小节题为"真理与历史",其中的一段话让笔者读起来触目心惊:

> 革命的杀戮将会诱发"嗜血欲";从这种嗜血欲中,"人"将会作为"超人"出现,进入"自由王国"。来自这种嗜血欲的魔法,是保罗关于复活者意象的承诺的意识形态等价物。(沃格林,《天下时代》,页349)

沃格林把"嗜血欲"算到意识形态式的杀戮头上,明显过于简单化。他熟悉世界政治史,他当然知道,"嗜血欲"体现在形形色色的杀戮之中,而非仅有"革命的杀戮"才体现了"嗜血欲"。圣巴托洛缪(La Saint-

Barthelémey)屠杀、欧洲殖民者在美洲对印第安人的屠杀、奥斯曼帝国对亚美尼亚人的屠杀,都算不上"革命的杀戮",却不能说没有让人看到世间的"嗜血欲"。

尽管如此,我们能够理解,沃格林关切的是意识形态式的杀戮,因此,他把意识形态式的"恋尸癖"与保罗的"逃离"灵知及其属灵愿景联系起来,不能不让人感到震惊甚至惊怵。

沃格林在"保罗的复活者意象"一章中没有提及马克安,甚至在整部《天下时代》中都没有提及马克安,但这并不意味着他忘记了马克安,遑论不敢面对马克安。毋宁说,如国华一再强调的那样,保罗是马克安的教父,马克安的"逃离"教义的精髓来自保罗。既然如此,沃格林揪住保罗而非马克安展开哲学辩难,才算把问题搞得桶底脱落。倘若沃格林揪住马克安而非揪住保罗讲理,那我们就该说:沃格林吃柿子拣软的捏。①

由此可以理解,恰恰在"保罗的复活者意象"一章中,沃格林凭靠苏格拉底—柏拉图的"居间"伦理进一步辨识了"历史的意义"(the meaning *of* history)与"历史中的意义"(the meaning *in* history)的差异,绝非偶然。

所谓"历史的意义"是现代欧洲历史哲学的枢纽概念,在沃格林看来,这个堪称灾难性的概念恰恰来自保罗的"逃离"灵知。换言之,如此灵知诉求颠覆了苏格拉

---

① 沃格林对马克安与保罗的关系的简要评论,见沃格林,《希腊化、罗马和早期基督教》,前揭,页227–228。

底—柏拉图的"居间"伦理,才会让17世纪以来的欧洲哲人逐步构建起"历史的意义"神话:"保罗能以历史的意义(a meaning *of* history)来取代古典的历史中的意义(the classic meaning *in* history)",因为他"将伦理学和政治学贬谪至历史的边缘地带,这种历史已被缩减为通往变形的逃离"(沃格林,《天下时代》,页354–355)。

沃格林并没有忘记提到,古希腊的"非政治"哲人对此也做出了自己的贡献:"芝诺来雅典后,经过长时间考虑,他加入了已经与城邦彻底决裂的犬儒学派。"(沃格林,《记忆》,页62)

实现"历史的意义"是欧洲现代历史哲学的诉求,这意味着,欧洲现代哲人身上携带着保罗式的灵知诉求。寻求"历史的意义"表征着哲人德性的品质畸变,其具体体现即染上了启示录式的"逃离"伦理品质。用沃格林的术语来讲,这叫做"生存的自我显现式畸变"(egophanic deformations of existence),其结果是产生出一种"想象出来的历史"(imaginary history),正是这种"历史"使得"人类的大屠杀"(the mass murder of human beings)成了有意义的行为。因此,说到底,欧洲的现代历史哲学是哲人德性品质畸变的结果(沃格林,《天下时代》,页358)。

沃格林得出结论说,种种意识形态化的历史哲学不过是"畸变模式(the mode of deformation)下的保罗式神话的种种变体":"现代的反叛很大程度上是其所反叛的'基督教'的发展结果。"人们只能将这种现代反叛理解为对那些"被启示给耶稣和使徒们"的"神显事件的畸变"(the deformation of the theophanic events),否则,种种意识形态化的历史哲学将无法理解(沃格林,《天下时代》,页367)。毕竟,"自18世纪中期以来,以'历史哲学'名目出现的那类阐释",并非是"对历史及其秩序的智性阐释",毋宁说,它们不过是"对意识形态社会场域的自我阐释行动"(沃格林,《记忆》,页483,比较页488–489)。

沃格林把形形色色的灵知视为精神疾病,而这种疾病看似超越性的精神追求,实际上是"对生存的各种迷恋性畸变"。沃格林提醒我们,如果仅仅看到灵知人的"逃离诉求"是一种走出实在牢笼的灵魂超越,却看不到这种超升式的"逃离"意识本质上很可能是一种对现世的迷恋,看不到超越宇宙的向上"逃离"意识一旦遭到否弃(近代欧洲的反基督教取向),这种迷恋现世的心性必然会以一种看似属灵的激进形式表达出来,[①]那么,我们对历史中的灵魂畸变的认识就不仅太过简单,也太过肤浅。

现在我们可以进一步理解,针对"逃离诉求"的灵魂畸变,沃格林为何特别强调"成熟之人"的德性。在识读亚里士多德《尼各马可伦理学》中关于"政治正义"的表述时,沃格林具体解释了他所理解的"成熟之人"即"明智者"(phronimos)的德性(沃格林,《记忆》,页

---

① 比较沃尔泽,《清教徒的革命:关于激进政治起源的一项研究》,王东兴、张蓉译,北京:商务印书馆,2016。

157–164)。在这里我们看到,沃格林事先让"成熟之人"概念明确针对当今时代的"灵知分子":

> 在亚里士多德这里,伦理学既不是一系列道学原理,也不是像我们时代某些生存论的灵知分子(existentialist gnostics)所做的那样,让生存逃离此世的牵缠(complexities of the world),并将其收缩进[时刻]准备的张力状态或某种终末期待中,而是各自具体情势下行动的实在性之中的生存真理。(同上,页154)

这意味着,"成熟之人"的德性最终体现为在历史的具体生存处境中践行正确的言行。"成熟之人"这个语词已经有多种中文译法,不同译法体现了对这个语词的不同理解。① 按古希腊原文,在笔者看来,仍然应该译作"高尚之人"。如沃格林在这里的解释:

> spoudaios是成熟的人,他希求真正值得希求之物,并正确地(rightly)判断一切事物。所有人都希求好[东西],但他们对何为真正的好[东西]的判断,却受到享乐的蔽晦。在既定的人群中,如果我们试图通过投票表决的方式找出何为真正的好[事物],

---

① 中译已经有四种:"成熟之人"(叶颖)、"明智的人"(苗力田)、"好人"(廖申白)、"大人"(朱成明)。

> 结果会是:有多少不同品质的人受访,就有多少不同答案(《尼各马可伦理学》1113a32),因为,每种品质都认为它所希求的是好[事物]。
>
> 我们应当求教于spoudaios:这种人与其他人不同之处在于,他能看到"各种具体事物中的真",因为,他仿佛就是这些具体事物的标准与尺度(《尼各马可伦理学》1113a34),这是我们那些"经验论"社会科学家们应当注意的一个方法原理。(沃格林,《记忆》,页157)

可见,虽然沃格林用了"成熟"来理解spoudaios,但我们应该说:所谓"成熟"意味着智性正确地追求"高尚"并践行高尚的正确。否则,一个人无论智性或超越意识有多高,都谈不上生存德性方面的成熟。

畸变的心灵与消极自由意识

《天下时代》位居中间的3章("历史过程"—"征服与逃离"—"保罗的复活者意象")呈现了沃格林反思古今启示录式的灵知主义的最后成果。在这场意识现象学式的辩驳中,柏拉图(公元前427-前347)与保罗(公元3-67)虽然相隔3个世纪,却成了一对决斗角色。显然,这场对决更多具有现象学思辨性质,尽管它仍然发生在思想史的框架中。

因此,在"征服与逃离"一章结尾时,沃格林宣称:

我已经考察过天下时代里的灵知主义运动的一些方面，它将神性实在分割为一个真正神性的超越和一个由精灵塑造结构的世界。这些早期的运动试图通过将居间的各极分割成作为实体的此世和超越，从而逃离居间；而现代的启示录式灵知主义运动，则试图通过将超越转化成此世而取消居间。（沃格林，《天下时代》，页331）

笔者难免好奇：沃格林的思考在什么时候取得了这一决定性的新进展？

在沃格林自己出版的文集《记忆》中，有一篇长文题为"时间中的永恒存在"（沃格林，《记忆》，页351–389）。看得出来，这篇文章是《天下时代》的缩写版，首次刊发时间在1964年。看来，沃格林的新觉悟发生在他年届60岁的时候。坦率地说，笔者未读《天下时代》之前时读这篇文章，并没有什么特别的感觉。读完《天下时代》再重读这篇长文，笔者不禁为沃格林的苦涩而又艰辛的思考深深感动。

文章标题就意味深长："永恒"与流变的时间相对，严格来讲，也只有在流变的时间中，"永恒"才显出其意义。同样，善与恶相对，美与丑相对，正义与不义相对，高尚与低俗相对，严格来讲，正是在充满恶和永远都不会完美的现世之中，善、美、正义、高尚才显得出其意义，而且弥足珍贵。

不难设想，若非某些心性坚韧的心智在此世中肯定和坚守善、美、正义和高尚，这样的对立断无可能。换言之，能否在此世中肯定和坚守伟大的政治品质，取决于作为个体的心智偶然具有的伦理德性和理智德性——尤其是坚韧德性。毕竟，即便心性很高，也难免因恐惧恶、丑、不义和低俗而产生"逃离"此世（逃离政治）的想象。

由此可以理解，沃格林为何会越来越关切"哲思着的人"（philosophizing human being）或Noetiker［智思人］的德性品质（沃格林，《记忆》，页403）。保罗不是智思人，而是"属灵人"（Pneumatiker），追随保罗的马克安不仅不是智思人，而且是"属灵人"中的异类，即parekbasis［偏离］属灵意识的"灵知人"（Gnostiker）。无论怎样"偏离"，就非智识性心性而言，马克安与保罗属于同类。

沃格林看到，智思人参与终极奥秘的方式与神话式或灵知式的参与方式有德性品质上的差异，更明确地说，"在达成自我理解的明澈性方面"，神话思维式的意识和属灵人或灵知人的意识都不如智思人（同上，页406–407）。在参与神性的意识经验方面，属灵人尤其灵知人不可能凭靠智识反省自己，因为，非智识性意识不可能成为这种意识本身的"批判工具"。属灵人和灵知人特别喜欢说"灵语"，用沃格林的说法，即过分信赖不受"理性掌控"（rational control）的"迷醉性语言"（obsessive language），就是欠缺智识性意识的体现（沃格林，《记忆》，页453）。①

"灵语"不仅体现为属灵人或灵知人的自我迷醉，而且特别能让周围的人迷醉，因为"灵语"具有打动心灵的修辞力量。对热爱智慧者来说，蔑视非智识性的参与终极奥秘的意识方式，不仅徒劳而且没有意义。毕竟，"属灵人"或"灵知人"是一种人的心性类型，而非智识性地参与终极奥秘的意识方式自有其无可辩驳的道理。毋宁说，热爱智慧者必须当心自己变成了"属灵人"或"灵知人"，同时也得警惕"属灵人"或"灵知人"冒充智思人，仿佛灵知还得到了智识的担保。

沃格林让柏拉图与保罗较劲，以便搞清各式参与终极奥秘的意识的意向性结构，仅仅因为自近代以来，诸多欧洲哲人都成了保罗—马克安的信徒。在尼采看来，这种现象堪称哲人族的咄咄怪事。在还不到30岁时写下的《论史学对生活的利与弊》中，尼采就警觉到智思人变成灵知人会给热爱智慧[哲学]带来致命危害：

> 世界进程的开端和终点，从意识的最初惊异到被抛回虚无，连同我们这一代为世界进程而精确规定的任务，这一切都出自如此智慧地发明出来的无

---

① 在古希腊，"醉"（μήθη）经常被用来描绘无知（ἀγνωσία）状态，即一个人陷入现世沉沦和自我离异的状态。在灵知派文献中可以看到，这种比喻变成了一种双重学说：人的尘世生活远离神性真理，必须从这种μήθη ἀπ' οἴνου [沉醉于葡萄酒]的状态中摆脱出来，但沐浴在神性之中，也被视为一种"迷醉"（μήθη）。参见Victoria Arnold-Döben, *Die Bildersprache der Gnosis*, Köln, 1986, 页62–63。

意识者的灵感之泉,在启示录的光芒中闪耀,一切都模仿得如此具有欺骗性,如此实在、如此认真,就好像这是认真的哲学,而不只是开玩笑的哲学。①

正因为如此,在病倒之前,尼采终于忍不住写下了叱骂灵知式智思人的《敌基督者》,尽管他叱骂得让人觉得过分,而且让人误以为他是在叱骂基督教。②

沃格林是智思人而非属灵人或灵知人,他关切参与终极奥秘的意识的意向性结构问题,其实是对自己的灵魂安危的关切:哲人应该如何面对实在及其历史过程。他在"时间中的永恒存在"一文开篇就说:

> 历史这部未完成的戏剧并不像某个"事物"那样摆在那里,人们可以对其本质作出各种陈述;而且,哲人并不作为一个观察者站在这个非物对面,而是通过他的哲思,成为这部戏剧(他想就这戏剧说点什么)中的一个演员。(沃格林,《记忆》,页351)

看来,沃格林的真正思想对手不是保罗或马克安一类教士,而是那类"非政治的哲人"。可是,沃格林并没有

---

① 《尼采全集》第一卷,杨恒达等译,北京:中国人民大学出版社,2013,页230(译文略有改动)。
② 尼采,《敌基督者:对基督教的诅咒》,吴增定、李猛译,北京:生活·读书·新知三联书店,2017;比较洛维特、沃格林等,《墙上的书写:尼采与基督教》,刘小枫编,吴增定、田立年等译,北京:华夏出版社,2004。

直接与这种所谓的伊壁鸠鲁传统展开交锋,令人费解。倘若如此,我们有理由说,施特劳斯比沃格林更为准确地找准了思想对手。

尽管如此,如已经看到的那样,沃格林对古今灵知主义的哲学批判最终凭靠的是苏格拉底—柏拉图—亚里士多德的古典政治哲学。把《天下时代》与《柏拉图和亚里士多德》放在一起对观,我们就不难看到,两书理解柏拉图和亚里士多德的视角并不完全相同。

发表《时间中的永恒存在》之后的第二年(1965),沃格林在德国政治学协会发表了题为"何为政治实在"的学术报告,随后就将报告扩写到一本小书的篇幅(中译本接近100页,沃格林,《记忆》,页393–494),不仅预示了"秩序与历史"第四卷的"天下"观论题(同上,页480),而且预示了"秩序与历史"第五卷《求索秩序》的论题(同上,页458)。在笔者看来,这篇文献堪称理解沃格林政治哲学的关键文本。

虽然题为"何为政治实在",沃格林谈论的实际上是作为意识的"实在"。至于这种"实在"为何是"政治实在",我们得看沃格林自己怎么说。

沃格林认为,人对实在的"参与"意识本身是一种"实在",但这种"实在"有别于那个作为终极奥秘的"实在"。因为,终极奥秘的实在是"恒常的",而人的意识作为"参与"终极奥秘的实在则受体验之"在场"(presence)制约。由于这种实在并不恒常,而且是可变的,沃格林把这种实在称为"历史"。

沃格林强调恒常的实在和可变的实在的区分，是因为他深切感到，灵知人的心性喜欢混淆这两种不同性质的实在："实在的恒常性可能因为它被体验到的可变性而被遗忘"，反之亦然，实在的可变性可能因为实在的恒常性而被遗忘(沃格林，《记忆》，页426)。

基于两种"实在"的区分，沃格林致力于进一步辨识具有可变性的实在，即人对恒常的终极实在的参与意识。这种"殊显性体验"有两种基本样式，即"智思的或属灵的"(noetic or pneumatic)样式。无论哪一种参与意识，都会让"经受该体验的个人感到自己转化成了一个新人"，进而产生出一个"新的世界图景"。这个成为新人的"转化过程"本身会作为意识的实在变成"实在的某种结构性材料"，并"被外推至将来"，由此产生出"各种变形信仰"(metastatic faith)，这就是"政治的实在"：

> [人类在]世界时间中的无尽进步的渐进主义观念；旧世界的浩劫以及它——通过神圣干预——向新世界变形的各种启示录式异象(apocalyptic vision)；[认为]改天换地[变形](metastasis)可通过人类行动来操控的各种革命观念，等等。(同上，页426)

在参与之域(realm of participation)内，作为参与意识的实在具有可变性，但终极实在本身却始终保持着恒常不变。因此，"变形信仰"的最终结局难免是这种参与意识自己都无法承受的灵魂幻灭。

在沃格林列举的种种幻灭心绪中,有一种尤其值得引起我们注意,即"信仰者们从死不变改的世界(stubbornly unchanging world)退却"(沃格林,《记忆》,页427),因为,这让我们想到灵知论的"逃离"。在这里,沃格林详细考察了作为"意识"的"参与"(metalēpsis),这个概念与作为"意识"的"居间"概念可以相互说明。

> 智性意识是一种显亮:在这种显亮中,对实在之思(thinking about reality)寻获其语言,同时又通过这种语言层面的表达将自身与实在关涉起来。这是一种新被体验到的、人朝向其根基的张力;不过,这种张力所激发的热情,以及对关于神性根基之知识的欲求(在这种张力中,此种欲求以一个无可抗拒的"在!"[esti]闪现出来),模糊了不少有待区分的东西——尤其是参与本身、参与之诸端点这两类实在之间的那个边界。(同上,页428,比较页442–443)

接下来,沃格林就说到"畸变意识"究竟是怎么回事。本来,"人的参与纯属某种自发行动",这种"意识朝向客体的意向性本身并不会导致各种错误的实在图景"。但是,由于这种参与实在的行为(意识)"拥有某种自由维度",又难免导致各种错误的实在图景。

> 在这一维度中会出现一些失当现象——比如神话创制式的自由、艺术性创造、灵知式思辨和炼金

术式思辨、中产阶级自由派的各种私己世界观、各种意识形态体系的构建。(沃格林,《记忆》,页430)

这里提到六种因人的参与意识"拥有某种自由维度"而形成的"错误的实在图景"(或"变形信仰"),它们都可归入"丧失实在"一类。与我们眼下关切的问题相关,如下两种"错误的实在图景"最值得注意:"灵知式思辨"和"中产阶级自由派的各种私己世界观"(private worldviews)。

由于"错误的实在图景"是因为人的参与意识"拥有某种自由维度",前者可称为灵知式的自由意识,后者则是通常所说的伯林式的消极自由意识。我们值得意识到,这两种自由意识是并列关系,而非同一关系,但这种关系既可能转化为对立关系,也可能转化为同盟关系。

沃格林将这两种"自由意识"并列,乃因为它们具有相同的心性品质:

> 仅在自己的努力中倾注平平常常的兴味[关切](interest),或获得部分成果就浅尝辄止,或把谬误当成真理来接受,或拒绝努力甚至反抗这种努力——同时还不失为一个参与着的人,并且也拥有其作为人的意识。(同上,页430)

这段描述无异于刻画了"消极自由"的所谓"消极"含义,尤其是"拒绝努力甚至反抗这种努力"这一说法。

倘若如此,我们值得看沃格林如何进一步辨识这种"消极"的自由意识的意向性特征:

> 这一洞见能使我们对"实在之丧失"这一问题作更精确的表述:除却我们体验的实在之外,别无其它实在。如果一个人拒绝生活在朝向根基的生存张力中——或者说,如果他对根基发起反抗(亦即:拒绝参与到实在中,并由此拒绝体验他作为人的这种本己实在,那么,他并未因此而改变"世界",毋宁说,他失去了与实在的接触,并在个人层面蒙受着丧失实在内容[这种病态]。
>
> 然而,由于他仍然不失为人,而且他的意识也继续在实在形式层面起着作用,那么,为了替自己的生存和在世上的行动找到秩序方向,他会制造出一些替代图景。……"实在之丧失"所造成的后果就是,与此相关的个人,其生存秩序中发生灵魂病理学意义上的混乱;而且,如果生活在"次级实在"中这种现象在社会层面变得具有主导性,那么随之而来的便是社会层面的严重秩序动荡(这个我们就太熟悉了)。(沃格林,《记忆》,页434)

沃格林对这种"自由维度"[意识]的论析,对我们把握国华所关切的如下问题有很大帮助:马克安式的灵知"自由意识"如何从"拒绝"和"反抗"的生存意识中产生出来?

沃格林以加缪(1913–1960)的《西西弗神话》(1942)和《反抗者》(1951)所表达的情绪为例,形象而又生动地描述了这种"自由意识"形成的三个阶段,让我们理解起来并不困难。

他说,《西西弗神话》表达了这种"自由意识"的第一个阶段,即认定此世的生活荒谬透顶,恶无处不在,而且浸透到此世的骨髓。在《反抗者》中,这种"自由意识"上升到第二阶段,即否弃所有关于此世的"正典"学说:

> 他[反抗者]既认识到,生存意义的不确定性必须作为生存的重担得到承当,也力求让生存张力远离各种教条论的替代真理(Ersatzwahrheiten)——无论是神学的、形而上学的、或意识形态的。(沃格林,《记忆》,页435)

随后,这种"自由意识"的"沉思性演进"(Progressus)上升到第三阶段,即"获取创造的自由"或"反抗者"的消极自由。沃格林引用了《反抗者》中的一段话来证明这一点:

> [由于反抗者]对于个人自由不抱希望,却在梦想整个人类的某种怪异的自由;他们拒绝孤单的死亡,还把某种集体的大苦痛称为"不朽"。他们不再相信现存的东西,不再相信世界和活着的人;欧

罗巴的秘密就是,她不再热爱生活。(沃格林,《记忆》,页435)

沃格林力图让我们体会到,这种"反抗者"的"自由意识"的根本问题在于:它"摧毁了意识的生存张力,并由此摧毁人本身的秩序中心"(同上,页439)。笔者相信,这与国华所看到的让他深感震惊的东西非常相似。

我们值得意识到,沃格林说这是"欧罗巴的秘密",而非中国的秘密。因为,这让我们应该意识到,国华以高妙的笔法暗示:若我们掉以轻心,对现代西方的自由意识不加辨识,"欧罗巴的秘密"迟早会成为中国的秘密。

接下来,沃格林进一步考察这种自由意识的参与行为如何"偏离到了灵知主义"。简单来讲,这种"偏离"体现为某个"具体个体的单独意识"(discrete consciousness of concrete individuals)自以为是地"硬要试图去超越我们朝向根基的超越本身","以越过对实在的视景性知识的方式占有实在",并自以为获得了对超逾"世界"的"星际"的真实洞见(同上,页447–448)。[1]

换言之,这种灵知式的自由意识把自己等同于"星际意识",忘记了一个智识性的常识:

> 意识乃是这样一个实在之域:在其中,神性实

---

[1] 关于"星际"概念的产生,参见雷比瑟,《自然科学史与玫瑰》,朱亚栋译,北京:华夏出版社,2019,页44–68。

> 在与属人的实在彼此参与,却不合二为一,如此,意识便得以意向性方式关涉那些参与着的实在(沃格林,《记忆》,页448)。

灵知意识不仅是一种"理性化程度较低"的意识(同上,页456),它还以为自己是一种超迈的神秘意识,或者说以为,自己的意识只要在参与神性实在就已经与神性实在合二为一了。这种"合一"意识固然具有"神秘论"(mysticism)意识的根本特征,在沃格林看来,它与真正的"神秘论"意识并非是一回事。为了澄清"神秘论"的含混,沃格林用了相当长的篇幅来论述这一问题(同上,页467–474,比较页29)。

19世纪以来的现代世界有"意识形态的时代"之称,沃格林的《何为政治实在》正是针对这一时代的意识混乱而作:所谓"政治实在"即一种政治性的参与实在的意识(同上,页394–397,比较页444)。沃格林相信,如果要走出意识形态的迷宫,就必须回到人类的参与实在的意识诞生的开端,搞清这种"对根基之意识"的体验结构本身(同上,页398–440)。

> 我只需简短指出我们时代的各色争吵:各色教条论的拥趸们彼此指责对方的"真理"是非真理,却丝毫不去注意推动性体验(motivating experiences),甚至对体验问题连听都没听说过。(同上,页449,比较页461–462)

澄清"对根基之意识"的体验结构本身,还远远不够,因为,在"天下型帝国"的形成过程中,原初的"对根基之意识"的体验变成了"各种学派的教条论哲学",以至于当"智思"在历史的实在过程中重新苏醒时,必然会反抗种种教条论哲学。沃格林相信,"直到现代,这种教条式的标立与对立游戏,都还仍然是西方文明对秩序之自我理解的主导性形式。"(沃格林,《记忆》,页454–456)

反教条论哲学是现代哲学的开端:培根的洞穴偶像说即著名的例子,而培根和笛卡尔恰恰把柏拉图—亚里士多德的古典哲学视为洞穴偶像。因此,17世纪时,始于笛卡尔的思想反动"用来抹煞传统的这种彻底性是再彻底不过了"(同上,页62)。然而,问题在于:

> 怀疑论、启蒙、以及实证论对旧式教条论所发起的反抗,固然再次让注意力转到体验(为了表达这些体验,秩序真理的各种象征才被创造)上来,却并未导致智思得到决定性的更新。紧随教条论神学而来的,是教条论的形而上学,再之后呢,便是同样教条论的意识形态。[……]在今日,智性阐释不像古典哲学智思那样处于与神话和智术对立中,而是发现自己处于一个非常不一样的情势之中;这个情势的最大标志就是ratio对各式教条论的抗争,尤其是对意识形态型教条论。(同上,页456)

充分理解沃格林的这一根本关切,有助于我们更好地理解国华对西方"负典"的关切。毕竟,"正典"与"负典"的区分针对的是西方文明的"政治实在"的嬗变。

沃格林最终相信,要走出现代意识形态的迷宫,而非出于合理的"反抗"意识而不断增加"意识形态型教条论"的数目,只有回到以柏拉图—亚里士多德为代表的古典哲学。因为,区分"历史场域"中各色灵魂类型的意识,是柏拉图—亚里士多德哲学的伟大贡献。

由此可以理解,为何对沃格林来说,灵知人与柏拉图笔下的所谓daimonios anēr［精灵人］仅仅是貌合神离。谁不懂得这种区分,就表明他在智性思考方面的努力还不够彻底,或不愿付出艰辛的智性努力。

虽然沃格林比施特劳斯回归古典政治哲学晚了近20年,他毕竟最终找到了自己的落脚点:"我们只消重启古典智思,努力解决它未了结的问题,就能摆脱教条论这一悲惨处境。"(沃格林,《记忆》,页438)

如果说《时间中的永恒存在》让笔者深切感受到,沃格林所关切的那类灵魂并不多,而这类灵魂则未必个个都热爱学识,即便热爱学识也未必会自觉地意识到有必要反思自己的灵魂德性(同上,页366),那么,《何为政治实在》则让笔者感到,沃格林对西方意识危机的反思并非不可争辩,无可争辩的仅是:热爱智慧首先得反思自己的灵魂意识。

英格兰教士与公共知识分子心灵的起源

现在我们可以有把握地认为,国华说沃格林"终生不愿正视马克安的价值",其实是向我们暗示,里拉不愿正视沃格林的哲学思考,不敢在意识现象学水平上与沃格林拼刺刀。否则,他应该拿出自己的智识真诚和学术功夫,与沃格林的《时间中的永恒存在》和《何为政治实在》展开辩驳。

晚年沃格林在自我反思时曾自豪地说过:

> 我想强调,灵知主义及其从古代到当前的历史,是一门得到了极大发展的学术主题,把当代现象解释为灵知主义,并不像批评我的文盲们(ignoramuses)以为的那样是原创的。总体而言,我愿意说,如果是我自己发现了我为此而遭到知识分子们批判的所有的历史和哲学问题,那么我毫无疑问就是人类历史上最伟大的哲学家。(沃格林,《反思》,页86)

沃格林不仅有理由也有资格把自己归为哲人之列,并蔑视当代"知识分子们的批判"。现在我们可以理解,国华为何会以这样一种"灵知沉沦的编年史"样式来"回答"里拉。他心里显然清楚,谁如果认真读过《天下时代》的中间3章,即便没读懂也会对《搁浅的心灵》感到奇怪:里拉怎么好意思这样子对沃格林说三道四?沃格林的《天下时代》在1974年就已经公之于世,《记忆》也早在1990年就有了英译本，谁有心或愿意的话都可以读。里拉在《搁浅的心灵》中对沃格林的一生学术胡诌一通，难道不怕学界中人笑话？

美国学界不会有人笑话里拉，因为《搁浅的心灵》仅仅写给仅仅"阅读报纸"的人看。里拉是著名公共知识分子，他关心知识分子群体的心灵健康。在里拉看来，沃格林的书对知识分子群体有害，并不奇怪。奇怪的是，在里拉眼里，沃格林是"典范式的知识分子型人物"。

沃格林是知识分子型人物？抑或里拉执意要用知识分子型人物来衡量沃格林？即便如此，里拉直面过沃格林笔下的知识分子问题吗？

笔者想起沃格林在"保罗的复活者意象"一章临近结尾时的一段说法，它涉及欧洲"人文主义知识分子"的起源问题。沃格林说到，红胡子皇帝的御用史官弗莱辛的奥托主教（Otto of Freising, 1114–1158）和约阿希姆的灵见"标志着西方社会的自我阐释迈出了决定性的一步，因为他们创造了一个新的期盼模式"：

> 完美时代将会是一个超越基督时代的圣灵时代；它将带来僧侣的自由联合，带来身为新型修道士的人的自由联合，这种联合不受各项制度阻碍。因此，它将超越教会和帝国的建立。那时，彼特拉克（1304–1374）将始于基督的时代符号化为黑暗时代，如今在它之后将是异教的古代之光的重生。在这个许诺了新时代的僧侣之后，人文主义知识分子（the humanist

intellectual)登场。(沃格林,《天下时代》,页366–367)

虽然"知识分子"在我国早已经是常用词,这个语词毕竟源于近代欧洲的政治历史。即便把这个称呼用在欧洲的"新时代[近代]"之前的智识人身上,也未见得恰当。比如,若有人把弗莱辛的奥托主教称为"中古时期的知识分子",这位红胡子皇帝的御用史官一定会被里拉列入"亲暴政"者名单。[①]

究竟何谓"知识分子",这个问题绝非已经有让人满意的答案。欧洲何时出现"激进知识分子",其心灵品质如何,迄今仍然是政治史上的大问题。

从上引《天下时代》中的说法来看,所谓"知识分子"指出生于基督教母体又反叛这个母体的智识人。但笔者感到好奇:这段说法为何会出现在讨论保罗的章节?即便作为超升式"逃离诉求"的灵知意识孵化出心灵"对生存的各种迷恋性畸变",这与现代知识分子的诞生又有什么关联呢?

灵知意识的现代式沉沦形式多种多样,现代知识分子式的心灵是否与此有关,迄今仍是一道让人费解的政治史和思想史难题。事实上,沃格林在1940年代写成的"政治观念史稿"卷二中就曾考察过这一问题。[②]

---

① Joachim Ehlers, *Otto von Freising. Ein Intellektueller im Mittelalter. Eine Biographie*, München, 2013.
② 沃格林,《政治观念史稿(卷二):中世纪(至阿奎那)》,叶颖译,上海:华东师范大学出版社,2009,页204–216(以下简称《中世纪》,随文注页码)。

沃格林看到，早在12世纪的时候，凭靠偶然际遇崛起的英格兰已经呈现出后来被视为"现代性"标志的某些文明特征："激进知识人（radical intellect）以革命性的方式细致表达的新感情"，就是这类值得注意的特征之一（沃格林，《中世纪》，页112）。

作为证明，沃格林提到的思想史文献有署名无名氏诺曼人（Norman Anonymous）的《约克论辩集》（*York Tracts*）和萨利斯伯瑞的约翰（John of Salisbury, 1120–1180）的《治国者》（*Policraticus*）。这两本书的作者都是英格兰的教区主教，但与德意志的奥托主教不同，他们成了"激进知识人"的先驱。

"无名氏诺曼人"就是约克区的大主教热拉德（Gerard, Archbishop of York, ?–1108）。在沃格林看来，他的匿名作品《约克论辩集》让今天的思想者能够看到就那个时代而言的"一种对待政治和历史世界的新态度"（同上，页100）：

> 只要我们不是将作者视为一位想对帝国建构问题做出实际贡献的教派人物，而是一位有影响的知识分子，那么，这部《论辩集》便可理解。他语含讽刺，有时甚至是恶作剧，将论证推向极致，使那些持更温和、更富理智态度的人们感到愤慨，由此获得乐趣。而且他也有权利纵情于这种智力游戏，因为他的态度来自对于一个其秩序由神来安排的世界之实在（reality of the divinely ordered world）的深刻

经验。[……]在他看来,世界充分地沐浴在圣灵之中,这就使得作为世界之特殊监护人的教士的地位变得次要,甚至多余;匿名作者眼中的世界能在精神上自我照料。(沃格林,《中世纪》,页102)

"世界充分地沐浴在圣灵之中"意味着,此世已经不再是被蔑视的对象,而是应该得到属灵意识敬重的对象,无论政治还是历史,其品质都不再是恶。

笔者无需在此转述沃格林对《约克论辩集》的敏锐识读,但必须提到,沃格林说,霍布斯(1588—1679)的《利维坦》与《约克论辩集》在把罗马教会视为"黑暗王国"这一点上"一脉相承":"关于不受'外国'干涉的英格兰国教会的观念开始初露锋芒。"(同上,页107)[①]

笔者不禁心生感叹:毕竟,《利维坦》与《约克论辩集》相隔大约整整400年!由此看来,"激进知识人"的出现与西欧蛮族在形成自己的政治单位时的生存诉求有实质性的内在关联。

萨利斯伯瑞的约翰的《治国者》会让今天的公共知识分子感到亲切,因为这部书算得上"公知"式随笔的最早典范。它以调侃笔法既谈论廷臣的轻佻,又讲述哲人的心迹,论题十分广泛,涉及道德神学、圣经注疏乃至哲学沉思,尤其是人物品评。与之相比,《轻率的心灵》和《搁

---

① 比较康托洛维茨,《国王的两个身体》,徐振宇译,上海:华东师范大学出版社,2018,页120–141。

浅的心灵》只能说是小巫见大巫。

笔者同样无需在此转述沃格林对《治国者》的犀利识读,但必须提到两点,首先应该提到近代以来闻名遐迩的"诛杀暴君"论。思想史家公认,在关于暴君的基督教理论史上,《治国者》的作者首次以后来的所谓知识分子姿态支持诛杀暴君,后世的诛杀暴君论者都以其说法为理论支撑。

问题在于如何解释这一思想史现象,沃格林问道:

> 为什么突然之间个人就被赋予了这种权力,而这种理论又为什么在16世纪之前并不能得到许多支持?人们会指出,约翰提到过许多在圣经和古典时代出现的诛杀暴君案例,目的是使他的理论具有广泛的历史权威。但是,问题在于,这么多在约翰之前就已为人所知的案例,为什么这时才为了这个目的而被收集起来?一些史学家甚至将批评的矛头指向该理论可疑的道德品质,却没有去探究它所体现的情感。(沃格林,《中世纪》,页130)

沃格林若是公共知识分子,断乎不会提出这样的问题。反过来说,正因为沃格林不是公共知识分子,甚至不是如今政治学或法理学专业的教授而是哲人,他才会想到这位大主教的"诛杀暴君"论在理论上有诸多困难:

> 一方面,如果个人有权利运用自身判断力来评

判统治行为，甚至走向杀死统治者这种极端，那么，该理论就是世俗力量最猛烈的爆发。另一方面，如果世俗的政治实在被归结为个人——作为政治实在之唯一代表者的个人，那么，该理论就体现了一种极端的片面性。(沃格林，《中世纪》，页130–131)

沃格林由此推断，"诛杀暴君"论的最终依据是"作为政治实在之唯一代表者的个人"。这种"个人"观念是"新型世俗情感的源头"，而12世纪的西欧开始形成的城市政治单位和领土王国是这种"新情感的承载者"。因此，随后出现的"绝对王权"论不过是对这种"绝对个人"(absolute individual)论的模仿：

> 君主的绝对王权论并不是一种原创；它是对绝对个人这一原型的模仿；而且，在所谓自由时代，当个人作为民族资产阶级的成员，具有封建环境中作为城镇公社成员的个人所无法想象的政治分量之时，君主的绝对王权论必定会被个人的绝对主义取代。
>
> 世俗力量不得不以极端个人主义的形式出现，因为统治结构的其他层面上的反作用力仍然付诸阙如。……[据说]法律就像天空，涵盖所有人，而国王位于法律之下，与其他人平等。……在这种情况下，好君主就是遵守法律，并且在治理过程中不偏离公正意图的国王。暴君是其自身欲望的奴隶，压迫人民，而不是保护他们的自由。

> 由于每个人都知晓法律,并且能在智慧的指导下解读法律,所以每个人都被号召要对统治者的品格形成自己的意见。当统治者行为暴虐时,他就将自身置于法律之外,而处死违法的统治者就会成为个人的责任,因为若非如此,[据说]个人就会犯下"损害自身和人世间的国家整体的罪行"。(沃格林,《中世纪》,页131)

笔者在这里不惜笔墨引用这段原文有两个原因:第一,我们由此可以看到里拉的反"亲暴君"情结的中古渊源。我们应该记得,里拉称"反暴君"为"一定的道德感",因为他会把所有类型的君主视为"暴君"。

第二,沃格林以"绝对个人"论来解释"绝对王权"论的起源和性质,有助于我们理解霍布斯作为现代式"消极自由"论的鼻祖为何会是个"绝对王权"论者。

在论析《治国者》中的人物品评论时,沃格林已经提到霍布斯与萨利斯伯瑞的约翰在心灵品质上一脉相承:

> 相比于奥古斯丁,约翰用于描述性格的术语更为强烈地指向霍布斯对人的骄傲与疯狂的分析。人对自己的真实地位和对上帝的顺从义务一无所知,却"希望获得一种虚假的自由,即徒劳地想象他能毫无恐惧地生活,能做他乐意做的任何事而又不受惩罚,甚至以某种方式直接自比为上帝"。(同上,页123)

这段引文中打引号的话来自萨利斯伯瑞的约翰,看来,这位12世纪的教士即便已经有了知识分子式的心灵,也远比如今的"公知"头脑清楚:他懂得所谓"消极自由"诉求不过是"徒劳地想象自己能毫无恐惧地生活"。

尤其值得注意,沃格林在这里提到,就萨利斯伯瑞的约翰思想所具有的"现代特性"而言,日耳曼的超凡魅力式王权观、希腊城邦中的"非政治[厌政治]"的异乡人观以及廊下派—西塞罗的世界城邦观,在他身上奇妙地并存一身(沃格林,《中世纪》,页126–127)。

沃格林接下来还有精彩的识读,即我们值得注意的第二点:《治国者》的随笔式人物品评颠覆了古典的关于王者与暴君的伦理区分。在如今的公共知识分子看来,统治者或掌握权力的人无不是野心家、阴谋家、玩弄女性的好色之徒,谁想掌握权力谁就是暴君、就是坏人。由于沃格林不是公共知识分子,他才会说:

> 如果统治权来自野心,并且以野心的性格学特征来界定何为僭主,那么,必定无法再依据正义行为与不义行为的差异来区分这两种类型。(同上,页124)

由此可以理解,沃格林特别指出,如今的"公知"式政治正确已经见于萨利斯伯瑞的约翰笔下:

> 每个王都是僭主,因为每个尚未"净化其心

灵",从而甘于绝对臣服的人都是僭主。在这些段落中,政治人以世俗人物的面貌出现。在这一语境中,经由上帝授权而得来的权力并未受到关注,相反,得到承认的是"每个人都从自由中获得快乐,也都想拥有可用以保存自由的实力……因为奴役有如死亡的映像,而自由是确定无疑的生命"。那些心灵得到净化的人暂时被遗忘了;臣服是奴役,自由是快乐。毫无疑问,一曲新的和音开始奏起,这将在马基雅维利的美德(virtù)观念中得到充分回响。(沃格林,《中世纪》,页124)

现在我们应该能够理解国华针对里拉的反讽之言的深刻之处。他在佯谬地称赞里拉时说:"沃格林终生研究灵知问题,却终生不愿正视马克安的价值及其在现代的稀有回声。"这话的意思兴许是:里拉终生关切知识分子的心灵问题,却终生不愿正视,无论马基雅维利、霍布斯还是伯林,都不过是12世纪的沉沦灵知式的激进知识人心灵的现代回声。

并非所有的教会智识人都成了激进知识人,沃格林在《宗教与现代性的兴起》中谈到洛克(1632–1704)的对手胡克(Richard Hooker, 1553–1600)时说,他"在周围形势的压力下"获得了这样的洞见:

> 知识人的生活(life of the intellect)不仅是个人问题,也是社会问题,一旦每个人都开始谈论他们并不

理解的事情，社会中的智识生活很容易被摧毁。当一个普通人胡乱谈论神学和形而上学的时候，他并不会产生一个能让所有人都有可能讲出智慧言论的社会，而只会产生一片充斥着令人痛苦的胡言乱语的汪洋大海，在这片胡言乱语的大海里，就连少数人也无法维持智识的秩序。[①]

沃格林若是"典范式的知识分子型人物"，他会从胡克的文字中看出这样的洞见吗？

我们更应该看到，这样的洞见在今天仍然是洞见。如果不是这样，那我们又该如何理解"灵知沉沦的编年史"的真实含义呢？毕竟，要为"灵知沉沦"谱写编年史，智识劳作的艰巨性可想而知。笔者不禁想起，施米特在谈及诗人多伯勒的三卷本叙事诗《北极光》时曾说过这样一段话：

> 今天我才明白，《北极光》投射出的是人类灵知的惨淡之光。《北极光》是一种正在拯救自己的人类的气象学信号，是大地上的普罗米修斯发射到宇宙去的本属大地的光。我读到过蒲鲁东的一篇文章，它附有一条关于地球及其人类的命运的很长的注释，这时我才认识到，应该在什么样的思想史背景下去

---

① 沃格林，《政治观念史稿（卷五）：宗教与现代性的兴起》，霍伟岸译，上海：华东师范大学出版社，2009，页110。

理解多伯勒的北极光思想。

这位如此热爱此类冥想的博识的法国革命家说，地球的命运是渐渐冷却，并像月亮一样死去。到那时，人类必将与他们的行星一同死去，如果他们不能使自己升华为精神——灵性(Spiritualite)、良知、自由——的话。在多伯勒看来，北极光是人类通过灵性和在灵性之中得到这种拯救的地球上的见证和保证。①

这段思考写于施米特被盟军羁押调查期间(1946年)，其中有两个思想观察点极具穿透力。首先，施米特看到，所有的灵知思想仅仅看似超越此世飞升到了星际，实际上，它始终不过是"本属大地的光"，"是大地上的普罗米修斯发射到宇宙去的"。换言之，充满灵性的"北极光"看似来自星际，其实来自属地之人的心智。当然，这个人并非随便哪个常人，而是具有普罗米修斯式心性之人。

因此，第二，施米特将诗人多伯勒与政治活动家、无政府论者蒲鲁东(1809-1865)联系起来，并提醒我们，这样的社会革命家也"如此热爱此类［灵知式的］冥想"。这让我们得以理解，向星际飞跃的灵知何以会否弃一切国家建制和权威，由此推导出追求Anarchy［无统治/无政府］状态的政治行动，并发出让我们梦魂牵连的呼召：

---

① 施米特，《从囹圄中获救》，施米特，《合法性与正当性》，刘小枫编，朱雁冰等译，上海：上海人民出版社，2015，页222。

实现精神自由。一旦谁有了这样的灵知式星际信念,他的社会行动有了百折不挠的意志力就一点儿不奇怪。

四 灵知心灵的自我安危

《灵知沉沦》的长篇"附录"与"后记"构成一个独立整体,它似乎在提示我们:谁若愿意倒着顺序阅读一次,那么,作者的写作意图兴许会得到更好的理解。

倘若如此,我们需要把"后记"读作"前记"。国华在这里首先郑重声明,他"并非意在"为灵知主义唱赞歌。当然,我们随后会看到一段赞歌式的"灵知"描述,即把"灵知"描述为能够感知到"另外一种可能性"的心灵:

> 一种挣脱地心——地狱的自然引力的自由和解放,仿佛插上了翅膀,身体发生倾斜、倒转并向上飞升,与此同时,从遥远的天外,"那永恒沉默的无限空间",一个天国的景象映入眼帘。(林国华,《灵知沉沦》,页228)

我们应该注意到,在这样说之前,国华已经说过,他写《灵知沉沦》的目的在于"揭示'负典'和'正典'在西方思想史上复杂的互动"(同上,页227)。因此,我们应该把《灵知沉沦》理解为一个中国的智性心灵为认识西方精神传统的实际面目而付出的智识努力。

百年来,认识西方文明传统的思想精髓一直是中国的智性心灵面临的首要学术难题,我们迄今不能说这个难题已经解决,似乎我国的西学研究应该收摊了。国华相信,既看到西方的"正典传统"也看到其"负典传统",我国智识人才能开阔眼界,看清西方思想史2000多年来所经历的种种崎岖险恶,从而磨砺我们自己的心智。否则,随时都可能再来的学术思想上的狂风暴雨或歪风邪雨一旦来袭,我们会再次感到晕眩和不适。

因此,国华对自己身不由己地所属的文明政治体发出如下警告:

> 那些缺乏负典基因、惧怕负典诉求、或者不具备足够强大的力量和技艺去驾驭负典风暴的文明体是悲惨的,它要么在无声命运的轮回阴影中平庸消逝,要么在负典风暴与正典秩序剧烈相撞的那一刻终结于可卑的暴死。(林国华,《灵知沉沦》,页227)

"'负典'和'正典'在西方思想史上复杂的互动"一说,难免让笔者想起中国古代思想史上儒家与道家的复杂互动。毕竟,就灵知意识的核心观点即此世的本相是恶而言,没谁比老子说得既简洁又透彻:"天地不仁,以万物为刍狗。"[①]由此来看,《灵知沉沦》的写作"缘起"

---

① 美国波士顿有位研究神秘主义的基督教神学家长期钻研"道教神秘主义",在他看来,道教与犹太教乃至基督教的神秘主义有内在一致性。参见吉瑞德,《早期道教的混沌神话及其象征意义》,蔡觉敏译,济南:齐鲁书社,2017,页386–392。

与里拉或当代欧美的政治思想语境没什么相干,倒是与中国的土地及其当代变迁的政治语境相干。

国华在"后记"中提到,《灵知沉沦》的思考"得益于和林国基博士的漫长讨论"(林国华,《灵知沉沦》,页228)。如果与国华提到的自己早些年(即2000年以来)就已经开始探索的问题联系起来,那么,我们应该推想,国华10多年来从未间断的思考的结果,很可能就隐藏在作为附录的对话之中,它应该为我们识读《灵知沉沦》提供走出正文中的戏仿迷宫的指引。

"灵知沉沦"与理解西方

笔者需要再次提到本文开头曾引用过的沃格林的那句话:柏拉图—亚里士多德—廊下派乃至儒家,无不致力于"培养有能力辅佐统治者的圣人",而古希腊的神秘主义怀疑论者则与道家圣人相似,主张从各种政治行动中"撤离",退缩到无所动心的生存状态(沃格林,《天下时代》,页401)。

套用国华的说法,如果"正典"传统指参与政治的哲学传统,"负典"传统指"非政治"("厌政治")的神秘主义传统,那么,"灵知沉沦"的含义也可能是:原本"非政治"的神秘主义心灵变成了参与政治的现实主义心灵。

在公共知识分子眼里,所有统治者都是"暴君",按此政治标准,柏拉图—亚里士多德—廊下派—儒家的后继者们无不是"亲暴政"知识分子。但我们显然不能说,当今的公共知识分子是非政治的神秘主义分子。换言之，国华即便有意为非政治的神秘主义唱赞歌，也与里拉的消极自由主义不相干。

毋宁说，《灵知沉沦》以曲折的笔法提醒我们，必须深入思考自由主义论的看似非政治的姿态，进而看清公共知识分子与政治的复杂关系。必须再次强调，国华毕竟不是公共知识分子，遑论具有这种类型的心灵。

《灵知沉沦》两次提到柏拉图的《斐多》，恰恰在这篇记叙苏格拉底的临终谈话的作品中我们看到，苏格拉底对向往"逃离"秘仪的年轻人说，世人不可能真的"逃离"世间，能"与诸神住在一起"的天性极为罕见（所谓"手持大茴香杆者多，酒神信徒少"）。用今天的说法来讲，我们不可能设想满世界都是和尚/尼姑或修士/修女的人世。因此，苏格拉底在纠正向往"逃离"秘仪的年轻人的偏颇时说："保持洁净"的意思其实是习得节制、正义、勇敢以及明智之类的政治德性（《斐多》69c1–d1）。

的确，爱智的灵魂与城邦的关系问题绝非那么简单。《灵知沉沦》两次提到《斐多》，让笔者想起沃格林在《天下时代》中说过的一段值得我们反复咀嚼的话：

> 古典哲人们并不对自己在实在过程中的作用抱任何幻想。他们知道，他们的参与式行动，就其范围而言，仅限于对个人生存与社会生存中的无序保持敏锐的警觉，准备好对神显事件做出回应，以及实际做出回应。他们既无法掌控启示运动本身，也无法掌控那些使他们能做出这种回应的历史条件；他们通

过这种回应面对大众的秩序施加的影响,并不会比对话式说服这种方式(经过文字著作的增强)所能达成的影响更深远。

在这种近乎完美的现实主义中,唯一明显的瑕疵是,这些哲人终究还是愿意为社会设计各种秩序范式,尽管他们明知,这个社会在精神层面不会接受这些范式,而在历史层面注定要没落。(沃格林,《天下时代》,页308,译文稍有改动)

这段话恰好出现在"征服与逃离"一章,其要义体现为国华在"后记"中提到的他多年研习西方文明典籍的如下体会:

> [西方典籍]的正负两极应保持强大张力,不可彼此粗暴互删,更不可妄想彼此之间轻浮的无原则的宽容。只有在这个前提下,正典和负典的价值才值得赢取世人的辩护和尊敬。(林国华,《灵知沉沦》,页228)

我们值得问,为"正典和负典的价值"辩护的"世人"是谁?无论正典还是"负典"的作者与历史长河中的历代世人在心性上有相同的品质吗?谁在让"正典和负典的价值""保持强大张力"?因此,国华进一步指出,

> 这种张力并不容易承受,但我深知,偏于任何一

极的思想学说都意味着论证的失败、思考的无效、思想的平庸乃至终结。(同上)

这话是一位过来人的肺腑之言,他肯定已经体会到,要理解无论正典还是"负典"谈何容易!正因为如此,让两者之间保持张力才"并不容易承受"。毕竟,这种张力的"实在"不过是爱智的灵魂与城邦生活的关系,或者说哲学与政治的关系。

经"后记"的这些提示笔者才明白,国华为何会把这篇对话作为"灵知沉沦的编年史"的附录。笔者体会到,这篇对话其实暗中指向正文中"关于'消极自由'的插话"和"里拉的学术进路"两节。

倘若如此,作为附录的对话才呈现了作者真正关切的问题,或者说,正典与"负典"互补这一提法隐含的真正问题是霍布斯困境。由此也可以理解,正文为何不得不戏仿里拉的公共知识分子心灵或沉沦的灵知。

模仿霍布斯的隐秘心灵

我们不妨再次回到第4节那个言辞蹀躞的结尾:国华在夸赞里拉的同时,贬斥沃格林"终生不愿正视马克安的价值及其在现代的稀有回声"。国华在这里下了一个脚注说,马克安的现代回声"非常隐秘,并不容易寻获",即便里拉的《夭折的上帝》也仅仅是"微微触及了马克安的现代回声"(林国华,《灵知沉沦》,页17)。

国华所说的"马克安的现代回声"指英格兰的大灵

知人霍布斯，里拉的《夭折的上帝》正是以理解霍布斯问题为起点。既然国华说它仅仅"微微触及了马克安的现代回声"，他称誉此书为"富有才华的著作"就是佯谬笔法。国华在脚注中还许诺，他将"专文"探究作为"马克安的现代回声"的霍布斯问题，这无异于说，他要纠弹里拉的《夭折的上帝》。

在接下来佯谬地为伯林的自由主义论补充神学基础时，国华再次提到这个"现代回声"：

> 霍布斯的神学—政治思考需要特别仔细的对待，他极富原创性的激进论证需要耐心的恢复，否则，他的"利维坦"——那个必死的上帝、世界的创造主、灵知传统的大敌——注定沦落到被肤浅者吹捧、被无知者污蔑、被旁观者忽略的不幸境地。(林国华，《灵知沉沦》，页51)

我们会感到好奇：谁"污蔑"霍布斯？剑桥学派诸君？谁"吹捧"霍布斯？"消极自由"论者？谁"忽略"霍布斯？形形色色的左派？

若去想这些问题，我们就会丢失国华所要寻获的进入隐秘心灵的线索。这里的关键看点在于：国华为何称霍布斯的神学—政治思考是"极富原创性的激进论证"？

国华提示我们，要寻获霍布斯的隐秘心灵，就必须想清楚这样一个问题：既然霍布斯是大灵知人，他为何要塑造"利维坦"这个"灵知传统的大敌",这岂不是自己反对自己吗?

换言之,霍布斯致力于建构一套国家学说无异于背叛了灵知精神:难道他忘记了灵魂需要飞到天上才能寻得真正的安慰,政治的唯一解决之道就是从此世撤离?

国华第三次郑重提到霍布斯这个马克安的"现代回声",见于第10节中的一个脚注:

> 在我看来,霍布斯的学说拥有深刻的灵知维度,一种高强度的政治神学维度,具体而言,霍布斯是一个隐秘的马克安主义者。里拉对霍布斯的这一维度似乎没有感知,施特劳斯似乎同样也没有,或者有深刻的感知,但他对之保持了缄默。(林国华,《灵知沉沦》,页96注1)

这个说法的自相矛盾之处过于明显,我们得小心识读。按国华在正文中对马克安灵魂的描述,真正"深刻的灵知维度"意味着从政治生活中断然撤离,既然如此,他何以可能在注释中说,霍布斯的学说有"一种高强度的政治神学维度"反倒体现了"深刻的灵知维度"?

看来,要理解这个表面上的自相矛盾,必须搞清楚"霍布斯是一个隐秘的马克安主义者"这一表达式中的"隐秘"二字的实际含义。

国华许诺会"在后面关于施特劳斯的讨论中再回到这个议题",但我们在讨论施特劳斯的一节没有看到他谈这个"现代回声",反倒是在谈论沃格林关于"非政治的"政治哲学的段落,他再次提到霍布斯。

沃格林说,伊壁鸠鲁"不能吸引智识阶层,但能吸引忧虑软弱的灵魂",国华接着说:

> 在霍布斯的理论中,我们将看到他的"利维坦"正是为那些怀着忧惧之心的软弱之人而建立的。(林国华,《灵知沉沦》,页158)

谁是"怀着忧惧之心的软弱之人"?仅仅是常人或所谓芸芸众生吗?

无论是谁,这应该是理解"隐秘"二字的关键。但是,霍布斯作为马克安的"现代回声"究竟是怎样的"隐秘"音调,仍然语焉不详。直到作为"附录"的对话出场,我们才真正听见马克安的"现代回声"是怎样的"隐秘"。换言之,"附录"很可能就是国华在页17注释中所说的"专文"。

对话不仅标题长,篇幅也长,中心话题是揭示里拉"似乎没有感知"的隐秘心灵——"消极自由"的心灵。为了简洁起见,若把对话转换为陈述,我们不妨这样讲:对理解"消极自由"的心灵来说,霍布斯的学说最为通透。因为,霍布斯深知,这个尘世的本相是野蛮、卑贱、贫瘠和短暂。若要保存美好的灵性种子,就得想方设法逃离尘世,像马克安那样,凭靠灵知向天外飞升。若往下飞,必然沦为夭折的灵。正因为如此,可以说霍布斯是个大灵知人。

尘世中大多数人是常人而非灵知人，因此，霍布斯也深知，从普遍人性论上讲，世人就天性而言是此世中的难民，即"怀着忧惧之心的软弱之人"。灵知人是极少数人，他们能凭靠灵知的飞升而即便生活在此世也能活得洁净。问题在于，如果他们身边挤满了此世的难民，他们的心灵能活得安静吗？毕竟，霍布斯这样的灵知人不是出家人，也非深山里的道士。

一个有趣的问题出现了：尽管霍布斯是灵知人，但他并非就因此而不是"怀着忧惧之心的软弱之人"。毋宁说，正因为他是"怀着忧惧之心的软弱之人"，他才会成为灵知人。终生只能做此世中的难民的那些常人不能成为灵知人，仅仅因为他们的天资力有不逮。换言之，就天性"怀着忧惧之心的软弱"而言，霍布斯与此世中的难民并无差异。

情形是不是这样呢？暂时还不好说。无论如何，霍布斯了不起，因为，他自己的灵魂已经有了洁净的安顿处，却没有抛下此世的难民。他设计出一个作为平庸尘世的公民社会，把世人从自然的战争状态转移到安全的公民状态。所谓公民状态其实是一种让所有常人保持平庸、甚至让德性优异之人和政治人趋于平庸的机制，以便所有灵魂品质的人都可以在这种名为"自由民主"的秩序里安居乐业，各得其所。

这无异于说，自由民主的公民社会是"怀着忧惧之心的软弱之人"的避难所，或者说这类人的天性无法企达的那个"天外"的替代品。这种政治秩序的伦理品质虽然庸碌,至少不至于恐怖悲惨。不过,霍布斯知道但常人未必知道,自己作为碌碌者仍居住在地狱的浅层,仍然得遭遇各种暴力和战争,因为他们并没有真的凭靠灵知而飞升到"天外"。

就此世的本性而言,暴力和战争是恒在的。有暴力和战争就会有难民,世人在本质上不可能不是难民,具有灵知意识的人才会看到这一点。为了彻底解决此世的难民问题,霍布斯又设计了一个有如机械装置的利维坦〔绝对王权的国家〕与自由民主的公民社会配套,让它来承负恒在的暴力和战争。

这意味着,让国家成为此世的罪责净化器,或者说让利维坦背负这个世界的恶名。于是,奇妙的现象由此而生:"怀着忧惧之心的软弱之人"受利维坦的保护才能吃饱睡足,而吃饱睡足之后,他们又天天咒骂"国家主义"不仁不义,恨不得"国家"早日解体。①

常人心性只会看到眼前利益,他们不会看到但霍布斯会看到:别说"国家"解体,一旦利维坦被种种层出不穷且无奇不有的个人权利诉求搞得软弱无力,他们马上又成为难民。因此,对于霍布斯的绝妙设计,即便消极自由论者也未必懂得妙在何处,只会肤浅地吹捧。

霍布斯有这样的绝妙设计,并非单单凭靠他的灵知

---

① 比较伊肯伯里,《自由主义利维坦:美利坚世界秩序的起源、危机和转型》,赵明昊译,上海:上海人民出版社,2013。

觉悟。毋宁说,他心底里同时藏有希腊异教哲学和基督教灵知这两个相互抵牾的传统,或者说,正典原则与"负典"原则在霍布斯的灵魂深处隐秘地互动。这也意味着,霍布斯的心灵有恋世根性,即希腊异教的天性,这种天性必然关切现世。仅仅对于基督教灵知来说,现世才堆满了死于非命的尸体,关心现世难免成为精神上的恋尸癖。

由此可以说,霍布斯的解决方案必然陷入困境。一方面,霍布斯的政治学说致力于确立拥有尘世的最高主权的"国家",以便此世不再有无辜的尸体;另一方面,这种"国家"一朝诞生,难免会成为有恋尸癖的怪兽:利维坦之间的厮杀不就制造出更多的无辜尸体?

施米特对霍布斯的"利维坦"象征做过长期的深入研究,他从世界历史角度就安提戈涅与"尸体"的关系说过的一段话曾给笔者留下深刻印象:

> Beatus vel miser [幸福或者不幸]。关于这些我们倒可以讨论。我们甚至有义务对一个新的当今问题保持清醒意识。现代的、与进步时代相当的工艺也改进了消灭政治敌人尸体的方法,并使古老的安提戈涅题材现代化了。[①]

人们会问:难道不是由于希腊哲学与基督教灵知这两个相互抵牾的视野隐秘地互动,霍布斯才陷入如此困

---

① 施米特,《从囹圄中获救》,前揭,页214。

境？像阿奎那那样让希腊哲学与基督教律法学而非与基督教灵知隐秘地互动，会有这样的困境？毕竟，大灵知人霍布斯竟然绞尽脑汁致力于提出一套关于尘世的政治学说，这本身就荒谬。

难道我们得说，霍布斯是个假的灵知人？断无可能！他的政治学说被后世的现代知识分子们用来为寄生性的消极自由民们提供政治秩序的基础，堪称霍布斯的不幸。因此，国华会说，对里拉而言，要理解霍布斯这个隐秘的"马克安的现代回声"十分困难。

就理解国华而言，我们则应该看到，他关切的根本问题是理解现代西方政治思想的底蕴，即"正典"原则与"负典"原则之间剪不断理还乱的交织。因此我们看到，国华在对话结尾时带总结意味地说：

> 霍布斯的政治学思考的确被一种神学末世论图景所激励。在纷繁复杂、布满幻相、迷宫和陷阱的古今道德与价值之林中，霍布斯为现代人(世界难民)仅仅挑选出了唯一一种价值，即"自然权利"，这种价值非常平凡，但更加紧迫，旨在保证难民们的暂居岁月在和平中度过。作为宇宙难民的典型，荒岛上的鲁滨逊发出过这样一句感叹：我全部的智慧都用在了一个问题上——如何生存下去。我们有必要跟着鲁滨逊提出一个回溯式的问题：这个世界究竟发生了什么变故，以至于生存问题竟然迫使人们动用所有智慧去应对之？(林国华，《灵知沉沦》，页226)

国华提到"荒岛上的鲁滨逊",表明他也致力于同情地理解现代欧洲的道德世界及其精神品质的正当性:"自然权利"诉求是一种道德价值,它虽然"非常平凡,但更加紧迫,旨在保证难民们的暂居岁月在和平中度过"。

国华在芝加哥大学游学时已经知道,那里的政治学系曾产生出一种著名的反"自然权利"论的政治哲学。受这种政治哲学的魅力感染,国华曾按此路径深入理解西方文明的现代伦理困境(不妨回想第2节中的自述)。毕竟,这一问题关乎100多年来孜孜以求学习西方的中国智识人的心灵安危。

国华深切体会到,现代西方伦理本质上具有鲁滨逊式的难民品质。问题在于,这种难民品质的伦理能够获得的最终也最高的辩护理由是什么。国华似乎认为,若要澄清这一难题,就得把目光投向灵知主义的真知。

> 鲁滨逊对宇宙的体验和灵知派的体验在方向上完全一致,只不过他的境况更惨烈,更不幸,因为他面对的是一个全然破碎的宇宙,这是古代灵知传统只能在理论想象中梦寐以求的结果。(林国华,《灵知沉沦》,页43)

我们可能会感到好奇:无论保罗还是马克安,他们会同情地理解"自然权利"?这毕竟是"非常平凡"的道德诉求,何况,设计这种权利的目的在于与此世"和解"!保罗或马克安愿意与此世和解?即便要说"自然权利"的价值"非常平凡",但在真正的灵知人眼中,如此"平凡"绝不会是个褒义词。

国华说到鲁滨逊时两次用到"智慧"一词,这意味着,在他眼里鲁滨逊是个热爱智慧者。否则,他笔下的这位鲁滨逊不可能用"感叹"语调说,自己"全部的智慧"都用来思考在这个荒岛般的现世中"如何生存下去"。

倘若如此,我们会产生一个问题:如果鲁滨逊是个热爱智慧者,那他就应该能理解苏格拉底,而这意味着他没法理解马克安。如果鲁滨逊能理解马克安,那么,他肯定不是热爱智慧者,除非他按马克安的灵知心性来理解"智慧"。

何种灵魂品质高贵:苏格拉底抑或马克安

现在我们可以来理解国华在正文中多次表述过的一个明显怪异的提法:马克安与苏格拉底属于同一类心灵,或者说苏格拉底是马克安那样的灵知人。

这个提法之所以明显怪异,是因为恰恰在"再论马克安"一节中国华曾明确说过,苏格拉底与灵知人是不同的两路人:

> 苏格拉底的好奇似乎是一种自由乐天的孩童般的好奇,他像拉伯雷一样,笑着、闹着,如世界赤子,在宇宙大化中飘然走过,而灵知传统的好奇、求知和思辨却浸染着"存在论"的悲苦和紧迫,他们是宇宙的难民,急于逃离这充满敌意的世界监狱。

(林国华,《灵知沉沦》,页25–26)

既然如此,国华后来在一个脚注中的如下说法明显怪异:对苏格拉底而言,哲学的最终归宿是知识的神秘化即灵知化,也就是因厌世而撤离尘世。政治的世界看似冒着热腾腾的生物血气与自然德性的勇气,最终也只会走向腐烂解体的身体世界的虚像(同上,页62脚注)。

为何国华会有如此明显自相抵牾的说法?

在笔者看来,凡此都源于里拉的邀请:由于不得不与里拉的文本粘在一起,而里拉明显并非热爱智慧者,国华在"回答"里拉时,行文就不得不游走于戏言与正言之间。

即便如此,我们应该能够体会到,国华在这里暗中对作为中文读者的我们提出了一个决定性的问题,即应该如何理解热爱智慧。毕竟,国华在表述苏格拉底的生存方式时,笔法相当精审。他看似在说,苏格拉底与马克安一样是灵知人,其实不然。因为,他紧接着就说:

> 通过提问和沉思,苏格拉底最终将留在这个世界上,而灵知们则飞越而去。——这里,我们遇到了两种知识,一种知识试图论证世界的可人宜居,劝服人们走进世界中去,另一种知识则致力于揭示世界是何等不堪忍受,宇宙与人是何等地互为反题。
> (林国华,《灵知沉沦》,页26)

马克安在这个世界上既不"提问"也不"沉思",而是凭靠灵知"飞越而去"。倘若如此，国华说马克安的思想是"一条高度哲思化的理性道路"，它相当于"柏拉图学说的神秘化"，这样的说法是戏言。

绝妙的是，国华在这里还说："我们遇到了两种知识，一种知识试图论证世界的可人宜居，劝服人们走进世界中去。"可是，我们不禁要问：苏格拉底孜孜以求的是这种知识吗？的确，苏格拉底已经看到后来的霍布斯不得不面对的"宇宙难民"问题，而且切实面对过这一问题。但我们显然不能说，苏格拉底"通过提问和沉思"的生存方式"留在这个世界上"，是为了"试图论证世界的可人宜居，劝服平庸的灵魂走进世界中去"。毋宁说，凭靠这种生存方式，苏格拉底让自己的此世生活"保持洁净"，亦即节制、正义、勇敢、明智地度过自己的一生，并劝勉世人也活出政治德性，尽其所能地向高贵的生活看齐(比较《克力同》、《申辩》和《会饮》)。

读过附录的对话后再来看这句话，我们应该马上想起：霍布斯设计利维坦和建构保障［消极］自由的公民社会，不就是在"试图论证世界的可人宜居"，并劝服平庸的灵魂"走进世界中去"？

在《高尔吉亚》中，苏格拉底还说过一句话，非常著名，当时他即将走向雅典城邦的法庭：

> 我相信，我同少数雅典人一起——免得我说唯我一人——着手真正的治邦技艺，而且在今人中，唯我一人实践治邦术。于是，由于我不是为了讨人喜

欢而去讲我任何时候都讲的那些道理,而是为了最好,不是为了最快乐;而且[由于]我不乐意编造你劝告的那些东西,那些"微言大义",因此,我在法庭上将会无话可讲。(《高尔吉亚》521d5-e2,李致远译文)

若将苏格拉底说的"我不乐意编造你劝告的那些东西"与霍布斯"试图论证世界的可人宜居,劝服平庸的灵魂走进世界中去"对比,可以证明国华在正文中把苏格拉底说成霍布斯,是再明显不过的佯谬笔法。

可是,国华的如此笔法用意何在?难道他要说伯林—里拉是"平庸的灵魂"?真的如此的话,我们就得叹服他把这个意图隐藏得太到位了!

还有另一种可能:国华想让我们拿苏格拉底的灵魂与马克安的灵魂作对比。在"揭示世界是何等不堪忍受,宇宙与人是何等地互为反题"之后,马克安显然已经一走了之。从而,国华促请我们思考这样的问题:马克安自己凭靠灵知飞升"天外"后,他把这个挤满难民的此世留给谁呢?

无论留给谁,马克安都遗弃了苏格拉底"通过提问和沉思"坚韧地守护着的东西。苏格拉底要守护的不仅是节制、正义、勇敢、明智这样的政治德性,还有对大地上"美"的东西的视见:"在这样一个天造地设的大地上",毕竟"同样天造地设般生长着"美的东西,以至于"大地对于幸福的静观者的确是值得一看的景象"。

(《斐多》110d2–111a3)

有人会说,苏格拉底看到的是古典的宇宙秩序,问题是这种秩序在近代崩塌了,因此西方文明才"产生了巨量宇宙难民"。倘若如此,我们就得说,古典的宇宙秩序曾经很好地解决了生存论上的"宇宙难民"问题,而重新产生"巨量宇宙难民",不过是古典宇宙秩序崩塌的结果,或者说"现代性"的结果。

随之而来的问题是:无论古典宇宙秩序的崩塌是什么原因造成的,关键在于热爱智慧者是否还能像苏格拉底那样,"通过提问和沉思"最终留在这个世界上。从而,国华让苏格拉底与马克安对比,说到底不过是在对比两种判然有别的灵魂品质。

斐多讲完苏格拉底的临终经历后说:"我们要说,在我们接触过的人当中,这个男人最好,尤其最明智、最正义。"显然,我们没法这样说马克安,因为,他凭靠自己的灵知已经飞升"天外",我们根本接触不到他。

现在我们得问一个问题:苏格拉底留在这个世界上"提问和沉思",究竟是消极自由还是积极自由?

带着这个问题,我们回头重读正文中"关于'消极自由'的插话"一节,可能会与先前顺着阅读时有不同的感觉。国华在这里一开始就说:

> 自从"积极自由"的理念本身随着古代秩序的坍塌而变得可疑,大地上就开始流传关于"消极自由"的神秘说教,它是盘踞在欧洲正典身体里的负

典幽影,在近代天文学革命(这场革命彻底摧毁了作为"积极自由"的用武之地的古典宇宙秩序,更产生了巨量宇宙难民)之后,"消极自由"走出曾经被正典的天幕所遮蔽的隐匿之地,成为难民的哲学理论,以大洪水之势席卷欧洲心灵。(林国华,《灵知沉沦》,页47,比较页50–51)

如果把苏格拉底的"提问和沉思"理解为积极自由,那么,这段说法中的隐秘内涵是不是就慢慢透出字面了呢?因为,在苏格拉底身上,并没有"盘踞在欧洲正典身体里的负典幽影"(即关于"消极自由"的神秘说教)。毋宁说,这种"神秘说教"是霍布斯的灵魂中隐藏着的"负典幽影"。

换言之,并非"通过提问和沉思",而是通过传授关于"消极自由"的神秘说教,霍布斯最终留在了这个世界上,而"灵知们则飞越而去"。这意味着,霍布斯愿意留下来陪伴"怀着忧惧之心的软弱之人",同他们一起与此世"和解"。这岂不是在告诉我们,虽然苏格拉底和霍布斯都是热爱智慧者,但他们的灵魂颜色却有明晰可见的古今之别?

未必如此!我们切不可忘记,国华在论沃格林一节提到,"非政治的"灵魂并非古典宇宙秩序崩塌之后才诞生。霍布斯虽然是现代的热爱智慧者,但他的灵魂完全有可能与古希腊的那些"非政治的"灵魂息息相通、一脉相承,这种灵魂天生会把自己视为"宇宙难民"。

笔者想到这一点是因为,沃格林恰恰在论及16世纪的宗教大改革催生出"一种新型的世俗权力组织以及一种新型的共同体实体"时再次说到,"非政治主义是所有政治文化中都会存在的恒久问题"。他甚至以"中国公共制度与再三出现的道教气质的大众运动之间的张力"来证明"非政治主义"具有普世性,尽管西方的"非政治"气质"呈现出在其他文明之中无法觅得的某些特质",即追求一种新型的"属灵实体"。①

如果事情真像沃格林说的那样,"希腊非政治主义的浪潮若能如愿冲决堤岸,其结果不过是造成城邦的解体",那么,霍布斯的方案则让我们看到,情形似乎并非如此。由此看来,问题并非那么简单。正因为如此,笔者有理由相信,国华的探索会为我们思考这一"所有政治文化中都会存在的恒久问题"提供有益的启发。

古希腊肃剧与"原始的恐惧"

一旦我们跟随国华的笔法思考到这一层面,作为附录的对话向我们提出的最为隐秘的问题也就从字面透显出来:霍布斯在天性上很可能是"怀着忧惧之心的软弱之人",沉沦的灵知人很可能本质上就是这种灵魂类型。

笔者不禁想起,施米特在狱中沉思时说过,霍布斯与博丹(1530–1596)相隔一个世纪:"在神学争论和欧洲

---

① 沃格林,《政治观念史稿(卷四):文艺复兴与宗教改革》,孔新峰译,上海:华东师范大学出版社,2016,页155–159。

内战又经历了一个世纪以后,霍布斯的绝望要比博丹更加深刻",他"属于17世纪的那些相互熟悉的伟大孤独者之列",虽然"在恐惧和谨小慎微之中活过了九十高龄",他最终"成了启蒙者和怀疑论者"。①

由此我们可以理解,霍布斯为何会替"巨量的宇宙难民"们打造公民社会理论。问题在于,宇宙难民们并不知道,即便霍布斯的公民社会理论也不过是以"思想与学说"的形式提供给他们的"谎言"。国华敏锐地看到,与苏格拉底所说的那种古典"谎言"相比,霍布斯的"谎言"没有了需要为尘世而葆有的美好[高贵]的品质。毕竟,用国华的说法,"正典"传统坚持"世界是自然秩序的一部分,它是美的、符合理性的"(林国华,《灵知沉沦》,页11)。

由此我们能够更好地理解,国华在简短的"结语"中再次回到里拉,并针对这位"学院派自由主义学人"提出了如下"仍需思考的问题":

> 在这个尘世——这个思想与学说的屠宰场,究竟有什么思想、什么理念不会夭折呢?古老的灵知悲剧神话曾经告诫它的门徒,灵知的圣光注定要离开月面以上的故乡,并向尘世掌权者的界域坠落、星散,最终沉沦、拘禁、受难在黑暗的荒原上。(林国华,《灵知沉沦》,页196)

---

① 施米特,《从囹圄中获救》,前揭,页323。

国华这样说很可能是要提醒里拉,他竭尽全力维护的自由主义学说没可能置身于"这个思想与学说的屠宰场"之外,从而注定"沉沦、拘禁、受难在黑暗的荒原上"。

作为中文读者的我们则应该想起亚里士多德在《尼各马可伦理学》开篇所说的事情:并非所有人都适合学习政治哲学。谁不适合学习?显然是某种心灵类型之人,确切地说,是"怀着忧惧之心的软弱之人"。国华显然不便明说,里拉就是这种心灵类型。

"忧惧之心"这个语词能够让我们理解,附录的四个对话主题中为何会出现"希腊悲剧",它与其他三个主题即"灵知暴君—霍布斯—自由主义"是什么关系,或者说希腊肃剧与"非政治[厌政治]的"心灵是什么关系。

亚里士多德《诗术》中的肃剧定义有一句名言,它有如谜语或密语一般迄今让人难以索解:

> [肃剧]是做戏而非通过叙述,靠怜悯和恐惧净化这样的一些感受。

从字面上看,这句话的意思是:通过模仿怜悯和恐惧来净化怜悯和恐惧这样的情感感受。国华知道,亚里士多德心里很清楚,肃剧并不能净化所有人的怜悯和恐惧。因此,问题最终在于,怜悯和恐惧感不能被净化的人不能成为城邦的立法者,因为他们的天性不可能理解"高尚、有[伦理]目的并有分量"的人生。①

---

① 参见刘小枫,《巫阳招魂:亚里士多德〈诗术〉绎读》,北京:生活·读书·新知三联书店,2019,页425–440。

可是，倘若霍布斯正是既热爱智慧又"怀着忧惧之心的软弱之人"，而他偏偏又要为城邦立法，情形会怎样呢？当国华说霍布斯"正是为那些怀着忧惧之心的软弱之人而建立"公民社会式的国家时，其隐秘的含义很可能是说，霍布斯打造"利维坦"其实首先是为了自己。

由此我们可以说，国华从自己10多年来的勤奋阅历中所获得的关于西方精神传统的睿见是：当西方的古典自然秩序坍塌之时，为城邦立法的热爱智慧者撞上了"原始的恐惧"。我们应该回想起，正是在讲述自己与罗森教授和布拉格教授的学术姻缘时，国华写到让自己"深受震动"的事情：

> 正如被风暴中心搅动的狂暴的海面上，所有浪潮和乱流之间虽然互相撞击，但都受动于来自中心的巨力所驱动，位居中心的巨力就是帕斯卡尔感受到的恐惧。近代所有意义上的"反动派"，他们动荡不安的心灵都感染上了帕斯卡尔表述出来的产生于遥远星际异动的原始恐惧。(林国华，《灵知沉沦》，页6–7)

让国华深有感触的帕斯卡尔的那句话是：Le silence éternel de ces espaces infinis m'effraie［这无限空间的永恒沉默让我恐惧］）。国华说，这是"一个芦苇一般脆弱的人在天文革命大潮来袭之际的私人感受"(林国华，《灵知沉沦》，页6)。把这一说法与后来关于苏格拉底的说法联系起来，我们就不难看出，为什么推荐国华去见布拉格教授的人会是施特劳斯的亲炙弟子罗森：

> 在很久以前，苏格拉底曾经把哲学从天上带到地上，被称为人文知识的"第二次起航"，如今，人文知识需要再一次起航，一次对"苏格拉底转向"(Socratic turn)的颠转，但不再是简单的从地上逆向回到从前那个天上——那个天已经被证明是个幻相——而是突破被"大革命"瓦解的古代天球的骨架残骸，从地内世界迁跃到天外星际。这个过程会有失重感，在"无限空间的永恒沉默"面前甚至会感染到帕斯卡尔的"恐惧"，没关系，那只不过是"自由"的另一种表述。（同上，页53）

国华是在表达自己吗？未必！我们必须始终记住他在"后记"中的说法：他无意为灵知主义唱赞歌，而是要尽自己的最大努力理解西方精神的来龙去脉。因此，国华在这里下的一个脚注值得细看：

> "现代人的自由"注定伴随着这种微微的晕眩感，因为它的基础是无限开放的空间、地心引力的被废除以及失重和虚无的体验结构，这些都是令"古代人的自由"感到全然陌生的元素。（林国华，《灵知沉沦》，页53）

我们应该体会到，国华在芝加哥大学图书馆独自沉思时,为了深入西方现代精神的堂奥并同情地理解现代的道德世界及其精神品质的历史正当性,他的灵魂曾历经过怎样的重重危险,又付出过何其令人难以置信的智性艰辛。

笔者不禁想起苏格拉底的一段令人难以忘怀的话:

> 除非某人能用合理的解释区分美好的东西如何不同于其他一切低劣的东西,如同在战场上,能顶住对方的一切反驳,能尽力根据事物的本质而不是现象维护自己的立场,依靠不可推翻的道理使自己从这一切对抗中挺立过来,除非某人的行为如此,你不会称他懂得美好的东西的本身,或其它什么美好的东西。相反,如果他凭某种方法抓到了某一和它相像的东西,你会说,他凭意想、而不是凭知识抓到了这一东西。因为,他这一生一直在做梦、一直处在睡眠状态,还没等他在这里清醒,他就会到达哈得斯的世界,永远地沉睡下去。(《理想国》534b8-d1,王扬译文)

现在我们有把握说,总体而言,《灵知沉沦》是一部精致的模仿之作,即模仿沉沦的灵知人的心灵体验结构,以便我们作为中国学人更好地看清这类灵魂的品质。正如我们在柏拉图的《普罗塔戈拉》中可以看到的那样,通过模仿普罗塔戈拉的灵魂,苏格拉底让在场的人们看清了这个灵魂的颜色。当时,苏格拉底曾对普罗塔戈拉说过

这样一句话:

> 以这样的方式,兴许[探究]对我们会变得清楚起来吧?就像有人要凭一个人的样子来探究某个世人,无论[探究]健康还是别的什么身体作用,看了脸和双手后,他会说:"来吧,把你的胸膛和背脱出来让我看看,以便我可以更清楚地检查。"(《普罗塔戈拉》,352a1–6)

苏格拉底这样做,首先是为了希珀克拉底这个"怀着忧惧之心的软弱之人"。国华模仿沉沦的灵知人,则是为了今天的我们这些"怀着忧惧之心的软弱之人"。由此可以理解,为什么他的模仿重点其实是马克安和霍布斯这两个古今人物。

余论 谁是我们的灵魂引路人

《灵知沉沦》以高妙的笔法让我们看到,里拉信心满满地描绘"轻率的心灵"也好、"搁浅的心灵"也罢,最终呈现的不过是他自己的灵魂颜色。里拉邀请国华告诉我们他的心灵"从哪里来",国华以远比里拉丰富的学识暗示我们,里拉的心灵品质很可能与《奥德赛》中的第109个求婚者没有什么两样。

笔者不禁想起沃格林说,欧洲最早的"政治知识人"之一迪布瓦(Pierre Dubois, 1250–1320)的小册子《论收复

圣地》(1306)是个"文字怪胎":

> 这部论著之所以是个怪胎,因为它不是基于哲学或神学的立场,也不是基于现实政治的党派偏见,而是基于一位在思想和政治上都属不负责任的人物的头脑,他对时代的氛围有一种令人震惊的神经过敏,对持久不变的力量却有一种同样令人震惊的麻木不仁——后者决定历史的固定进程,且仅仅会缓慢地受到时代氛围的影响。[1]

这段话仅有一点不适用于里拉:在两党竞争的政治秩序中,里拉的书恰恰"基于现实政治的党派偏见"。他在最近的战斗性小册子中明确表达了如下企望:"与共和党人作战",推进"超越个人身份并建立联盟的普遍自由主义",让美国的民主党挽救颓势重新获得政权。[2]

我们不难感觉到,里拉身上有一股显而易见的戾气。在求学年代,他不仅没有用伟大的经典涤清与生俱来的戾气,反倒因伯林的论说激发出更多的戾气。一旦戾气与才气耦合,戾气就会带着迷人的色调四处弥散,让不明就里的年轻人很容易因迷上才气而染上戾气。

---

[1] 沃格林,《政治观念史稿(卷三):中世纪晚期》,段保良译,上海:华东师范大学出版社,2009,页62–63。
[2] Mark Lilla, *The Once and Future Liberal: After Identity Politics*, New York, 2017。关于美国的党派政治,参见多姆霍夫,《谁统治美国?权力、政治和社会变迁》,吕鹏、闻翔译,南京:译林出版社,2009。

既然里拉的书基本上都被译成了中文,而且跟进很快,国华对里拉的"回答"就不是小事一桩。他超逾了与里拉的"老朋友"关系乃至曾经的师生关系,促使中国的年轻读书人学习辨识智性的灵魂,令笔者油然而生钦佩。因为,笔者始终记得尼采的一句发人深省的话:

> 很少有人发自内心地凭自己的力量被引领到正确道路上,而所有其他人都不得不需要那些伟大的引路人和教师,托庇于他们的保护。①

由此笔者联想到,尼采还曾提醒我们,对灵知主义赖以产生的那个时代的文化应该保持足够的警惕:

> 晚期文化犹如折射光,它孕育的这种人通常偏弱:这种人就是战争,但他最基本的需求便是终结这一战争;与让人安静的(比如伊璧鸠鲁式或基督教式的)镇定药剂和思考方式相一致,对这种人而言,幸福首先是休憩的幸福,是不受打扰,饱足无求,是最终的合一,用雄辩家圣奥古斯丁的话来说,就是"安息日之安息日",圣奥古斯丁也是这种人。②

---

① 尼采,《论我们教育机构的未来》(赵蕾莲译),《尼采全集》,卷一,前揭,页490。
② 尼采,《善恶的彼岸》,格言200,魏育青等译,上海:华东师范大学出版社,2013,页138。

我们属于尼采所说的那些"所有其他人",里拉却冒充自己是"伟大的引路人和教师"。《灵知沉沦的编年史》既出色地"回答"了里拉,也成功地把我们从里拉塞给我们的《搁浅的心灵》那里引开,带领我们直面灵知主义的迷宫以及"正典"传统与"负典"传统的互动,并激发我们自己去思考、去选择,愿意让哪类灵魂做自己的引路人和教师。

无论选择谁做自己的灵魂引路人,我们的选择本身已经呈露了我们自己的灵魂颜色。就此而言,我们从《灵知沉沦》中首先应该学习如何辨识心灵的畸变,哪怕是自己正在畸变的心灵。否则,我们最终会像苏格拉底的弟子阿波罗多若斯所说的那样,搞不清究竟谁才是kakodaimona[可怜的心灵]。

新史学、帝国兴衰与古典教育

[题记]本文原为笔者在湖南师范大学教育学院举办的"古典教育研讨会"(2018年11月)上所做的主题发言,经扩充后以《世界史意识与古典教育》为题刊于《北大教育评论》2019年第一期。

晚近10年来,我国在国际政治处境中面临新的挑战,学界显得反应迅速,"世界史热"似乎就是证明。

自"改革开放"以来,我们已经经历过无数次的"西学热",这会是最后一波吗?很难说。但这个问题不重要,重要的是,任何一波"西学热"都会对我国人文—政治教育的品质产生影响。

与其想象我国学界还会在哪个学问领域开放自己的学术视野和学问意识,不如审视一下看似正在兴起的"世界史热"与人文—政治教育的关系,或者说审视我们正在形塑什么样的世界历史意识。毕竟,与其他学科的"西学热"相比,"世界史热"与我们的人文—政治教育的关系更为直接。

1874年，时年30岁的尼采(1844–1900)作为巴塞尔大学的古典学教授出版了第二篇《不合时宜的观察》(写于1873年)。这篇题为《论史学对于生活的利与弊》的小册子一向被视为尼采关于史学的论著，其实，它的真正主题属于如今的教育学，因为其问题意识是新生的德意志帝国应该形塑什么样的人文—政治教育。[①]

尼采写下这篇文章时，德语学界的"世界史专业"已经发展成熟，而且与巴塞尔大学史学教授布克哈特(1818–1897)开设的三次"史学研究导论"课(1868–1872)直接相关。[②]尼采对这位前辈和朋友十分敬重，但他仍然忍不住提出警告：

> 我把这个时代有权利(mit Recht)为之骄傲的某种东西，即它的**史学教育**(historische Bildung)，试着理解为这个时代的弊端、缺陷和贫乏，因为我甚至认为，我们所有人都患上了一种折磨人的史学热病(den historischen Fieber)，而且至少应当认识到我们还有这种病。[③]

[①] 参见莫利，《"非历史的希腊人"：神话、历史与古代之利用》，彼肖普编，《尼采与古代：尼采对古典传统的反应和回答》，田立年译，上海：华东师范大学出版社，2010，页31–46。

[②] 洛维特，《雅各布·布克哈特》，楚人译，北京：商务印书馆，2013，页36–37, 49–50；施奈德尔巴赫，《黑格尔之后的历史哲学：历史主义问题》，励洁丹译，杭州：浙江大学出版社，2014，页58–66。

[③] 尼采，《不合时宜的沉思》，李秋零译，上海：华东师范大学出版社，2007，页135。以下简称《观察》，随文注页码。凡有改动，依据《尼采全集》德文版第一卷，参考杨恒达等译，《尼采全集》第一卷，北京：中国人民大学出版社，2013。

尽管这话在今天会让我们难堪，但我们要理解这一刺耳之言的含义却并不容易：尼采为什么会认为新兴的史学教育对国家的人文—政治教育会带来致命危害？

一 "世界史"诞生的地缘政治学含义

渴求来自身体的需要，晚近的"世界史热"明显出自国家身体变化的需要。随着我国在经济上成为世界大国，重新认识中国在世界历史中的位置，自然会成为我国学界的身体需要。

在我国大学的文科建制中，世界史专业迄今相当纤弱，明显不能适应国家成长的需要。2011年，教育部将世界史专业从二级学科提升为一级学科，但这个专业显然没可能在短时间内变得强健。倘若如此，我们就值得问：推动晚近世界史翻译热的有生力量从何而来？

在大学任教并从事研究的世界史专业人士大多在国别研究或区域研究的海量材料中辛勤耕耘，凭靠现代社会科学的各种新派方法积累实证成果，不大可能成为这股世界史翻译热的有生力量。反过来说，由于专业划分明细，且受人类学/社会学方法支配，世界史专业人士未必会感觉得到，自己的学问意识、研究取向乃至学术样式正面临严峻挑战。

在18世纪启蒙时代的欧洲，"世界史"作为一门现代学科才初见端倪。德意志哥廷根学派健将施洛泽（August Ludwig von Schlözer, 1735–1809）40多岁时，为了让自己的女儿成为受过教育的"有学养的女士"(gelehrte Dame),在1779年出版了《为孩子们准备的世界史:少儿教师手册》(第一卷)。① 该书算不上西欧学人的第一部"世界史",但它可能算得上第一部德语的为青少年编写的世界史教科书。

两年后(1781),捷克的天主教修士、教育家帕瑞切克(A. V. Parizek, 1748–1822)也出版了一部德文的《给孩子的世界史》(*Weltgeschichte für Kinder*)。由此可见,现代文教刚刚形成之时,世界史就成了重要内容之一。②

施洛泽首先是研究德意志帝国史的专家,同时也是德意志学界研究俄国史的开拓者。这意味着,"世界史"作为一门学科在其诞生之时就与欧洲大国之间的地缘政治冲突有内在关联。

希罗多德(约公元前480–前425)在西方有"史学之父"的美誉,他的《原史》尽管在今天的实证史学家看来有些不靠谱的"八卦",却因探究"希波战争"的成因和过程而成了今人能够看到的人类有记载以来的第一部"世界史"。③ 这提醒我们应该意识到,"世界史"的含义首先并非指编年通史,而是探究人类不同政治体之间重大地缘冲

---

① August Ludwig von Schlözer, *Vorbereitung zur Welt Geschichte für Kinder. Ein Buch für Kinderlehrer*, M. Demantowsky/S. Popp校勘笺注本, Göttingen, 2011。
② 科瑟勒克,《"历史/史学"概念的历史流变》,刘小枫编,《从普遍历史到历史主义》,谭立铸等译,北京:华夏出版社,2017,页350–354。
③ 比较考克斯,《希波战争:文明冲突与波斯帝国世界霸权的终结》,刘满芸译,北京:华文出版社,2019。

突的成因、过程及其影响。不用说,随着历史的演进这样的事件越来越多,相关的纪事性探究也越来越多。

尽管如此,并非每个经历过重大政治冲突的政治体都留下过这类"史书"。记住这一点,对我们眼下关切的问题不能说无关紧要。

施洛泽既研究本国史,又研究他国史,难免会对"世界史"形成一套自己的理解,这样的史学家在欧洲并不少见,而在我国学界迄今屈指可数。这并非不可理解,因为,"世界史"作为一门史学专业的形成与两件历史大事相关,而我们对这两件大事的反应都过于迟钝。

首先,历时三个世纪的地理大发现(15世纪末至18世纪末)给欧洲学人带来了整全的世界地理视野。[①]19世纪的法国有个献身少儿教育的作家叫凡尔纳(1828–1905),他的好些作品最初发表在《教育与消遣杂志》(*Magasin d'éducation et de récréation*)上。笔者上高小时读到过他的《海底两万里》(中译本1961年),但直到接近退休年龄才知道,他还写过给孩子们看的三卷本《发现地球:伟大的旅行与伟大旅行家通史》(*Découverte de la terre: Histoire générale des grands voyages et des grands voyageurs*,

---

① 比较阿诺德,《地理大发现》,闻英译,上海:上海译文出版社,2003;龚缨晏,《西方人东来之后:地理大发现后的中西关系史专题研究》,杭州:浙江大学出版社,2006;费尔南多—阿梅斯托编,《1492:[现代]世界的开端》,赵俊、李明英译,北京:东方出版中心,2012;阿布—卢格霍德,《欧洲霸权之前:1250–1350年的世界体系》,杜宪兵等译,北京:商务印书馆,2015;本特利,《旧世界的相遇:近代之前的跨文化联系与交流》,李大伟、陈冠堃译,上海:上海三联书店,2015。

1870–1880），让法国人从小就知道公元前5世纪至19世纪的2000多年间那些著名旅行家和航海家的事迹，凡尔纳也因此被授予荣誉军团骑士勋章。[①] 该书中译本与原著相隔足足一个多世纪之久，在今天看来有些不可思议。

第二件世界历史上的大事更为重要：在施洛泽身处的18世纪后半期，争相崛起的几个欧洲强势王国之间的地缘厮杀已经越出欧洲地域，蔓延到新发现的大陆——不仅是美洲大陆，还有我国身处的东亚和内亚大陆。若要说施洛泽的世界历史意识与他所属的政治体的地缘政治处境有内在关联，并非臆测。毕竟，对欧洲各国人来说，他们各自所属的政治单位一直处在激烈而且错综复杂的地缘冲突之中。严酷的生存处境让他们类似本能地懂得，"世界"从来不是和谐的"天下"，所谓Weltgeschchte［世界历史］不外乎各种政治体之间的地缘冲突史。

在写于1929年的一篇世界史短论中，施米特开篇就说：

> 我们身处的中欧生活在sous l'œil des Russes［俄国人的眼皮底下］。一个世纪以来，他们内心紧盯着我们伟大的文化和制度。他们强大的生命力足以掌握我们的知识和技术，使之成为自己的武器。他

[①] 凡尔纳，《地理发现史：伟大的旅行与旅行家的故事》，戈信义译，海口：海南出版社，2015。

们所秉有的理性和非理性的勇气，以及他们正教的善恶力量无可匹敌。①

认识自己的远近邻人的禀性，是希罗多德所开启的世界史认识的基本原则。施米特所说的"一个世纪以来"，正是施洛泽的《为孩子们准备的世界史》出版以来的150年。当施米特写下这篇短论时，我国读书人大多还没有充分意识到，由于西方列强的煎逼，日本人很快学会了模仿西方帝国主义，积极掌握西方人的知识和技术，使之成为手中的武器用来征服中国。②

二 《新史学》呼唤新的政治教育

1904年2月至1905年9月，为争夺对我国辽东半岛的控制权，日本与俄国在我国土地上打了一场典型的"世界史式"的战争。因为，这并非仅仅是日俄两国之间的战争，背后还有英国和法国在远东的角力，实际上是英日同盟与法俄同盟之间的战争。德国和美国刚刚在崛起，为了

---

① 施米特，《中立化与非政治化的时代》，见施米特，《政治的概念》，刘小枫编，刘宗坤、朱雁冰等译，上海：上海人民出版社，2015，页121。比较赫坦巴哈等，《俄罗斯帝国主义：从伊凡大帝到革命前》，吉林师范大学历史系翻译组译，北京：生活·读书·新知三联书店，1978；土肥恒之，《摇摆在欧亚间的沙皇们：俄罗斯罗曼诺夫王朝的大地》，台北：八旗文化出版公司，2018。

② 比较堀幸雄，《战前日本国家主义运动史》，熊达云译，北京：社会科学文献出版社，2010；豪斯霍弗，《太平洋地缘政治》（1925），马勇、张培均译，北京：华夏出版社，2019。

各自的利益,美国支持日本,德国则支持俄国,即便当时德国与法国在欧洲仍处于敌对状态。

两个异国在我国土地上争夺地盘已经不是头一回。1622年6月,荷兰人在东印度群岛站稳脚跟后,曾攻击葡萄牙人占据的我国澳门,以图夺取通往日本和我国台湾的海上交通线的控制权,遭葡萄牙的澳门守军用火炮给予重创。尽管如此,就战争规模而言,历时长达一年半的"日俄战争"仍算得上我国历史上史无前例的大事。直到今天,我们对这场战争的成因、过程以及历史影响的探究远远不及日本史学界,颇令人费解。①

战争爆发之前两年,流亡日本的梁启超(1877–1929)在报纸上发表了名噪一时的《新史学》(1902),史称我国现代史学意识的开端。②梁启超痛斥中国传统史书有四弊,根本理由是传统史学无助于中国"强立于此优胜劣败之世界"。

在笔者看来,这篇文章也理应被视为呼唤我国现代新式教育的标志性之作。毕竟,梁启超对"旧史学"的指控明显带有改革传统教育的意图。他指责说,我国历代

---

① 比较大桥武夫,《战略与谋略》,古月译,北京:军事译文出版社,1985;井口和起,《日俄战争的时代》,何源湖译,台北:玉山社出版事业公司,2012;原田敬一,《日清、日俄战争》,徐静波译,香港:中和出版有限公司,2016;和田春树,《日俄战争:起源和开战》,易爱华、张剑译,北京:生活·读书·新知三联书店,2018。
② 林毅点校,《梁启超史学论著三种》,香港:香港三联书店,1980,页3–40(以下随文注页码)。比较米什拉,《从帝国废墟中崛起:从梁启超到泰戈尔,唤醒亚洲与改变世界》,黄中宪译,台北:联经出版公司,2013。

积累的史书已经"浩如烟海",让人"穷年莫殚":

> 即使有暇日,有耐性,遍读应读之书,而苟非有,不能别择其某条有用,某条无用,徒枉费时日脑力。(梁启超,《新史学》,页9)

梁启超并没有无视我国古代史书中蕴藏着政治智慧,但并非只要是读书人都能汲取这些智慧,遑论普罗大众。从古代史书中汲取政治智慧需要"极敏之眼光,极高之学识",而这样的人古今中外任何时代都数不出几个。如今,非动员全体国民不能救国于危难,彻底更改史书的写作方式,编写全新的历史教科书势在必行。

结束对中国传统史书的针砭时,梁启超发出了迄今传诵不衰的呼吁:

> 呜呼,史界革命不起,则吾国遂不可救。悠悠万事,惟此为大。新史学之著,吾岂好异哉?吾不得已也。(梁启超,《新史学》,页9)

这不也是在呼吁"新教育"吗?史界革命与教育革命是二而一的事情。首先,必须重拟史书内容;第二,必须为国民而非为少数人写史,这意味着必须普及史学教育,"以激励其爱国之心,团结其合群之力,以应今日之时势而立于万国者。"

当时的中国还没有"国民",要让"臣民"成为"国民",就得凭靠新式教育塑造"国民"意识。因此,梁启超有理由认为,新式教育的第一要务是改变史书内容和书写方式施行"国民教育",否则,"声光电化"之类自然科学知识只会培育出"世界公民"。

重述历史应该依据何种史学原则呢?

接下来梁启超概述了他从西洋人那里听来的人类"进化说",即人类进化之公理在于"优胜劣败"。在任公看来,这种公理已经得到世界历史的证明,而中国史书却从未涉及这样的公理:

> 历史生于人群,而人之所以能群,必其于内焉有所结,于外焉有所排,是即种界之所由起也。故始焉自结其家族,以排他家族,继焉自结其乡族,以排他乡族,继焉自结其部族,以排他部族,终焉自结其国族,以排他国族。此实数千年世界历史经过之阶级,而今日则国族相结相排之时代也。夫群与群之互有所排也,非大同太平之象也,而无如排于外者不剧,则结于内者不牢;结于内者不牢,则其群终不可得合,而不能占一名誉之位置于历史上。(梁启超,《新史学》,页16)

在今天看来,梁启超所表述的"进化论"史观太过粗糙,也太过质朴。但他受时代的知识语境局限,不必苛求。我们倒是值得注意这里出现的"世界历史"这个语词,它表明梁启超已经有一种世界史觉悟,而100年后的今天，我们仍然没有对他的这一觉悟给予足够的关注。①

在《新史学》中，我们可以读到：

> 何谓世界史的？其文化武力之所及，不仅在本国之境域，不仅传本国之子孙，而扩之充之以及于外，使全世界之人类受其影响，以助其发达进步，是名为世界史的人种。吾熟读世界史，察其彼此相互之关系，而求其足以当此名者，其后乎此者吾不敢知，其前乎此者，则吾不得不以让诸白种，不得不以让诸白种中之阿利安种。（梁启超，《新史学》，页19）

梁启超没有意识到，按他对"世界历史"的这一理解，他所宣扬的人类"进化"说其实很难站得住脚。既然世界历史就是"国族相结相排"的历史，何以可能说"今日则国族相结相排之时代"，人类有史以来不就如此？

如果所谓历史"进步"即一国之"文化武力"能"扩之充之以及于外"，那么，古代中国堪称相当"进步"。问题仅仅在于，中国古人的地缘视野有限，不知道真正的世界地域有多大。但西方古人的地缘视野即便比中国古人大得多，同样不知道整全的世界是什么样！

早在1602年，李之藻（1565-1630）就在北京刊行了传教士利玛窦（1552-1610）绘制的《坤舆万国全图》。但

---

① 比较杨念群、黄兴涛、毛丹编，《新史学：多学科对话的图景》，北京：中国人民大学出版社，2013；宋学勤，《梁启超新史学的当代解读》，北京：中国社会科学出版社，2013。

在当时,中国的智识精英并不知道也没有兴趣认识欧人的秉性,而欧人的秉性实际上也还没有充分显露出来。200多年后,英国舰队威逼国门之时,基于林则徐(1785–1850)组织翻译的英人慕瑞(Hugh Murry)所著《世界地理大全》(1836,中译名为《四洲志》,约1839),魏源(1794–1857)编著的《海国图志》(1843)才不仅让中国智识人而且也让日本的智识人与西方人在"地理大发现"后获得的世界地理新视野接榫。

在此300年前(1517年),葡萄牙舰队驶入珠江口,进占我国东莞屯门岛,沿途"铳炮之声,震动城廓"(《明武宗实录》)。[1]当时的中国皇帝仅知道吃喝玩乐,对此不闻不问。4年之后,中国换了一位有血性的皇帝(明嘉靖皇帝),才发兵将葡萄牙人逐离屯门岛。那个时候,葡萄牙人也还不具有整全的世界地缘视野,误打盲撞而已,与300年后英国人的入侵不是一回事。[2]

梁任公接下来的说法更有意思:并非世界上的所有民族都有"历史",有的民族是"非历史的人种"。

> 能自结者,为历史的;不能自结者,为非历史

---

[1] 我国史学界编撰的中外历史大事年表仅记:"安德拉德到达中国澳门西南之上川岛,偕来者有卧亚总督派遣之特使,企图请求与中国通商,无结果而返。近代中国与西欧之交通以此为始。"翦伯赞主编,《中外历史年表》(校订本),北京:中华书局,2008,页485。
[2] 中岛乐章,《明代朝贡贸易体系的变化与重组》,复旦大学文史研究院编,《世界史中的东亚海域》,北京:中华书局,2011,页104;比较克劳利,《征服者:葡萄牙帝国的崛起》,陆大鹏译,北京:社会科学文献出版社,2016。

的。何以故？能自结者，则排人；不能自结者，则排于人。排人者，则能扩张本种以侵蚀他种，駸駸焉垄断世界历史之舞台。排于人者，则本种日以陵夷衰微，非惟不能扩张于外，而且澌灭于内，寻至失其历史上本有之地位，而舞台为他人所占。(梁启超，《新史学》，页19)

在如今后现代的任何一派史学家看来，这话恐怕都属于政治不正确。但我们能够理解，当梁启超这样写的时候，他一定想到中华帝国曾是"能自结者"，但也随时可能变成"不能自结者"。毕竟，曾经"能自结者"而后变成"不能自结者"，历史上不胜枚举：罗马帝国就是再显赫不过的例子。

梁启超并没有读过黑格尔的《世界史哲学讲演录》，但他凭靠天生"极敏之眼光"懂得：

> 在世界史中，我们首先必须涉及那些曾经知道自己是什么和想要什么的民族，那些在自身之内和超出自身得到发展的民族。[①]

由此看来，我们的确需要有世界历史意识，否则，我们未必会对此有清醒的自我意识。梁启超由此得出他所

[①] 黑格尔，《世界史哲学讲演录》，刘立群等译，北京：商务印书馆，2014，页12。

理解的作为史学的世界史的基本原则：

> 故夫叙述数千年来各种族盛衰兴亡之迹者,是历史之性质也。叙述数千年来各种族所以盛衰兴亡之故者,是历史之精神也。(梁启超,《新史学》,页16)

这里的"历史"一词的含义当指"史学"(英文history包含两种含义),因为,梁启超说的是"叙述"各种族盛衰兴亡"之迹"和"之故",而这样的"叙述"只能由所谓纪事作家来承担。

由于时代的知识语境的局限,梁启超没有认识到,"叙述"盛衰兴亡"之迹"和"之故"并非"进化论"引出的史学原则,毋宁说,这一原则堪称史学的古典传统。梁启超没有提到,古希腊以弗所城邦的赫拉克利特(约公元前535–前475)的一句名言曾培育了古希腊纪事作家"极敏之眼光"：

> 争战既是万物之父,亦是万物之王,这既证明了神们,亦证明了人们;既造就了奴隶,亦造就了自由人。(赫拉克利特,残篇53)

这段著名箴言让我们看到,古希腊自然哲人已经懂得,万物之间的生存原则是争战性的,任何一物唯有通过与彼物的对抗、抵牾、争斗才成其为自身。每一存在者之成其为自身、保持自身、伸展自身，凭靠的都是争战的敌对性，由此自然会引出"优胜劣败"原则，无需等到19世纪的"进化论"来总结经验教训。布克哈特并非达尔文主义信徒，他作为世界史家说：

> 自然界的历史告诉我们，要想生存就不能避免令人心惊肉跳的斗争，而这种斗争也延伸到人类的生活和历史中。①

欧洲的思想史家提醒我们，赫拉克利特有如此"极敏之眼光"，乃是因为他所身处的希腊城邦毗邻战争频仍、帝国不断更迭的近东大陆："伊奥尼亚人拥有大量机会去体验天下时代的暴力。"②

另一方面，面对如此残酷的"天下"现实，古希腊哲人也致力于建立一个言辞上的"世界城邦"，指望有一天能终结"国族相结相排"的历史。亚历山大的帝国虽然昙花一现，毕竟为"世界城邦"的现实可能性提供了一线希望。由此可以理解，正是在马其顿崛起之时，古希腊出现了一批"世界史"作家。③

---

① 布克哈特，《历史讲稿》，刘北成、刘研译，北京：生活·读书·新知三联书店，2009，页247。
② 沃格林，《天下时代》，叶颖译，南京：译林出版社，2018，页254。
③ 斯科菲尔德，《廊下派的城邦观》，徐健、刘敏译，北京：华夏出版社，2016；努涅兹，《公元前4至前2世纪出现的普遍历史写作》，刘小枫编，《西方古代的天下观》，北京：华夏出版社，2018，页167–188；比较H. C. Baldry, *The Unity of Mankind in Greek Thought*, Cambridge University Press, 1965。

现在我们值得问：中国古代史书真的像梁启超痛斥的那样无视"国族相结相排"的历史？从《史记》《汉书》乃至以降的历代官修史书来看，当然绝非如此！问题仅仅在于，中国所处的世界地缘位置不仅不同于希腊人和罗马人，甚至也不同于阿拉伯人，这意味着"国族相结相排"的地缘状况不同。

即便如此，在"地理大发现"之前，无论古希腊人—罗马人还是中古时期的阿拉伯人，他们的史书同样受自身的地缘视野限制——大名鼎鼎的赫勒敦（1332–1406）的《历史绪论》就是证明。①

梁任公所说的"今日则国族相结相排之时代"，实际指"地理大发现"之后出现的"国族相结相排"的时代，尤其是法国大革命之后的时代。当今的欧洲史学家会告诉我们，法国大革命是新的"国族相结相排"时代诞生的标志。因为，这场革命"不仅仅是一场内乱，即一场一批统治者被另一批统治者取而代之的政变"，它"创造了行使政治权力的新的可能性，并转变了统治者可以为之合法工作的目标"。《人权与公民权宣言》中说，"整个主权的本原主要寄托于国民"，而"用最初的通常说法，natio意指一群

---

① 赫勒敦，《历史绪论》，李振中译，银川：宁夏人民出版社，2015；比较欧文，《天才的一生：伊本·赫勒敦》，苑默文译，北京：社会科学文献出版社，2018；R. Simon/K. Pogátsa, *History as Science and the Patrimonial Empire*, Académiai Kiadó, 2002. 比较安萨里，《中断的天命：穆斯林眼中的世界史》，苑默文、刘宜青译，北京：社会科学文献出版社，2019。

人,这些人由于有相同的出生地而被归为一类"。①

不过,即便在19世纪晚期,普鲁士王国的伟大史学家兰克(1795–1886)的《世界史》仍然没有把东亚地区纳入自己的视野。②尽管如此,"叙述"各种族盛衰兴亡"之迹"和"之故",是兰克史学的基本原则。

还要过上一个世纪之后,准确地说,直到中国已经重新"站起来"之后,记叙晚近200年"国族相结相排"时代的"世界史"才会把中国纳入其中。比如说,肯尼迪和西姆斯记叙"欧洲争霸之途"500年的大著相隔30多年,看起来就像是兰克《世界史》的续篇。③

《新史学》后三节专论中国旧史笔法和体例("论正统"、"论书法"、"论纪年"),似乎新的中国史书当以世界历史意识为前提,凡此都得改变。在今天看来,梁任公的确有"极敏之眼光",问题在于,我们应该具有怎样的世界历史意识,或者说应该有怎样的史学教育。

这让笔者想起比梁任公早生一个世纪的德意志史学家施洛瑟(Friedrich Christoph Schlosser, 1776–1861),他早年在哥廷根读神学,受哥廷根学派影响,毕业后才转而研究史学,以撰写中世纪的人物传记名家。1815年,施洛瑟出版了《连贯叙述的世界史》(*Weltgeschichte in*

---

① 凯杜里,《民族主义》,张明明译,北京:中央编译出版社,2002,页4–5。
② 兰克,《世界史:从最古老的种族到前现代过渡时期的西方历史》,陈笑天译,长春:吉林出版集团,2017。
③ 肯尼迪,《大国的兴衰》(1988),蒋葆英等译,北京:中国经济出版社,1989;西姆斯,《欧洲:1453年以来的争霸之途》(2011),孟维瞻译,北京:中信出版社,2016。

zusammenhängender Erzählung)卷一,名噪一时,不久后即受聘为海德堡大学史学教授(1818)。

5年后,施洛瑟以两卷本的《18世纪史》(Geschichte des 18ten Jahrhunderts, 1823)进一步证明了自己的史学功夫,随后不到3年又出版了《旧世界及其文化的历史的普遍史概观》。① 接下来,施洛瑟用12年时间将《18世纪史》扩展成《18世纪和19世纪史:直到法兰西王朝崩溃》(六卷),② 晚年又花费13年时间为德意志人写了一部普及性的《给德意志人民的世界史》(Weltgeschichte für das deutsche Volk, 1844–1857)。我们值得意识到,那个时候还谈不上有一个统一的德国。

梁任公从经学转向史学与施洛瑟从神学转向史学看似相似,实则不可同日而语。毋宁说,两相比较,发人深省之处在于,梁任公并未充分认识到,深入认识西方人所理解的"世界史"对重述中国史究竟有何意义。

三 "新史学"与西方古典史学传统

《新史学》发表100多年后的今天,我们的文教面貌

---

① Friedrich Christoph Schlosser, *Universalhistorische Übersicht der Geschichte der alten Welt und ihrer Kultur,* 1st part, 1826; 2nd part, 1834.

② Friedrich Christoph Schlosser, *Geschichte des 18ten Jahrhunderts und des 19ten bis zum Sturz des französischen Kaiserreichs*, 1836–1848; 英译本 *History of the Eighteenth Century and of the Nineteenth Century Till the Overthrow of the French Empire*, With Particular Reference to Mental Cultivation and Progress, Volume 2, 1923/University of Michigan Library, 2009(影印重版)。

已经彻底换了新颜。梁任公一梦醒来后首先会问：我们中国人今天具有了怎样的世界历史意识？在新的历史意识支配下，中国古史重述有了怎样的"风景"线？梁任公关心自己当年的祈梦是否已经实现，完全可以理解。

我们会对梁任公说，他的史学观受19世纪末流行的达尔文主义影响，实在可惜，"优胜劣败"的世界观早就是学界的不齿之论。梁任公伸直腰板争辩说，晚近10多年来，欧美史学的新动向据说与震惊全球的"9·11事件"直接相关，"优胜劣败论"不过换成了仅仅说起来好听得多的"文明冲突论"，难道我的看法过时了？看看西洋人自己怎么说吧：

> 20世纪90年代波黑战争后，人们才认识到自由主义的局限性，并重新建立对地图的尊重。冷战结束后，人们逐渐丧失地理意识，似乎理想主义的时代已经开始，但在"9·11"之后的10年里，一系列灾难性的事件将这种幻想击得粉碎。[1]

我们还看到，某些西方人的世界历史意识会把晚近的"优胜劣败"的世界冲突溯源到2500年前，即把"基地组织和西方的战争"溯源到荷马笔下的特洛伊战争：

---

[1] 卡普兰，《即将到来的地缘战争：无法回避的大国冲突及对地理宿命的抗争》，涵朴译，广州：广东人民出版社，2013，页9。

在后来那些通过荷马诗歌构建自己的身份认同和文化归属感的世代看来，特洛伊的陷落标志着两个民族争夺霸权的斗争的历史的开始，而且随着时间的流逝，他们之间的区别变得越来越明显。①

从地缘政治学角度看待世界历史的史学家承认，"民族国家在某种意义上也是一种要在达尔文主义法则下求生存的自然现象"。②事实上，所谓"达尔文主义法则"不过是16世纪的马基雅维利主义的另一种表达。

据说，梁启超在《新史学》中表达的历史观其实与兰克学派的教科书有关。③《新史学》篇幅很短，与梁启超的其他同类文章一样，涉及西学的地方往往蜻蜓点水，要确认他的观点是否来自兰克并不容易。《新史学》发表之前，梁启超的一些文章倒显得带有兰克的政治史学色彩。比如，《论近世国民竞争之大势及中国前途》（1899），以及《论民族竞争之大势》、《现今世界大势》、《欧洲地理大势论》（1901）等等，至少从篇名来看，也会让人想到兰克著名的《诸大国》（1833）。

兰克有"实证史学之父"的美誉，他要求成为史学家

---

① 帕戈登，《两个世界的战争：2500年来东方与西方的竞逐》（2008），宇方译，北京：民主与建设出版社，2018，页7–8；比较莫里斯，《西方将主宰多久：东方为什么会落后，西方为什么能崛起》（2010），钱峰译，北京：中信出版社，2014。
② 帕克，《城邦：从古希腊到当代》（2004），石衡潭译，济南：山东画报出版社，2007，页3。
③ 黄克武，《百年以后当思我：梁启超史学思想的再反省》，见杨念群等编，《新史学：多学科对话的图景》，前揭，页58–59。

必须在考辨文献和史料采集方面接受严格训练,但他自己的史学样式大多是文学色彩浓厚的叙事,没法与注重识读和辨析史料的实证史学样式对上号。兰克的史学楷模是修昔底德,在他看来,史学家的基本职责是,凭靠史料以叙事方式探究人世间政治冲突的成因、过程及其影响。毕竟,史学的最终目的是政治教育。仅仅注重识读和辨析史料,很难说有什么积极的教育作用。

修昔底德算得上希罗多德之后的又一位世界史家,因为,雅典与斯巴达之间长达30年的希腊内战期间,波斯帝国始终是在场者和参与者。修昔底德有比希罗多德更为自觉的"修史"意识或者说"实录"精神,从而赢得了现代实证史学家更多的敬重。尽管如此,在现代的实证史学家眼里,修昔底德的《战争志》所提供的"史料"仍然不足以让人们看清这场战争的历史"真相"。①

何谓战争的历史"真相"?搞清这个问题并不全然取决于"史料",而是取决于看待历史事件的眼力,即梁启超所说的"极敏之眼光,极高之学识"。兰克从修昔底德那里学会的"极敏之眼光"体现为,关注具体的人性和共同体禀性在政治体之间的冲突中的表现,而不是专注于人世生活中的某个方面:比如经济生活、文化生活乃至普通人的日常生活。

换言之,兰克史学实际上更多具有古典史学品质,而

---

① 霍恩布洛尔,《希腊世界》,赵磊译,北京:华夏出版社,2015,页50–54。比较卡根,《伯罗奔尼撒战争的爆发》,曾德华译,上海:华东师范大学出版社,2014;卡根,《伯罗奔尼撒战争》,陆大鹏译,北京:社会科学文献出版社,2016。

非现代式的实证史学品质。直到今天,西方史学界仍然有人不相信,修昔底德式的古典史学过时了。①

无论如何,从《新史学》来看,梁启超并不熟悉兰克。即便他从某个日本学人那里辗转得知兰克史学的某些观点,他也未必意识到兰克的古典史学对中国新史学的意义。否则,"极敏之眼光,极高之学识"会带他深入认识兰克史学,说不定还会循此追根溯源了解西方史学的古典传统。②

事实上,不仅梁启超没有,整个"五四"新文化运动时期的中国智识人都没有致力于认识西方的古典史学传统。1930年代,我国曾有专攻史学的学子从德国留学回来,而且据说十分服膺兰克学派。然而,也许由于听信了胡适(1891–1962)的那个关于"方法"的著名说法,他掉进了"史学方法论"的泥沼,兰克史学就混在这潭泥沼之中。③

尽管兰克在史学史上声望很高,但他的要著的中译本直到晚近才鱼贯而出。④ 因为,与兰克的政治史学几

---

① 卡根,《雅典帝国的覆亡》,李隽旸译,上海:华东师范大学出版社,2017,页3–5。
② 莫米利亚诺,《现代史学的古典基础》,冯洁音译,北京:生活·读书·新知三联书店,2009。
③ 李孝迁编,《史学研究法未刊讲义四种》,上海:上海古籍出版社,2015,页258–285;比较李孝迁编,《中国现代史学评论》,上海:上海古籍出版社,2016。
④ 兰克,《历史上的各个时代》,杨培英译,北京:北京大学出版社,2010;兰克,《世界历史的秘密》,易兰译,上海:复旦大学出版社,2012;兰克,《拉丁语日耳曼民族史:1494–1514》,付欣、刘佳婷、陈洁译,桂林:广西师范大学出版社,2015;兰克,《近代史家批判》,孙立新译,北京:北京大学出版社,2016;兰克,《德国史稿》,王顺君译,长春:吉林出版集团,2016。

乎同时，欧洲学界正在形成如今所谓的经济史观，即关注世界历史中各文明单位曾有过的经济生活方式。①这并非不可理解，毕竟，18世纪末以来，欧洲正在经历一场史无前例的"工业化革命"。资本主义生活方式所带来的巨大社会变动促使整个19世纪的欧洲文教不断创新，现代社会科学式的史学路径逐一登场：经济史、社会史、文化史迅速取代了直到吉本（1737-1794）和兰克都还葆有的古典政治史学样式。

在19世纪后期涌现出来的新派史学中，关注经济生活方式的社会变迁史研究路向影响最大。毕竟，资本主义生产方式的确让世界历史可以被截然划分为古今两截。②直到20世纪末，我国学界还在为韦伯的"新教伦理与资本主义精神"问题费脑筋，并在中国古代史研究中坚持不懈地翻来覆去寻找"资本主义萌芽"。

显而易见，19世纪出现的相互竞争的种种政治观念支配了人们看待世界历史的眼光，资本主义如何形成和衰亡成了世界历史意识的中心问题：考茨基（1854-1938）的两卷本世界史（1919-1927）洋洋1800页，堪称这方面的最早尝试之一。③

---

① 莫米利亚诺，《19世纪古典学的新路径》，见刘小枫编，《古典学与现代性》，陈念君、丰卫平译，北京：华夏出版社，2015，页3-44。
② 比较沃勒斯坦，《现代世界体系》（四卷），郭方等译，北京：社会科学文献出版社，2013；沃勒斯坦，《变化中的世界体系：论后美国时期的地缘政治与地缘文化》，王逢振译，北京：中央编译出版社，2016；贝克特，《棉花帝国：一部资本主义全球史》，徐轶杰、杨燕译，北京：民主与建设出版社，2019。
③ 考茨基，《唯物主义史观》（共六分册），《哲学研究》编辑部编/译，上海：上海人民出版社，1964-1984；比较库诺，《马克思的历史、社会和国家学说》，袁志英译，北京：商务印书馆，1988。

当"改革开放"取得显著成果,社会主义初级阶段的政治目标成功"超克"资本主义,人们马上就感觉到:资本、科技乃至"自由"、"人权"、"民族"、"独立"、"自主"之类的观念,都不过是"国族相结相排"必不可少的武器。"冷战"结束之后,这一点显得更加清楚。借用施特劳斯的说法,人们现在不得不从"第二洞穴"爬回"第一洞穴"。[①]

没有认识到这一点,我们便很难理解,为何自"五四"新文化运动以来,尽管我们的人文—政治教育中并非没有世界历史课程,或者说并非没有确立起一种世界历史意识,我们如今却突然感到需要从头学习世界史。

四 新"新史学"与民主化的世界历史意识

此一时,彼一时也。梁启超写下《新史学》时,他的首要关切是中国能否"强立于此优胜劣败之世界"。100多年后的今天,经历数代人的艰难奋争,中国不仅"站起来"、"富起来",而且也"强起来"。[②] 恰好在这个历史时刻,坊间再次出现了史学热。1840年以来的屈辱和抗争的历史,一直是我国政治教育中的重点,现在我们需要更为整全的世界历史视野,完全可以理解。

---

① 刘小枫编,《西方民主与文明危机:施特劳斯读本》,北京:华夏出版社,2017。
② 徐中约,《中国近代史:1600–2000,中国的奋斗》,计秋枫、朱庆葆译,北京:世界图书出版公司,2008。

置身"新时期"的我们张望西方史学界时,那里已是一派繁荣的后现代景象。人们看到,当代欧美学界的史学景观比19世纪后半期更让人眼花缭乱,但其基本取向仍然是不断求"新"。①

尽管如此,如果我们无需在意史学这门学科的种种所谓新方法和新路径,而是着眼于西方智识人的世界历史意识的嬗变,那么,我们便不难看到,从鲁滨孙(1863-1936)的《新史学》(1911)到勒高夫(1924-2014)的《新史学》,最为引人注目的史学现象非世界历史意识的"民主化"莫属。②

若要问什么叫"民主化"的世界历史意识,著名的西方古代史家芬利(1912-1986)会乐意第一个站出来为我们解释。这位剑桥大学的古代史讲座教授告诉我们,古典史家大多不可信,比如说,修昔底德就伪造历史,因为他污蔑伯利克勒斯时代的民主人士为蛊惑家,雅典人民被这些"公知"牵着鼻子走。芬利想让我们相信,虽然直到现代都还有学者不断重复修昔底德的观点,但在他的实证考据笔下,这一谬论已经不攻自破。

芬利自称古代史研究的"复原派",即反对用现代

---

① 孙江,《后现代主义、新史学与中国语境》,见杨念群等编,《新史学:多学科对话的图景》,前揭,页659–677。
② 鲁滨孙,《新史学》,齐思和等译,北京:商务印书馆,1964/1989;伊格尔斯,《欧洲史学的新方向》(1975),赵世玲、赵世瑜译,北京:华夏出版社,1989;勒高夫、诺拉,《新史学》,姚蒙译,上海:上海译文出版社,1989;多斯,《碎片化的历史学:从〈年鉴〉到"新史学"》,马胜利译,北京:北京大学出版社,2008。

的观点来研究古代。奇怪的是,他的《古代世界的政治》(1983)让我们看到,他自己恰恰是现代民主观念的囚徒。中译本"导言"敏锐地指出:

> 对于希腊化世界的君主国、罗马帝国,以及古代埃及和两河流域的各类由君主统治的政治机体,他[芬利]抱持几乎鄙视的拒斥态度,直接将它们从自己的讨论中剔除。①

在这位实证的史学家眼里,古代世界的政治单位只要不是民主政体就"没有政治可言",因为,按照他的理解,唯有民主政治才称得上"政治"。

倘若有人觉得这种说法匪夷所思,那么,他就应该理解:1960年代末,欧美发达资本主义大国出现了新一轮民主运动,"民主化史学"即这场社会民主运动的伴生物。据说,"民主化史学"有力而且有效地推动了随技术革命诞生的新中产阶级的民主运动,而这场激进的社会民主运动又反过来促进了史学的激进民主行动,即后现代史学让我们看到的"解构"和"权利诉求"景象。②

---

① 芬利,《古代世界的政治》,晏绍祥、黄洋译,北京:商务印书馆,2013,页xix。
② 希梅尔法布,《新旧历史学》(1987),余伟译,北京:新星出版社,2007;彭刚编,《后现代史学理论读本》,北京:北京大学出版社,2016;帕特纳、富特编,《史学理论手册》,余伟、何立民译,上海:格致出版社,2017。

芬利的《古代民主与现代民主》出版于1973年，当时，激进社会民主运动的"狂飙突进"势头一时受阻。为了替激进民主助力，芬利用自己的古代政治史研究告诉当今的精英主义者们：雅典的全民参与式直接民主从未导致所谓的极端主义。①

要知道后现代的"民主化史学"激进到什么程度，剑桥大学的罗马史专家比尔德（1955— ）的《罗马元老院与人民：一部罗马史》（2015）为我们提供了最新范例。②这个书名中缺少古典史学中的一个主要角色：皇帝。出于自己的激进民主信念，比尔德认为，研究古罗马史不必关注"皇帝的品质和性格"，甚至不必理会古罗马史书中记叙过的那些伟大人物，因为，在民主化的眼光看来，"伟人未必伟大"（比尔德，《一部罗马史》，页410）。一个史学家如果有正确的政治观念的话，他/她就应该致力于重新发掘史料，以便"让我们直抵古代街道上的男男女女生活中的具体问题和焦虑的核心"（同上，页472）。

用"民主化的史学"眼光来看，古罗马史家留给后人的"历史"充满了重构、误解和自相矛盾，因此，民主的史学家的"重要工作便是批判地梳理这些纠结的线团"。当然，由于历史年轮的埋没，很多历史事件或普通人的

---

① 芬利，《古代民主与现代民主》，郭小凌、郭子林译，北京：商务印书馆，2016；比较阿祖莱，《伯利克里：伟人考验下的雅典民主》，方颂华译，上海：上海三联书店，2015。
② 比尔德，《罗马元老院与人民：一部罗马史》，王晨译，北京：民主与建设出版社，2018（以下简称《一部罗马史》，随文注页码）。

生活状况，如今的史学家即便想要知道也没有可能，更不用说"重构"。尽管如此，比尔德相信，只要抱持坚定不移的自由民主信念，很多"几乎被历史埋没(hidden)"的普通罗马人的生活故事，仍有可能像碎片一样"被复原"(pieced together)（比尔德，《一部罗马史》，页528）。

从中译本推介语中我们还能够看到，英美主流报刊纷纷高度评价说：这部书代表了"革命性的全新古代史写法"，"极富开创性……令人振奋……"，因为，作者"让我们习以为常的观点变得可疑"，"向我们揭示出，古罗马人与许多个世纪后与权力、公民权、帝国和身份这些问题斗争的人息息相关。"

如果我们记得《埃涅阿斯纪》序歌的开首句arma virumque cano［我歌唱战争和一个人］，而这个人显然不是古代街道上的某个普通人，那么，人们的确有理由说，比尔德用重述罗马史的方式颠覆了欧洲的传统政治德性。我们应该知道，比尔德不仅是剑桥大学第一位女性古典学家，她还是"自豪的女权主义者"，长期"活跃于各类网络、电视、电台等公众平台"。出版民主化的罗马史两年之后，比尔德又发表了《女性与权力宣言》(*Women & Power: A Manifesto*, 2017)，这本小册子与她的罗马史不仅交相辉映，而且相互发明。

除"年鉴学派"之外，在我国"新时期"最有影响的当代西方史学恐怕非伯克(1937–)的"新文化史"莫属。坊间已经译介了伯克的不少著述，我们可以清楚看到,"新文化史"如何从世界历史中发掘民众趣味。[①] 比尔德的"民主化"罗马史叙事完美地体现了"新文化史"派旗手伯克的主张:动用所有史学手段致力于从普通人的视角重述西方历史。

"新文化史"置换了世界历史的政治叙述,形塑出一种所谓"平民化"的世界历史意识。用第一部研究伯克的专著的书名来说,这种意识准确地表达了西方国家教育品质的"每况愈下"。[②] 因为,"文化史"的开拓者是19世纪的布克哈特,而我们很容易看到,布克哈特的世界史叙事追求精神的高贵,看重"历史中的伟人",与"新文化史"派的世界历史意识绝少共同之处。按"民主化史学"的政治标准来看,布克哈特的《君士坦丁大帝时代》的书名就有问题:竟然为皇帝树碑立传![③]

[①] 伯克,《欧洲近代早期的大众文化》,杨豫、王海良译,上海:上海人民出版社,2005;伯克,《法国史学革命:年鉴学派,1929–1989》,刘永华译,北京:北京大学出版社,2006;伯克,《意大利文艺复兴时期的文化与社会》,刘君译,北京:东方出版社,2007;伯克,《欧洲文艺复兴:中心与边缘》,刘耀春译,北京:东方出版社,2007;伯克,《什么是文化史》,蔡玉辉译,北京:北京大学出版社,2009;伯克,《历史学与社会理论》,姚朋等译,上海:上海人民出版社,2010;伯克,《文化史的风景》,丰华琴、刘艳译,北京:北京大学出版社,2013;伯克,《法国史学革命:年鉴学派,1929–2014》,刘永华译,北京:北京大学出版社,2016;伯克,《知识社会史(上卷):从古登堡到狄德罗》,陈志宏、王婉旎译,杭州:浙江大学出版社,2016;伯克,《知识社会史(下卷):从〈百科全书〉到维基百科》,汪一帆、赵博囡译,杭州:浙江大学出版社,2016。
[②] 蔡玉辉,《每况愈下:新文化史学与彼得·伯克研究》,南京:译林出版社,2012。
[③] 布克哈特,《世界历史沉思录》,金寿福译,北京:北京大学出版社,2007,页199–238;布克哈特,《君士坦丁大帝时代》,宋立宏等译,上海:上海三联书店,2006;伯克,《什么是文化史》,前揭,页7–16,119–120;比较亨特主编,《新文化史》,姜进译,上海:华东师范大学出版社,2011;冈恩,《历史学与文化理论》,韩炯译,北京:北京大学出版社,2012。

可以设想，布克哈特要是得知自己的世界史研究所开创的"文化史"取向变成了"文化杂交",[①]他会不得不承认，尼采当年对他提出的警告完全正确：

> 人们可以设想，无艺术气质和艺术气质薄弱的人被纪念式的艺术史学武装起来，有了防御能力，他们的枪口现在会对准谁？对准他们的宿敌，对准强大的艺术英才，即对准那些人，只有他们才能够真正为了生活从历史中学习，并把学到的东西变成更高的实践。(尼采，《观察》，页157)

总之，民主化史学意识的"枪口"对准了西方文明的高贵传统，对准了某些个人天生要传承高贵文明血统的心性品质。因为，"新文化史学"的原则据说是"从下向上"地发掘历史中的普通人乃至另类群体的趣味诉求，凭靠历史上被忽视、被排斥、被歪曲的种种社会异类力量，对过去的精神贵族们所塑造的文明史施行"去中心化"的革命，给已有的世界史叙述贴上要么"欧洲中心主义"要么"男权主义"的标签，进而彻底扫荡和颠覆"既定"的西方文明"主流"传统。难怪法国当代的政治思想史家马南说，"要衡量今天的[史书]作家们具有的共和理念与古代共和主义相距有多远"，就应该看到：

[①] 伯克，《文化杂交》，杨元、蔡玉辉译，南京：译林出版社，2016。

> 我们的共和理念是理解古代共和的一个障碍；它横在我们与古人之间。渊博的史学家描绘了这种"公民人文主义"传统，并且将其奉为我们的历史轴线，他们是当下偏见的囚徒。①

由于这些具有现代式"共和理念"的史学家们除了"从下向上"地发掘历史还自以为有"渊博的史学"知识，他们的脑筋具有的已经远不是什么"偏见"。毋宁说，他们脑子里有一股子"自下而上"的政治热忱，即尼采所说的"史学热病"，其根源来自人世中永远不会消失的低劣心性。一旦这类心性也有了平等的政治权利，或者在自媒体时代有了"言论自由"的空间，就会凭靠"扒疏史料"创造出新的"历史轴线"。

著名的左翼史学家霍布斯鲍姆（1917–2012）正确地看到，"自下而上"的史学意识其实源于法国大革命之后的19世纪。②布克哈特已经预感到，"大革命"之后，西方文明的高贵传统岌岌可危，他本来指望通过"文化史式"的世界史叙事来挽救这一传统，未料事与愿违。③

为了推行激进的民主化教育，"新文化史"的世界史

---

① 马南，《城邦变形记》，曹明、苏婉儿译，桂林：广西师范大学出版社，2019，页346–347。
② 霍布斯鲍姆，《来自底层的史学》，氏著，《论历史》，黄煜文译，北京：中信出版社，2015，页305–324；比较费罗内，《启蒙观念史》，马涛、曾允译，北京：商务印书馆，2018，页154–166。
③ 比较吉尔伯特，《历史学：政治还是文化：对兰克和布克哈特的反思》，刘耀春译，北京：北京大学出版社，2012。

注重叙事,以讲故事的方式重述世界史的各类主题,作者既有大学中的史学专业人士,也有传媒写手或者身兼两者。普林斯顿大学出版社推出的"古代史上的转折点"大型丛书的"总序"说,作者们"既是会讲故事的学者,又是在其专业领域有着最新研究成果的叙事好手",因为这套丛书"既关注上层精英,又关注普罗大众"。[1]这意味着,"民主化史学"不仅要塑造普罗大众的世界历史意识,改造精英们的世界历史意识更为重要。

由此可以理解,后现代的激进民主史学要摒弃学究式的实证考据,转向"叙事体史学"(narrative history)。[2] 叙事史学注重历史事件和人物,文笔生动活泼,对年轻人尤其有吸引力。但叙事同样是古典史学的基本特征,我们不能说"叙事体史学"本身有问题。毕竟,要更好地教育年轻人,就得用讲故事的方式讲道理。问题仅仅在于:谁教育谁?讲什么样的人世"道理"?

尼采在《论史学对生活的利与弊》的"前言"中已经看到:现代之后即19世纪以来急速生长的"历史感"(der historische Sinn)是"一种发育不良的德行"(eine hypertrophische Tugend),它不仅败坏个人的灵魂,而且败坏民族的政治生存,更不用说败坏一个民族的精神健康。

---

[1] 克莱因,《文明的崩溃:公元前1177年的地中海世界》,北京:中信出版社,2018,页i。
[2] 霍布斯鲍姆,《论叙事体的复兴》,见《论历史》,前揭,页279–290。比较彭刚,《叙事的转向:当代西方史学理论的考察》,北京:北京大学出版社,2009/2017(增订版)。

写作这篇《不合时宜的观察》时，尼采还不到30岁。他以年轻人的名义"抗议现代人在年轻时期[所受]的史学教育"，因为，这种教育会让一个"真正的文化民族"丧失自己本有的"教养品质"。出于爱护年轻一代的精神健康，尼采愤然指责"自下而上"的史学把年轻人快速训练成"那种人们到处都在追求的利己主义的成年期"：

> 人们利用历史感觉，为的是通过美化、亦即通过魔幻般的科学光芒照亮那种成年男性和非男性的利己主义，损害年轻人的自然反感。的确，人们知道，史学凭靠某种优势能做到什么，人们对此知道得太精确了：即根除年轻人最强有力的本能——热忱、执拗、忘我和爱，降低他们正义感的热度，用快速完成、迅速见效、速见成果的相反渴望压制或遏制慢慢成熟起来的渴望，使[年轻]感觉的正直和勇敢染上病态的怀疑。
>
> 史学甚至本身就能骗取年轻人最美好的特权，骗取他们以充盈的信心为自己培养起伟大的思想并让自己向更伟大的思想成长的力量。只要有某种程度上的过分，史学就能够做到这一切，这我们已经看到了，而且原因就在于：史学通过不断推移地平线的前景，通过清除周围气氛而不再允许人非历史地感受和行事。这时，人就从地平线的无限中撤回到自我，进入最小的利己主义领域，不得不在其中腐败、干枯：他也许会成就了小聪明，却绝对达不到智慧。(尼采，《观察》，页227–228)

我国不少爱读书的年轻人喜欢尼采,却不会有像尼采那样的年轻目光和自觉。我们应该问,何以尼采会对"自下而上"的史学教育有良好的免疫力?仅仅凭靠他的天生素质能够幸免于难?

尼采告诉我们:他的免疫力来自传统的古典教育——来自柏拉图(尼采,《观察》,页136,233)。可以说,若不是接受过古典教育,尼采这样的高贵天性同样可能因史学教育的致命损害而要么腐败要么干枯。

现在看来,坊间晚近大量涌现的各色世界史译著,未必都出于所谓"大国崛起"的问题意识。毋宁说,出版界的盈利考核同样能够驱动这样的翻译热。在一年一度的国际书展上,外商必定会推销自己的"民主化史学"畅销书,而出版界商家更关切盈利而非关切我们的人文—政治教育的品质,并非不可理解。

梁启超号召走向"新史学",除了要求具有世界历史的视野和意识,还要求改变我国传统史学的品质:他以身作则,亲自动手改述中国的传统史书。毫无疑问,为了重塑国体,必须重述国史。问题在于,何种"旨趣"或谁的"旨趣"在引导国史重述。随着伯克的"新文化史"著述大量译介,我们看到,在民主化的世界历史意识启发下,我国的古史重述的确出现了戏剧性模仿。①梁启超若看到这样的"新史学"景象,他会心生忧虑还是欣喜,我

---

① 比较伯克,《制造路易十四》,郝名玮译,北京:商务印书馆,2007;辛德勇,《制造汉武帝:由汉武帝晚年政治形象的塑造看〈资治通鉴〉的历史建构》,北京:生活·读书·新知三联书店,2015。

们不得而知。但可以肯定,他应该会意识到自己在《新史学》开篇所说的话未必妥帖:

> 于今日泰西通行诸学科中,为中国所固有者,惟史学。史学者,学问之最博大而最切要者也,国民之明镜也,爱国心之源泉也。今日欧洲民族主义所以发达,列国所以日进文明,史学之功居其半焉。然则,但患其国之无兹学耳,苟其有之,则国民安有不团结,群治安有不进化者?(梁启超,《新史学》,页3)

今天梁启超还能这样说吗?他只能说:欧美自由民主所以发达,列国所以日进激进民主,"新文化史学"等后现代式的解构史学之功居其半焉。接下来他恐怕会说:但患我之有兹学,苟其有之,则国民安能团结,群治安有不退化者。

五 西方文明史如何既连贯又断裂

随"民主化"的世界历史意识而生的是"全球化"意识:"全球史"式的新"世界史"与"民主化史学"相伴而生。据说,民族国家式的世界史叙事已经寿终正寝了。[①]

---

① 伊格尔斯、王晴佳,《全球史学史:从18世纪至当代》,杨豫译,北京:北京大学出版社,2011;比较斯特恩斯,《全球文明史》,赵轶峰、王晋新等译,北京:中华书局,2006;柯娇燕,《什么是全球史》,刘文明译,北京:北京大学出版社,2009;曼宁,《世界史导航: (转下页)

所谓民族国家式的世界史与"欧洲中心主义"的世界史几乎是同义词,但即便在被誉为"全球史"学先驱的麦克尼尔那里,世界历史的主线仍然是古希腊罗马—中世纪基督教欧洲—现代欧美的三段式。这让我们值得意识到,所谓"全球史"即麦克尼尔所展示的"世界的自由民主化"史进程。因此,人们有理由把"全球史"式的世界史视为欧洲霸权主义世界史的另一种表达式。随着地缘政治格局的改变,如今得叫做美国霸权主义的全球史。[①]

对于美利坚帝国式的世界历史意识来说,西方文明从古希腊到美利坚的历史是连贯的历史,美国理应是"西方文明"传统的承继者和担纲者。对于美国学界的民主化世界历史意识来说,则不仅西方文明具有多重传统,甚至"英美文明"也具有多重传统和内在多元性。[②] 用梁任公的话来说,民主化的世界历史意识必然使得帝国内部从

(接上页注①)全球视角的构建》,田婧、毛佳鹏译,北京:商务印书馆,2016;亨特,《全球时代的史学写作》,赵辉兵译,郑州:大象出版社,2017;入江昭,《全球史与跨国史:过去,现在和未来》,邢承吉、滕凯炜译,杭州:浙江大学出版社,2018;康拉德,《全球史是什么》,杜宪兵译,北京:中信出版社,2018;康拉德,《全球史导论》,陈浩译,北京:商务印书馆,2018。

① 本德,《万邦一国:美国在世界历史上的地位》,孙琇译,北京:商务印书馆,2019。

② 比较马尔文(Francis Sydney Marvin, 1863–1943),《西方文明的统一》(1915),屈伯文译,北京:大象出版社,2013;卡根、奥兹门特、特纳,《西方的遗产》,袁永明等译,上海:上海人民出版社,2009;莱瓦克,《西方世界:碰撞与转型》,陈恒等译,上海:上海人民出版社,2013;卡赞斯坦,《英美文明与其不满者:超越东西方的文明身份》,王振玲、刘伟华译,上海:上海人民出版社,2018。

"相结"走向"相排"。

100多年前，梁任公已经认识到，

> 自希腊罗马以后，世界史之主位，既全为阿利安人所占，及于罗马末路，而阿利安族中之新支派，纷纷出现。除拉丁民族(即罗马族)外，则峨特(Celtic，[引按]今译"凯尔特")民族、条顿民族、斯拉夫民族其最者也。峨特[凯尔特]民族在阿利安中，以战胜攻取闻。(梁启超，《新史学》，前揭，页22)

在今天的民主化"全球史"学者看来，梁任公上了"欧洲中心主义"的当，因为他完全忽略阿拉伯民族和蒙古游牧民族。梁任公会争辩说，史学不过是"叙人种之发达与其竞争而已"(梁启超，《新史学》，页16)。对法兰西帝国旧梦念念不忘的法国史学家会对这一说法点头称道，却不会对拿破仑帝国之后法国接连败走麦城的历史多看几眼。①

相反，预感到法兰西帝国已经一蹶不振的史学家，早就回过头去细看罗马帝国瓦解的历史。换作当今仍然掌握着世界霸权的帝国的史学家，则会细看罗马帝国如何

---

① 布琼主编，《法兰西世界史》，张新木主译，上海：上海教育出版社，2018；比较罗格瓦尔，《战争的余烬：法兰西殖民帝国的灭亡及美国对越南的干预》，詹涓译，北京：社会科学文献出版社，2017。

扩张和防御，从中获得维持霸权的经验和教训。①

梁任公会说，他看到"人种之发达"及其竞争随时势而变，这绝对没错。他只是没有想到，在他离世后仅仅半个多世纪，"竞争"就出现了出乎他意料的变局。② 但是，谁能够预料世事的变局呢？

其实，有些事情与世事变局无关，梁任公有"极敏之眼光，极高之学识"，难道不应该想到并思考亘古不变的事情？既然梁任公关切中国在"国族相结相排"的时代如何重构史学和施行新的史学教育，他就应该在花费心力深入认识"国族相结相排"的世界历史的同时，重新深入学习我国古人的经学智慧。

梁任公没有看到，所谓"西方"是一个充满历史断裂的文明概念，正如"欧洲"这个希腊人命名的地理名词"是个浮动的、可修改的，而且有弹性的概念"。霍布斯鲍姆因此认为：

> 从来没有"单一"的欧洲这回事。差异永远不可

---

① 比较罗特，《古代世界的终结》(1931)，王春侠、曹明玉译，上海：上海三联书店，2008；塞姆，《罗马革命》(1939)，吕厚量译，北京：商务印书馆，2016；布兰特，《古典时代的终结：罗马帝国晚期的历史》，周锐译，上海：上海三联书店，2018；勒特韦克，《罗马帝国的大战略：从公元一世纪到三世纪》，时殷弘、惠黎文译，北京：商务印书馆，2008；希瑟，《罗马帝国的陨落：一部新的历史》，向俊译，北京：中信出版社，2016；奥唐奈，《新罗马帝国衰亡史》(2008)，夏洞奇等译，北京：中信出版社，2016；勒特韦克，《拜占庭帝国大战略》，陈定定、王悠、李希瑞译，北京：社会科学文献出版社，2018。
② 卡赞斯坦主编，《中国化与中国的崛起：超越东西方的文明身份》，魏玲等译，上海：上海人民出版社，2018。

能从我们的历史上消除。事实就是如此,不管是将欧洲换上宗教的外衣还是地理的外衣,都不会有所不同。……基督教是欧洲史上不可磨灭的一部分,但是,它就像"民族"及"社会主义"一样,都不可能成为统一欧陆的力量。[1]

对比半个多世纪前(1928)施米特的说法,我们一定会觉得深有启发:

> "欧洲"这个词在今天更是一个难以清晰可辨的观念。在关于欧洲的不同设想和概念中,即便确定一个令人信服的地理范围也是困难的。
>
> 英国究竟属于欧洲,还是更应该说它与其自治领域和殖民地构成一个封闭性的帝国?这个帝国与欧洲大陆建立联系既不可能,也有害。
>
> 西班牙属于欧洲吗?它与拉丁美洲国家的联系比与德国和斯堪的那维亚国家的联系不是更加密切吗?
>
> 俄国属于欧洲吗?设想在斯拉夫民族的主要国家与西方斯拉夫人之间存在着一个差别,正确吗?法国应该与它的全部殖民地和整个军事力量一起参与

---

[1] 霍布斯鲍姆,《耐人寻味的欧洲史》,见氏著,《论历史》,前揭,页330–333。比较热尔贝,《欧洲统一的历史与现实》(1983),丁一凡等译,北京:中国社会科学出版社,1989;哈贝马斯等,《旧欧洲新欧洲核心欧洲》,邓伯宸译,北京:中央编译出版社,2010;施勒格尔,《铁幕欧洲之新生》(2013),丁娜译,北京:社会科学文献出版社,2016。

进来吗?这就是说,它应承担军事和政治的统治吗?

德国由于它日益增长的债务不是更加依赖美国而不是对它抱有敌意或者持不信任的邻国吗?最终,整个欧洲问题只归结为德法谅解?甚至只归结为建立一个包括德国西部、法国北部和东部、比利时和卢森堡的经济综合体?所有这些问题都尚未解决。①

如果把这里的"欧洲"概念换成"西方"或"全球",情形又会怎样呢?我们会发现,近100年来,某些格局明显变了,某些格局仍然没变。当然,若把这里的"德国"换成我们"中国"则未必恰当,尽管整个东亚问题同样没可能只归结为"中日谅解"。

世界历史究竟是怎么回事儿?梁任公不是让我们回想罗马帝国的兴起及其之后的世界历史吗?

罗马帝国曾不可一世,但帝国东西分治后,两个罗马帝国相互拆台,先后被由东向西入侵的两家蛮族颠覆。东罗马帝国被突厥人的政治单位更替后,如今除了剩下物质文化遗产,就是地缘政治学上的破碎地带。②

---

① 施米特,《论断与概念》,朱雁冰译,上海:上海人民出版社,2016,页115。
② 希瑟,《罗马帝国的陨落:一部新的历史》,向俊译,北京:中信出版社,2016;布朗沃斯,《拜占庭帝国:拯救西方文明的东罗马千年史》,吴斯雅译,北京:中信出版社,2016;诺里奇,《拜占庭的新生:从拉丁世界到东方帝国》,李达译,北京:社会科学文献出版社,2018;菲德勒,《幽灵帝国拜占庭:通往君士坦丁堡的传奇旅程》,洪琛译,北京:社会科学文献出版社,2019;贝尔福,《奥斯曼帝国六百年:土耳其帝国的兴衰》,栾力夫译,北京:中信出版社,2018;罗根,（转下页）

西罗马帝国则比较幸运：由于入侵的蛮族在1492年后承继了其"文化武力"，以至于迄今仍然可以见到西罗马帝国的非物质文化遗产。梁任公已经看到：

> 罗马位于古代史与近世史之过渡时代，而为其津梁。其武力既能挥斥八极，建设波斯以来梦想不及之绝大帝国，而其立法的智识，权利的思想，实为古代文明国所莫能及。集无量异种之民族，置之中央集权制度之下，为一定之法律以部勒之。故自罗马建国以后，而前此之旧民族，皆同化于罗马，如螺赢之与螟蛉。自罗马解纽以后，而后此之新民族皆赋形于罗马，如大河之播九派。（梁启超，《新史学》，页21-22）

即便在今天看来，我们还不能说梁任公的"世界史观察"错了。1854年初秋（9月），兰克应邀为巴伐利亚国王讲世界史，他开场就说：

> 为避免在历史中迷失方向，我们将从罗马时代讲起，因为这个时代汇聚了极为不同的重要因素。①

（接上页注②）《奥斯曼帝国的衰亡：一战中东，1914–1920》，王阳阳译，桂林：广西师范大学出版社，2017；麦克米金，《奥斯曼帝国的终结：战争、革命以及现代中东的诞生，1908–1923》，姚志宏译，北京：中信出版社，2018。

① 兰克，《〈世界史上的各个时期〉导言》（谷裕译），见刘小枫编，《历史主义及其克服》，特洛尔奇等著，陈湛译，成都：四川人民出版社，2019。

哪个"罗马时代"？罗马城邦崛起时，凭靠"拉丁同盟"形成的"国力"与迦太基城邦争夺伊比利亚半岛和西地中海的控制权曾险些遭遇覆亡；随后的地缘扩张节节胜利之时，罗马城却又陷入共和政制危机。若非"天降大人"屋大维（公元前63–公元14）花费20年时间完成从共和向帝制转型，世界史上是否有"罗马时代"还真难说。[①]

"罗马时代"到来之时，罗马人如何看待此前的"希腊化时代"呢？

拉丁语诗人维吉尔（公元前70–前19）生活在"罗马时代"来临之时，他经历过恺撒（公元前102–前44）的改制和随后屋大维创立帝制，可谓生逢其时。然而，《埃涅阿斯纪》把罗马的崛起与荷马笔下的特洛伊神话粘在一起，用埃涅阿斯取代奥德修斯，无异于删除古希腊的文明"霸权"，打造出新的帝国神话。[②] 政治思想史家沃格林提醒我们：

> 维吉尔是外省人，而不是罗马人；就算对他而言，罗马城邦毕竟有意义，意义也不大。在他的史诗里，作为共和时代历史的行动者的罗马人民不具有

[①] 欧康奈尔，《坎尼的幽灵：汉尼拔与罗马共和国最黑暗的时刻》，葛晓虎译，北京：社会科学文献出版社，2018；戈兹沃西，《奥古斯都：从革命者到皇帝》，陆大鹏译，北京：社会科学文献出版社，2016。
[②] 阿德勒，《维吉尔的帝国：〈埃涅阿斯纪〉中的政治思想》，王承教、朱战炜译，北京：华夏出版社，2012；托尔，《〈埃涅阿斯纪〉与罗马的建构》，刊于娄林主编，《罗马的建国叙述》（《经典与解释》辑刊第54辑），北京：华夏出版社，2019。

任何作用。《埃涅阿斯纪》不是作为城邦的罗马及其人民的史诗,而是作为帝国秩序之工具的罗马和执掌这个工具的皇帝的史诗;《埃涅阿斯纪》制造的不是一国人民的神话,而是一个带来和平黄金时代的救主的神话。①

因此,《埃涅阿斯纪》并非是罗马城邦英雄的史诗,而新的"罗马帝国"想象,这个正在兴起的"无限帝国"(imperium sine fine)有权接过从亚历山大身上滑落的希腊人的天命。维吉尔釜底抽薪,通过改写荷马笔下的特洛伊故事,用罗马人的经历覆盖希腊人的经历,在沃格林看来,体现了拉丁民族对希腊民族的"深切妒恨"。甚至在西塞罗这样的崇尚希腊文明的罗马政治家身上,"对高级的希腊文明的歆慕与蛮族的骄傲和妒恨"也交织在一起(同上书,页167)。

在后来的诸多欧洲帝国身上,我们不是也可以看到这样的爱恨交加?

尽管如此,《埃涅阿斯纪》实现了一种伟大的文明综合:让野蛮的拉丁人穿上高度发达的希腊文明的外衣,希腊和罗马由此叠合为一个统一的文明政治单位。

另一方面,并非所有被罗马人征服后的希腊智识人都抱着自己的"高贵文明传统"不放:罗马刚刚崛起之

---

① 沃格林,《政治观念史稿(卷一):希腊化、罗马和早期基督教》,谢华育译,上海:华东师范大学出版社,2009,页182–183。

时，珀律比俄斯（公元前200–前118）就已经对罗马的"大一统"（μίαν ἀρχήν）心悦诚服。哈利卡纳苏斯的狄奥尼修斯（Dionysius of Halicarnassus，公元前60–公元7）是颇有学养的希腊人，比维吉尔仅小约10岁。他在奥古斯都时代低下高傲的头颅迁居罗马，不仅花时间学粗糙的拉丁语，还撰写《罗马古史纪》（Rōmaïkē Archaiologia）替罗马人背谱。在这位修昔底德传人笔下，罗马人的祖先被说成从欧洲迁徙到亚平宁半岛的希腊人部落维诺特利亚人（Oenotrians）和卑拉斯哥人（Pelasgians），从而将罗马人的历史溯源到了特洛伊战争之前。[1]

今天的我们应该意识到：维吉尔的《埃涅阿斯纪》不是实证史学式的史书，而是动人心魄的诗歌，否则它不会有如此神奇的历史功效。反过来看，随着现代实证史学的出现和人类学—考古学的田野发掘进展，尤其是随着民主化"全球史"学的兴起，《埃涅阿斯纪》对西方人的文明政治教育作用难免岌岌可危。

沃格林还提醒我们，被恺撒征服后的高卢人同样接受了维吉尔的叙事，让自己的出生与特洛伊神话扯上关系。甚至日耳曼裔的法兰克人入侵高卢后，也加入维吉尔叙述的特洛伊世系，让自己变成希腊人的后裔。直到1545年，法兰西人还用自己的特洛伊出身神话来证明，法兰

---

[1] 罗布古典丛书中的Earnest Cary译本共七卷（1936–1950）；比较 E. Gabba, *Dionysius and the History of Archaic Rome*, Univ. of California Press, 1991; C. C. de Jonge/L. H. Richard编, *Dionysius of Halicarnassus and Augustan Rome*, Cambridge University Press, 2018。

西王国的历史比德意志神圣罗马帝国的历史悠久得多，法兰西国王的地位因此绝不输给帝国皇帝。①

德意志人就不同了，他们有自己的起源神话。毕竟，日耳曼族人不是罗马人，也不是罗马人治下的地中海周边的族裔，而是与罗马军团在欧洲中部长期对峙并胶着厮杀的敌对族裔。查理大帝执掌法兰克王国后东扩，以血腥手段将德意志人并入王国，并共同接受拉丁基督教的衣钵，尽管查理自己与德意志人共同属于日耳曼族裔。②

但是，查理大帝的帝国与亚历山大的帝国一样昙花一现，分裂后的德意志神圣罗马帝国从未成为一个中央集权式的大一统帝国，日耳曼各部族王国的发展终有一天会挑战"罗马帝国"这个俗世的"普遍历史"的理想标准。③ "地理大发现"开始以来，随着日耳曼族的几个王国成长为争霸欧洲乃至全球的政治大国，"欧洲人"与希腊罗马的所谓"文明关系"始终非常暧昧：承继与背离交织在一起，让人难以分辨。

意大利人文主义者庇安多（Flavio Biondo, 1392–1463）史称最早具有现代民族国家意识的史学家，他生前出版的著作显得意在恢复意大利与古罗马的联系。庇安多喜欢在罗马城转悠发掘古迹，他的《修复的罗马》（De

---

① 沃格林，《政治观念史稿（卷一）：希腊化、罗马和早期基督教》，前揭，页185–186。
② 沃格林，《政治观念史稿（卷二）：中世纪（至阿奎那）》，段保良译，上海：华东师范大学出版社，2009，页39–51。
③ 卢兆瑜，《三国时代：查理大帝的遗产》，长春：长春出版社，2012。

Roma instaurata，1444—1448）似乎想要唤起意大利人对罗马城古貌的记忆，这让庇安多成了现代考古史学的先驱。《意大利名胜》（*Italia Illustrata*，1474）考察意大利各地与古罗马的历史关系，史称现代西方历史地理学的开山之作。[①] 与之配套的《获胜的罗马》（*Romæ Triumphantis*，1479）讲述罗马帝国的文官制度和军事制度，据说透露了庇安多的意大利系列著作的真实意图：希望意大利能够像英格兰和法兰西那样正在走向统一的独立王国。[②]

庇安多还留下一部遗作《罗马帝国衰亡以来史》（*Historiarum Ab Inclinatione Romanorum Imperii*，1483），他离世20年后由后人整理出版。这部史书记叙的是人们后来所说的"中世纪"，即从公元410年罗马遭哥特人洗劫到1440年的意大利，无意中打造出"中间世纪"这个概念，为随后出现的古代与现代划分作了铺垫。

这部大著让人们恍悟到，庇安多著作的真实意图其实是向罗马帝国告别。或者说，这位意大利人文主义者身上正在形成民族国家式的世界历史意识。离庇安多的写作年代不到半个世纪，为意大利的命运操心的大政治家马基雅维利（1469—1527）就用义疏李维（公元前59—公元

[①] Biondo Flavio, *Italy Illuminated*（拉丁文—英文），Jeffrey A. White 编/译，Harvard University Press，2005；比较伯克，《文艺复兴时期的历史意识》，杨贤宗、高细媛译，上海：上海三联书店，2017；页28—30；32—35。

[②] Ottavio Clavuot, "Flavio Biondos *Italia illustrata*. Porträt und historisch-geographische Legitimation der humanistischen Elite Italiens", J. Helmrath/U. Muhlack/G. Walther ed., *Diffusion des Humanismus. Studien zur nationalen Geschichtsschreibung europäischer Humanisten*, Göttingen, 2002, S. 55—76.

17）罗马史的方式与罗马告别。他的《李维史论》（1519）看似在通过李维学习罗马人的政治德性，其实是在依据日耳曼各王国晚近的"相结相排"经验塑造新的政治德性和新的竞争方式。①

没有随后出现的一场自然知识革命，马基雅维利塑造的政治德性和竞争方式恐怕就算不上完全是新的，毋宁说，他更多是回到某种异教的政治德性。"优胜劣败"政治原则的更新在于竞争"工具"的更新，就此而言，培根（1561–1626）的《新工具》才真正具有划时代意义。②

法兰西王国崛起之时，心仪商业化生活方式的孟德斯鸠（1689–1755）写了《思索罗马人的伟大和堕落的诸原因》（1734）。这是一部政治史学式的罗马简史，在今天看来，它不仅论证欧洲因英国革命而有了新的政治典范，也为现代之后的"民主化史学"埋下了种子。

六 "世界公民"的全球史与中国文明意识的危机

吉本的《罗马帝国衰亡史》（1770–1787）与孟德斯鸠的"罗马史"相隔不到半个世纪，它显得像是为欧洲人心中葆有的对罗马帝国的"历史想象"唱的一曲绵长而又哀婉动听的挽歌，与休谟在此前不久出版的《大不列颠

---

① 曼斯费尔德，《新的方式与制度：马基雅维利的〈论李维〉研究》，贺志刚译，北京：华夏出版社，2009。
② 魏因伯格，《科学、信仰与政治：培根与现代世界的乌托邦根源》，张新樟译，北京：生活·读书·新知三联书店，2008。

史》（1754–1762）放在一起来看，让人觉得意味深长。用声誉卓著的古代世界史家鲍尔索克（1936– ）的话来说，它"注定要为古罗马坍塌的纪念碑洒上几缕阳光"。

在鲍尔索克看来，从史料角度讲，吉本的这部用15年时间写成的大著并没有提供任何新东西，而他"处理古代史和中世纪史原材料的方式，很像是一个小说家处理情节线索的方式"。尽管如此，这部挽歌却养育了19世纪的德意志诗人瓦格纳、20世纪的希腊诗人卡瓦菲斯乃至美国剧作家拉尔。换言之，吉本的《罗马帝国衰亡史》与维吉尔的《埃涅阿斯纪》遥相呼应，把分属不同民族国家的西方诗人的心灵连结在一起。

鲍尔索克还提到，注重掌握史实的罗马史大师蒙森（1817–1903）对吉本崇拜不已，他的《罗马编年史》第四卷没有写完，不是因为没时间，而是因为他"害怕与吉本竞争"。吉本"站在哲人而非博学家队列"，而"哲人史学家应该以一种既让人愉悦又能给人教益的形式呼应时代的需要"。[1]

作为史学家，鲍尔索克更应该提到：二战期间，著名美国外交官凯南（1904–2005）曾7次从美国飞越大西洋前往欧洲，在途中他因阅读吉本而"更加相信，一个国家要长期控制另一个国家非常困难"。因此，当需要考虑战后如何控制德国时，凯南在日记中写道："应该首先慎重考

---

[1] 鲍尔索克，《吉本的历史想象》，见氏著，《从吉本到奥登》，前揭，页3–10。

虑一下吉本的建议"，即管制战后德国"可能需要我们付诸武力"，"这也可能需要我们的军队学会残忍，而这种残忍只能让军队自身变得更加残酷无情。"①

鲍尔索克的说法倒是让笔者想起，尼采的《悲剧的诞生》(1872)不也是注定要为古希腊废墟洒上几缕阳光吗？德意志人与古希腊有什么文明血缘上的关系呢？《悲剧的诞生》的写作明显具有世界历史意识，但在20世纪的英国日耳曼学者巴特勒(1885–1959)看来，德意志人的古希腊崇拜不过是帝国心态在作祟，似乎英国人从未有过帝国心态。②

的确，尼采出版《悲剧的诞生》时还不到30岁，一年之前(1871)的元月18日，普鲁士国王威廉一世在凡尔赛宫加冕为皇帝，德意志帝国宣告成立。正是在这一年，德意志富商施利曼(Heinrich Schlieman, 1822–1890)在土耳其西部的海港城市恰纳卡莱(Çanakkale)南区成功发掘特洛伊遗址，证实了荷马的记叙不是凭空编造。③

施利曼8岁那年(1828)，他从父亲手上得到一份圣诞礼物：梅尼尔(J. H. Meynier, 1764–1825)用笔名耶尔(G. L. Jerrer)出版的《给孩子的世界史》(*Die Weltgeschichte*

---

① 凯南，《凯南日记》，科斯蒂廖拉编，曹明玉、董昱杰译，北京：中信出版社，2016，页146。
② 巴特勒，《古希腊人对德国的暴政》，林国荣译，北京：社会科学文献出版社，2017；比较汤因比，《希腊精神：一部文明史》(1959)，乔戈译，北京：商务印书馆，2015；雅克瓦基，《欧洲由希腊走来：欧洲自我意识的转折点，17至18世纪》，刘瑞洪译，广州：花城出版社，2012。
③ 莫里斯、鲍威尔，《希腊人：历史、文化和社会》，陈恒等译，上海：格致出版社，2014，页124–126。

für Kinder）。这本书在施利曼幼小的心灵里埋下了寻找特洛伊遗址的愿望,而他自己也没有想到,这一愿望居然实现了。不难设想,倘若没有找到特洛伊遗址,多少文人学士会拿来说事。

《悲剧的诞生》与施利曼的考古发掘有什么关联吗?当今的西方古典学家告诉我们,"在19世纪为自己创造的关于古代希腊和现代的理想化形象上,施利曼象征着某种污迹或血迹,模糊了欧洲当时希望用来看待自己的方式":

> 施利曼只是占据了欧洲长期以来关于自己的身份所具有的幻想中的一个预先存在的位置。施利曼大胆地步入断裂,这是无比勇气和胆量的一个标志。但是,创造这一断裂,这完全不是施利曼的功绩:断裂早已是欧洲幻想的构成要素。[1]

17世纪末,伦敦和巴黎几乎同时出现激烈的"古今之争","荷马问题"成为论争焦点,似乎英法两个西欧王国的崛起促使某些欧洲智识人不认可古希腊是欧洲文明的地基。毕竟,泛希腊城邦并未形成一个统一的政治单位,以至于诗人荷马的身份也十分模糊。凭靠人类学的史学方法,20世纪的民主化"口传诗学"派的古典学家

---

[1] 波特,《尼采、荷马与古典传统》,彼肖特,《尼采与古代》,前揭,页29–30。

们将养育西方灵魂的碧玉打碎成民间歌手口头创制的碎片，不会让人感到意外。①

如果梁任公知道在他那个时代本来能够知道的这些事情，他很可能会改变对中国史书的看法。毕竟，在世界历史中，唯有中国史书和经书具有内在连续性和一元性，即便北方异族曾两度入主中原并统治整个中国。②梁任公万万不会想到，在他开启的"新史学"风气引领下，说不定中国文人在不久的将来也只能像吉本或尼采那样为汉唐遗址"洒上几缕阳光"。

对我国的人文—政治教育来说，梁启超的《新史学》发表近115年之际的2016年是个不寻常的年份。因为，在风靡全球的民主化"全球史"风潮裹挟下，史学界在这一年出版了两部文集，都与古代中国曾遭遇异族统治的历史时期相关。③

无独有偶，台北学界的《联经思想辑刊》也出了一期专号，讨论"历史教科书与国家主义"问题。与钱穆（1895–1990）在我国"改革开放"那年（1978）所做的讲演

---

① 莫里斯、鲍威尔，《希腊人：历史、文化和社会》，前揭，页116–123；比较陈斯一，《再论"荷马问题"中的口头与书面之争》，刊于《古典学研究》（第二辑）：《荷马的阐释》，上海：华东师范大学出版社，2018，页1–19。
② 周春健，《元代四书学研究》，上海：华东师范大学出版社，2008；周春健，《宋元明清四书学编年》，台北：万卷楼图书公司，2012。
③ 葛兆光等，《殊方未远：古代中国的疆域、民族与认同》，北京：中华书局，2016；张志强主编，《重新讲述蒙元史》，北京：生活·读书·新知三联书店，2016；比较王晴佳、李隆国主编，《断裂与转型：帝国之后的欧亚历史与史学》，上海：上海古籍出版社，2016。

对比，不难看到我国的史学教育已经面临严重危机。①

事情原委得追溯到此前的"新清史"风波。据说风波来自美国研究东亚和内亚史的史学家，其中不乏"全球史"学的倡导者。这些史学家"强调清帝国与众不同的满洲元素及其独特性质，倾向于把清王朝描绘为一个有意识的多民族帝国，从早期近代和殖民主义的角度去探索清朝，从边缘的观点审视清朝的发展"。中国学者虽然对这样的史学观点做出了回应，但大多"肯定"这一研究取向为清史研究在"方法上注入了新的活力"。于是，在"从周边看中国"的史学目光带动下，"中国"的历史观念不得不开始"移动和变化"。②

人们以为，"新清史"风波是几个美国的"全球史"学家在1990年代末挑起的，迄今也算不上什么显学，大惊小怪反倒会把它炒热。事情真的那么简单？我们不能忘记邻国日本的"全球史"学家，比如美国"新清史"领军人物之一欧立德(Mark Elliott, 1968–)的日本老师冈田英弘(1931–2017)。早在1970年代，冈田就致力于接续二战期间日本史学家的抱负重构世界史，其长达20年的史学建构在《世界史的诞生：蒙古帝国的文明意义》(1992)

---

① 王晓渔，《历史教科书与国家主义》，刊于《联经思想辑刊》（第31辑），台北：联经出版公司，2016；钱穆，《从中国历史来看中国民族性及中国文化》，香港：香港中文大学出版社，1979。
② 刘凤云、刘文鹏编，《清朝的国家认同："新清史"研究与争鸣》，北京：中国人民大学出版社，2010，页2；葛兆光，《何为中国：疆域民族文化与历史》，香港：牛津大学出版社，2014；葛兆光，《历史中国的内与外：有关"中国"与"外围"概念的再澄清》，香港：香港中文大学出版社，2017。

中得到完整表述。①

2010年，年届八旬的冈田英弘出版了《从蒙古到大清》，副标题"游牧帝国的崛起与承续"明确刻画了从"新蒙元史"到"新清史"的史学路线。在冈田看来，重构东亚史的关键在于清除汉文明中心史观，建立"非汉中心史观"，即以蒙古帝国—大清帝国—日本帝国为主轴的东亚史观。②

冈田英弘的史学抱负并不算新，皇军执政时期的日本史学界就有这样的抱负。1930年代，日本入侵中国的军事行动激发日本汉学家要摆脱西洋人的世界史观念和框架，从东亚的地缘政治出发来重构世界史，因此可以称为"皇军东亚史观"。

宫崎市定(1901–1995)是这种世界史观的主要表述者之一，在他眼里，日本帝国与西方帝国交手堪比13世纪的蒙古帝国，皇军的历史虽败犹荣。他在战后(1958)修改补充的《世界史序说》中说，战时的日本"过分急于追求表面的繁荣，缺乏内省，忘掉了应负领导东亚民众的义

---

① 冈田英弘，《世界史的诞生：蒙古帝国的文明意义》，陈心慧译，北京：北京出版社，2016；比较杉山正明，《蒙古颠覆世界史》(2002)，周俊宇译，北京：生活·读书·新知三联书店，2016。
② 冈田英弘，《从蒙古到大清：游牧帝国的崛起与承续》，陈心慧、罗盛吉译，台北：商务印书馆，2016；比较冈田英弘，《日本史的诞生：东亚视野下的日本建国史》，陈心慧译，台北：八旗文化出版公司，2016(简体字版：《日本史》，王岚、郭颖译，海口：海南出版社，2018)；冈田英弘，《中国文明的历史：非汉中心史观的建构》，陈心慧译，台北：八旗文化出版公司，2017；冈田英弘等，《紫禁城的荣光：明清全史》，王帅译，北京：社会科学文献出版社，2017。

务，反而做出了压迫东亚民众的蠢事"。尽管如此，"好也罢坏也罢，应该做的事情大体上都做了。"①

1937年，日本军部曾组织日本东方文化研究所东京分部和京都分部的史学家们编写过一部《异民族统治中国史》(1944年出版，24万字，原稿100多万字)，为日本吞并中国寻找历史经验。② 如果我们没有忘记这件事情，那么我们就不难看到，冈田英弘的新世界史绝非什么方法论上的"新"（所谓疑古的批判精神与世界史的比较视野），而是政治论上的复"旧"，让皇军东亚史观换上"新世界史"这件新衣。我们若以为这仅仅是所谓"史学方法"上的"新"，跟着"重新讲述"蒙元史或清史，这仅仅表明我们自己对史学太过缺乏政治意识。③

晚近几年来，宫崎市定几乎在一夜之间成了最走红的中国史通俗作家，中译本坊间已多达近20种，个别品种甚至有两个译本，堪称怪事一桩。④ 毕竟，宫崎是当年日

---

① 宫崎市定，《世界史序说》，中国科学院历史研究所翻译组编译，《宫崎市定论文选集》，下卷，北京：商务印书馆，1965，页27，32—33。
② 日本东亚研究所编，《异民族统治中国史》(1943)，韩润棠、张廷兰、王维平译，北京：商务印书馆，1964。
③ 姚大力，《追寻"我们"的根源：中国历史上的民族与国家意识》，北京：生活·读书·新知三联书店，2018。
④ 宫崎市定，《宫崎市定中国史》，焦堃、瞿柘如译，杭州：浙江人民出版社，2015（北京：民主与建设出版社，2019）；宫崎市定，《雍正帝：中国的独裁君主》，孙晓莹译，北京：社会科学文献出版社，2016（马云超、张学锋译，上海：上海古籍出版社，2018）；宫崎市定，《亚洲史概说》，谢辰译，北京：民主与建设出版社，2017；宫崎市定，《宫崎市定亚洲史论考》，张学锋、马云超译，上海：上海古籍出版社，2017；宫崎市定，《宫崎市定解读〈史记〉》，马云超译，北京：中信出版社，2018；宫崎市定，《宫崎市定人物论》，林千早译，杭州：浙江人民 （转下页）

本军部主持编写《异民族统治中国史》时的主要写手之一。在此之前,为了提高侵华日军的政治觉悟,宫崎曾写过著名的政治史论《东洋朴素主义的民族和文明主义的社会》(1940)。这部小册子既是宫崎的处女作,也算得上是皇军东亚史学的开山之作。1960年代,我国史学界曾将这部书作为反面教材译成中文,供业内人士看清政治敌人的面目,如今则有了全新的译本,并成为教育中国人的新颖史学教本,岂非咄咄怪事。①

我们若以为宫崎在战后改掉了其史学写作的皇军习气,那就大错特错。1942年,皇军统治下的日本文部省为宣传"大东亚共荣圈"施行历史教育,曾组织汉学家编写《大东亚史概说》,宫崎是主要写手之一。他在战后这样回忆说:

> 按文部省的意图编的大东亚史,就是所谓大东

(接上页注④)出版社,2018;宫崎市定,《东洋的近世:中国的文艺复兴》,张学锋等译,北京:中信出版社,2018;宫崎市定,《东洋的古代:从都市国家到秦汉帝国》,马云超等译,北京:中信出版社,2018;宫崎市定,《中国的历史思想:宫崎市定论中国史》,张学锋等译,上海:上海古籍出版社,2018;宫崎市定,《谜一般的七支刀:五世纪的东亚与日本》,马云超译,北京:中信出版社,2018;宫崎市定,《日出之国与日没之处》,张学锋、马云超译,上海:上海古籍出版社,2018;宫崎市定,《从部曲到佃户:唐宋间社会变革的一个侧面》,张学锋译,上海:上海古籍出版社,2018;宫崎市定,《中国聚落形态的变迁》,张学锋等译,上海:上海古籍出版社,2018;宫崎市定,《科举》,宋宇航译,杭州:浙江大学出版社,2019。
① 宫崎市定,《东洋朴素主义的民族和文明主义的社会》,刘永新、韩润棠译,北京:商务印书馆,1962(新译本:张学锋译,上海:上海古籍出版社,2018)。

亚共荣圈的历史,因而它的范围包括印度以东,也就是亚洲大陆的东半部,而把日本放在像扇子轴的中心位置上,期望写成皇国文化的光芒向西普照那样的历史。

在日本战败后的今天,人们总是喜好把战争说成一切的一切都是日本不对;但是,至少把亚洲归还给亚洲人这一口号没有错。而把这样十分明显的道理,理解成为十分明显的事实,确是这次战争以后的事。[①]

1947年,宫崎出版了《亚细亚史概说正篇》,原封不动地采用了《大东亚史概说》中他承担撰写的部分,而这部文部省历史教科书因日本战败已经搁浅。

宫崎在皇军中服役"前后两年多"(曾驻扎上海),后游学美国和欧洲。1938年,他从法国游学回国时,日军已经夺取南京正进逼武汉。正是在这样的历史时刻,宫崎满怀豪情写下了《东洋朴素主义的民族和文明主义的社会》,其主旋律唱的是:中国"文明"本质上病弱兮兮,总需要周边具有旺盛的"朴素"生命力的民族更换血液。无巧不成书,就在同一年,我国第一代世界史学家雷海宗(1902–1962)出版了《中国文化与中国的兵》。[②]

1958年,宫崎在为其论文集《亚细亚史研究》第一卷

---

① 《宫崎市定论文选集》,下卷,前揭,页320。比较林庆元、杨齐福,《"大东亚共荣圈"源流》,北京:社会科学文献出版社,2006。
② 雷海宗,《中国文化与中国的兵》(1940),北京:商务印书馆社,2001。

所写的序言中回忆说,太平洋战争爆发后,他很快意识到,"日本如果打败了可就糟了,所以但能增强一分作战力量,任何事情我都愿意做。"日本战败后,他始终"自信""以前的各种见解大体上没有错误",公然宣称他的东洋史观一以贯之。①

战争期间,宫崎还发表过让日本人觉得脍炙人口的史学随笔《日出之国与日没之处》(1943)。宫崎晚年(1975)重刊此书时写道:

> 今天再次阅读,不可否认,在我的撰述意图中确实有些"发扬皇威"的意思在里面,措辞上也显得有些过时,今天看来简直毫无办法。然而对我来说,那种动不动就通过揭露自己国家的劣根性来表示进步的现代风潮,反而令人觉得不适。②

我们的某些史学家如今也把这部随笔集推荐给中国人当休闲史学读物,仅仅让人觉得可笑吗?宫崎身为日本人以"皇军史学家"的身份为日本军部贡献"作战力量"并非不可理解,但如今中国的史学家把他捧为中国史教育的祭酒则令人匪夷所思。尤为荒唐的是:对自由主义头脑的中国史学家来说,揭露自己国家的劣根性是思

---

① 中国科学院历史研究所翻译组编译,《宫崎市定论文选集》,上卷,北京:商务印书馆,1963,页315,317。
② 宫崎市定,《宫崎市定亚洲史论考杂纂》,马云超、张学锋译,上海:上海古籍出版社,2018,页8(以下简称《杂纂》,随文注页码)。

想进步。我们难道不应该说,当今中国的某些史学家的伦理品性低劣至极,却自以为学问先进?

宫崎晚年(1974)还重刊了《东洋朴素主义的民族和文明主义的社会》。他在重版序中说,自己早年的这部处女作"提出的许多问题,迄今为止几乎没有得到过学术界的认真讨论,很多观点就此被束之高阁,因此,今天看来,此书并非完全是无用之物"(宫崎市定,《杂纂》,前揭,页2)。宫崎若在冥府中得知,我国的某些个著名博导史学家眼下正积极旁衍发皇他"提出的许多问题",他那张阴脸一定会欣喜不已。

宫崎并非扒疏史料的实证史学家,而是致力于施行政治教育的通俗史论作家,他在战后发表的一系列作品与日本右翼势力在美国扶持下的兴起相呼应。[①]1960年,宫崎市定在《东亚史论》上发表过一篇题为"冯道与汪兆铭"的史学随笔,借五代时期的宰相冯道(882–954)为汪精卫正名,可以为证。

冯道在五代乱世曾先后为10位皇帝当过宰相,欧阳修骂他"不知廉耻",司马光斥为"奸臣之尤"。冯道是否应该得到当今中国史学的重新评价是一回事,宫崎借为冯道"正名"替汪精卫"正名"是另一回事。公元10世纪时,整个世界还处于所谓"国际无政府状态",19世纪以降则已经进入所谓"国际体系"时代,国际关系法则岂可

---

① 参见塞缪尔斯,《日本大战略与东亚的未来》,刘铁娃译,上海:上海人民出版社,2010,页15–43, 51–75;麦克莱恩,《日本史:美国人眼中的日本》,王翔译,海口:海南出版社,2014,页420–481。

同日而语!①

宫崎的文章这样起笔:历史上有些人会"被认为是'古来无节操、不知羞耻'之流的代表。但事实真的那么简单吗?"说过冯道的历史故事之后,宫崎笔锋一转:

> 日本军队攻入中国,国民军一败涂地,带着中国人一起逃跑本身就是不可能的事。而当中国人民无可奈何地沦入日本人的统治时,又有谁能够多少为他们争取一些权利呢?这时,能够像冯道那样去请求日本解救"佛陀再世都无法解救"的人民的人,必须是既获得中国人的信任,又在日本人面前吃得开的人。寻遍中国,这样的人除了汪兆铭别无他者。
> (宫崎市定,《杂纂》,页61)

宫崎的说法让笔者不禁想起钮先铭(1912–1996)将军的《佛门避难记》。如果宫崎重"事实"或"史实",那他应该读过这本基于亲身经历记叙的史料(1940年代就已经刊布):日本军队夺取南京时,国民军如何一败涂地,"带着中国人一起逃跑"如何不可能,以及"佛陀再世"又如何也不可能解救人民。②

钮先铭将军的亲身经历尤其让我们看到,宫崎所谓"朴素"的日本生命力究竟是怎么回事:"朴素"即比野

---

① 参见库普乾,《化敌为友:持久和平之道》,宋伟等译,北京:北京大学出版社,2017,页15–66。
② 钮先铭,《佛门避难记》,南京:南京师范大学出版社,2005。

兽还坏。我们的史学界中竟然有人说,宫崎看重历史上的"朴素主义"因素十分"可贵",真让人觉得莫名其妙。

宫崎紧接着还有更为无耻的说法——他显得替历史人物主持历史公道地说:

> 尽管如此,日本战败后,蒋介石的做法却不近人情。表面宣称对日本的罪恶既往不咎,其实却是穷追猛打,对曾经作为南京政府协作者的迫害更是令人发指,这就等于自己丢弃了作为战胜者的荣光。在中共成功的背后不可忽视的是,曾经参与过汪兆铭政权的人员的逃亡和覆灭,正加速了国民政府统治的覆灭。结果是,成功后的中共政权,对国民党自由思想的抬头抱着强烈的警戒心,且一直持续到了现在。(宫崎市定,《杂纂》,页61)

在这样说之前,宫崎说,"现在的中共"和台湾的国民党都把汪兆铭"当作汉奸来对待,同时他也被日本人忘却了。但是从他的境遇来看,又有什么人有权去唾弃他呢?"我们难道不应该指着宫崎那张看似温文尔雅的脸问:有权唾弃汪兆铭的中国人还少吗?张自忠(1891-1940)将军没有权唾弃他?摄影艺术家沙飞(1919-1950)没有权唾弃他?

刺杀汪伪政权特务头目的郑苹如女士(1914-1940)被汪精卫下令枪决时年仅26岁,她在刑前对枪手说的最后一句话是:"不要打我的脸,我的脸很干净!"郑苹如的这句话打了汪精卫的脸，如今我们的某些史学家却跟着宫崎为汪精卫长脸，据说因为他善写诗词，无异于与宫崎一起打郑苹如的脸。

更有学界中人说什么，对宫崎不应该"攻其一点不及其余"，他毕竟"热爱中国文化"云云。中国的史学界能教出这样的"中性"意识，善恶不分、混淆是非且不知羞耻，让我们领略到"价值中立"的原则背后其实是"自由伦理"开放出来的低劣品质。

宫崎的说法应该让我们长见识：这位史学家的所谓史学"客观性"究竟是怎么一回事。民族情感并非就没有正邪之辨，宫崎"有权"为自己的民族承担义务，但他也"有权"为邪恶政治鸣冤叫屈？

皇军史学迄今仍是日本史学界的建制性要素，平野聪的《大清帝国与中华的混迷》（2007）基于其博士论文《"皇清的大一统"与西藏问题》（2002）就是一个例证。作者并非美国的"全球史"学家的学生，而是日本本土培育出来的史学新秀。该书凭靠大量文献史料以叙述史学方式讲述了这样一个新版本的"清帝国"史故事：东北亚枭雄努尔哈赤（1559–1626）率领满洲国人越过长城征服汉人，建立了大清。这个"帝国"的疆域虽然广大，但它起初并非儒家的"中华文明"的代表，而是藏传佛教的代表。因为，若不是获得藏传佛教支持，大清帝国不可能统治西藏和蒙古。因此，大清帝国不是"中国"，而应称之为藏传佛教的"内亚帝国"。

据说，19世纪西方列强抵达东亚后，为了应对西方的挑战,大清帝国才演化为凭靠经世儒学自救的"近代东亚帝国"。尽管如此,大清帝国仍然不能自救,在清末的混乱中,汉人兴起排满思想,而清帝国也面临必须转变为现代"主权国家"的压力,才最终走向一个叫"中国"的民族国家。

作者的叙事以大明帝国作为历史背景,从天安门和万里长城等文明符号开始其历史叙述。言下之意,就算大明帝国之前有一个中华帝国,清帝国也中断了这个帝国传统。由于清帝国是一个多元文化的帝国,所谓"东亚"概念也含混不清。据说,如今东亚国际社会的矛盾和紧张关系,都来自这个叫做"中华帝国"的"混迷"。

关注边陲政治单位对中心地带的颠覆,看似所谓"全球史"的史学方法,其实,作者凭靠日本史学界的某种内在传统也能构造出他所需要的"新清史"叙事。毋宁说,"全球史"学的兴起为日本的政治史学家提供了看似整洁的学术外衣。

在为中译本繁体字版写的长篇序言中,作者刻意说,台湾也很难纳入"东亚"概念,因为台湾在历史上一直具有"边陲"特性,即"原本就处于马来—玻里尼西亚文化圈的'边陲'"。[1]作者心里当然清楚,他这样说对今天的

---

[1] 平野聪,《大清帝国与中华的混迷:现代东亚如何处理内亚帝国的遗产》,林琪祯译,台北:八旗文化出版公司,2018,页43;比较冈田英弘,《台湾的命运:台湾人何去何从》,杨鸿儒译,台北:新中原出版公司,1997;张崑将,《东亚视域中的"中华"意识》,台北:台大人社高研院东亚儒学研究中心,2017。

"台独分子"意味着什么。

这应该让我们想起,1939年,日军进占武汉和广州之后,流亡西南的中国学界曾有过一场关于"中华民族是一个吗"的激烈论争。[①]一旦国家的"自结"和"主权"岌岌可危,这样的问题自然而然就会出现。

在"中国崛起"的今天,我们的某些史学界人士的脑筋究竟怎么啦,竟然让人如此恶心!3年前,曾有几个中国的小瘪三穿着日本皇军制服偷偷摸摸在上海四行仓库大楼门前拍照留影,没准就是我们的某些史学家教出来的。同样是在3年前,两个中国的小瘪三甚至穿日本皇军制服骑着摩托车在成都火车站附近招摇拍照。不少人在围观,却未见有"抗日川军"后代站出来将两个家伙当场打残!如此情景让笔者想起我们的学界:社会丧失基本的政治正义感,难道不是因为学界首先丧失了作为道德常识的正义感?

40多年前,笔者有个高中同学讲过他外公年轻时的故事,迄今记忆犹新。老同学的外公出生于江苏北部山区的小地主家庭,日军制造的"济南惨案"(1928)让他认识到什么叫日本的"朴素生命力"。1937年12月日本军队血洗南京城后,他马上在乡下拉起一支几十人的抗日武装。有一天他在路上撞见自己的一个投靠日本人的侄子,虽然远隔300米开外,他二话不说,拔出腰间驳壳枪将亲

---

① 马戎编,《"中华民族是一个":围绕1939年这一议题的大讨论》,北京:社会科学文献出版社,2016。

侄子一枪毙命。笔者对老同学的外公钦佩不已,而我们的史学教授如今正高举"新史学"旗号删除这种出自中国土地的文明品格。

在笔者看来,问题也许出在我们自己对世界历史缺乏应有的认识:经济观式的世界史观已经无法应对新的政治现实催生出来的史学问题。无论是内藤湖南还是宫崎市定抑或杉山正明,他们的史学论著让中国学界不明就里的人觉得耳目一新,不外乎因为他们无不具有所谓"世界史的比较视野"。据宫崎说,古希腊的史书作家(希罗多德、修昔底德、珀律比俄斯)无不是"把过去作为现在的衬托而加以利用","把现在逐渐延伸到古代的过去"。[1]我们的史学家如果自己没有认真研读过古希腊史书,不可能知道宫崎的如此说法完全是胡扯。

冈田英弘提出,蒙古帝国的崛起才是世界史的真正开端,他的理由是:

> 由于蒙古帝国统一了欧亚大陆大部分的地区,至今为止存在过的所有政权都一旦归零,由蒙古帝国重新划分新的国家。以这样的划分为基础,包括中国与俄罗斯在内,现代亚洲和东欧各国就此诞生。
>
> 蒙古帝国独占了欧亚大陆的陆上贸易,蒙古帝国外围的日本人与西欧人为了找寻活路,开始了海

---

[1] 宫崎市定,《世界史序说》,前揭,页4;比较宫崎市定,《东洋的文艺复兴与西洋的文艺复兴》,见《宫崎市定论文选集》,下卷,前揭,页34–68。

上贸易，这也使得历史的主角从古至今为止的大陆帝国，转移到了海洋帝国。(冈田英弘，《世界史的诞生》，页218)

在此之前，地中海文明和中国文明已经出现史书，其中记叙的"历史"也"归零"？冈田的确这么认为：

> 希腊语的historia（英语history的语源）与汉字的"史"都不具有我们现在认知的"历史"的意思，当然也没有"历史"的观念。(同上，页216)

为什么呢？据说，希罗多德"记叙的是强国变弱、小国变强等命运的转换"，而司马迁"记叙的是皇帝权力的起源，以及权力传承给现代皇帝的原委"，在今天看来都称不上"史学"(同上)。我们的史学家们看到如此公然践踏学术常识的胡说居然不生气，甚至有人跟着附和"从周边看中国"，实在令人匪夷所思。

必须承认，直到今天，我国学界的世界史专业与日本的同类专业相比，即便从学术从业者的实力来讲，也实在差得太远。我们值得注意到，平野聪的大著属于有100多年历史的日本讲谈社组织编写的"兴亡的世界史"系列。这套"世界史"的写作主旨是：既要摆脱西欧中心论史观，也要摆脱中国中心论史观，重新叙述世界史的兴衰，以便为日本的出路寻找历史的内在动能。引进这套"世界史"的台湾八旗文化出版公司则不讳言，其目的是要让所谓"台湾史"成为一个"全球史"概念,培植"新一代台湾人"产生"渴望融入世界"的愿望——"全球史"成了"台独"政治行动的工具。

康拉德的《全球史是什么》有两个中译本,繁体字版的"中译本导读"题为"当代世界公民的全球史阅读指南"。①我们的"全球史"学者看到这样的标题,他们会认为自己已经是"当代世界公民"了吗?

伟大的古典纪事作家珀律比俄斯在《罗马兴志》一开始写道:

> 不仅就政治事务而言,最真实的教育和训练是学习历史,而且就培育高贵地忍受机运之无常的能力而言,最好且唯一的教师就是关于别人命运突转的记述。②

我们不应该忘记,珀律比俄斯是亡国奴:希腊人最终未能"自结",亚历山大驾崩之后,帝国内部"相排"让罗马人渔翁得利。我们的世界历史意识应该让我们珍惜自己的无数先辈给今天带来的"命运突转",并警惕"别人的命运突转"始终可能落在我们自己头上。

---

① 康拉德,《全球史的再思考》,冯奕达译,台北:八旗文化出版公司,2016。5年前,一位当代的法国哲学教授已经在我国的名牌大学宣讲过最新的"世界公民论",并阐述了与后现代民主哲学的关系。参见扎尔卡,《重建世界主义》,赵靓译,福州:福建教育出版社,2015。
② 珀律比俄斯,《罗马的兴起与天下一统》,刘小枫编,《西方古代的天下观》,前揭,页2。

余论 "超历史的"眼光与古典教育

任何一个文明大国的教育都离不了史学，民主化的"全球史"学则让我们看到，史学也最容易败坏一个文明大国的教育品质。

在今天看来，梁启超当年呼唤"新史学"没有错，但他忽略了一个根本问题：谁来施行新的历史教育，史学家应该具备何种精神素养？梁启超没有意识到，作为实证学科的西方现代史学让搞"史"的人以为，他们掌握史料、知道历史的"文献"就等于有了"极敏之眼光，极高之学识"。

在《论史学对生活的利与弊》中，尼采一再强调的根本论点是：虽然对个人和民族的健康来说，"非历史与超历史的东西"和"历史的东西"同等必要，但相比较而言，"非历史与超历史的东西"更为重要。

> 我们将必须把在一定程度上非历史地感受的能力视为更重要的和更原初的能力，因为，在这种能力中才有某种正当的、健康的和伟大的东西，某种真正人性的东西在它上面才有生长的基础。(尼采，《观察》，页142–143)

严格来讲，尼采这篇时论的标题当读作"史学对于教育的利弊"。前文提到，尼采的这篇时论写于普法战争结束之后两年。在普鲁士王国及其铁血宰相俾斯麦

(1815-1898)带领下,德意志人显得相当轻松地打赢了这场战争,以至于德意志知识人滋生出一种乐观情绪:德意志帝国的崛起指日可待。[①]在尼采看来,这种情绪是历史意识短视和肤浅的体现。德意志帝国的崛起更应该体现于德意志人的教化,而非仅仅是一场战争的胜负。否则,在下一场战争中,德意志人可能会一败涂地。

可以说,尼采与梁启超一样看到,德意志的新生需要新的国民教育,而这种教育离不了史学:

> 毫无疑问,我们需要史学,但我们需要它,却不同于知识花园里那爱挑剔的闲逛者,尽管这种人会骄傲地俯视我们粗卑的、平淡无奇的需求和急迫。也就是说,我们需要史学来生存、来做事,而不是舒适地脱离生活和行动,或者甚至美化自私自利的生活,美化怯懦而丑陋的行动。(尼采,《观察》,页133-134)

要理解这段话,我们就得知道,尼采是在劝诫布克哈特,告诉他让古典史学"非政治化"并转向文化史学会有怎样的不堪设想的后果。尼采相信,只有在史学为生活

[①] 比较施蒂默尔,《德意志帝国:一段寻找自我的国家历史:1848-1918》,李超译,北京:中信出版社,2017;诺恩,《俾斯麦:一个普鲁士人和他的世纪》,陈晓莉译,北京:社会科学文献出版社,2018;斯特恩,《铁与金:俾斯麦、布莱希罗德与德意志帝国的建立》,王晨译,成都:四川人民出版社,2018。

服务这一前提下，人们才应该从事史学。接下来的问题是：为了理解"生活和行动"，我们需要史学，但史学能够理解"生活和行动"吗？"生活和行动"的根本问题涉及何谓"正义"，史学能够为我们提供判断"生活和行动"是否正义的标准吗？

德意志人正在形成统一的民族国家，但有助于德意志人正确理解"生活和行动"的是古典史学，而不是作为一门实证学科的现代史学。古典史学（其代表是修昔底德）通过考察历史上的事变探究人世的根本问题，旨在培育人的德性品质，而非通过收集具有"客观性"的历史材料，寻找所谓历史的"真实"。

四篇《不合时宜的观察》分别论及德意志学界当时的神学、史学、哲学和艺术，都事关德国的人文—政治教育，与尼采在此前（1872）所做的"论我们教育机构的未来"的六个公开报告相呼应。神学是拉丁基督教欧洲文教体制中的传统"王者"，自17世纪以来，新的哲学篡夺了"王者"地位，而到了19世纪，现代史学正在从哲学手中夺取王位。尼采指望通过恢复古典的"艺术感"来阻止现代史学的僭越行动，因此，我们在《论史学对生活的利与弊》中看到尼采大谈"艺术感觉"。

第四篇《不合时宜的观察》专论"艺术感觉"，而我们在开篇却读到：

> 一个事件若要成为伟大，必须汇合两样东西：完成者的伟大意识和经历者的伟大意识。就事件自

身而言，无所谓伟大，即便是整个星座消失、各民族毁灭、创立疆域辽阔的国家，爆发巨大力量而又损失惨重的战争：凡此种种事件，历史的微风轻轻吹过，犹如吹过游絮。然而，碰巧也有这样的情况：一个强大的人朝一块坚硬的石头击出一拳，却毫无影响；一声短暂而尖锐的回响之后，一切都过去了。对于这样一些仿佛没有棱角的事件，史学几乎不会注意任何东西。(尼采，《观察》，页142–143)

所谓"完成者"和"经历者"的"伟大意识"，就是梁任公所说的"极敏之眼光，极高之学识"。专注于实证史料或史实客观性的史学不可能培育出这样的眼光和学识，相反，辨析历史事件乃至识读史料，却需要"极敏之眼光，极高之学识"。因此，在尼采看来，现代史学的所谓"科学要求"只会败坏古典史学的品质。

真正的史学教育应该以悉心研读历代有"极敏之眼光，极高之学识"之人所写下的作品为前提。史学教育与古典教育在品质上是两回事：古典教育以研读经典作品为主。生活经历本身并不能给人真正的德性教育，必须经过灵魂高贵之人的咀嚼和反哺，对经历的历史记叙才会成为对生活有益的东西。否则，面对永远混乱的人世，一个人永远看不到"智慧以及一切称之为美的人性"。

让你们的灵魂饱餐普鲁塔克吧！在相信他的英雄们的同时，要敢于相信你们自己。有100个如此非现代地教育出来的人,即已然成熟、对英雄事迹已然习惯的人,现在这个时代的整个闹哄哄的伪教育就会永远销声匿迹。(尼采,《观察》,195)

沃格林是20世纪研究世界历史与政治实在之关系最为勤奋的哲人,他在给朋友的信中说过的一段话让我们看到,他如何获得看待世界历史的"极敏之眼光"和"极高之学识":

> 就对人的理解而言,柏拉图和莎士比亚明显比杂牌大学的某个琼斯博士更清晰更全面。因此,研习古典作品是自我教养的主要工具;而且,若一个人带着爱的关切(with loving care)去研习……他突然会发现他对伟大作品的理解(还有他传达此种理解的能力)有所长进,理由很充分:学生通过学习过程得到长进……若是在高度(在个人局限这个范围内)上不朝最好那个级别的[人物]长进,就不可能有什么参与;还有,除非一个人认可权威,并向其输诚(surrenders to it),否则就不可能有什么长进。①

古典史学从不追求所谓客观的**历史知识**,而是培育"极敏之眼光,极高之学识"。毕竟,正因为人世永远混

---

① 沃格林,《记忆》,朱成明译,上海:华东师范大学出版社,2017,(英文版)"编者导言",页19。

乱,我们才需要有把握人世生活的"极敏之眼光,极高之学识"——尼采称之为艺术家式的感觉。

> 谁不曾比[其他]所有人都经历一些更伟大、更高尚的事情,谁也就不懂得解释过去的任何伟大和高尚的事情。(尼采,《观察》,194)

不难设想,一旦民主化的"全球史"取得了对中学和大学的历史教育的领导权,尼采的预言就会应验。现在我们可以对梁启超说:离弃经学的史学是无本之木,迟早腐朽断烂,而经学离弃史学成为理学或心学,则必然因自绝血脉而枯死。

新今文经学与现代革命志士

从帝制到共和,中国政制的现代转型经历了艰难曲折的百年历程(1840–1949),古老的天安门前竖立起"人民英雄纪念碑",标志着3000年未有之大变局终于大局初定。如今的我们生活在新生的共和时代,虽然晚近半个多世纪以来,共和经历仍然曲折艰难,毕竟已经进入后共和政治状态。

从英国舰队炮击国门到帝制瓦解,从"真假共和"之争引发内战和外敌趁虚而入,到中共军队将外国舰队逐出长江,从共和国在灰烬中重生到改革开放,儒家思想的经历可谓一波三折。

今文经学率先突起引领变局,随后"打倒孔家店"的口号成为主流并在"文革"时期贯彻落实,改革开放之后儒家思想又死灰复燃。如今,儒学复兴的学术景观已蔚然可观,不仅论说蜂起,而且内部相互攻讦日炽。就此而言,在后共和时代的政治状态中检讨儒家思想的百年经历,对于今天的我们来说不仅具有政治史学意义,而且具有政治哲学意义。

傅正博士的《古今之变：蜀学今文学与近代革命》（以下简称《古今之变》）篇幅虽小，涉及的问题却不小。在笔者看来，副标题点明了本书的实际主题是"新今文经学与现代革命志士"。因为，"古今之变"这个书名不外乎表明，对儒家而言，"革命"是一个古老语汇，而非现代语汇。

晚清以来的现代革命堪称独一无二，仅仅因为这场革命的实质乃"古今之变"。因此，新经学与现代革命志士之关系究竟如何，与今天的我们并非没有直接干系。毕竟，无论从制度还是思想层面上讲，这场伟大的"古今之变"尚未尘埃落定。

回顾并检讨儒家思想与现代中国变局的关系，不可能不谈康有为及其弟子梁启超。本书作者则告诉我们：还应该加上不可能不谈廖平及其弟子蒙文通！倘若如此，我们就得对学界已有的现代儒家思想的历史地图做出重大修正。

一　新今文经学的现代革命含义

经学有古文与今文之分，本是汉代重建国家秩序时当为哪些经书立学官之争。因秦火而来的经文抄写文字的差异，成为这场政治冲突的导火索。时过境迁，无论从学术上还是政治上讲，古文与今文之分都早已失去意义。廖平在晚清时局中突然旧事重提，而且提出前所未有的判分标准：古文经与今文经之分不在抄写文字和是否立为学官,而在崇旧制(周礼)抑或崇新制(孔子所立之制)。

作者提醒我们,这个道理甚至"西汉大儒也不知道"(《古今之变》页21)。把这一经学议题转换成政治议题便意味着,今人必须在损益旧制(帝制)抑或创立新制(民主共和)之间做出选择。难怪刘师培、章太炎一类所谓古文派经学家也赞同廖平的判分。这并不意味着他们赞同廖平的新今文学本身,毋宁说,他们欣赏其中所包含的革命正当性法理。

廖平经学的革命品质首先体现在,他并非如人们以为的那样回到汉儒,而是"自创"出一个"新的今古文学说体系"。史学家们迄今仍津津乐道常州学派与晚清新今文学的连带关系,经作者的考察,这其实是个莫须有的史学论题。真实的史学论题毋宁是:既然廖平的今文经学观"恢怪"得出奇且无所依凭,我们就应该问,如此革命性的经学观是怎么来的?

康有为的《新学伪经考》是否得自廖平的启发,是现代儒学史上的一桩著名公案,作者却关心另一个问题:身处西南腹地的廖平何以可能会先于身处沿海的康有为发明如此革命性的经学观。

作者首先以"晚清蜀学与经今文学的另一谱系学"为题尝试回答这个问题,并用了三分之一篇幅讲述廖平经学形成的地缘政治背景,以至于思想史研究成了政治史学研究。

关于廖平的早年经历,史学家们往往津津乐道张之洞慧眼识珠,或王闿运打造尊经学院时的问学取向。这

些都是不争的史实,但在作者看来,具有决定性意义的其实是另一史实:

> 1874年,英国保守党政府上台,一改克里米亚战争后期20年的对俄绥靖政策,转而在东方全面遏制俄国扩张。从阿富汗到西藏,广袤的中亚大地都成为了英俄争夺势力范围的疆场。……在这种情况下,本来作为内地的川、滇、甘诸省突然成为了边疆,成为了西方殖民主义势力交锋的前线。(傅正,《古今之变》,页31–33)

现代列强进逼中国不仅有海路(从沿海到内地),还有陆路(从中亚、南亚经新疆、西藏到内地)。经作者这么一提醒,笔者才恍然明白,身处内陆腹地的廖平为何会具有全球政治地理视野。1898年,廖平刊印其"三变"期的代表作《地球新义》,提出孔子已知全球为九大州、中国为小九州的著名论断(同上,页61–66)。凭靠重新解释中国古代经典来建构一套儒家式的全球政治地理观,是廖平经学中的一大亮点。廖平一生学术多变,这一点始终未变。

作者没有举例让我们领略廖平儒家式的世界政治地理说高论,笔者不妨引廖平在《地球新义》刊行20年后(1919)发表的一篇论述《诗经·国风》"五帝分运"的文章中的说法,以便读者切实感受一下廖平经学如何"恢怪"得出奇。

廖平文章说,他仍然坚持自己曾凭靠《周礼》中的"赋、比、兴之名"推衍全球政治地理的"九国而三统之说":

> 《王风》,《鲁诗》以为鲁,在东大统,以托伏羲,为海外东经、大荒东经。以中国为中,则日本以外之海岛,当为今美洲。《齹》在雍,乾位西北,为少昊所司之分,为海外西经、大荒西经,为金德王之政。欧以中国为中,则应以欧洲当之。盖就中国言,以美为东,以欧为西。就中土言,则以中国为东,美为西。《诗》之"中"字有二义,一指中国,一指中土言之。……
>
> 孔子殷人,先就三统立说。且美洲非圣人旧,虽曰金统,要必由中以化外,故国少昊曲阜,以西方之中亦归于东鲁。如少昊以金德为帝,治五洲,其余四洲之帝皆退位。以神主之,东洲则勾萌,本洲则祝融,中洲则后土,北洲则玄冥。以金德王,当在美洲立留都。①

即便在当时的中国知识人看来,这样的说法也明显穿凿附会得可笑,遑论今天的我们。尽管如此,作者的政治史学笔法提醒我们应该意识到,地理大发现始于16世纪,西欧人直到200年之后的18世纪才大致形成明确的全

---

① 廖平,《诗说》,潘林校注,上海:华东师范大学出版社,2017,页72–73。

球地表知识。[①]德国大学在1874年建立地理系,标志着科学的世界地理观开始成为现代民族国家争夺全球支配势力范围的工具,1904年,麦金德在英国皇家地理学会提出的地缘政治观堪称最好的例证。

廖平在1898年提出儒家式的全球政治地理观,缺乏的仅是地理学的实证知识。相比之下,麦金德的政治地理学虽然有实证知识垫底,却缺乏政治德性。因此,廖平的"地球新义"的问题并不在于,他把刚刚得知的地理大发现知识塞进了中国古代经典,而在于他凭此将孔子推为世界教主。

> 《诗》之主教,则在东方。以孔居鲁,少昊之都亦在鲁,故曰"颠倒衣裳"。金德之帝,不在西洲,而在东洲。考三统九风,一统一君二臣,如《易》之三人行损一人,一人行得友二臣,以备二统之臣,君则自王之主国。如《邶》为王,则鲁、周二统之《王》、《豳》退位,以《郑》、《魏》为之臣。如一王而二伯,《王》为王,则《鄘》、《秦》为之臣。亦如《易》之三爻中,有一君二臣也。而一篇之中,又自分三统,有自应本风之篇,有附应二统之篇。可以考见,由斯以推,则一风分应三统,九风互相为君臣佐佑焉。(廖平,《诗说》,前揭,页73)

---

① 比较詹姆斯,《地理学思想史》(1972),李旭旦译,北京:商务印书馆,1982,页166–180。

可以看到，《王制》是廖平推衍全球政治地理的"九国而三统之说"的基础。作者恰切地指出，廖平"完全以《王制》为绳准，只有符合《王制》的才配成为'今文经'"。用廖平自己的说法：

> 至于今学，则全祖孔子改制之意，只有一派。
> （转引自傅正，《古今之变》，页49）

由此我们得知，即便廖平的新今文经学谱系是伪造，也算得上哲人式的立法行为，用实证史学的脑筋来衡量，当然扞格难通。问题在于：燕雀安知鸿鹄之志哉。

法国的著名思想史家哈扎德（Paul Hazard, 1878–1944）在其名著《欧洲意识的危机》一书序言中曾说，伏尔泰的《论普遍历史》几乎在一夜之间取代了波舒哀的《论普遍历史》：

> 大多数法国人一直像波舒哀那样思考，突然之间，法国人像伏尔泰那样思考：这是一场革命。[1]

廖平把孔子推为世界教主，与其说必然与泰西的基督教迎面相撞，不如说与现代的文明进步史观狭路相逢。因此，作者在"孔子的'一神化'与文明进化史观"这

---

[1] Paul Hazard, *La Crise de la Conscience Européenne: 1680–1715*, Paris, 1935/2005, 页4。

一标题下讨论廖平的地理观,恰如其分。如今的我们很清楚,无论基督教还是儒家的世界观都面临地理大发现以来形成的文明进化史观的致命挑战。

> 廖平区分"小九州"与"大九州","真三代"与"王之三代",其根本时代背景是古人对于上古三代的信仰破产了,对上古三代的研究不再具有致用的价值。如此一来,经学就面临覆亡的危险。(《古今之变》,页66)

廖平的新今文经学显得是绝地挽救儒学的行动,但在作者看来,这似乎无异于儒家传统的自杀。首先,由于"体现孔子'因革继周'之道的今文经少之又少,反映旧史的大多数经文又'各就所见立说'",廖平提出今古文经学的区分标准无异于"撕裂了"体现古三代典章制度的六经的整体性,为后来经学的实证史学化大开方便之门。作者敏锐地推断,民国古史辨派将六经还原为史料,实起自清末今文家(同上,页51,比较页83)。

第二,把儒学打造为一神教,在中国"恰恰推动了历史进步观念的形成"。作者在上篇结束前添加了长篇"附论",提出中国的现代历史主义实际有"两条路径"。言下之意,本来是要抵制历史主义的新今文学,反倒开出了一条独特的历史主义路径。

笔者感到困惑:按作者的辨识,廖平恰好要通过其确立的新今文经学标准阻断对经学的史学理解,何以可能引导出一种历史主义?

作者没有深究这个问题,他的关注几乎完全被自己所发现的廖平经学的革命性质吸引。在结束对廖平经学的考察时,作者说,虽然廖平与康有为都以尊孔唯尚,但廖平经学更具革命品质。毕竟,康有为凭靠新经学提倡改制,廖平凭靠新经学提倡革命,从而其经学主张更为激进。作者强调,这并非他自己的看法,而是廖平弟子蒙文通的观点:

> 康有为虽然剿袭了廖平的观点,却从未剿袭到廖平学术的真精神,这个精神就是革命。(《古今之变》,页67)

显然,作者更为关切这样一个政治史学问题:蒙文通经学观可能比廖平更具有革命品质。情形若真的像作者让我们看到的那样,后共和政治状态中的新儒家们就得小心了:他们自以为在弘扬儒家传统,没准儿恰恰是在破碎儒家传统。我们不能想当然地以为,只要是弘扬儒家就没问题,毋宁说,关键问题在于如何弘扬以及弘扬儒家传统中的什么。

二 新经学与新知识人

结束对廖平新今文经学之革命性质的剖析后,作者戏剧突转式地谈起了一个看似与廖平的经学革命并不相干的论题:"本省意识、保路运动与蜀学认同。"由于这一部分的标题是"中等社会的革命",笔者不禁好奇:廖平及其弟子蒙文通的新今文经学与"中等社会的革命"有什么关系?

为了更好地理解作者的论述,有必要简扼回顾保路运动的来龙去脉。这一运动历时数年,其高潮"成都血案"史称辛亥革命前奏。事情原委大致是这样:1903年9月,清廷推行"新政"搞改革开放,允许民间集资办铁路、矿务、工艺、农务等公司,各省陆续成立私营铁路公司集资修铁路。清廷没有想到,如此"新政"举措会损害西方列强的在华利益,进而引发民间私营公司与西方列强所谓在华铁路修筑权的利益冲突。换言之,清廷高层对现代政治缺乏基本常识,竟然不知国家主权为何物。

湖南、湖北、广东三省绅商首先发起"收回路权"运动,并在1905年成功从美国人手中赎回粤汉铁路和川汉铁路修筑权。在今天看来不可思议的是,愚蠢的清廷在1911年春东施效颦成立"责任内阁"后不久(同年5月),随即颁发"上谕"宣布商办铁路一律收归国有,并派出"督办粤汉、川汉铁路大臣"强行接收湘鄂川粤四省的商办铁路公司,打算把筑路权卖给英美德法四国财团。

湖南人首先起身反抗,在绅商组织下,长沙和株洲出现万人筑路工游行示威,甚至包围巡抚衙门。湖北人随后跟进,绅商组织筑路工与前来强行接收的政府军发生冲突,当场打死政府军20余人。

成都的保路运动出现得稍晚却更持久,组织性也更强,保路同志会成立10天就发展到10万之众。清廷仍然采取愚蠢的高压手段,没想到同盟会早已介入,与地方哥老会联手,把保路同志会改为保路同志军,准备武装反抗。四川总督赵尔丰设计诱捕省谘议局议长及保路同志会和川路股东会要人,引发数万人包围总督府,赵尔丰竟然下令开枪,当场打死30多人。几天之内,成都附近州县保路同志军20多万人围攻成都。由于行动仓促又缺乏统一指挥,同志军攻打成都10余天未果,不然的话,辛亥革命的发生地就不是武昌而是咱四川的成都了。尽管如此,新共和国开国十元帅中,川人占四位,湖南湖北各占两位,绝非偶然。

显然,在作者看来,保路运动是所谓"中等社会的革命"。作者关注这样一个问题:清廷已经搞改革开放且准备立宪,何以成了自掘坟墓。这明显属于政治史学论题,作者的论析甚至带有历史社会学史学的痕迹:通过考察保路运动与本省意识和蜀学认同的关系,作者希望解释"静悄悄的革命"何以最终引致"孙中山和暴力革命话语的成功"(《古今之变》,页95)。

作者让我们看到,所谓"中等社会"这个概念的具体所指有不同的界定,但无论哪种界定都会包含新知识阶层。作者还提醒我们:

> "中等社会"的优势在于,它作为当时人自己的术语,既是历史研究的对象,又是分析历史的框架。(《古今之变》,页102–103)

这当然不等于提醒我们，20世纪末东欧的"公民社会"或"公共空间"看起来是在搞"静悄悄的革命"，没准会引致某种"暴力革命话语的成功"。其实，在西欧这样的基督教传统国家的现代转型过程中，新知识阶层的形成也是一个重大的政治史学课题。要说中国的现代知识阶层的形成有什么独特性，人们恐怕只能说，清廷新政搞改革开放时废除科举过于匆忙，没有迅速建立由国家主导的新型国民学校和高等教育。作者让我们看到，一方面，大量年轻学子蜂拥东渡日本留学，另一方面，国内各地纷纷建立新式学堂，"学生成为了一个游离于政治控制之外的特殊阶层"（《古今之变》，页113）。

其实，从今天的经验来看，年轻学子大量出洋留学不是问题，关键在于执政者是否对国内教育体制有形塑和掌控能力。作者让我们注意到，清末新式学堂模仿海外新学，纷纷增设"历史""地理"科目。清廷固然多次颁布了"奏定"学堂章程，但高层官僚缺乏明智的政治意识和应有的政治素质，意在激发爱国意识的教育，反倒成了强化本省意识的催化剂。换言之，清廷并非没有致力于打造国家教育体制，毋宁说，清廷高层完全不懂得应该如何形塑国民教育。简单的强制无异于毫无章法，以至于新学成了自掘坟墓的行为。

清廷高层不懂西方又热情地瞎学西方，尤其体现在1907年下谕各省"速设谘议局"，为议会政治做准备。从政治常识上讲，清廷设立的这种"不受督抚节制的地方立法机构，等于给地方精英提供了一个可以对抗中央权威的平台"(《古今之变》,页139)。短短几年内,全国出现多起"开国会"的请愿事件。在保路运动中,各省谘议局似乎起了不小的作用,起码成都事件与总督赵尔丰诱捕四川谘议局议长有关。

作者用大量篇幅论析晚清政府搞新式学堂和开设地方谘议局似乎意在说明,保路运动这样的"中等社会"革命其实是清廷自作自受。笔者却感到,这一论断明显有问题。凭常识也容易看出,即便没搞新式学堂和开设地方谘议局,保路运动照样会发生:这一事件明显是因为清廷执政者的政治素质差得不可思议所致。毕竟,民间集资修铁路的股东不仅有绅士、商人、地主,还有农民,而且据说农民购买的股份占很大比例。保路运动与清政府强行收回路权且不退还或补偿民间集资有关,与清廷的教育改革失败和开设地方谘议局谈不上有直接关系。

作者提到传统国家现代化转型的一个重要特征,即中间阶层乃至下层民众的参政。换言之,现代国家的建构必然要求中间阶层乃至下层民众的广泛参与。如马基雅维利所说,共和政制有利于政治体保持最佳的竞争状态。对于增强政治体的强力来说,让国民有政治参与感,比庞大的税收更管用。中间阶层乃至下层民众处于积极的政治状态,政治体更有底气保持强势外交。

因此,激活"中等社会"的政治活力,绝非意味着中央集权的君主制必然崩溃。成都事件之后仅仅几个月,由于武昌新军被紧急调往四川镇压保路军,武昌守备空虚,辛亥革命趁机就来了。如果清廷懂得利用民间自1903年以来持续不断的"收回路权"运动,凭此力量强化国家主权,未必会有这样的结果。

即便采用了历史社会学的分析范式,想必作者也不至于会忽视这类常识性思考。因此,这一部分的论析意图让笔者感到难以琢磨。读完附论"严复对梁启超的批判:对中等社会的一种反思",笔者才恍然大悟。作者说,他考察保路运动与清廷的教育改革和开设地方谘议局的关系为的是证明:

> 清廷改革的初衷固然正大光明,结局却播出龙种收获跳蚤,很大程度上是因为事权往往落在了这群毫无政治经验却自以为是的新式知识分子手中。正是这些人把改革引向了自我毁灭的道路。(《古今之变》,页179)

在"中篇"考察的附论中,作者看似要通过严复批评梁启超缺乏明智来证明这一点。因为,在作者看来,"越是大的变革越需要依赖高政治素养的人,而不是让更多本没有政治经验的人分享权力"(同上,页187)。因此,

> 严复更在乎如何提高执政者的政治技能,而非启蒙民众。反观梁启超等人以似懂非懂的西学知识煽动民众,其将有益于维新改革乎?(同上,页189)

作者笔下出现了明显的自相矛盾，我们可以问：保路运动乃至辛亥革命是因为事权落在了"毫无政治经验却自以为是的新式知识分子手中"吗？当然不是！情形明明是清廷执政者缺乏最为基本的政治素质和政治才干。然而，完全可以理解，在我国的政治史学研究中，论者显然不便从维持清廷统治的角度展开论述，否则会被视为替封建专制说话。

由此来看，笔者的另一个困惑也迎刃而解。在结束保路运动与清廷的教育改革和开设地方谘议局之关系的考察时，作者提到，廖平不仅积极参与保路运动，而且在辛亥革命后成为四川枢密院长。作者似乎认为，这足以进一步证明，廖平的新今文经学"要旨在革命，而不在改制"（《古今之变》，页177）：这时的康有为成了保皇党领袖，"岂足与投身革命的廖平相比"（同上，页175）。

在笔者看来，这同样是明显的似是而非之论。毕竟，即便情形如此，也不等于保路运动直接反映了廖平经学的革命性。我们当然更不能说，由于有了廖平的革命性经学，才有了保路运动这样的革命行动。与这一行动有直接关系的是同盟会，而廖平并非同盟会秘密成员。

作者的曲折笔法暗中提出了这样的问题：廖平具有革命品质的经学究竟写给谁看，或者说，廖平学术在对谁说话？接下来作者就转向了廖平的弟子蒙文通，考察他如何推进廖平经学的革命性。

三 新今文经学与中国现代革命的正当性论证

作者在结束对"中等社会"革命的考察时问了这样一个问题:

> 深受革命激荡感染的蒙文通,会否因其"素王革命论"而比主张"改制说"的康有为更切近于现代中国的核心政治问题呢?(《古今之变》,页177–178)

蒙文通成为经学家和文史家之前和之后,都应该算"中等社会"中的一员。倘若如此,他张扬"素王革命论"可以理解为,既受"革命激荡感染"又对"革命激荡"做出解释,这意味着对自我或自己所处的时代做出解释。"素王革命论"并非蒙文通的发明,而是对廖平和康有为的新今文经学核心要点的推衍,其含义也许不难厘清,但要说清何谓"现代中国的核心政治问题"就难了。

按照作者的辨析,蒙文通的经学比自己的老师更具革命色彩。对蒙文通来说,不仅董仲舒之学是伪今文学,康有为之学也是伪今文学。董子主张改制论,篡改了主张革命的孟子真学;康学一方面主张孟子传公羊微言,一方面又以董氏学说为今文经学要核,可见他不懂孟子(《古今之变》,页197)。

蒙文通经学的革命品质,尤其见于他凭靠现代民主政治原则否弃古代儒家的政治理想:"《周官》不是理想制度,《孟子》所述的也不是理想制度。"这不仅"否定了清末以来今文家的'孔子改制说',更否定了孟子传大同之道"。毕竟,即便在孟子那里,革命也仅仅针对"贵戚之卿","与民主革命相去诚不可以道里计"。用蒙文通自己的说法,岂可"持之以致用于今日"(《古今之变》,页219,238)。

蒙文通凭靠现代民主政治观念裁决古典儒学,使得新今文经学的革命矛头指向了儒家自身,与如今我们见到的好些新派儒家差不多。这无异于革儒家自身的命,我们禁不住要问,为何蒙文通的经学观会如此激进?

作者给出了一个颇富政治史学意味的解释:清末立宪和清帝逊位实际已经认可现代的"主权在民"原则,但"二次革命"置换了现代中国确立"主权在民"原则的历史前提。换言之,清帝逊位的意义史无前例,因为这相当于帝制禅让给"主权在民"的共和制。从而,中国政体的现代转型既实现了古今之变,又并非一场古今之变。毕竟,"主权在民"至少在观念上符合儒家政治传统。但"二次革命"改变了这一历史变局的含义:"主权在民"原则的确立不是君主禅让的结果,而只能是革命的成果。这样一来,"主权在民"的现代原则的确立必然与传统的政治观念发生断裂(同上,页222)。

作者进一步提请我们注意,蒙文通的经学观产生于一个特殊的历史语境。自"二次革命"以来,整个中国一直处于军阀割据的分裂状态,日本入侵才使得中国各派政治力量达成战时共识。一时间人们觉得,基于国家统一的民主宪政终于有望:"抗战"为民主"建国"提供了历史契机。1938年,国民党召开临时全国代表大会,通过了《抗日建国纲领》,甚至得到中共的认同。

然而,作者敏锐地看到,《抗日建国纲领》实际隐含着致命的内在矛盾,即"建国"与"抗战"的矛盾:抵御外敌的抗战以国家的整全为前提,而时人却企望靠抵御外敌的抗战来达成重建国家的整全:

> 难题在于,"抗战"要保卫中国,"建国"却说中国还没有建成。一者是历史传统意义上的中国,一者是革命断裂意义上的中国,两个中国很可能在逻辑上相互否定。人们又将如何解决二者之间的分裂呢?(《古今之变》,页227)。

为了实现世袭君主制转型为现代式的主权国家,"二次革命"的政治理想让文明中国近乎碎裂,国家也丧失了完整性,否则日本断乎不敢如此肆无忌惮进犯中国。作者揪住这个中国现代转型中的内在矛盾不放,进一步揭示其中所蕴含的问题:抗战以保存华夏文明传统为战时动员口号,而坚持抗战的革命党又以反传统的"革命"起家。如此矛盾的荒谬性尤其体现于"汉奸"现象:

> 根据梁启超等清末今文家的"新夷狄说",夷夏之别由历史进化程度高低决定。相比之下,日本文明开化程度深于中国,是故日本庶几近乎华夏,中国

则属于新夷狄。无疑,在清末新政时期,非如此则不足以号召政界、学界学习列强。但在抗战前期,如此则不啻于为投敌叛国辩护。显而易见,"中日提携"乃是"用夏变夷",人们投身"新华夏"尚且应之不暇,又何必抗日呢?(《古今之变》,页230)

作者一路追究下去,一步步把政治史学式的提问上升为政治哲学问题,追问作为传统符号的文明中国与作为现代政治单位的主权国家之间的悖谬关系:

倘若中国传统一贯包含现代因素,则仁人志士又何必投身于革命呢?倘若革命本无必要,则由革命建立的现代政权岂非同样没有必要了?反过来,倘若革命是现代中国的必由之路,则岂不证明了中国传统并没有自动走向现代化的能力?(《古今之变》,页234)

看来,作者所说的"现代中国的核心政治问题"或"古今之变"的实际含义是:"主权在民"作为现代政制原则本来并不与中国传统政治观念抵牾,由于"二次革命"人为制造出抵牾,传统与现代的对立才成为中国现代化的思想难题。

蒙文通的经学观成于军阀混战到抗战初期这段时期,从而内在地带有上述矛盾,或者说,他下意识地致力解决这一矛盾。因此,作者给下篇拟定了这样一个副标题:"蒙文通的革命儒学与现代中国之根由"。似乎,如果张扬古代儒家本来就有"主权在民"的革命论,那么,传统与现代的断裂难题就会迎刃而解。

"革命儒学"这个指号意味着,蒙文通学问的关注重点实际已不是经学本身,而是革命论。作者告诉我们:

> 蒙文通敏锐地发现,尽管近代革命家除了西学资源外,大可以利用法家、墨家、道家、释家等学说,但传统资源中只有儒家才是明确提倡革命的。(《古今之变》,页238)

为了消弭现代革命与儒家传统的裂痕,蒙文通致力从儒家典籍中找寻平民革命论的资源,就像如今不少新儒家从儒家典籍中找寻自由民主论的资源。蒙文通之所以尤其看重辕固生,乃因为他把出自平民而登天子位的汉高祖比作汤武,这意味着"革命已经不再是诸侯或贵戚之卿的特权"(同上,页239)。因此,蒙文通比廖平更为自觉地致力搞清"革命"的确切含义。我们必须补充说,这当然指现代意义的"革命"含义。

由此可以理解,蒙文通不仅与康有为划清界线,而且在根本立场上也与其师廖平划清了界线。晚清新今文经学家从廖平、康有为到皮锡瑞,无不看重《王制》,蒙文通却认为,这些前辈未必看到,《王制》"非特取消了乡遂之别,更突破了平民、贵族的绝对界线"(同上,页253)。

换言之,晚清新今文经学家都没有看到,古代儒家已经有平民革命论。蒙文通在《孔子和今文学》一文中如此盛赞陈涉揭竿而起：

> 这一次人民大起义为儒生所拥护而打破了原有的成见，陈涉虽然失败，而刘邦却成了功。这让儒生受到绝大的启发。(《古今之变》，页239–240)

作者在解释这段引文时说，司马迁把陈涉列入"世家"，"体现了汉儒的平民思想，这是先秦儒家不具备的"，因为这意味着汉儒"把'有德者'的资格彻底平民化了"。作者指出，蒙文通为平民革命提供儒家式正当性证明的最终理据在于："天下唯有德者居之。"由此可以理解，蒙文通凭靠儒家政治思想传统为平民革命提供正当性论证时，突出强调《王制》中所描述的国家权力阶层的选拔方式：

> 乡秀士完全可以凭借自己的才能一步步升入国学，与"三公九卿大夫元士"处于同样的地位。天子拜观授爵都在国学中选拔，平民享有了与贵族同样的晋升国家权力阶层的机会。(《古今之变》，页253)

尽管如此，在蒙文通看来，"天下为公，选贤与能"并非汉初儒家的发明，而是汉初今文学家吸取墨家"选天子"和法家"明君权，削世卿"等主张的结果(同上，页256–258)。作者让我们看到，为了替平民革命提供正当性论证，蒙文通致力动员诸子百家的资源，而非仅仅是儒家的资源。蒙文通眼中的汉代今文家革命论，不过是诸子百家相关思想精粹的汇集。

问题已经上升到政治思想史和政治哲学高度，笔者难免会想到一个问题："天下唯有德者居之"与平民革命论是一个意思吗？"平民享有了与贵族同样的晋升国家权力阶层的机会"，凭靠的是某个平民身上自然禀有且需要经过修养才得以焕发的政治德性，这意味着"平民"概念还不能与政治德性直接划等号。在"文革"期间，我们看到如此划等号的结果何其荒谬！我们显然不能说，只要是平民就自然而然有晋升国家权力阶层的权利。

廖平出身于贫寒农家，张之洞则称，廖平是他在蜀中所见"天资最高，文笔雄奇拔俗"的志士。如果廖平有革命的权利，那么，这种权利来自其"天资最高，文笔雄奇拔俗"，而非来自他的贫农出身。再说，既然《王制》已经规定国家权力阶层的选拔方式，平民中的天素优异者有了晋升国家权力阶层的机会，何以需要革命，又何来革命法权这样的问题？何况，平民革命与法家的"明君权"岂不矛盾？

但笔者转念一想，情形又未必如此：难道不正是因为"选天子"的理想自周制瓦解以来从未实现过，现代中国革命才获得了历史正当性？从世界历史角度看，近代西欧的革命诉求源于欧洲君主国的宗教内战，人的自然权利因此成为"主权在民"的实际内涵。与此不同，即便是中欧（如德国）或横跨欧亚大陆的俄国，革命诉求实际源于世袭君主政体无法应对"主权在民"的新共和政体挑起的国际权力争端。中国传统的世袭君主政体即便老早就通过科举制实现了国家权力阶层的选贤制，依然无法应付险恶的现代国际政治状态。

废黜世袭君主制的革命具有"现代根由"，而这个"根由"恰好与"选天子"的古代理想相符。这样一来，"古今之变"就成了古今融贯。因此，作者禁不住说，

> "王侯将相，宁有种乎？"此话在今人看来不足为奇，但纵观世界历史，则不能不说这是一次历史的大进步，远超于欧洲、日本封建时期的思想。(《古今之变》，页240)

为什么可以说"这是一次历史的大进步"？因为，近代西欧的革命法理依据源于人的自然权利，即所谓"天赋人权"，由此引致的革命结果未必是"天下唯有德者居之"。谁都清楚，如今的自由民主国家并非依凭德性选总统。相反，中国革命的结果却始终不忘"天下唯有德者居之"的古训。

这当然不是蒙文通的看法，毋宁说，作者希望我们从蒙文通的"革命儒学"中进一步思考这样的问题：即便《王制》为平民享有与贵族同样的晋升国家权力阶层的机会提供了法理，也不等于《王制》中的这一法理与现代的"主权在民"原则若合符节。蒙文通是睿智高士，不大可能真的不懂，平民革命与"天下唯有德者居之"的革命

并不同义。

蒙文通专论今文家革命观的主要文本有两种,即作于1930年代的《儒家政治思想之发展》(文言文)和作于1960年代的《孔子与今文学》(语体文),内容似乎完全相同。笔者拿不准,作者引用过的《孔子与今文学》中那段赞扬"人民大起义"的话,在《儒家政治思想之发展》中是否有过如此直白的表达。

笔者倒是注意到,作者两次提及蒙文通与革命军儒将的私交,似乎并非信笔而至。在台儿庄战役中战死沙场的王铭章将军(1893–1938)是四川人,参加保路运动时还不到20岁,但他的文史学识足以与蒙文通共探周秦民族史问题。严立三将军(1892–1944)是湖北人,16岁入陆军小学,其文史学识却非比一般。他懂得"学有汉宋之殊,宋儒于性德之奥抒发至矣,惟但有内圣而无外王,则于经世之旨不足"(《古今之变》,页195,236)。

这让笔者想到,中共将领中的儒将更多,《朱德诗词集》(人民文学出版社,1963)、《陈毅诗稿》(文物出版社,1979)、《叶剑英诗词选集》(中央文献出版社,2008)就是证明。看来,作者的曲折笔法隐含着这样一种政治哲学思考:创生新共和的革命与其说是"中等社会"的革命,不如说是中国文明的中坚阶层的革命。这个阶层以德性唯尚,并不从属于任何阶层。因为,这个阶层的形成,端赖于以儒家教育为主体的中国文教不绝若线的养育。平民并非德性的符号,正如知识人甚至儒生也并非德性的符号。荀子说过,儒生也有"俗儒""烂儒"。

中国文明"极高明而道中庸"之法的高明之处在于，让出生于无论何种阶层的人都向优良德性看齐。周恩来出身官宦世家，是周敦颐的第33世孙，从小就自觉地以周敦颐为德性楷模，其高祖周元棠在青年时期留下的《海巢书屋诗稿》甚至陪伴他度过晚年的艰难岁月。[①]毛泽东出身富农之家，其诗才凭凌云之志而盖世无双，作为王者，其文史修养则前无古人。

由此看来，我们与其关注现代中国革命与古代儒家革命论的内在关联，不如关注现代中国革命志士与古代德性论的内在关联。毕竟，这个问题关乎如何在后共和政治状态中保有中国文明的优良德性传统，以免中国文明的中坚阶层整个儿成了自然权利论的信徒，甚至将军也满口自由主义论调——这才是文明自毁的古今之变。

余 论

作者在"导言"中提到笔者的旧作《儒家革命精神源流考》，并谦虚地说，他的这部论著受到笔者旧著启发。确如作者所说，笔者旧著的主要目的"仍是想在中国传统内部找到现代性危机的根源"，而作者得到的启发是，从中"看到了一条弥缝传统与现代裂痕的道路"（《古今之变》，页13）。毕竟，由于时代语境和人世经历的差异，

[①] 参见周尔鎏，《我的七爸周恩来》，北京：中央文献出版社，2016，页11–13, 19；比较《周恩来青年诗选》，北京：人民出版社，1972/2014。

笔者旧著关注的问题与作者所关切的问题有所不同。

1967年5月初的一天,笔者还未满11岁,家父急匆匆跑回家,神色慌张地命我把家里的《朱德诗词集》烧掉。笔者后来才知道,这是"二月逆流"事件的结果。当时,学堂已经停课闹革命,笔者在家无事,烧书时不是一把火烧掉,而是一页页撕下来,读一页烧一页。笔者迄今感到百思不得其解:这样的新共和开国元帅戎马倥偬,为何与古人一样诗情不断,而且诗笔古雅?

家父命我一同烧掉的还有多卷本《沫若文集》,因为沫若自己宣布,他过去的所有作品都是"毒草",当付之一炬。笔者同样读一页烧一页,那时笔者才小学四年级,仅仅对文集中讲的故事感兴趣。笔者如今已经不记得沫若讲述的留学日本的经历,却记得他讲述的任北伐军政治部副主任的经历。前往南昌参加起义途中,沫若的配枪被一群南昌来的溃兵夺走,命悬一线,回忆讲到这里时,沫若来了一大段抒情。长大后每读沫若的文史论著,笔者都会想起这位一代文豪曾有过的革命军旅生涯。

《儒家革命精神源流考》没有论及廖平,作者的这部论著让笔者认识到廖平经学的革命品质,这是笔者的最大收获。遗憾的是,作者没有论及廖平的哲学。毕竟,廖平是哲人,其经学是哲学,如蒙文通所说,

> 廖先生说古文是史学、今文是经学(或哲学),的确是颠扑不破的判断。(《古今之变》,页216)

因此，这部论著难免让笔者想到一个问题：蒙文通的经学观是廖平经学的推衍吗？笔者的直觉恰好相反：蒙文通一再背离宗师。蒙文通认同现代史学的观点，《王制》不是孔子的设计，而是汉初博士的设计，这无异于腰斩了"知圣"论这一廖平经学思想的要核。

自二变以来，廖平抨击宋儒凭靠孟子建立的心性之学抹去人的德性差异不遗余力，一以贯之地强调圣人与贤者的德性等差，蒙文通则要打通孟子心性之学与公羊学，因为他相信，"经历了启蒙的智识人不会再去相信那有如上帝般的孔圣人了"（《古今之变》，页12）。就此而言，蒙文通的经学观与廖平经学实不可同日而语。

图书在版编目(CIP)数据

拥彗先驱:走向政治史学/刘小枫著.
--上海:华东师范大学出版社,2019
ISBN 978-7-5675-9836-2

I.①拥… II.①刘… III.①政治思想史-世界-文集 IV.①D091-53

中国版本图书馆CIP数据核字(2019)第232040号

华东师范大学出版社六点分社

企划人　倪为国

本书著作权、版式和装帧设计受世界版权公约和中华人民共和国著作权法保护

刘小枫文集

拥彗先驱:走向政治史学

著　　　者	刘小枫
责任编辑	彭文曼
封面设计	刘怡霖
出版发行	华东师范大学出版社
社　　　址	上海市中山北路3663号　　邮编　200062
网　　　址	www.ecnupress.com.cn
电　　　话	021-60821666　　　　行政传真　021-62572105
客服电话	021-62865537　　　　门市(邮购)电话　021-62869887
地　　　址	上海市中山北路3663号华东师范大学校内先锋路口
网　　　店	http://hdsdcbs.tmall.com
印　刷　者	上海盛隆印务有限公司
开　　　本	890×1240　1/32
插　　　页	6
印　　　张	18.5
字　　　数	310千字
版　　　次	2019年12月第1版
印　　　次	2019年12月第1次
书　　　号	ISBN 978-7-5675-9836-2
定　　　价	88.00元
出 版 人	王　焰

(如发现本版图书有印订质量问题,请寄回本社客服中心调换或电话021-62865537联系)